中央专项彩票公益金支持青少年校外研学实践
教育项目的实践与思考研究成果系列丛书

教学计划与策略：责任与担当教育

中国教育会计学会　组织编写
田书源　杨　昕　主　　审
鞠克亮　董佳毅　秦志伟　赵　越　朱　坤　编　　著

中国财经出版传媒集团
中国财政经济出版社
·北京·

图书在版编目（CIP）数据

教学计划与策略.责任与担当教育/中国教育会计学会组织编写；鞠克亮等编著.--北京：中国财政经济出版社，2024.7

（中央专项彩票公益金支持青少年校外研学实践教育项目的实践与思考研究成果系列丛书）

ISBN 978-7-5223-3196-6

Ⅰ.①教… Ⅱ.①中… ②鞠… Ⅲ.①中小学生—素质教育—教学研究 Ⅳ.①G631

中国国家版本馆CIP数据核字（2024）第110481号

责任编辑：王佳欣　　通　　读：杨　波

封面设计：卜建辰　　责任校对：徐艳丽

责任印制：张　健

教学计划与策略：责任与担当教育

JIAOXUE JIHUA YU CELÜE: ZEREN YU DANDANG JIAOYU

中国财政经济出版社 出版

URL：http：//www. cfeph. cn

E-mail：cfeph@ cfeph. cn

社址：北京市海淀区阜成路甲28号　邮政编码：100142

营销中心电话：010-88191522

天猫网店：中国财政经济出版社旗舰店

网址：https：//zgczjjcbs. tmall. com

北京密兴印刷有限公司印刷　各地新华书店经销

成品尺寸：185mm × 260mm　16开　22.5印张　451 000字

2024年7月第1版　2024年7月北京第1次印刷

定价：65.00元

ISBN 978-7-5223-3196-6

（图书出现印装问题，本社负责调换，电话：010-88190548）

本社图书质量投诉电话：010-88190744

序

“最好的教育在路上，责任与担当教育尤其如此。”这是全体研学实践教育教学同仁的心声，也反映了研学实践教育工作者对责任与担当教育的价值取向与策略选择，体现着研学人对教育的责任与担当。

于国家和社会而言，责任意识与担当精神是孕育希望、开拓创新、赓续发展的力量根基。于青少年而言，责任与担当教育是培养和引导其“立大志、明大德、成大才、担大任”的重要途径。责任与担当教育的理想方式，不仅是说责任、讲担当，而且要引导青少年在研学实践的亲身体验中感悟积极主动、自觉负责、勇于担责、甘于奉献的人格魅力，体会积极沟通、分工协作、解决问题的组织归属与情感认同，以责任意识和担当精神培养学生的历史使命感和社会责任感。

责任与担当，不是负担与麻烦，而是权利与义务的背书。也正是营地与研学实践教师发自内心、挑在肩上的这份责任与担当，使来自全国多家营地的领导、老师们走在一起，研讨校外研学实践活动中责任与担当教育的学情分析、与校内外教育衔接、资源整合与优化、课程与线路开发、教学策略与实施方案设计、教学评价的组织与开展等难点、热点问题，为其他营地、基地、相关从业机构开展青少年责任与担当研学实践教育提供了范式。

本书选编的24个案例，选题广泛、特色鲜明，课程规划策略精彩纷呈，教育载体各不相同、活动形式多种多样，但在责任与担当教育目的指向上，都体现了潜移默化、“基因移植”，以及自主与集体协作的行中学、行中思、行中悟、行中践的研学实践教育精髓。

我们实地观摩了本书中的“牢记责任担当　共筑青春梦想”案例，其课程筹划立意高远、活动设计巧妙精细，学生们在开展活动时表现出的自主性、集体性、专注度及创造性，折射出同学们实实在在体验着活动课程所赋予的角色责任、人人都抢着更好地实现自己的担当。

“最好的教育在路上，责任与担当教育尤其如此。”诚哉斯言！

田书源　杨　昕

2024年3月30日

编写说明

在本书的编写过程中，共收到45家营地的“责任与担当教育”列表资料，根据科学性、教育性、丰富度、系统性、规范性、学段递进度、可借鉴性等原则，本书共收录了24份列表。限于篇幅，仍有21份列表资料未在书中呈现，对于各家营地的积极参与，我们深表感谢。

在本书的24份列表中，共有“强国有我 责任在肩”“寻访红色印记 勇担责任使命”“研学教育立德树人 红色文化培根铸魂”“寻访红色陇原 赓续革命精神”“传承红色基因 赓续红色血脉”等24个主题，包括“忆峥嵘岁月”“体悟沂蒙精神”“重走长征路”“红色党史记心间”“红色故事大讲堂”等1000多项研学实践课程，形成了必修课程和选修课程，明确活动项目、活动目的和活动形式，并为此规划为期五天的研学实践代表性线路，设计七大实施环节。可以说这是一册指向准、课程精、站点优的研学实践教育参考书和指导书。

在“研学游”中实现“研学优”。本书中提到的国家级研学实践教育营地联结的站点（基地），既有平型关大捷纪念馆、山东沂蒙红色文化产业有限公司、辽沈战役纪念馆、沈阳“九·一八”历史博物馆、新疆生产建设兵团第十师一八五团等国家级研学实践教育基地，也有重庆红岩革命历史博物馆、界石铺红军长征毛泽东旧居纪念馆、渤海走廊革命斗争陈列馆、山东抗日民主政权创建纪念馆等省级研学实践教育基地。书中列表从资源、安全、配套、交通、课程、师资等各方面进行遴选，优中选优，充分挖掘责任与担当元素，注重将思政教育融入研学实践活动，引导学生在探究与实践中认识、理解、认同、传承革命精神，培养新时代青年人的责任与使命，通过情境教学、沉浸式体验等方法加强对学生理想信念、爱国主义、品德修养、中华优秀传统文化等方面的教育，引导学生将责任与担当落实到实践中，促进学生核心素养的提升。

需要说明的是，本书列表的展示顺序，依据营地编号由小到大编排。

编者

2024年3月

目录
CONTENTS

1 责任与担当教育教学指向的意义

“责任与担当教育”是研学实践课程教育目的指向之一，旨在培养学生的历史使命感和社会责任感，成为具有社会责任感和创新精神的现代化人才。党的二十大报告指出：“以中国式现代化全面推进中华民族伟大复兴。”面对现代化浪潮对人类社会的全方位冲击，教育作为支撑发展的基础性、战略性板块，亟须自觉承担新时代赋予的使命任务，以高度的责任感和使命感，助力个人美好生活和社会高质量发展同向同行，开创中国式现代化的教育篇章。

责任与担当教育以坚持中国共产党的领导、坚持中国特色社会主义道路为原则，以弘扬民族精神和时代精神、凝聚中国力量、树立远大理想、立志报效祖国、肩负时代使命为导向，旨在培养学生成为具有社会责任感和创新精神的现代化人才。“立德树人”是教育的根本任务，是教育的立身之本。研学实践教育活动中责任与担当教育板块的价值取向，重点关注4个方面的生成逻辑：

（1）增进国家认同：让学生深入了解国家的历史、文化和现状，以家国情怀之基培养他们的国家意识和爱国情感。

（2）增进政治认同：让学生了解国家的政治制度、政策和发展战略，培养他们的政治意识和政治素养。

（3）增进历史认同：让学生了解国家历史和文化传承，以增强民族、历史自信为脉培养他们的历史意识和文化素养。

（4）增进文化认同：让学生了解国家的文化多样性和文化特色，以增强文化自信为魂培养他们的文化意识和文化素养。

关于责任与担当教育的校内外衔接，以下实施路径探索成效显著。

（1）内外联动，探索校内外衔接：研学实践教育活动中的责任与担当教育是校内德育工作的有效拓展与延伸。研学实践教育活动应将理论知识与实际应用相结合，使学生在真实环境中亲身体验和实践责任与担当的重要性。把握“为党育人、为国育才”的新时代育人使命，加强责任与担当意识的培养与引导，形成全员、全过程、全方位的体系支撑。坚持以习近平总书记关于青年工作的重要论述为指导，提倡以“一元两维”为主线的培育路径，采取“理论知识+研学实践”为主的培养措施，以德育为核心，德智体美劳“五育并举”，不断提高教育质量。加强责任与担当的培养教育与引导，探索建立“认识→意识→行动→价值体现→培养目标”的培养教育模式，将思政教育融入研学实践中，厚植学生爱国主义情怀。

（2）多维共建，探索实施路径与方略：责任与担当教育是一个重要的教育领域，需要得到广泛的关注和重视。只有加强教育内涵、评价反馈和师资力量等方面的建设，才能不断提升教学质量，为培养具有责任与担当意识的优秀人才作出贡献。

在对责任与担当教育教学现状和实施成效进行全面调研和系统分析的基础上，针对部分研学实践活动过于注重形式，缺乏实质性的教育内容和目标、缺乏有效的评价和反馈机制、缺乏专业的研学导师等关键问题，确立了研学实践课程研发的标准流程，规范了课程设计方法；在项目组织实施中，根据行前、行中和行后三部分，整合为行前准备阶段、主题选定阶段、小组计划阶段、集体体验阶段、分组探究阶段、成果总结阶段六个阶段。其中，在主题选定阶段，作为主导者的研学教师需要深入研究社会问题，关注社会热点，结合本地研学特色，确保选定的主题既具有教育深度，又紧扣责任与担当的核心理念，确保设计的主题与学科内容相对应，符合学生的认知基础，能引起学生的兴趣，要详细规划主题的涵盖范围、研究目标和预期成果，选择具有代表性和实践性的主题。如“小小矿工体验记”“铭记抗战历史　传承红色基因”“耕作悟学”“走进大国重器　感受中国力量”等主题，既贴近生活，又能够引领学生深度参与和关注社会问题。此外，坚持线上与线下相结合、营地与学校相促进、专职与兼职相补充的原则，挖掘线上线下教育资源，构建“理论+实践”跨界融合培养课程体系，实施“营地+基地”贯通培养机制，形成运作成熟的研学教师培养方案。

（3）因地制宜，挖掘校外教育资源：责任与担当教育的核心理念在于培养学生在面对社会、环境以及个人生活时勇于担当的能力。研学实践为学生提供了走出教室、投入实践的机会，帮助他们在真实场景中感悟责任与担当的价值。实施责任与担当教育活动的领导者、组织者和实施者都应特别关注可被用于开展此项教学活动的校外教育资源。

红色教育馆藏资源在教育目的指向中，应把“社会主义核心价值观教育”“人生价值与理想信念教育”“中小学生核心素养培养”作为研学实践的主要教育目标，充分调动学生已有的知识经验，从而增强红色教育资源对青少年学生教育的现实意义，在情境理解中构建正确价值观。

城市规划馆藏资源可从讲好城市故事、办好城市展览等维度进行迁移探究，用案例打动学生，用信仰的温度感染学生。

国防教育馆藏资源蕴含的爱国主义、革命英雄主义、民族自强、爱军习武、艰苦奋斗等精神，集中体现了军事历史和民族文化，依托丰富的实践教育资源，如国防教育设施、国防教育基地等，可开展各类军事训练和军事理论课程。

历史博物馆藏资源可聚焦场馆内容，由物生情，触摸历史，行走场所，体验完整过程，形成整体认知。通过历史博物馆开展责任与担当教育，不能简单地让学生们听讲解、看文物，而是要通过一系列与实际生活息息相关的活动，探究文物背后的优秀历史文化。

依照代表性和普适性原则，本书选取了24家研学营地的责任与担当教育教学计划与策略列表作为典型案例，做到了重点落实立德树人根本任务，深入挖掘各类研学资源中的责任与担当元素，引导广大中小学生在研学实践活动中养成自理能力、培育自立精神、激发热爱生活的态度，从而具有健康的身心、强健的体魄、坚强的意志，形成主动服务他人、服务社会的情怀，理解并践行社会公德，提高社会服务能力，促进形成正确的世界观、人生观、价值观。

2 不同学段的教学目的设计

2.1 小学高年级段

（1）价值体认：通过参与爱国主义及传统文化教育主题活动，参观爱国主义教育基地等，了解国家的历史和文化，认识中华文化的博大精深和丰富多彩，培养文化自信和文化认同，培育民族自豪感、自信心和爱国主义情感。

（2）责任担当：围绕责任与担当主题教育活动，主动学习、理解认同、继承发扬中华优秀传统文化，增强社会责任感和服务意识。在集体活动中初步养成自理能力，培养自立精神和热爱生活的态度，产生积极参与学校和社区活动的意愿。

（3）问题解决：能在教师引导下，结合课程活动中的内容，发现并提出自己感兴趣的问题。能将问题转化为研究小课题，体验课题研究的过程与方法，提出自己的想法，形成对问题的初步解释。

（4）创意物化：通过动手操作实践，初步掌握手工技艺与制作的基本技能，学会运用信息技术，设计并制作有一定创意的数字作品。运用常见、简单的信息技术解决实际问题，服务于学习和生活。

2.2 初中段

（1）价值体认：通过红色之旅、文化之旅，加深价值体验。能主动分享体验和感受，与老师、同伴交流思想认识，激发民族自信心、自豪感，树立热爱祖国、热爱中华民族的思想情感，继承和发扬中华优秀传统文化中的宝贵民族精神。

（2）责任担当：围绕责任与担当主题教育活动，主动与其他同学、老师分享体验和感受，增强团队合作意识、服务意识和沟通意识。在学习中形成正确的世界观、人生观、价值观，培养健全人格。

（3）问题解决：能围绕主题活动深入思考并提出有价值的问题，将问题转化为有价值的研究课题，学会运用科学方法开展研究。能主动运用所学知识理解与解决问题，并做出基于证据的解释，形成基本符合规范的研究报告或其他形式的研究成果。

（4）创意物化：运用一定的操作技能解决生活中的问题，将一定的想法或创意付诸实践，通过设计、制作或装配较为复杂的制品或用品，发展实践创新意识和审美意识，提高创意实践能力。通过信息技术的学习实践，提高利用信息技术进行分析和解决问题的能力，提升数字化产品的设计与制作能力。

2.3　高中段

（1）价值体认：通过自觉参与活动，深化国家认同、文化自信，初步体悟个人成长与社会进步、国家发展、人类命运共同体的关系，加深对中国共产党的认识和感情，使其具有中国特色社会主义共同理想和国际视野。

（2）责任担当：围绕责任与担当主题教育活动，关注社区及社会存在的主要问题，热心参与志愿者活动和公益活动，增强社会责任意识和法治观念，形成主动服务他人、服务社会的情怀，理解并践行社会公德，提高社会服务能力。

（3）问题解决：能对个人感兴趣的内容开展广泛的实践探索，提出具有一定新意和深度的问题，运用综合知识分析问题，用科学方法开展研究，增强解决实际问题的能力。能及时对研究过程及研究结果进行审视、反思并优化调整，得出基于证据的、具有说服力的结论，形成比较规范的研究报告或其他形式的研究成果。

（4）创意物化：积极参与动手操作实践，熟练掌握多种操作技能，运用综合技能解决实际生活中的复杂问题。增强创意设计、动手操作、技术应用和物化能力。形成在实践操作中学习的意识，提高综合解决问题的能力。

3 不同学段的学情分析

3.1 小学高年级段

3.1.1 年龄段特点与学习需求

（1）年龄段特点。

①认知发展：学生的认知能力和思维能力逐渐提高，开始具备逻辑思维和抽象思维的能力，能够理解复杂的概念和情境。

②社交能力：学生逐渐建立起社交关系，开始形成团队合作意识，能够在小组中合作完成任务，并且能够理解团队合作的重要性。

③自我意识：学生开始逐渐形成自我认知，对自己的兴趣、能力和价值观有一定的认识，同时开始探索自己的身份和角色。

④好奇心强烈：学生对新事物充满好奇心，愿意尝试新的体验和活动，对生活中的各种问题提出疑问，并希望通过探索获得答案。

（2）学习需求。

①实践性学习：学生更喜欢通过实践活动来学习知识，对于抽象的概念需要通过具体的实例加以理解。

②情感体验：学生对情感体验较为敏感，通过情感共鸣来理解和接受知识，因此课程实施应该注重情感体验和情感教育。

③兴趣导向：学生对自己感兴趣的事物会更加投入和专注，因此课程实施应该结合学生的兴趣和爱好，增强学习的趣味性和吸引力。

3.1.2 现有知识与能力

（1）基础学科知识：小学高年级学生已经掌握了语文、数学、道德与法治、科学等学科知识，能够理解和运用相关的概念和方法解决实际生活中的问题，具有一定的责任感和团队合作意识，但还处于成长阶段，对责任和担当的理解较为浅显。

（2）生活常识：学生对于日常生活中的一些常识和规则有一定的了解，包括家庭生活、校园生活以及社会环境中的基本常识。

（3）道德品质：学生已经接受了一定程度的道德教育，对于责任、诚实、友善等道德品质有了一定的思考和理解。

3.1.3 学习兴趣与动机

（1）探索新事物的好奇心：学生对于新鲜事物充满好奇心，渴望通过探索和体验来获取新的知识和经验。责任与担当主题的研学实践课程提供了丰富多样的实践活动和学习资源，能够激发学生的好奇心，引导他们主动参与学习，探索责任与担当的内涵和意义。

（2）对社会问题的关注与认同：学生能够自觉践行个人生活和公共生活的基本道德要求和行为规范，也开始关注自己的行为对他人的影响，并逐渐认清自己在家庭、学校和社会中的角色与责任。

（3）成长与自我认知的需求：小学高年级段的学生处于成长的关键时期，对自我认知和成长有着强烈的需求。责任与担当主题的研学实践课程通过任务驱动、小组合作等方式帮助学生深入思考自己在家庭、学校和社会中的责任与担当，促进其自我认知和成长。

3.1.4 学习障碍与策略

（1）责任与担当是相对抽象的概念，小学高年级段学生难以将概念与实际生活情境相联系。因此，教师应引导学生通过具体的实例、故事和角色扮演等方式，将抽象的概念转化为具体的行为和经验，更好地理解责任与担当的内涵。

（2）部分学生可能缺乏自我管理能力，缺乏辨别是非的能力，导致无法有效地规划时间，出现任务分配不当等问题，影响任务完成质量和效率。因此，教师在课程设计中应设立明确的学习任务和目标，明确组内的角色和分工，培养学生的责任感和担当意识。

（3）部分学生对研学的内容缺乏深度理解，仅仅停留在浅层体验上。因此，教师应探索新型教学理念，设计跨学科的教学活动，让学生理解责任与担当的故事情境和内涵。

3.2 初中段

3.2.1 年龄阶段特点分析

初中阶段的学生正处于感性认识为主、理性认识上升的阶段，逐步学会全面客观地认识问题。因此，可以从以下3个方面分析该年龄阶段的特点：

（1）认知能力迅速发展。感知能力提高，视听觉感受增强，灵敏性超过成人；时空知觉发展，观察事物目的性、持久性和概括性提高；记忆力显著提高，理解性记忆比重增大，能自觉提出记忆任务并选择方法，检查效果；想象力迅速发展，创造性成分增加；注意力和思维发展，形象思维向抽象思维过渡，抽象思维逐渐占主导，但仍需以具体形象思维为基础，全面性和分析性不足。

（2）情感丰富、不稳定。少年期是一个半幼稚、半成熟的时期，是独立性和依赖性、自觉性和幼稚性错综矛盾的时期，因此情绪、情感表现强烈，变化快，并显得狭隘和肤浅。容易因知识和经验的不足，缺乏判断力。初中生已开始追求远大的目标和理想，敬佩英雄模范人物，在集体生活中往往表现出较强烈的集体荣誉感，初中生的积极情感在学习与交往中获得发展，但也易受外界影响显得不够冷静，有待于教师的细心引导从而加以慢慢培养。

（3）自我意识和独立意识增强。中学生的自我意识迅速发展，由评价他人转向自我评价，注重内心体验，渴望别人的认可和尊重，重视家庭与班级地位。但也可能为显示自己而采取简单鲁莽的行为。同时，独立意识也在增强，不再依赖教师和家长，开始用批判的眼光看待周围事物，独立思考并发表意见，反对过多监督与干涉。

通过开展责任与担当教育研学实践活动，可以帮助学生们更好地了解中华民族的历史和文化，培养他们的责任担当意识和爱国情怀。指引学生从自我做起，从日常小事做起，自主接纳并敢于担负自己的责任；提高觉悟，形成对自己负责、对他人负责、对集体负责、对国家负责和对社会负责的积极态度，逐步树立正确的世界观、人生观和价值观。

3.2.2 现有知识与能力

初中生在参与红色革命爱国主题研学实践活动前，已经通过历史课程等途径，对我国的近代史、革命史有了一定的了解。他们知道一些著名的革命事件、人物和思想，对红色革命有一定的认识。然而，这些知识往往是零散的、碎片化的，缺乏系统地整合和深入地理解。因此，在活动中，需要引导他们通过实地考察、亲身体验等方式，将这些知识串联起来，形成完整的知识体系。例如，“研学教育立德树人　红色文化培根铸魂”主题研学活动中“走进红色家乡”一课，通过参观湘江战役纪念园，激发学生的家乡自豪感和爱国情感。

初中生正处于身心发展的关键时期，他们的思维逐渐由形象思维向抽象思维过渡，具备了一定的分析问题和解决问题的能力。在研学实践活动中，他们可以通过小组讨论、案例分析等方式，对红色革命的历史背景、意义和影响进行深入探讨，提升思辨能力和语言表达能力。同时，他们还可以通过实践活动中的任务挑战、团队合作等环节，锻炼自己的组织协调能力、合作能力和创新能力。例如，“厚植家国情怀　践行初心使命”主题研学活动中“劳动大生产——纺线”一课，用劳动体验激发学生珍惜现在的美好生活，理解自力更生、艰苦奋斗的延安精神。

3.2.3　学习兴趣与动机

责任与担当主题研学实践活动具有深厚的中华优秀传统文化底蕴。通过学习这些内容，学生可以深入了解国家的历史、文化和民族精神，增强民族自豪感和国家认同感。这种内在的学习动机将推动学生更加积极地参与到研学实践活动中。

此外，责任与担当也是激发初中生学习动机的重要因素之一。在研学实践活动中，学生需要承担一定的责任和任务，通过团队合作和个人努力完成任务，可以培养他们的责任感和担当精神。这种责任感和担当精神将进一步激发他们的学习动机，促进他们的全面发展。

3.2.4　学习障碍与策略

（1）知识储备不足：初中生对于红色革命和爱国主题的认知往往停留在表面，缺乏深入的知识储备和理解。这可能导致在研学实践中难以深入领会活动内涵，也难以形成深刻的情感体验。针对这一问题，在活动开展前，可以通过课堂教学、专题讲座等方式，加强学生对红色革命和爱国主义的了解和认识。同时，鼓励学生利用分组探究、自主阅读相关书籍、观看纪录片等方法，丰富知识储备。

（2）参与积极性不高：部分学生可能由于年龄、性格等原因，对于红色革命和爱国主义缺乏足够的兴趣，导致参与研学实践活动的积极性不高。针对这一问题，为了激发学生的参与热情，可以采用多种活动方式，如角色扮演、情境模拟、互动问答等。这些活动可以让学生更加身临其境地感受红色革命和爱国主义的内涵，从而增强参与感。

（3）实践能力欠缺：研学实践活动需要学生具备一定的实践能力，包括观察、思考、分析、解决问题等。然而，部分学生在这些方面可能存在欠缺，难以有效参与到实践活动中。针对这一问题，在活动开展过程中，应注重培养学生的实践能力。可以通过设置实践任务、开展实践比赛等方式，让学生在实践中锻炼观察、思考、分析、解决问题等能力。同时，教师也要及时给予指导和反馈，帮助学生不断完善实践能力。

3.3 高中段

3.3.1 总体年龄特征

（1）生理特征：高中生的年龄在15~18岁，处于青年初期。高中生的生理发展与初中生同属一个大阶段，有一定的延续性和关联性。

高中生的身体生长速度逐渐减慢，但已基本接近成人的标准，趋于成熟，在体态上逐渐趋于匀称，体型也已稳定，骨骼骨化过程基本完成，肌肉力量还在发展，所以外表看来高中生已是一个成人。

高中生大脑的结构和机能已和成人相等，神经细胞已发育完全，神经过程的兴奋和抑制达到平衡，第二信号系统的调节机能更加完善。

（2）心理特点。

①心理发展更成熟：高中生的心理明显地比初中生更为成熟，已达到了一个更高的发展水平。心理上正处于脱离父母的断乳期。首先，认知能力进一步发展，观察力有很大提高，并且趋向精确和细致；注意力更加稳定；记忆力由机械记忆为主过渡到以理解记忆为主；思维表现出更高的抽象概括水平，逻辑思维已占主导地位，思维的深刻性、独立性和批判性都有明显发展；想象力也日益丰富。高中生认知能力的提高为其学习复杂的科学知识，完成较重的学习任务提供了条件。

②情感过程发展较快：高中生的情绪和情感体验强烈且富于热情，相对于初中生尤为稳定和深刻，趋于内向和分化。他们的感情变得内隐，即内心世界活跃，情感在外部的表现却并不明显。

他们的爱国主义与集体主义情感更为浓厚，能与个人社会责任感联系起来。他们的友谊感也增加了理智性与深刻性，多从道德观念的一致，理想、志向的共同点上去寻求友谊。男女同学的友好表示逐渐增多，在正确教育引导下，一般能克制自己的行为与感情，表现出道德上的成熟性与情感的深刻性。

③意志的自觉性提高：高中生的意志自觉性比初中生有明显的提高，但水平仍不是很高。高中生随着身体的迅速发育、自我意识的明显增强、独立思考和处理事物能力的发展，在心理和行为上表现出强烈的自主性，迫切希望从父母的束缚中解放出来。受暗示性减弱，克服困难的毅力也有所增强，自我调节能力逐步提高，但有时喜欢意气行事，需要老师的正确引导和帮助。

3.3.2 现有知识与能力

作为新时代的青少年，高中生能够认识到责任与担当是他们应有的人格品质，懂得他们应当积极承担自己的责任，勇于担当起时代赋予的使命。

3.3.3 学习兴趣与动机

（1）学习方面：能够认识到学习对于个人成长和未来发展的重要性，学习态度认真。他们愿意投入时间和精力去学习，努力提升自己的学习成绩。在学习方法上，高中生普遍具备一定的自主学习能力，能够独立思考和解决问题。

（2）生活方面：高中生能够承担一定的自我管理责任，具有自我约束和规划能力。如保持个人卫生、合理安排作息时间等。

（3）社会方面：高中生能够认识到自己作为社会的一份子，有社会责任感和使命感。愿意参与社会公益活动，为社会作出一定贡献，积极关注社会问题，勇于提出自己的见解和建议，对参与公共事务有一定的热情和动力。

3.3.4 学习障碍与策略

部分高中生缺乏学习责任感，对待学习敷衍了事，缺乏主动性和自律性；在面对困难和挑战时，担当精神不足，容易选择逃避或依赖他人；缺乏面对问题的勇气和解决问题的决心；生活上缺乏自我约束和规划能力；缺乏社会责任感和使命感。要鼓励他们参与社会实践和公益活动，增强他们为社会作贡献的意识和能力。

4 不同研学主题的教学计划与策略列表

4.1 教学计划与策略列表：领略古都的责任与传承 讲好新时代北京故事

<table>
<tr><td colspan="3">营地名称</td><td>北京市自动化工程学校（简称“北京营地”）</td><td>命名机构</td><td>教育部</td><td>识别码</td><td>Y145110001</td></tr>
<tr><td colspan="3">从业资质（摘要）</td><td>设有智能制造类、信息技术类、轨道交通类三大专业群；是全国中小学生研学实践教育营地、北京市初中学生学工教育基地、北京市中小学生社会大课堂市级资源单位</td><td>单位属性</td><td>公益二类</td><td>法定代表人</td><td>胡定军</td></tr>
<tr><td colspan="3">研学主题</td><td>领略古都的责任与传承 讲好新时代北京故事</td><td colspan="2">主要目的指向</td><td colspan="2">责任与担当教育</td></tr>
<tr><td rowspan="7">营地（枢纽）及周边主要优质研学资源</td><td colspan="2">基地层级</td><td colspan="5">研学站点（基地）名称</td></tr>
<tr><td rowspan="2">教育部命名基地</td><td>已列入教学计划</td><td colspan="5">一、与本主题相关列入教学计划的基地14个
1.北京陶瓷艺术馆；2.黄花城水长城；3.生存岛；4.国家图书馆；5.北京花乡世界花卉大观园有限公司（简称“北京花卉大观园”）；6.中国园林博物馆；7.北京汽车博物馆；8.北京市园林绿化科学研究院；9.恭王府博物馆；10.北京天文馆；11.中国医学科学院药用植物研究所（简称“北京药用植物园”）；12.中国科学院动物研究所；13.中国科学院植物研究所；14.北京鲁迅博物馆
二、与本主题关联不大但列入本营地教学计划的基地0个</td></tr>
<tr><td>待列入教学计划</td><td colspan="5">1.中国航空博物馆；2.天安门国旗护卫队；3.北京航空航天大学（航空航天博物馆、“月宫一号”综合实验装置）；4.中国消防博物馆；5.中国地质博物馆；6.北京学生活动管理中心（简称“北京教学植物园”）；7.水利部节水灌溉示范基地；8.全国农业展览馆；9.中华航天博物馆；10.中国海洋石油工业展览馆；11.中国核工业科技馆；12.故宫博物院；13.中家院（北京）检测认证有限公司；14.中国检验检疫科学研究院；15.中关村智造大街；16.中国工程院；17.国家地震紧急救援训练基地；18.北京国家地球观象台；19.南水北调中线干线北京市房山区大石窝镇惠南庄泵站；20.北京昌平砺志国防教育培训学校</td></tr>
<tr><td colspan="2">其他部委命名基地</td><td colspan="5">1.北京市天坛公园管理处；2.北京故宫文化发展有限公司；3.中国国家博物馆；4.圆明园遗址文源研学基地（简称“圆明园”）；5.中国科学院国家天文台；6.中国科学院生物物理研究所；7.中国科技馆；8.中国共产党历史展览馆；9.中国人民革命军事博物馆</td></tr>
<tr><td colspan="2">地方命名基地</td><td colspan="5">1.中国人民抗日战争纪念馆；2.北京新文化运动纪念馆（简称“北大红楼”）；3.李大钊故居；4.大兴国际机场</td></tr>
<tr><td colspan="2">本营地资源</td><td colspan="5">1.智能制造中心；2.人工智能技术中心；3.虚拟现实技术中心；4.轨道交通运营中心；5.数字影像技术中心；6.无人机技术中心；7.信息技术中心</td></tr>
<tr><td colspan="2">其他资源</td><td colspan="5">天安门广场</td></tr>
</table>

维度或要素	小学高年级段	初中段	高中段
校内教育基础（与校内教育的衔接）	本阶段学生已经具备一定的知识储备和自主探究能力，对自然环境有更深层次的兴趣。同时，社会交往能力也在逐渐提高，善于与同学合作，乐于参与集体活动。然而，自我管理能力和情绪调控能力还有待提高，需要老师和家长的引导和帮助。本研学主题必修课程与校内教育衔接内容如下：1.人教版语文六年级上册第6课“狼牙山五壮士”；2.人教版道德与法治六年级上册第7课“权力受到制约和监督”；3.人教版道德与法治五年级上册第8课“美丽文字　民族瑰宝”；4.人教版美术五年级上册第16课“珍爱国宝—古代的陶瓷艺术”；5.人教版美术五年级下册第16课“珍爱国宝—古代的青铜艺术”；6.人教版美术六年级上册第10课“爱护古建筑”	本阶段学生正处于知识积累和价值观形成的关键期，对自然环境有更深入的探究需求。思维逐渐成熟，对世界充满好奇。在学习上，开始注重理解和思考，不再满足于简单的记忆和复述。在兴趣爱好上，开始有了自己的主张，喜欢追求个性化和差异化。重视同伴关系，希望得到他人的认同和尊重。本研学主题必修课程与校内教育衔接内容如下：1.人教版语文八年级上册第14课“故宫博物院”；2.人教版地理七年级上册第三单元第4课“世界文化遗产的保护”；3.人教版历史九年级上册第二单元第4课“中国新民主主义革命的开始”；4.人教版九年级政治全一册第二单元第5课“中华文化与民族精神”；5.人教版语文九年级下册第15课“驱遣我们的想象—艺术作品的鉴赏”；6.北师大版历史七年级上册第17课“先进的科学技术”	本阶段学生思维逐渐成熟，已具备较完备的知识体系和独立思考能力，对自然环境有更深入的探究需求。他们能主动思考，积极参与，善于发现问题并寻求解决方案。然而，也存在一些问题，如对未来方向的迷茫，对学习的焦虑等。本研学主题必修课程与校内教育衔接内容如下：1.人教版高中思想政治第四册第7课“继承发展中华优秀传统文化”；2.人教版语文第一册第十四单元第14课“胡同文化”；3.人教版高中思想政治必修3第二单元“文化传承与创新”；4.人教版高中历史必修3第三单元第10课“充满魅力的书画和戏曲艺术”；5.人教版高中历史必修3第五单元第15课“新文化运动与马克思主义的传播”；6.人教版高中历史必修1第一单元“古代中国的政治制度”；7.人教版高中思想政治必修3第三单元“中华文化与民族精神”

维度或要素			小学高年级段	初中段	高中段
研学课程	必修课程一	名称	重温抗战历史　传承抗战精神	红色血脉　青春担当	探访北大红楼　寻找光辉起点
		活动目的	认识中国共产党领导人民取得革命胜利的抗战故事以及艰苦奋斗的革命精神	通过感受中国共产党波澜壮阔的百年历程，了解党史和新中国史，激发爱国热情	认识到中国共产党初创时的不易，引导学生热爱中国共产党，热爱社会主义新中国
		活动形式	教师讲授，实地参观，实践体验相结合	教师讲授，实地探访，实践体验相结合	教师讲授，实地探访，实践体验相结合
	必修课程二	名称	走进大国重器　感受中国力量（一）	走进大国重器　感受中国力量（二）	走进大国重器　感受中国力量（三）
		活动目的	通过理解航空知识，感受科技魅力，激发创新思维和团队合作精神	通过了解机场运作，感受科技魅力，掌握飞机模型拼装的基本原理，激发学生爱党爱国爱社会主义的朴素情感	通过探索大兴机场背后所承载的诸多历史文化、科学技术难题，掌握相关知识，感悟中国智慧和中国精神
		活动形式	教师讲授，实地参观，实践体验相结合	教师讲授，实地探访，实践体验相结合	教师讲解，实地探访，实践体验相结合
	必修课程三	名称	传承使命　学会生存　永远跟党走	残垣断壁的传承与古为今用的板栗花	万里长城的建造与板栗园的前世今生
		活动目的	通过体验各项活动，提升身体素质，培养学生的社会主义核心价值观	通过深入了解长城的历史文化，增强团队合作意识，培养环保意识和创新思维	掌握长城历史文化，提升研究能力和创新思维，培养组织能力、集体责任感和担当意识
		活动形式	教师讲授，实地参观，实践体验相结合	教师讲授，实地探访，实践体验相结合	教师讲解，实地探访，实践体验相结合
	必修课程四	名称	古都三千年与军事强国梦（一）	古都三千年与军事强国梦（二）	古都三千年与军事强国梦（三）
		活动目的	通过了解国防历史和军事文化，激发爱国意识和安全意识	通过了解海陆空各兵种发展历程，深入认识中国军事的发展路径	通过了解国防建设和军事科技发展，激发爱国情感和责任担当
		活动形式	教师讲授，实地参观，实践体验相结合	教师讲授，实地探访，实践体验相结合	教师讲解，实地探访，实践体验相结合

维度或要素			小学高年级段	初中段	高中段
研学课程	必修课程五	名称	古今图书巡礼	中国古代书籍的流传	读万卷书　行万里路
		活动目的	通过领略古今图书的风采，感受古代丰富多元的图书文化，认识数字图书馆的魅力	通过参观古籍展览，帮助学生认识古代的传拓和雕版印刷两项传统技艺	通过引导学生领略中国不同地区的风土人情，深度理解不同地区书籍内容、书籍制作特点
		活动形式	教师讲授，实地参观，实践体验相结合	教师讲解，实地探访，实践体验相结合	教师讲解，实地探访，实践体验相结合
	必修课程六	名称	展大国风采　树少年雄心	徜徉历史的长河	中华五千年文明简史
		活动目的	通过走近悠久的历史，认识中华文化的魅力，在学习和实际操作中提升学生的综合素养	通过研学，帮助学生进一步认识和理解历史、文化等知识，提高他们的观察力、思考力和表达能力、逻辑思维能力	通过参观远古、夏商西周、辽宋夏金元、明清等八个展厅，掌握古代中国的历史发展脉络
		活动形式	教师讲解，实地参观，实践体验相结合	教师讲解，实地探访，实践体验相结合	教师讲解，实地探访，实践体验相结合
	必修课程七	名称	从“汉字”看中国传统文化	传东方智慧　品华夏文化	传承红色基因
		活动目的	通过运用现代化的科学知识、数学思维、技术手段去体验，激发学生热爱中国传统文化的意识，加强使命感和责任感	通过动手操作，帮助学生认识传统文化，加强传承中华优秀传统文化的使命感和责任感	通过研学，引导学生掌握中国近现代史，感受革命先烈的英勇事迹，激发爱国情怀，培养创新思维
		活动形式	教师讲解，实地参观，实践体验相结合	教师讲解，实地探访，实践体验相结合	教师讲解，实地探访，实践体验相结合
	必修课程八	名称	天安门广场	回溯历史时光　再现皇家建筑工艺	铁肩担道义　妙手著文章
		活动目的	通过初步了解天安门广场的历史和文化背景及天安门广场上升国旗和降国旗的仪式流程，激发学生的爱国情感	通过参观圆明园遗址，引导学生理解其历史和文化价值，增强学生对文化遗产保护的社会责任感，激发学生的爱国热情	通过参观，掌握相关历史人物和事件的知识点，传承革命先烈薪火，激发做新时代中国特色社会主义事业接班人的豪情壮志
		活动形式	教师讲解，实地参观，实践体验相结合	教师讲解，实地探访，实践体验相结合	教师讲解，实地探访，实践体验相结合

维度或要素			小学高年级段	初中段	高中段
研学课程	必修课程九	名称	传承使命　学会生存	寻生活之美　探公共艺术	生存岛
		活动目的	通过体验团队合作与个人挑战，培养责任感和担当精神，激发自理能力和适应能力	通过研学，认识并理解航空领域的工作流程，培养团队协作能力和责任担当精神	通过在实践中体验责任与担当，掌握独立解决问题的能力、团队协作的能力，培养责任担当意识
		活动形式	教师讲解，实地参观，实践体验相结合	教师讲解，实地探访，实践体验相结合	教师讲解，实地探访，实践体验相结合
	必修课程十	名称	传东方智慧　品华夏文化	长城的一砖一瓦	恭王府“曲水流觞”
		活动目的	通过深入了解陶瓷文化，培养学生的文化自信和艺术审美能力，激发其社会责任感和团队协作能力	通过研学活动，认识并理解文化遗产的保护方法与传承技艺，提升团队合作和问题解决能力，促进个人成长和社会发展	通过实验探究古人“曲水流觞”的游戏规则，了解沁秋亭的形制与周边环境，作出假设、设计实验方案
		活动形式	教师讲解，实地参观，实践体验相结合	教师讲解，实地探访，实践体验相结合	教师讲解，实地探访，实践体验相结合
	选修课程		1. 入营教育选修课 2. 扎染艺术 3. 编竹简写篆书 4. 效法自然　咫尺山林 5. 版画漏印中的“一叶知秋”	1. 入营教育选修课 2. 古都磁韵 3. 石碑传拓 4. 穿墙透壁—解析官式古建筑营造技艺 5. 三味书屋读鲁迅	1. 入营教育选修课 2. 陶瓷成型大揭秘 3. 设计古籍版式 4. 感受中国插花文化 5. 鲁迅书籍封面设计中的“封”情

维度或要素		小学高年级段	初中段	高中段
研学线路	代表性线路（时长五日）	第一天：北京营地—天安门广场—北京营地；第二天：北京营地—北京陶瓷艺术馆—北京营地；第三天：北京营地—中国国家博物馆—中国人民抗日战争纪念馆—北京营地；第四天：北京营地—国家图书馆—北京陶瓷艺术馆—北京营地；第五天：北京营地—大兴国际机场—北京营地	第一天：北京营地—圆明园—北京营地；第二天：北京营地—北京陶瓷艺术馆—世界花卉大观园—北京营地；第三天：北京营地—中国国家博物馆—中国人民革命军事博物馆—北京营地；第四天：北京营地—国家图书馆—中国共产党历史展览馆—北京营地；第五天：北京营地—大兴国际机场—北京营地	第一天：北京营地—李大钊故居—生存岛—北京营地；第二天：北京营地—北大红楼—中国人民革命军事博物馆—北京营地；第三天：北京营地—国家博物馆—北京营地；第四天：北京营地—国家图书馆—黄花城水长城—北京营地；第五天：北京营地—大兴国际机场—北大红楼—北京营地
	可选择线路（按天设计，菜单式选择）	1.北京营地—中国航空博物馆—北京营地；2.北京营地—天安门国旗护卫队—北京营地；3.北京营地—北京航空航天大学—北京营地；4.北京营地—中国消防博物馆—北京营地；5.北京营地—中国地质博物馆—北京营地；6.北京营地—北京学生活动管理中心—北京营地；7.北京营地—水利部节水灌溉示范基地—北京营地；8.北京营地—全国农业展览馆—北京营地	1.北京营地—北京国家地球观象台—北京营地；2.北京营地—中国航空博物馆—北京营地；3.国家地震紧急救援训练基地—北京营地；4.北京营地—中国检验检疫科学研究院—北京营地；5.北京营地—中国地质博物馆—北京营地；6.北京营地—北京学生活动管理中心—北京营地；7.北京营地—水利部节水灌溉示范基地—北京营地；8.北京营地—全国农业展览馆—北京营地	1.北京营地—中华航天博物馆—北京营地；2.北京营地—中国海洋石油工业展览馆—北京营地；3.北京营地—中国核工业科技馆—北京营地；4.北京营地—中家院（北京）检测认证有限公司—北京营地；5.北京营地—中国检验检疫科学研究院—北京营地；6.北京营地—中国工程院—北京营地；7.北京营地—水利部节水灌溉示范基地—北京营地；8.北京营地—北京国家地球观象台—北京营地
	规划线路（按天设计）	1.北京营地—中华航天博物馆—北京营地；2.北京营地—中国海洋石油工业展览馆—北京营地；3.北京营地—故宫博物院—北京营地	1.北京营地—中关村智造大街—北京营地；2.北京营地—中华航天博物馆—北京营地；3.北京营地—南水北调中线干线北京市房山区大石窝镇惠南庄泵站—北京营地	1.北京营地—北京昌平砺志国防教育培训学校—北京营地；2.北京营地—国家地震紧急救援训练基地—北京营地；3.北京营地—故宫博物院—北京营地

维度或要素		小学高年级段	初中段	高中段
教学重点难点（以代表性线路教学设计为例，以下同）	教学重点	1. 深入了解国家标志和国旗的象征意义 2. 培养动手能力和创造力 3. 认识到保护历史文化遗产的重要性，培养文化认同感 4. 参与阅读活动，培养阅读兴趣和阅读能力 5. 培养遵守公共秩序和安全的意识	1. 理解历史变迁和文化传承 2. 理解陶瓷制作工艺和艺术价值 3. 深入了解国家历史和文化 4. 更加全面理解图书馆的功能和作用 5. 理解机场设施和安全规定	1. 深入理解古代皇家文化，体验中华文明之根 2. 感受革命先驱精神，树立担当意识 3. 领略国家历史与文化 4. 培养阅读习惯，传承文化经典 5. 感受现代科技与国家发展，增强责任感
	教学难点	1. 理解天安门广场的历史和文化意义 2. 有效利用图书馆资源，培养阅读兴趣和责任意识 3. 初步了解现代航空科技与国家发展的关系，培养责任意识 4. 了解博物馆内的展品和历史文化 5. 体验团队协作和生存技能，培养独立意识和责任意识	1. 理解圆明园的历史和文化价值，培养爱国情怀和责任意识 2. 深入了解博物馆内的展品和历史文化，培养文化自信和责任意识 3. 全面了解党的历史和革命精神，深入理解红色文化的内涵和价值 4. 有效利用图书馆资源，培养阅读兴趣和责任意识 5. 理解现代航空科技与国家发展的关系，培养责任意识	1. 深入理解北大红楼所代表的中国近现代历史与文化，培养红色情怀和责任担当意识 2. 深入理解展品背后的历史文化，培养文化自信和责任意识 3. 理解现代航空科技与国家发展结合的意义，激发爱国情怀和使命感 4. 体验自然风光和历史文化，培养环保意识和责任担当意识 5. 理解中国近现代历史与文化，培养红色情怀和责任担当意识

维度或要素	小学高年级段	初中段	高中段
教学策略	针对小学高年级段学生的认知特点和社会责任感培养需求，基于杜威的“从做中学”教育理论，选取“责任与担当”为主题，依托北京丰富的历史文化和现代社会发展资源，采取情境体验与角色扮演相结合的教法，引导学生通过实践活动深入学习，带领学生开展走进历史博物馆，了解古都的变迁等活动，感受先辈的责任担当；参观现代社区，体验社区服务的实际工作，培养学生对社会的责任感。通过小组讨论、团队合作等形式，学生将学习如何在实际生活中践行责任与担当。通过这些活动，达到培养学生的历史使命感和社会责任感的目的，使其明确个人在社会中的定位与角色，学会担当，未来为社会贡献自己的力量	针对初中段学生正处于青春期，自我认知与社会责任感逐渐形成的学情，基于皮亚杰的认知发展阶段理论，选取“责任与担当”作为研学主题，依托北京丰富的历史文化和现代社会发展资源，采取问题导向与实践结合的教法，引导学生通过主动探究与合作学习来深入理解主题。学生分组进行社会责任调研，如环保、文化传承等，让他们在实际操作中体验担当的意义；同时，通过模拟社会角色，如志愿者、社区管理者等，让学生在模拟情境中学习如何承担责任。此外，还将组织小组讨论和反思分享，以促进学生对责任与担当的深度思考。达到培养初中生的自我认知和社会责任感的目的，使他们在实践中学习如何担当，为成为有担当的青少年打下坚实基础	针对高中段学生已具备较为成熟的思维能力和自我认知，处于人生观、价值观形成的关键时期的学情，基于马斯洛需求层次理论，选取“责任与担当”作为研学主题，依托北京丰富的历史文化底蕴和现代化建设成就，采取研讨式与体验式相结合的教法，引导学生通过深度探讨和实践活动来感悟责任与担当的真谛。组织学生进行社会责任践行活动，如社区服务、环保行动等，让他们在实际行动中体会担当的重量；同时，通过邀请社会名师和专家开展讲座交流，帮助学生建立正确的价值观和责任感。通过上述策略达到培养高中生的社会责任感和自我担当意识的目的，使他们在深入思考和实践中明确个人对社会的责任与贡献，为成为有担当的新时代青年奠定坚实基础

维度或要素				小学高年级段	初中段	高中段
实施方案	入营教育	安全	引导	讲解安全规定、演示应急处理方法	组织专家进行安全讲座，向学生介绍安全风险和应对措施	通过图表展示和视频演示等形式，向学生传达安全知识和技能
			实训	通过模拟演练、实际操作等方式，让学生掌握基本的安全技能，提高自我保护能力	组织学生进行安全演练和模拟演练活动，让他们亲身参与并实践预防措施和应急处理方法	通过安全活动角色扮演和团队合作，学生将学习如何识别风险并采取相应的预防措施
		应急	引导	讲解应急知识、演示应急操作，引导学生了解应对突发情况的正确方法	通过实地考察和观摩，学生将更好地理解和学习应急处理的实际操作	组织专门的技能培训工作坊，针对不同的应急事件或风险进行专题培训
			实训	通过模拟演练、实际操作等方式，让学生掌握应对突发情况的正确方法和技能，提高自我保护和应对能力	组织学生进行实地考察和观摩，让他们参观实际的应急处理中心、紧急救援机构或专业培训机构	学生将通过参与培训工作坊，提升应急处理的技能水平和冷静思考的能力
		救助	引导	讲解基本救助知识、演示急救操作，引导学生了解基本的救助方法	通过演练将锻炼学生的团队合作能力和资源利用能力	通过竞赛活动，锻炼学生独立思考、团队合作和创造性解决问题的能力
			实训	通过角色扮演、案例分析、团队合作等活动，帮助学生熟悉和掌握求助教育的方法和技巧	组织学生参与救援演练和合作项目，让他们在团队合作的环境中学会面对“困难”	组织学生参与案例分析设计的竞赛活动，要求他们进行分析和设计解决方案
		自我管理	引导	引导学生制订个人计划，明确目标，培养自主意识和自我控制能力，确保研学活动安全顺利进行	通过训练，让学生学会如何识别和理解自己的情绪，有效地管理和调节情绪	通过分享自己的成长案例，让学生更好地了解如何应对困难和挑战，同时也培养了自我管理和自我成长的能力
			实训	制订个人计划、时间管理、情绪控制等，让学生掌握自我管理的技能和方法	组织学生进行情绪管理训练，包括学习认识和理解不同情绪的起因和表现	组织学生分享自己在面对困难和挑战时的经验和成功故事
		团队协作	引导	讲解团队协作的重要性、演示合作技巧，引导中小学生学会与他人合作	通过跨学科项目合作研讨，让学生深刻体验团队合作的重要性	通过解谜游戏、户外拓展课程挑战活动，锻炼学生的团队合作、沟通和决策能力
			实训	分组合作、角色扮演等	跨学科研讨，综合项目体验等	解谜游戏、户外拓展课程挑战活动等

维度或要素		小学高年级段	初中段	高中段
实施方案	导入教学环节	1.视频导入：带领学生领略天安门广场的庄严与壮丽，引导同学们探讨广场背后的历史意义 2.微课导入：通过一段精美的陶瓷制作视频，激发同学们对陶瓷艺术的浓厚兴趣 3.情境导入：借助互动问答与文物复制品展示，引导学生走进历史长河，感受中华文明的博大精深 4.任务导入：通过经典图书展示与趣味知识竞赛，激发学生对阅读的热爱，领略书籍的无穷魅力 5.情境导入：结合机场模型与航拍视频，展示现代化建筑奇迹，激发学生对航空科技的兴趣与好奇	1.讲解关于圆明园的历史图片与故事，激发学生对历史文化与文物保护意识的兴趣与思考 2.运用多媒体展示花卉之美，结合趣味互动游戏，激发学生对花卉知识的兴趣与探索欲望 3.通过展示珍贵文物图片与故事讲解，结合互动问答，引导学生探索历史文化的魅力与深度 4.借助经典图书展示与阅读分享，激发学生对阅读的热爱，引导他们领略书籍的无穷魅力与智慧 5.通过展示机场建筑模型与播放航拍视频，结合互动问答，激发学生对航空科技与建筑美学的兴趣与好奇	1.讲述李大钊的生平事迹和展示其故居的历史照片，引导学生深入探索革命精神与文化遗产的价值 2.通过深入剖析红楼历史与文化内涵，结合现场参观，引导学生感悟北大精神，激发学术探索热情 3.结合珍贵文物与高清影像，引导学生深入探索历史文化内涵 4.通过经典文献解读与专家学者引导，让学生深入领略知识魅力，培养批判性思维与学术研究能力 5.通过实地参观与专家讲解，让学生深入了解机场建筑特色与航空科技，激发探索与创新的热情
	授课教学环节	第一天：入营教育，必修课程八“天安门广场”；第二天：必修课程四“古都三千年与军事强国梦（一）”、必修课程十“传东方智慧　品华夏文化”，选修课程2“扎染艺术”；第三天：必修课程六“展大国风采　树少年雄心”、必修课程一“重温抗战历史　传承抗战精神”，选修课程3“编竹简写篆书”；第四天：必修课程五“古今图书巡礼”、必修课程七“从‘汉字’看中国传统文化”，选修课程4“效法自然　咫尺山林”；第五天：必修课程二“走进大国重器　感受中国力量（一）”，选修课程5“版画漏印中的‘一叶知秋’”	第一天：入营教育，必修课程八“回溯历史时光　再现皇家建筑工艺”，选修课程2“古都磁韵”；第二天：必修课程七“传东方智慧　品华夏文化”；第三天：必修课程六“徜徉历史的长河”、必修课程四“古都三千年与军事强国梦（二）”，选修课程3“石碑传拓”；第四天：必修课程五“中国古代书籍的流传”、必修课程一“红色血脉　青春担当”，选修课程4“穿墙透壁—解析官式古建筑营造技艺”；第五天：必修课程二“走进大国重器　感受中国力量（二）”、必修课程九“寻生活之美　探公共艺术”，选修课程5“三味书屋读鲁迅”	第一天：入营教育，必修课程八“铁肩担道义　妙手著文章”、必修课程九“生存岛”，选修课程2“陶瓷成型大揭秘”；第二天：必修课程七“传承红色基因”、必修课程四“古都三千年与军事强国梦（三）”；第三天：必修课程六“中华五千年文明简史”、必修课程十“恭王府‘曲水流觞’”，选修课程3“设计古籍版式”；第四天：必修课程五“读万卷书　行万里路”、必修课程三“万里长城的建造与板栗园的前世今生”，选修课程4“感受中国插花文化”；第五天：必修课程二“走进大国重器　感受中国力量（三）”、必修课程一“探访北大红楼　寻找光辉起点”，选修课程5“鲁迅书籍封面设计中的‘封’情”

维度或要素		小学高年级段	初中段	高中段
实施方案	进级教学环节	1.实地探究：大兴国际机场整体功能、建设情况；2.一线一城一世界—北京中轴线：沿着时间的足迹，感受如今盛世的景象；3.实地探究：带领学生参观纪念馆展览，引导学生观察、思考和提问；4.讲解与讨论：讲解员讲解，引导学生深入理解我国历史文化；5.小组讨论和个人反思：引导学生思考个人与国家的关系，培养担当精神；6.讲解：讲解员讲解天安门的历史和文化背景，以及个人在国家和民族中的责任和担当；7.小组讨论和个人反思：引导学生深入思考并表达自己的观点	1.实地探究：中国共产党历史展览馆内展品、圆明园遗址、中国人民革命军事博物馆，引导学生观察、思考和提问；2.一线一城一世界—北京中轴线：沿着时间的足迹，感受如今盛世的景象；3.动手操作：千纸鹤观景区折千纸鹤；4.体验科技感：在智慧科技岛感受科技带来的智慧感；5.动手操作：模拟古法营造手段，搭建微缩长城，测试不同黏合剂配搭所建城墙的坚固度，搭建帐篷；6.动手操作：学习古代的传拓和雕版印刷两项传统技艺	1.实地探究：探究中国人民抗日战争纪念馆，引导学生观察、思考和提问；2.考察探究：参观北京大学红楼，对新文化运动进行考察探究；3.实践体验：收集机场相关资料，画一画了解到的机场，一起交流分享；4.自由组队：用三种不同材料的长方形积块、软积木、水管道积木进行机场模型的搭建；5.作图并学习：制作飞机构成图，学习飞机组件及其作用；6.实景调查：调查探究长城建筑结构和长城的保护状况；7.分组研究：按照古籍创作或者制作的地理位置，带领学生领略中国不同地区的风土人情，了解不同地区书籍内容、书籍制作特点；探秘中华五千年文明简史；8.动手制作体验：深度学习榫卯结构的特点，了解古人智慧
	巩固教学环节	1.引入真实案例和故事讲解：用真实案例和故事组织现场教学、自主学习与任务驱动相结合 2.游戏和练习：趣味性练习和游戏体验 3.总结分享：通过展示交流的方式对研学知识进行巩固	1.交流分享：选择研学中感兴趣的相关内容，以报告、演讲或展示的形式分享，更好地体悟革命精神的重要意义 2.成果展示：以主题班会的形式，以小组为单位展示研学考察成果，交流研学心得	1.访谈：访谈1~2位历史研究学者，聆听他们对历史的评价，深化历史认知和爱国情怀 2.体悟：置身博物馆，体悟文化 3.探访：亲身感受不为人知的历史故事和感人瞬间 4.应用：开展“责任与担当—讲好北京故事”演讲比赛，加深对北京、对祖国的热爱，坚定理想信念

维度或要素			小学高年级段	初中段	高中段
实施方案	总结教学环节	教学创新	通过实地考察、跨文化交流、科技手段运用等方式，为学生提供丰富的学习体验和实践机会，使学生更深入地理解“责任与担当”的内涵，培养他们的社会责任感和实践能力	在活动中，学生以小组为单位，每组承担一项活动，如环保清洁、文化遗产保护宣传等。任务执行过程中，学生需自行策划、组织并执行，老师仅提供必要的指导和支持。完成任务后，组织学生进行分享交流，反思过程中的挑战与收获，深化对责任与担当的认识	学生分组，每组选择一项社会责任议题，进行深入研究并提出解决方案。学生通过实地考察、访谈调研，将理论与实践相结合，深化对责任与担当的理解。挑战结束后，组织成果展示与评议，鼓励学生相互学习、共同进步。此环节旨在培养学生的社会责任感和主动担当精神，同时锻炼其问题解决和团队合作能力
		教学总结	采用实地考察、小组讨论、角色扮演等多种教学方法，确保学生全方位、多角度地理解“责任与担当”的主题。通过反馈，大多数学生表示对北京有了更深入的了解，对“责任与担当”有了更明确的认识，自己的实践能力得到了显著提高	组织学生小组分享，讲述他们在活动中的体会和成长，特别是对“责任与担当”的新认识。引导学生回顾活动中的亮点，强化“责任与担当”的重要性，并鼓励学生将所学应用于日常生活和学习中。此环节旨在巩固学生的责任意识，培养其担当精神，并为他们成为有责任感的社会公民打下基础	通过小组讨论，分享研学过程中的体会与收获，思考自己在责任担当方面的成长。引导学生深入思考责任与担当对个人与社会的意义，鼓励他们将所学应用于日常生活和未来职业规划中。总结环节旨在巩固学生对责任与担当的理解，并激发其持续践行社会责任的积极态度
		教学反思	能够从学生实际出发，根据学生心智特点，将研学内容用方式多且具有趣味性的形式进行呈现。把教学过程视为师生合作、共同发展的互动过程，实现教师的角色转换。课程与教学的整合，有效地提高了教学能力。后期可持续改进和完善课程设计，增强课程的趣味性和互动性	在此环节，教师需回顾活动过程，评估学生在责任认识、担当行为上的表现与变化。同时，反思教学方法是否有效激发学生兴趣，活动设计是否足够贴合学生实际。通过总结经验与不足，为未来的教学提供改进方向，以更好地培养学生的责任与担当意识	回顾整个教学过程，思考活动内容是否有效激发了学生的主动性和创造性，教学方法是否促进了学生深入思考责任与担当的内涵。同时，评估学生在活动中的表现，思考如何更好地引导他们将责任与担当融入未来规划。通过反思，不断优化教学策略，助力学生形成坚定的社会责任感和担当精神

维度或要素				小学高年级段	初中段	高中段
实施方案	评价教学环节	教学水平评价	自我评价	教师对自己的教学过程进行定期评估	教师收集学生对自己的教学情况的意见和反馈	通过学生活动过程及结果的反馈，反思线路设计及课程设计的适切性，是否完成了线路及课程预设的目标
			学生评价	学生对教师和学生之间的互动是否充分，研学课程中师生对话的参与度，学生能否积极参与到课堂教学中，课堂气氛活跃度等方面进行评价	调查学生对教师的教学方法、课堂组织、知识传授和辅导等方面的看法，评估教师在学生心目中的形象和影响力	组织学生对教师是否擅长调动学生的主动性，内容安排是否科学合理，是否引导启发学生深度思考、鼓励学生表达交流、指导学生动手实践、融入正确价值观等方面进行评价
			同行评价	由营地教师和教学管理人员对教师的教学进行评价	由营地教师和教学管理人员对教师的教学进行详细评价	研学基地导师、营地教师、学校学科教师、其他营地教师等对于线路及课程的多维度评价，用于及时反馈预设目标
			培训和考核	定期对营地教师进行教学培训和考核，通过考核结果来评价教师的教学水平	定期对营地教师进行教学培训和考核，通过考核结果来评价教师的教学水平	组织专业培训和考核，确保教师具备相应的教学能力和水平，为学生提供优质的教学体验
			教学成果展示	通过学生的学业成绩、学生的创新作品等，评价教师的教学水平	通过研学过程展示教师的教学成果，通过学生的学业成绩、学生的创新作品等，评价教师的教学水平	通过多种形式展示“责任与担当”研学线路的教学成果，如展览、汇报演出等，让学生和家长直观感受教学成果，促进教学质量的持续提升

维度或要素				小学高年级段	初中段	高中段
实施方案	评价教学环节	学业评价	形成性评价	及时给予反馈和指导，促进学生的自我反思和提升	观察学生在研学过程中的表现，及时给予反馈和指导，促进学生的自我反思和提升	观察学生在研学过程中的参与度、合作态度及对“责任与担当”的理解和表现，及时给予反馈和指导，促进学生的自我反思和提升
			总结性评价	综合学生在研学全程中的表现，对“责任与担当”的认知深度和实践能力进行全面评估	综合学生在研学全程中的表现，对“责任与担当”的认知深度和实践能力进行全面评估	综合学生在研学全程中的表现，对“责任与担当”的认知深度和实践能力进行全面评估，提供具体、有针对性的建议，助力学生成长
			教师评价	结合“责任与担当”主题，给出具体客观的评价，同时为学生提供建设性反馈和指导	结合“责任与担当”主题，给出具体客观的评价，同时为学生提供建设性反馈和指导，加强课后跟进辅导	教师根据学生在研学过程中的实际表现，结合“责任与担当”主题，给出具体客观的评价，同时为学生提供建设性反馈和指导
		项目评价		评价主体：教育行政主管部门、参与学校、学生家长、参与基地、社会各界；评价内容：教学内容、教学方法、教学资源、研学项目设计及组织实施；评价方式：采取调查问卷或一对一、一对多访谈等方式；评价结果运用：及时发现问题并加以改进，确保项目的实施效果，并及时反馈用于项目优化	评价主体：教育行政主管部门、参与学校、学生家长、参与基地、社会各界；评价内容：教学内容、教学方法、教学资源、研学项目设计及组织实施；评价方式：采取调查问卷或一对一、一对多访谈等方式；评价结果运用：及时发现问题并加以改进，确保项目的实施效果，并及时反馈用于项目优化	评价主体：教育行政主管部门、参与学校、学生家长、参与基地、社会各界；评价内容：教学内容、教学方法、教学资源、研学项目设计及组织实施；评价方式：采取调查问卷或一对一、一对多访谈等方式；评价结果运用：及时发现问题并加以改进，确保项目的实施效果，并及时反馈用于项目优化

4.2 教学计划与策略列表：强国有我担使命　共筑梦想绽芳华

<table>
<tr><td colspan="3">营地名称</td><td>石家庄市青少年社会综合实践学校（简称“石家庄营地”）</td><td>命名机构</td><td>教育部</td><td>识别码</td><td>Y145130001</td></tr>
<tr><td colspan="3">从业资质（摘要）</td><td>综合实践教育；研学实践教育；劳动教育</td><td>单位属性</td><td>公益一类</td><td>法定代表人</td><td>吕宗海</td></tr>
<tr><td colspan="3">研学主题</td><td>强国有我担使命　共筑梦想绽芳华</td><td colspan="2">主要目的指向</td><td colspan="2">责任与担当教育</td></tr>
<tr><td rowspan="7">营地（枢纽）及周边主要优质研学资源</td><td colspan="2">基地层级</td><td colspan="5">研学站点（基地）名称</td></tr>
<tr><td rowspan="2">教育部命名基地</td><td>已列入教学计划</td><td colspan="5">一、与本主题相关列入教学计划的基地11个
1. 西柏坡纪念馆；2. 石家庄市规划馆；3. 河北塔元庄同福农业科技有限责任公司（简称“塔元庄同福研学基地”）；4. 马本斋烈士纪念馆；5. 河北西柏坡中央社会部旧址暨国家安全教育馆；6. 唐山地震遗址纪念公园；7. 八路军一二九师纪念馆；8. 保定市清苑区冉庄地道战纪念馆；9. 晋察冀军区司令部旧址；10. 晋察冀边区革命纪念馆；11. 唐山地震遗址纪念公园
二、与本主题关联不大但列入本营地教学计划的基地4个
1. 漕河渡槽工程；2. 中国农业科学院（万庄）国际农业高新技术产业园（简称“万庄产业园”）；3. 蔚县青少年校外活动中心；4. 中航通飞华北飞机工业有限公司（简称“中航通飞研学基地”）</td></tr>
<tr><td>待列入教学计划</td><td colspan="5">1. 启行营地（北京）教育科技有限公司（简称“启行营地”）；2. 中国人民抗日军政大学陈列馆实践基地；3. 张家口市青少年冰雪运动综合实践基地</td></tr>
<tr><td colspan="2">其他部委命名基地</td><td colspan="5">华北军区烈士陵园</td></tr>
<tr><td colspan="2">地方命名基地</td><td colspan="5">1. 龙山名人民俗蜡像研学基地（简称“龙山蜡像馆”）；2. 东方巨龟苑研学实践教育基地（简称“东方巨龟苑基地”）；3. 华北制药研学实践教育基地；4. 乐仁堂研学实践教育基地；5. 庄稼主生态农业科技示范园（简称“庄稼主基地”）；6. 中国蜜蜂博物馆（河北）；7. 河北出版印刷研学实践教育基地</td></tr>
<tr><td colspan="2">本营地资源</td><td colspan="5">1. 国防教育馆；2. 教育文化馆；3. 生命教育馆</td></tr>
<tr><td colspan="2">其他资源</td><td colspan="5">1. 石家庄解放纪念馆；2. 晋州市周家庄合作史纪念馆；3. 安新县白洋淀雁翎队纪念馆；4. 保定市中国共产党员日记博物馆</td></tr>
</table>

维度或要素	小学高年级段	初中段	高中段
校内教育基础（与校内教育的衔接）	对照课标，小学高年级段在责任与担当教育方面提出“了解中国共产党的历史和革命传统，热爱中国共产党，初步了解中国特色社会主义制度的优越性”“理解社会主义核心价值观的内涵，在日常生活和社会活动中积极践行”“感受劳动创造的意义，热爱劳动，主动承担力所能及的劳动，尊重各行各业的劳动者”“知道宪法，感受宪法对社会和生活的重要性，形成初步的法治意识”“树立维护国家统一和民族团结的责任意识”。本研学主题必修课程与校内教育的衔接内容主要如下：1.人教版道德与法治五年级上册第三单元第6课“我们神圣的国土”、第7课“中华民族一家亲”；2.人教版道德与法治五年级上册第四单元第8课“美丽文字　民族瑰宝”、第9课“古代科技　耀我中华”；3.五年级下册第三单元第7课“不甘屈辱　奋勇抗争”、第8课“推翻帝制　民族觉醒”、第9课“中国有了共产党”、第10课“夺取抗日战争和人民解放战争的胜利”、第11课“屹立在世界的东方”、第12课“富起来到强起来”；4.人教版道德与法治六年级上册第一单元第1课“感受生活中的法律”、第2课“宪法是基本法”；5.人教版道德与法治六年级上册第四单元第8课“我们受法律保护”、第9课“知法守法，依法维权”	对照课标，初中段在责任与担当教育方面提出“了解中国共产党的历史和革命传统，热爱中国共产党。初步了解中国特色社会主义制度的优越性”“将社会主义先进文化、革命文化、中华优秀传统文化、国家安全、生命安全与健康等重大主题教育有机融入课程”“培养学生的爱国情怀、社会责任感、创新精神和实践能力”，培养“有理想、有本领、有担当的时代新人”。本阶段主要衔接“道德与法治”学科，同时融合历史、生物等学科相关知识，通过让学生了解抗日战争、解放战争尤其是解放石家庄等历史内容，增强学生历史使命感、激发了学生爱国、爱家乡的情感。本阶段研学课程引导学生从热爱家乡到建设家乡的情感递进，逐步增强学生的社会责任感，并思考自身在新时代的使命担当。本研学主题必修课程与校内教育的衔接内容主要如下：1.人教版八年级历史上册第四单元“新民主主义革命的开始”、第六单元“中华民族的抗日战争”；2.人教版八年级历史下册第六单元“科技文化与社会生活”；3.人教版九年级历史下册第四单元“经济大危机和第二次世界大战”；4.人教版九年级道德与法治下册第三单元第5课“少年的担当”	对照课标，高中段在责任与担当教育方面提出“了解革命文化和历史，激发爱国主义情感，增强民族自豪感，提升职业生涯规划意识，关注家乡城市变化，愿意贡献青春力量，助推乡村振兴，能够继承和弘扬革命精神，坚定文化自信，增强社会责任感、国家认同感、政治认同感，可以自觉践行社会主义核心价值观，为实现中华民族伟大复兴的中国梦而奋斗的目标。”本研学主题必修课程与校内教育的衔接内容主要如下：1.人教版思想政治高中必修4第三单元第7课“继承发展中华优秀传统文化”；2.人教版思想政治高中必修4第三单元第9课“文化强国与文化自信”；3.人教版思想政治高中必修3第一单元第1课“历史和人民的选择”；4.人教版思想政治高中必修3第一单元第2课“中国共产党的先进性”；5.人教版思想政治高中必修3第一单元第3课“坚持和加强党的全面领导”；6.人教版历史高中选择性必修3第一单元第1课“中华优秀传统文化的内涵与特点”；7.人教版历史高中选择性必修3第一单元第2课“中华文化的世界意义”；8.人教版思想政治高中必修1第4课“只有坚持和发展中国特色社会主义才能实现中华民族伟大复兴”；9.人教版生物高三选择性必修3第2章第一节“植物细胞工程”

维度或要素			小学高年级段	初中段	高中段
研学课程	必修课程一	名称	真人CS体验	真人CS阵地战	CS抗战
		活动目的	通过情境设计、CS实操射击、团队对抗等，增强学生爱国主义观念、团队合作意识	通过了解国防知识，以团队协作实战演练为依托，初步培养战略军事思想	通过观摩、实操射击，掌握枪械使用原理，开展CS抗战赛，学习抗战技巧
		活动形式	教师讲授、实践体验、角色扮演、实操演练	实践体验、进行CS阵地战	教师讲授、考察探究、小组合作、体验实践
	必修课程二	名称	缅怀革命先烈　激发奋进力量	走进石家庄解放纪念馆	红色故事之解放石家庄
		活动目的	通过追寻革命往事，缅怀烈士丰功伟绩，增强学生民族自豪感，激发爱国主义情怀	通过了解石家庄解放的历史背景和故事，感受革命先烈的英勇无畏和坚定信仰	通过参观场馆内珍贵历史文物、图片、文献、实物等资料，激发学生爱家乡的热情
		活动形式	敬献鲜花祭英烈、行礼致敬、听革命故事、唱红歌	教师讲授、实地探访、实践体验相结合	教师讲授、实践体验、研究性学习，敬献鲜花祭英烈
	必修课程三	名称	小小讲解员	新中国从这里走来	我为家乡西柏坡代言
		活动目的	通过亲自讲解，学深讲透石家庄红色故事，引导少年儿童从小爱党爱国	通过参观体验的方式，在实践中培养学生的责任意识，在实践探究中摸清历史脉络	通过参观西柏坡馆，认识中国共产党进行革命斗争的历史背景、过程和历史意义
		活动形式	体验参观、模拟讲解、讲解比赛	参观体验、探究实践	教师讲授、实地探访、实践体验相结合
	必修课程四	名称	英雄王二小	读城记——石家庄城市规划馆	馆中见城市发展
		活动目的	通过观看情景剧，学习和传承王二小爱憎分明、机智勇敢、不惧艰险、英勇无畏的革命精神	通过了解石家庄城市发展历史，引导学生珍惜当前幸福生活，热爱家乡，并立志为家乡作贡献的情怀	通过参观石家庄规划馆，认识家乡石家庄，感受城市魅力，激发热爱家乡的情感；热爱家乡的诚挚之情
		活动形式	实景演出、角色扮演、唱红歌	参观学习、主题宣讲	教师讲授、实地探访、实践体验相结合

维度或要素			小学高年级段	初中段	高中段
研学课程	必修课程五	名称	与劳模面对面	植物“营养师”	神奇的植物组织培养
		活动目的	通过与全国劳模面对面，聆听劳模故事，弘扬榜样正能量，传承劳模奋斗精神	通过认识生态农业，关注生态农业发展，感受劳动创造价值，形成积极的劳动观	在探究与实践的过程中，认识各种作物的生长过程，掌握组织培养的基本技术
		活动形式	听故事，劳动实践	参观体验、教师指导、实践体验	教师讲授、实践体验、研究性学习
	必修课程六	名称	走进“新中国制药工业摇篮”	“新乐西瓜”LOGO（标识）设计	“新乐西瓜”直播带货模式探究
		活动目的	感受民族制药工业化发展的变迁，体会科技兴企、科技强国的重大意义	设计LOGO，感受劳动的艰辛，理解劳动创造价值，劳动创造美好生活的道理	通过互联网平台售卖新乐西瓜，体验直播带货形式，认识劳动创造价值
		活动形式	参观、听讲解、互动体验、知识抢答	实地探访、设计制作、分享交流	教师讲授、实地探访、实践体验相结合
	必修课程七	名称	乐者传奇	探“蜜”之旅	学做劳模
		活动目的	通过认识和理解乐仁堂的企业文化理念，了解和学习中医药文化，辨识中草药，学会保健知识，树立健康养生意识	通过学习蜜蜂的相关知识，了解创始人获得“全国劳动模范”的创业史；学习劳模的社会责任意识和奉献精神	通过了解劳模，学习劳模艰苦奋斗的精神，认识到幸福是奋斗出来的
		活动形式	剧情导入、参观、听讲解、互动体验、实践制作	参观、讲解、任务驱动、交流感悟	人物采访、研究性学习、设计制作
	必修课程八	名称	探寻乡村振兴	幸福生活我创造	甜“蜜”生活之源
		活动目的	通过了解“三农”知识以及塔元庄乡村振兴模式，加深学生对家乡的了解，激发学生建设家乡、振兴家乡的理想信念	通过了解全国劳模的艰苦奋斗史，致敬劳模精神；体会劳动创造价值，明白“幸福是奋斗出来的”的道理	通过了解探究蜜蜂酿蜜原理和过程并实践制作蜂蜜唇膏，体会劳动创造甜蜜生活
		活动形式	实地寻访、听讲解、实践体验	实地调研、资料搜集、人物访问、实践创作	教师讲授、实地探究、体验实践

维度或要素			小学高年级段	初中段	高中段
研学课程	必修课程九	名称	探秘城市规划馆	追寻红色印记	雁翎队情景剧演绎
		活动目的	学习石家庄的历史发展变迁以及未来发展规划，树立建设家乡、发展家乡的责任意识	了解老一辈革命家浴血太行、报国救民的历史功绩，学习根据地人民团结抗敌、救亡图存的不屈精神	通过参观纪念馆，聆听讲解，并以雁翎队生活、作战为题材，完成剧本创作并演绎
		活动形式	实地寻访、听讲解、实践制作	参观、讲解、问题探究	教师讲授、实地探访、实践体验相结合
	必修课程十	名称	探访“最后的人民公社”	抗战生活体验	走进中国共产党员日记博物馆
		活动目的	亲身体验农耕劳动，感受时代的变迁和社会的发展，激发建设祖国的责任感和民族自豪感	通过体验推独轮车、抬担架、打绑腿等活动，了解抗战的艰辛，感受八路军将士和边区人民不怕吃苦、艰苦奋斗的精神	通过参观展区，参与党史、国史、军史知识问题互动活动等，激发学生的爱国情怀
		活动形式	实地参观、听讲解、实践体验	实地探访、教师讲解、实践体验、交流感受	教师讲授、实地探访、实践体验相结合
	选修课程		1. 重走长征路 2. 国防体验课 3. 探秘智慧农业 4. 同福馒头制作	1. 唱响红色经典 2. 心系国防　有你有我 3. 我为家乡代言	1. 心系国防　强国有我 2. 参观塔元庄中国梦展馆 3. 体悟贤母文化

维度或要素		小学高年级段	初中段	高中段
研学线路	代表性线路（时长五日）	第一天：石家庄营地—石家庄营地国防教育馆—石家庄营地；第二天：石家庄营地—华北军区烈士陵园—石家庄解放纪念馆—石家庄营地；第三天：石家庄营地—龙山蜡像馆—东方巨龟苑基地—石家庄营地；第四天：石家庄营地—华北制药研学实践教育基地—乐仁堂研学实践教育基地—石家庄营地；第五天：石家庄营地—塔元庄同福研学基地—石家庄市规划馆—晋州市周家庄合作史纪念馆—石家庄营地	第一天：石家庄营地—河北西柏坡中央社会部旧址暨国家安全教育馆—西柏坡纪念馆—石家庄营地；第二天：石家庄营地—石家庄解放纪念馆—石家庄市规划馆—石家庄营地；第三天：石家庄营地—塔元庄同福研学基地—庄稼主基地—石家庄营地；第四天：石家庄营地—中国蜜蜂博物馆（河北）—石家庄营地；第五天：石家庄营地—东方巨龟苑基地—石家庄营地	第一天：石家庄营地—石家庄解放纪念馆—石家庄营地国防教育馆—石家庄营地；第二天：石家庄营地—西柏坡纪念馆—石家庄规划馆—石家庄营地；第三天：石家庄营地—塔元庄同福研学基地—庄稼主生态农业科技示范园—石家庄营地；第四天：石家庄营地—东方巨龟苑研学实践教育基地—中国蜜蜂博物馆—石家庄营地；第五天：石家庄营地—安新县白洋淀雁翎队纪念馆—保定市中国共产党员日记博物馆—石家庄营地
	可选择线路（按天设计，菜单式选择）	1.石家庄营地—河北西柏坡中央社会部旧址暨国家安全教育馆—西柏坡纪念馆—石家庄营地；2.石家庄营地—保定市清苑区冉庄地道战纪念馆—石家庄营地；3.石家庄营地—马本斋烈士纪念馆—石家庄营地；4.石家庄营地—晋察冀军区司令部旧址—晋察冀边区革命纪念馆—石家庄营地；5.石家庄营地—河北出版印刷研学实践教育基地—中航通飞研学基地—石家庄营地；6.石家庄营地—石家庄营地生命教育馆—石家庄市规划馆—石家庄营地；7.石家庄营地—蔚县青少年校外活动中心—石家庄营地；8.石家庄营地—八路军一二九师纪念馆—石家庄营地	1.石家庄营地—国防教育馆—石家庄营地；2.石家庄营地—唐山地震遗址纪念公园—石家庄营地；3.石家庄营地—马本斋烈士纪念馆—石家庄营地；4.石家庄营地—晋察冀军区司令部旧址—晋察冀边区革命纪念馆—石家庄营地；5.石家庄营地—漕河渡槽工程—石家庄营地；6.石家庄营地—万庄产业园—石家庄营地；7.石家庄营地—晋察冀边区革命纪念馆—石家庄营地；8.石家庄营地—保定市清苑区冉庄地道战纪念馆—石家庄营地	1.石家庄营地—河北西柏坡中央社会部旧址暨国家安全教育馆—石家庄营地；2.石家庄营地—晋察冀边区革命纪念馆—石家庄营地；3.石家庄营地—马本斋烈士纪念馆—石家庄营地；4.石家庄营地—晋察冀军区司令部旧址—石家庄营地；5.石家庄营地—漕河渡槽工程—石家庄营地；6.石家庄营地—万庄产业园—石家庄营地；7.石家庄营地—晋察冀边区革命纪念馆—石家庄营地；8.石家庄营地—唐山地震遗址纪念公园—石家庄营地
	规划线路（按天设计）	1.石家庄营地—张家口市青少年冰雪运动综合实践基地—张家口营地—石家庄营地；2.石家庄营地—中国人民抗日军政大学陈列馆—石家庄营地；3.石家庄营地—启行营地—石家庄营地	1.石家庄营地—八路军一二九师纪念馆—石家庄营地；2.石家庄营地—晋察冀边区革命纪念馆—石家庄营地；3.石家庄营地—中国人民抗日军政大学陈列馆—石家庄营地	1.石家庄营地—八路军一二九师纪念馆—石家庄营地；2.石家庄营地—中航通飞研学基地—石家庄营地；3.石家庄营地—中国人民抗日军政大学陈列馆—石家庄营地

维度或要素		小学高年级段	初中段	高中段
教学重点难点（以代表性线路教学设计为例，以下同）	教学重点	1.学习解放石家庄战役的历史 2.了解抗日战争和解放战争期间献出宝贵生命的革命先烈的英雄事迹 3.了解抗日英雄王二小和现代劳模的先进事迹，排练情景剧 4.学习中医药知识和保健技能，学会制作芝麻丸 5.了解我国在历史发展中社会制度的变迁和农村的振兴史	1.了解西柏坡的历史事件，激发学生为实现中华民族伟大复兴肩负的时代责任 2.了解石家庄城市的过去、现在、未来，进一步了解石家庄日新月异的城市建设 3.掌握配置营养液的方法，设计西瓜LOGO 4.了解两名劳模的创新创业史以及带领村民致富的过程；了解人物访问新闻的写作过程 5.理解抗战时期革命将士和广大劳动人民浴血奋战、艰苦创业的光辉历程	1.了解关于石家庄解放的历史事件及对其石家庄发展的重要意义，继承和弘扬革命精神，了解枪械使用原理，进行实操射击 2.了解石家庄的发展历史及未来布局规划，感受城市的变迁和发展 3.掌握植物组织培养技术基本原理，感受科学技术在生产实践中的重要价值 4.调研劳模故事，了解劳模精神，树立社会责任感；探究蜂蜜酿蜜的原理，加深对蜜蜂的认识 5.了解雁翎队革命历史，感受雁翎队精神
	教学难点	1.了解军事武器的基本知识，枪械射击技巧 2.理解并能通过自己的表达，变身“小小讲解员”讲述红色故事 3.感受革命先烈们为了中华民族的伟大复兴而甘洒热血，勇于献身的民族气魄 4.在短剧中精准表现角色的英雄精神 5.用榜样的力量激励自己，思考怎样才能为社会多作贡献	1.理解西柏坡精神的深刻内涵 2.通过对国防馆的学习，了解我国的国防，感受科技对国防的重要意义 3.通过对现代农业体验，感受乡村振兴带来的变化，增强热爱家乡、建设家乡的情感 4.通过了解劳模带领村民致富的过程，增强社会责任感，具有为家乡贡献一份力的担当 5.通过抗战生活体验，感受战争年代的艰苦岁月，感悟中华民族英勇不屈的精神	1.探究石家庄解放的历史意义和时代价值，理解军事力量的重要性，培养爱国、爱党的情感 2.进行导游职业体验，为游客推介西柏坡，调研石家庄发展优势，制订城市未来十年规划方案 3.进行组培育苗，感悟科技赋能乡村振兴建设，体验直播带货行业，助力新乐农副产品销售，承担社会责任 4.探究劳模精神内涵，制作劳模宣传微电影；制作蜂蜜唇膏，树立“美好生活靠自己创造”的信念 5.演绎雁翎队情景剧，进行党史、国史、军史知识互动活动，感悟共产党员的初心使命

维度或要素	小学高年级段	初中段	高中段
教学策略	小学高年级段学生在知识、技能、情感等方面都有了初步基础，很容易启蒙形成独具个性的价值观；他们体力充沛，热爱户外活动，能够在游戏、实践等活动中习得技能、形成一定的价值观。针对这些特点，基于建构主义、项目式学习等理论基础和以人为本、全面发展的育人理念，选取以国防教育、红色教育、劳动教育、科技教育等为主的研学课程，依托研学基地场地及设备、研学教师、研学物料等资源，以培养爱国主义精神、民族自豪感、奋斗意识、责任担当和奉献意识为目标，采取讲授法、任务驱动法、直观演示法、情境教学法、参观、实践体验、小组合作等学法，开展参观学习、实践体验、动手制作等多种形式的活动，确保学有所获	初中段学生逐渐发展出独立思考和决策能力，逐渐形成自我意识以及独立性强等实际情况，基于生活教育理论，以及建构主义理论，注重学生主体性和开放性，结合学生的实际生活，引导学生通过实地考察，体验式学习、合作学习、探究式学习来解决实际问题。选取国家、省、市级研学营地、基地、博物馆、纪念馆等研学站点，依托优势资源及教育设备，如人力资源（学校教师、营地教师、讲解员、校医、安全员等）、物料资源（研学活动相关物料、工具、《研学手册》、研学条幅、应急医药箱等），采取参观教学、讲授教学、任务驱动法、体验教学、情境教学等学法，开展体验、探究、观察、创意创新等活动，通过红色教育、国防教育、农业生态教育等主题的研学实践体验强化责任与担当意识，培养学生的爱国主义情怀、热爱家乡的情感，让学生树立为家乡、为祖国建设贡献力量的责任感和意识	高中段学生能够理性地思考问题，处于认知发展、思想建设的重要阶段，是个体价值观、道德观和责任感形成的关键时期，针对以上实际情况，基于项目式学习理念，将思政教育融入研学实践活动中，从革命传统文化、国防科工、职业教育、劳动教育等角度，选取与学生个体发展相关的切入点，依托研学基地和革命纪念馆的教育资源，采取实地考察、任务驱动、合作探究等教学方法，引导学生在合作学习、探究式学习、研究性学习过程中，追忆红色历史、感受城市变迁、体悟现代农业在推进乡村振兴过程中的作用，增强社会责任感、国家认同感，树立正确的责任担当意识，能够理解并践行社会主义核心价值观，坚定为实现中华民族伟大复兴的中国梦而不懈奋斗的信念

维度或要素				小学高年级段	初中段	高中段
实施方案	入营教育	安全	引导	召开安全教育会，播放安全管理视频，进行安全教育，强调各方安全管理责任	通过学习《安全手册》进行入营安全教育，签订研学安全责任协议	召开研学安全主题班会，学习安全知识，签订研学安全责任协议
			实训	通过互动式教学设备，在安全教育场馆开展实景式、体验式安全专题教育	播放安全教育视频，在安全教育场馆开展实景式、体验式安全演练	根据研学实际，学生以团队为单位编写《安全手册》，增强安全意识
		应急	引导	讲解应急知识，演示逃生技巧以及应急处理方法	讲解应急知识，观看逃生视频，学习应急处理方法	通过视频播放、讲解示范等形式，掌握应急知识和处理技巧，提升应对能力
			实训	实操应急救护，进行疏散演练	模拟逃生现场，进行疏散演练	开展消防、地震、疏散逃生等应急演练活动、提升应急处置能力
		救助	引导	进行救助主题培训：如触电、晕倒、溺水等培训，提高求助及应对能力	观看救助视频，学习相关救助知识，如触电、晕倒、溺水等	通过创设情境、案例分享等形式引导学生了解救助知识，学习救助技能
			实训	模拟真实情境，在教师指导下，学习实操心肺复苏、包扎等技能	模拟真实情境，练习心肺复苏、包扎、人工呼吸等技能	模拟演练，掌握心肺复苏、包扎、人工呼吸等技能以及AED工具的使用
		自我管理	引导	加强生活教育，引导学生学会自我管理，提高学生自理能力	开展专题培训，讲解自我管理相关知识，如内务整理、餐具清洗、组织纪律等	从生活、时间、情绪、学习等方面引导学生做好自我管理
			实训	结合自我管理评价标准，在教师指导下，开展整理内务等训练，力争达到标准	结合自我管理评价标准，开展相应实操活动	学生自主设计自我管理计划并参与一系列心理团建活动，提升自我管理能力
		团队协作	引导	通过团队拓展活动，增强学生互相帮助、团结协作的意识	通过团队拓展活动，培养学生交流表达、团结协作能力，有效提升团队凝聚力	在有趣的团建游戏、素质拓展活动中，引导学生树立团队合作意识
			实训	采取小组合作的方式，开展团建活动，在活动中学会合作、公平竞争	采用小组合作的方式，开展相关活动，掌握与他人合作的技巧和方法	学生发挥团队协作能力，自主制订计划、分工合作完成具体任务

维度或要素		小学高年级段	初中段	高中段
实施方案	导入教学环节	1.故事导入：通过讲述白求恩在抗日战争期间来到晋察冀边区，在极端困难的情况下，以高度的国际主义精神，无私奉献、日夜救治伤员的故事，引出研学主题；2.故事导入：通过讲述聂荣臻指挥解放石家庄的战役，激发学生的好奇心；3.故事导入：讲述抗日小英雄王二小的故事，激励学生勇敢面对困难，为国家和人民的未来努力奋斗；4.问题导入：华北制药厂为什么被誉为“新中国制药工业的摇篮”？生活中常见的抗生素是如何生产制作出来的？5.问题导入：同福集团乡村振兴的支柱产业有哪些？探究同福馒头是如何制作出来的	1.视频导入：播放西柏坡纪录片，引导学生从视频中了解和搜集相关历史知识；2.任务导入：以“我的美丽家乡”为素材征集材料，请同学们化身为家乡宣传员，为石家庄代言；3.问题导入：什么是科技兴国？我们一起去看看吧；4.问题驱动：你认识劳模吗，讲一讲你身边的劳模故事吧？劳模身上的哪些优秀品质值得我们学习和发扬；5.问题导入：观看《抗战》视频，回答相关问题	1.问题导入：石家庄为何被称为“开国第一城”？2.视频导入：以视频方式向学生展示我国乡村振兴取得的成果，进而引入本次活动主题；3.图片导入：展示多种植物培养的图片，激发学生探索欲望；4.任务导入：请站在新闻工作者的角度介绍全国劳动模范范海庭的故事，号召大家学习其甘于奉献，为社会服务的精神；5.情境导入：请学生欣赏《小兵张嘎》电影片段，通过抗日小少年引出白洋淀，进而进入活动主题
	授课教学环节	第一天：入营教育，必修课程一“真人CS体验”，选修课程2“国防体验课”；第二天：必修课程二“缅怀革命先烈　激发奋进力量”、必修课程三“小小讲解员”；第三天：必修课程四“英雄王二小”、必修课程五“与劳模面对面”；第四天：必修课程六“走进‘新中国制药工业摇篮’”、必修课程七“乐者传奇”；第五天：必修课程八“探寻乡村振兴”、必修课程九“探秘城市规划馆”、必修课程十“探访‘最后的人民公社’”	第一天：入营教育，必修课程九“追寻红色印记”、必修课程三“新中国从这里走来”，选修课程1“唱响红色经典”；第二天：必修课程二“走进石家庄解放纪念馆”、必修课程四“读城记——石家庄城市规划馆”，选修课程3“我为家乡代言”；第三天：必修课程五“植物‘营养师’”、必修课程六“‘新乐西瓜’LOGO（标识）设计”；第四天：必修课程七“探‘蜜’之旅”、必修课程一“真人CS阵地战”，选修课程2“心系国防　有你有我”；第五天：必修课程八“幸福生活我创造”、必修课程十“抗战生活体验”	第一天：入营教育，必修课程一“CS抗战”、必修课程二“红色故事之解放石家庄”，选修课程1“心系国防　强国有我”；第二天：必修课程三“我为家乡西柏坡代言”、必修课程四“馆中见城市发展”；第三天：必修课程五“神奇的植物组织培养”、必修课程六“‘新乐西瓜’直播带货模式探究”，选修课程2“参观塔元庄中国梦展馆”；第四天：必修课程七“学做劳模”、必修课程八“甜‘蜜’生活之源”，选修课程3“体悟贤母文化”；第五天：必修课程九“雁翎队情景剧演绎”、必修课程十“走进中国共产党员日记博物馆”

维度或要素		小学高年级段	初中段	高中段
实施方案	进级教学环节	1.模拟实践：通过模拟实战CS，深化学生强国必须强军的认知 2.体认感悟：瞻仰革命烈士雕像，为革命先烈献花，听革命故事，缅怀革命先烈，学唱红歌汲取红色力量 3.观看体验：观看《抗日英雄王二小》实景演出，铭记抗日英雄王二小，学习他的革命精神，积极为祖国的繁荣和发展贡献自己的力量 4.参观体验：感受“新中国制药工业摇篮”，让孩子们了解我国第一株青霉素菌种诞生的重大意义 5.参观体验：参观塔元庄村史馆、同福乡村振兴产业园、智慧农场，探究乡村振兴模式，感悟科技助力乡村振兴，激发助农的热情	1.参观考察：塑像广场、司令部旧址 2.观看体验：参观石家庄的发展历史，了解城市规划相关知识 3.探究实践：掌握“无土栽培”原理及特点，并进行无土栽培作品制作 4.探究体验：了解蜜蜂的特点、结构及蜜蜂制品的应用；制作相关蜜蜂制品 5.体验实践：对抗战期间活动进行体验，如推独轮车、挑水、抬担架等，对抗战时期艰苦环境开展充分的体验	1.分享：开展“石家庄红色主题”班会，追忆峥嵘岁月，展望美好未来，感悟军事的力量对国家和平发展的影响 2.体验：探寻红色记忆，聆听红色革命故事，体验导游职业，推介西柏坡，思考如何为这座城市设计未来十年规划方案 3.探究：思考现代农业发展在乡村振兴建设中的价值和意义；找寻农产品销售新途径，为家乡发展贡献力量 4.实践：走近劳模，了解劳模背后故事，运用镜头的形式展现劳模精神，亲历制作蜂蜜皂、唇膏等手工作品 5.体悟：合作表演情景剧，激发爱国爱党之情，怀感恩之心为祖国伟大复兴而奋斗
	巩固教学环节	1.拓展：开展“小小讲解员”红色故事讲解比赛，巩固实践成果 2.巩固：利用情境体验法，沉浸式体验王二小的故事，让学生以小组为单位，通过角色扮演，排练并进行情景剧展演，让红色记忆铭记心间 3.巩固：用表格的形式对中药知识进行整理和归类，并进行阐述；尝试制作中草药香囊和养生芝麻丸 4.拓展：撰写乡村振兴小作文，坚定建设家乡的决心 5.拓展：展示创意绘制的“我爱石家庄”未来城市发展蓝图，描绘家乡美好未来，热爱家乡	1.巩固：深刻领悟“讲团结”“守纪律”“有毅力”“能吃苦”的革命精神 2.拓展：根据搜集的资料，制作一本《石家庄城市手册》或“石家庄规划图” 3.迁移：运用掌握的无土栽培相关知识，制作一瓶植物营养液 4.迁移：根据了解的蜂蜜制品，运用相关材料制作一块蜂蜜香皂 5.拓展：选择研学中感兴趣的相关内容，以报告、演讲或展示的形式分享，更好地体悟革命精神的重要意义	1.拓展：深入挖掘宣传石家庄的红色资源，讲好石家庄红色故事，打造石家庄城市红色名片，为建设美丽省会城市作贡献 2.拓展：邀请专业城市规划师专家为学生讲解规划师的职业素养及具体案例，培养职业生涯规划能力 3.巩固：理解科技在农业发展中的作用以及助力乡村振兴建设的重要性 4.巩固：通过小论文的形式表述对劳模及劳模精神的理解和认识，将所学所感内化为助力成长的精神品质 5.拓展：阅读作家孙犁的作品《白洋淀纪事》《荷花淀》《芦花荡》等，充分了解白洋淀人民生活和英雄抗日的故事

维度或要素			小学高年级段	初中段	高中段
实施方案	总结教学环节	教学创新	课程设计注重跨学科知识的运用，根据小学高年级学段学生特点，将研学旅行与劳动教育相结合，对照相关学科的课标，衔接课本相关知识，创新学习的新方式，开辟学习的新途径，在真实情境中，引导学生知行合一、增强学生知识运用能力，树立正确的价值观、职业观、养成良好的劳动习惯	根据初中年级学段学生特点，将研学旅行与劳动教育、自然教育、生活教育相结合，对照相关学科的课标，衔接课本相关知识，将教学内容进行深入挖掘和重新组织，以适应学生的学习需求和教育目标，并采用恰当的教学方法，如研究式或探究式的方法，以提高教学效果和学生的学习兴趣	以培养学生科学素养为主要目的，采用项目式等教学方式，运用跨学科的理念，引导学生探究考察、实践体验、调查研究等，实现深度学习，注重开放生成，引导解决实际问题，增强学生科学意识、提高科学素养
		教学总结	根据教学目标、学生学情，通过学生分享、成果展示等方式，对课程设计、线路设计、教学策略、教学理念、实施方式等进行总结，通过召开总结班会等方式，进行交流讨论，全面了解学生的收获和心得感悟，对优秀研学成果及作品进行展示，巩固学生研学所得，增强学生的研学实践兴趣	根据教学思路，结合研学课程实际情况，收集学生、家长及其他相关人员的反馈，复盘研学中的优点和不足，通过调查问卷的形式收集各方反馈意见，整理研学活动的教学资料，建立研学档案	运用线上线下方式搜集、整理研学过程中的相关资料，收集学生、家长及其他相关人员的反馈，组织开展研学成果展主题班会，复盘研学中的收获和问题，最终建立研学档案
		教学反思	收集学生、家长及其他相关人员的反馈，复盘研学组织实施过程中的优点和不足，结合教学目标、实施过程和评价结果，进行教学反思，对过程中的不足进一步优化、调整研学环节，不断提高课程质量及效果	根据教学总结得出的反馈，结合教学目标、实施过程和评价结果，进行教学反思，对过程中的不足进一步优化、调整研学环节，不断提高课程质量及效果	依据本阶段学情，以教学总结得出的反馈为基础，深入分析整体研学过程，梳理资源与课程的匹配度、教学环节的设计、实施和效果、学生主体性、学生参与度等，整合优化本研学设计与实施，总结经验，为下次研学活动做好准备

维度或要素				小学高年级段	初中段	高中段
实施方案	评价教学环节	教学水平评价	自我评价	通过教研活动，教师对研学内容、课程设计等进行自我评价，对活动实施中出现的问题进行反思总结，对发现的问题进行分析并进一步完善	教师对研学内容设计、教学方法及策略、课程实施流畅度、目标达成情况、学生参与度、研学效果等进行评价，总结反思研学过程中存在的问题，明确改进方向	教师针对线路设计、课程设计、课程实施、研学效果等方面进行交流讨论、迭代反思，进一步优化研学线路和课程
			学生评价	学生对教师有效指导、学生参与度、线路课程趣味性、自我收获等方面进行分享交流	学生对教师是否擅长调动学生的主动性、内容安排是否科学合理、是否引导启发学生深度思考、是否鼓励学生表达交流、是否指导学生动手实践、是否融入正确价值观等方面进行评价	学生针对线路设计、课程实施、教师授课、自我参与、自我收获等方面进行交流讨论、迭代反思，从而为优化研学线路和课程提供借鉴
			同行评价	营地教师、学校带队教师对基地研学指导教师的教学设计、内容安排、实施效果等方面进行评价	营地教师、学校带队教师对基地研学指导教师的线路设计、课程设计、内容安排、教学方式方法、实施策略、实施效果等方面进行评价	营地教师、带队教师、专家教师针对基地研学指导教师的教学理念、线路设计、教学设计、实施策略、研学效果等方面进行交流讨论，为优化研学线路和课程提供改进建议
			培训和考核	定期对营地（基地）教师进行基础理论、资源挖掘与转化、课程研发设计、安全管理等方面的专业培训并进行相应的考核	定期对营地（基地）教师专业理论、线路开发、课程研发设计与组织实施、专业技术及技能、安全管理等方面进行培训并考核	定期针对营地（基地）教师的理论研究、安全管理、线路设计开发、课程研发设计、组织实施等方面进行专业培训，采取多种形式进行系统考核
			教学成果展示	用图文、影像等资料记录学生的研学表现及成果；用创意作品推介会、主题班会、研学笔记等方式展示研学成果；总结并撰写研学实践课程案例	用影像资料记录学生的研学表现及成果；用成果作品展示会、学生学习成果评比大赛、主题展览等方式展示研学成果；组织开展研学实践课程案例大赛，进行教学成果的展示和推广	用研学报告、图文影像等形式记录学生的研学表现及成果；通过开展演讲比赛、创意作品推介会、主题班会、主题展览等方式呈现研学成果

维度或要素				小学高年级段	初中段	高中段
实施方案	评价教学环节	学业评价	形成性评价	研学实践中，教师对学生的参与程度、知识探究、交流表达、动手实践、互助合作等具体表现进行记录并及时评价	在活动过程中，教师借助相关评价标准，及时记录学生的活动表现，并进行适当的点评，引导学生及时发现问题	针对学生在研学过程中形成的方案设计、过程记录、阶段成果及学生的参与程度、交流表达、动手实践、具体表现等进行翔实记录并评价，以图文影像、文字报告等形式建立学生研学档案
			总结性评价	研学实践后，依据预设的活动目标，结合学生形成的考查报告、心得感悟、物化成果等，通过交流展示的形式，对学生达成目标的程度以及研学效果作出评价	结合线路课程要求的物化活动成果和学生在活动中的表现，通过汇报展示、创意物品呈现等方式对学生作出评价	依据建立的学生研学档案以及学生形成的研学报告、物化成果等进行整体性评价，并对学生达成目标的程度以及研学效果作出评价
			教师评价	教师对学生的问题解决、知识生成、能力提升、情感认同、创新创造等方面进行综合评价	教师对学生在研学前、研学中、研学后等活动过程中，从合作探究、价值生成、创意物化等方面进行评价	教师从价值体认、问题解决、责任担当、创意物化四个维度对学生研学过程进行综合评价
		项目评价		组织教育行政主管部门、参与学校、学生家长、社会各界对研学项目设计及组织实施进行整体评价	采取问卷调查、访谈等方式，组织教育行政主管部门、参与学校、学生家长、社会各界对研学课程设计及组织实施进行整体评价，及时反馈意见和建议	采用线上线下相结合的方式组织教育行政主管部门、参与学校、学生、家长、社会各界对线路设计、课程设计、课程实施、研学效果等方面进行调研，做出整体评价

4.3　教学计划与策略列表：牢记责任担当　共筑青春梦想

<table>
<tr><td colspan="3">营地名称</td><td>晋中市中小学生综合实践学校（简称“晋中营地”）</td><td>命名机构</td><td>教育部</td><td>识别码</td><td>Y145140001</td></tr>
<tr><td colspan="3">从业资质（摘要）</td><td>综合实践教育（劳动技术教育、国防教育、安全教育、信息技术教育）；研学实践教育；研究性学习</td><td>单位属性</td><td>公益一类</td><td>法定代表人</td><td>武浩</td></tr>
<tr><td colspan="3">研学主题</td><td>牢记责任担当　共筑青春梦想</td><td colspan="2">主要目的指向</td><td colspan="2">责任与担当教育</td></tr>
<tr><td rowspan="7">营地（枢纽）及周边主要优质研学资源</td><td colspan="2">基地层级</td><td colspan="5">研学站点（基地）名称</td></tr>
<tr><td rowspan="2">教育部命名基地</td><td>已列入教学计划</td><td colspan="5">一、与本主题相关列入教学计划的基地11个
1. 平遥古城；2. 平型关大捷纪念馆；3. 中国煤炭博物馆（简称“煤博”）；4. 八路军太行纪念馆；5. 山西祁县乔家大院民俗博物馆（简称“乔家大院”）；6. 昔阳大寨；7. 山西博物院；8. 八路军文化园（山西红星杨旅游发展有限公司）；9. 吕梁市晋绥边区革命纪念馆（简称“晋绥边区纪念馆”）；10. 汾阳市贾家庄腾飞文化传播有限公司（简称“贾家庄”）；11. 太原市中小学生综合实践学校（简称“太原营地”）
二、与本主题关联不大但列入本营地教学计划的基地8个
1. 临汾市黄河壶口瀑布风景名胜区（简称“壶口瀑布”）；2. 山西省长治市气象局（简称“长治气象”）；3. 淮海工业集团有限公司（简称“淮海工业”）；4. 山西皇城相府文化旅游有限公司相府景区（简称“皇城相府”）；5. 黎城太行山黄崖洞旅游发展有限公司（简称“黄崖洞”）；6. 洪洞大槐树寻根祭祖园有限公司（简称“大槐树”）；7. 山西凤凰山生态植物园有限公司（简称“凤凰山”）；8. 云冈研究院（简称“云冈石窟”）</td></tr>
<tr><td>待列入教学计划</td><td colspan="5">1. 山西晋韵砖雕艺术博物馆；2. 平遥唐都推光漆艺博物馆（简称“唐都漆器”）</td></tr>
<tr><td colspan="2">其他部委命名基地</td><td colspan="5">刘胡兰纪念馆</td></tr>
<tr><td colspan="2">地方命名基地</td><td colspan="5">1. 中国北方国际写生基地（简称“太行写生基地”）；2. 麻田八路军总部纪念馆；3. 山西中医药博物馆；4. 谷志诚171自然教育营地（简称“谷子营地”）；5. 王家大院民居艺术馆（简称“王家大院”）；6. 石膏山风景区（简称“石膏山”）；7. 晋中国家农高区科创基地；8. 张壁古堡；9. 山西杏花村汾酒集团有限责任公司（简称“汾酒集团”）；10. 灵石王家庄园（简称“王家庄园”）；11. 阳邑小镇</td></tr>
<tr><td colspan="2">本营地资源</td><td colspan="5">1. 晋中市中小学生综合实践学校综合馆（简称“综合馆”）；2. 晋中市中小学生综合实践学校野战运动馆（简称“野战运动馆”）</td></tr>
<tr><td colspan="2">其他资源</td><td colspan="5">1. 桐峪1941博物馆（简称“1941博物馆”）；2. 前方鲁艺纪念馆；3. 太行山山水艺术馆；4. 营响未来·千曲国际教育营地（简称“营响未来”）</td></tr>
</table>

维度或要素	小学高年级段	初中段	高中段
校内教育基础（与校内教育的衔接）	对照课标，小学高年级段在责任与担当教育方面提出“义务教育阶段要坚定理想信念、厚植爱国主义情怀、加强品德修养、增长知识见识”的培养目标，本研学主题必修课程与校内教育的衔接内容主要如下： 1.人教版语文四年级下册六单元第19课“小英雄雨来”、七单元第24课“黄继光”；2.人教版语文五年级下册七单元口语交际“我是小小讲解员”；3.人教版语文六年级上册二单元第5课“七律·长征”、第6课“狼牙山五壮士”、第7课“开国大典”、第8课“灯光”、第9课“我的战友邱少云”；4.人教版语文六年级下册一单元习作“家乡的风俗”，四单元第12课“为人民服务”、第13课“董存瑞舍身炸暗堡”“综合性学习：奋斗的历程”；5.人教版数学三年级下册第1课“位置和方向”、第3课“认识东北、东南、西北、西南”；6.人教版数学六年级下册第四单元“比例（4.9图形的放大与缩小）”；7.人教版道德与法治五年级上册10.3“天下兴亡、匹夫有责的爱国情怀”；8.人教版音乐四年级上册“歌唱祖国”；9.部编鄂教版三年级科学下册第1课“土壤里有什么”；10.部编鄂教版三年级科学下册第2课“比较不同的土壤”	对照课标，初中段在责任与担当教育方面提出“义务教育阶段要在增强综合素质上下功夫，使学生有理想、有本领、有担当，培养德智体美劳全面发展的社会主义建设者和接班人”的培养目标，本研学主题必修课程与校内教育的衔接内容主要如下： 1.人教版语文七年级上册二单元第7课“荷叶·母亲”、四单元第12课“纪念白求恩”；2.人教版语文七年级下册二单元第5课“黄河颂”“综合性学习：天下国家”；3.人教版语文八年级上册一单元第1课“人民解放军百万大军横渡长江”，五单元第17课“壶口瀑布”；4.人教版语文九年级上册一单元第2课“我爱这土地”、第3课“乡愁”、四单元第14课“故乡”；5.人教版语文九年级下册一单元第1课“祖国啊，我亲爱的祖国”；6.人教版历史八年级上册第20课“正面战场的抗战”、第22课“抗日战争的胜利”；7.人教版道德与法治八年级上册第四单元“维护国家利益”；8.人教版道德与法治八年级下册第三单元第6课“我国的国家结构”；9.人教版道德与法治九年级上册第三单元第6课“建设美丽中国”；10.人教版地理八年级上册第三章“中国的自然资源”；11.人教版地理八年级下册第六章第3节“世界最大的黄土堆积区”；12.人教版物理八年级上册第一章“机械运动”；13.人教版物理八年级下册第七章第1课“力”	对照课标，高中段在责任与担当教育方面提出“要引领学生在认识社会、适应社会、融入社会的实践活动中，具备在现代社会生活中应有的自主、自立、自强的能力和态度；具有爱国主义、集体主义和社会主义思想情感；初步形成正确的世界观、人生观和价值观”的培养目标，本研学主题必修课程与校内教育的衔接内容主要如下： 1.人教版政治必修一第4课“只有坚持和发展中国特色社会主义才能实现中华民族伟大复兴”；2.人教版政治必修三第一单元第1课“历史和人民的选择”“中国共产党的先进性”；3.人教版历史必修一第四单元第16课“抗日战争”、第17课“解放战争”；4.人教版历史必修一第六单元第20课“新中国的民主政治建设”、第21课“民主政治建设的曲折发展”；5.人教版历史必修二第四单元“中国特色社会主义建设的道路”；6.人教版历史必修三第六单元“20世纪以来中国重大思想理论成果”，第七单元“现代中国的科技、教育与文学艺术”；7.人教版地理必修一第四章“地表形态的塑造”、第五章“自然地理环境的整体性与差异性”；8.人教版地理必修二第三章第1节“农业的区位选择”，第四章第2节“工业地域的形成”、第3节“传统工业区与新工业区”、问题研究“煤城焦作出路何在”；9.人教版地理必修三第四章第1节“区域农业发展”、第2节“区域工业化与城市化”

维度或要素			小学高年级段	初中段	高中段
研学课程	必修课程一	名称	我是小小讲解员	红印少年心	聆听晋绥故事
		活动目的	通过参与博物馆讲解过程，将知识进行转化，并学会用自己的方式进行阐述	通过实践探究，摸清历史脉络，建立历史逻辑，激发学生主动学习红色文化的意识	通过聆听红色革命故事，实地感受伟大的革命斗争精神和强烈的爱国精神
		活动形式	实地讲解，以小组为单位，选定小小讲解员进行爱国宣讲	纪念馆研学，完成研学任务卡探究	纪念馆参观、缅怀先烈
	必修课程二	名称	真人CS野战运动	传承左权精神	革命文物映初心
		活动目的	通过情境还原，体能拓展训练，让学生学会应用策略、团队合作，最终取得胜利	通过缅怀左权将军光辉业绩，用英雄革命主义精神激励学生，让英雄精神薪火相传	通过参观革命文物、了解革命历史、感悟红色精神，增强责任感和使命感
		活动形式	以小组为单位，在安全范围内装配好保护措施，进行真人CS野战运动	纪念馆参观学习，以小组为单位分享革命故事，感悟交流	用革命文物讲好大思政课，深化纪念馆研学实效
	必修课程三	名称	我是小小八路军	追随红军　重建连队	重温强军历程
		活动目的	通过了解八路军历史史实，学习站军姿、打军体拳，磨炼意志，凝练团队	通过实景游戏，激发学生的责任担当意识，把传承红色基因转化为自觉的行动	通过博物馆研学，在实践探究中摸清历史脉络，建立历史逻辑，激活红色因子
		活动形式	着红军军装，学打军拳、匕首操、棍棒操等动作要领，感受军人风范	以小组为单位建立红军队伍，根据拓展任务要求，完成课程任务	根据任务卡提示，完成“情报收集”和“致敬英雄”等研学任务
	必修课程四	名称	重走长征路	执笔绘征途	东渡黄河
		活动目的	感受红军长征精神和崇高风尚，用精神指引理想，用初心坚定信仰	用艺术的形式缅怀红军革命先烈，弘扬长征精神	通过户外拓展感悟八路军的严明纪律、艰苦生活及八路军战士乐观向上的战斗精神
		活动形式	场地模拟重走长征路	采用掐丝珐琅画的形式，勾勒长征路线，描摹历史场景	博物馆参观、实景模拟、户外拓展

维度或要素			小学高年级段	初中段	高中段
研学课程	必修课程五	名称	重温红色记忆	胜利大会师	大院里的家训
		活动目的	通过情景模拟开展游戏，创新思想教育课，引导学生做太行追梦人，为中华振兴作贡献	通过纪念馆研学，明晰长征各个历史节点，引导学生铭记历史，谨记使命，自强向上	通过研学王家大院建筑雕刻，领悟晋商家训寓意，实施道德品行教育
		活动形式	博物馆参观学习、模拟阵地区域实景游戏、分享感悟	规定时间内，按照时间先后把各项事件照片进行排序	集体参观王家大院，品寻建筑特色和晋商家训
	必修课程六	名称	阵地保卫战	学跳左权小花戏	探寻灵石之光
		活动目的	通过保卫阵地战实景游戏，深切感受先辈的奉献与抗争精神	通过学习小花戏，了解其产生、发展、表现形式，感受国家非遗文化魅力	通过参观王家庄园，挖掘晋商文化精髓与内涵，强化晋商后代责任担当
		活动形式	实景游戏，需要两人为一队，背靠背保护着象征胜利的气球，一起冲向终点	以“唱响文化 传承赞歌”为主题进行小花戏成果汇报表演	在王家庄园内完成研学实操课程
	必修课程七	名称	徒步大赛	探访乔家大院	太行绘梦青春
		活动目的	通过沉浸式的学习教育，让革命历史故事、历史文物发声，将红色理论与实践结合	通过参观乔家大院，感悟乔致庸的爱国情怀，领悟晋商精神，赓续家国情怀	通过深挖左权传统文化内涵，提炼归纳乡土文脉特色，感受太行屋脊之魅力
		活动形式	唱革命歌曲，磨练意志	在乔家大院进行晋商特色研学课程学习，争当少东家，模拟社会回馈	在太行写生基地绘制太行山水画作
	必修课程八	名称	一起绘地图	寻悟廉政文化	学习入党誓词
		活动目的	通过分析地形对于战争的利与弊，学会识别地图，增强方位感知	通过监察史鉴、监察法制、御史文化和礼仪等学习，感悟监察文化、监察制度	通过实地感悟乡村振兴，学习入党誓词，引导坚定理想信念、争做使命践行者
		活动形式	以小组为单位，选取一定区域绘制定向越野地图	在中国（平遥）监察文化博物馆模拟小御史，规整品行、弘扬中国优秀监察文化	实地感悟乡村振兴，面向党旗郑重宣誓

维度或要素			小学高年级段	初中段	高中段
研学课程	必修课程九	名称	一吨煤的作用	科技赋能　强国有我	国之瑰宝　担当致远
		活动目的	通过博物馆研学，认知煤炭分类以及我国煤炭储量分布，认知无私奉献的山西	通过讲解飞机的种类、飞机部位的作用等专业知识，理解航空科技强国的必要性	通过参观汾酒现代制作工艺，体会智能化设备应用的高效便捷性，感悟现代企业担当
		活动形式	沉浸式体验矿井工作，探索煤海奥秘	走进太原营地航天航空场馆，参观展出的各类飞行器，实操模拟飞行	走进汾酒企业，参观汾酒博物馆以及汾酒现代化生产车间
	必修课程十	名称	又见山博　沉“晋”看展	探索创客魅力	乡村振兴　农业先行
		活动目的	通过博物馆研学，感受山西历史悠久的文化传承，感悟家乡绚烂华丽的三晋文明	通过科技类课程，培养学生创新思维和竞争力	通过“英雄的贾家庄精神”研学，进行理想信念教育
		活动形式	各班自主选拔讲解员，精心准备、声情并茂地引领讲解	在太原营地内进行搭建机器人、制作动画、编写程序等实践课程	走进贾家庄非遗研学体验中心，进行红色教育、文学艺术、传统民俗、农耕体验
	选修课程		1.铭记英烈　赓续血脉 2.缝红军包　忆革命情 3.原声天籁（左权民歌学唱《桃花红杏花白》）（一） 4.责任担当教育大讲堂：和平与发展时代的主题	1.传统泥塑手作　红色研学课堂 2.CS枪战　勇夺红星 3.原声天籁（左权民歌学唱《桃花红杏花白》）（二） 4.责任担当教育大讲堂：时代的主题	1.追光路上　强国有我 2.重温峥嵘岁月　争做时代新人 3.原声天籁（左权民歌学唱《桃花红杏花白》）（三） 4.责任担当教育大讲堂：战备演练—提高应急应战能力

维度或要素		小学高年级段	初中段	高中段
研学线路	代表性线路（时长五日）	第一天：晋中营地—刘胡兰烈士纪念馆—野战运动馆—晋中营地；第二天：晋中营地—营响未来—晋中营地；第三天：晋中营地—八路军太行纪念馆—八路军文化园—晋中营地；第四天：晋中营地—昔阳大寨—晋中营地；第五天：晋中营地—煤博—山西博物院—晋中营地	第一天：晋中营地—八路军太行纪念馆—麻田八路军总部纪念馆—晋中营地；第二天：晋中营地—八路军文化园—晋中营地；第三天：晋中营地—1941博物馆—前方鲁艺纪念馆—晋中营地；第四天：晋中营地—乔家大院—平遥古城—晋中营地；第五天：晋中营地—太原营地—晋中营地	第一天：晋中营地—晋绥边区纪念馆—晋中营地；第二天：晋中营地—八路军太行纪念馆—麻田八路军总部纪念馆—晋中营地；第三天：晋中营地—王家大院—王家庄园—晋中营地；第四天：晋中营地—太行山山水艺术馆—太行写生基地—晋中营地；第五天：晋中营地—汾酒集团—贾家庄—晋中营地
	可选择线路（按天设计，菜单式选择）	1. 晋中营地—野战运动馆—晋中营地；2. 晋中营地—谷子营地—晋中营地；3. 晋中营地—乔家大院—晋中营地；4. 晋中营地—平遥古城—晋中营地；5. 晋中营地—太行山山水艺术馆—晋中营地；6. 晋中营地—太行写生基地—晋中营地；7. 晋中营地—山西中医药博物馆—晋中营地；8. 晋中营地—汾酒集团—晋中营地；9. 晋中营地—1941博物馆—前方鲁艺纪念馆—晋中营地；10. 晋中营地—王家大院—晋中营地	1. 晋中营地—王家大院—晋中营地；2. 晋中营地—红崖峡谷—晋中营地；3. 晋中营地—山西省博物馆—晋中营地；4. 晋中营地—石膏山—晋中营地；5. 晋中营地—汾酒集团—晋中营地；6. 晋中营地—煤博—晋中营地；7. 晋中营地—贾家庄—晋中营地；8. 晋中营地—太行山山水艺术馆—晋中营地；9. 晋中营地—谷子营地—晋中营地；10. 晋中营地—太行写生基地—晋中营地	1. 晋中营地—乔家大院—晋中营地；2. 晋中营地—昔阳大寨—晋中营地；3. 晋中营地—1941博物馆—前方鲁艺纪念馆—晋中营地；4. 晋中营地—晋中国家农高区—阳邑小镇—晋中营地；5. 晋中营地—太原营地—晋中营地；6. 晋中营地—平遥古城—晋中营地；7. 晋中营地—石膏山—晋中营地；8. 晋中营地—山西省博物馆—晋中营地；9. 晋中营地—1941博物馆—前方鲁艺纪念馆—晋中营地；10. 晋中营地—汾酒集团—贾家庄—晋中营地
	规划线路（按天设计）	1. 晋中营地—唐都漆器—晋中营地 2. 晋中营地—凤凰山—晋中营地 3. 晋中营地—黄崖洞—晋中营地	1. 晋中营地—长治气象—晋中营地 2. 晋中营地—大槐树—晋中营地 3. 晋中营地—壶口瀑布—晋中营地	1. 晋中营地—淮海工业—晋中营地 2. 晋中营地—云冈石窟—晋中营地 3. 晋中营地—皇城相府—晋中营地

维度或要素		小学高年级段	初中段	高中段
教学重点难点（以代表性线路教学设计为例，以下同）	教学重点	1.学习英雄刘胡兰革命事迹及革命精神；2.障碍野战运动技巧；3.掌握革命英雄人物事迹；4.学习八路军抗战历史；5.学会定向搜寻、查找、整理并陈述资料信息；6.学会准确表述自己的观点意见；7.勇士越野障碍跑技巧及耐力训练；8.了解祖国的发展历程，了解什么是基本国情；9.掌握山西地理方位以及煤炭能源分布；10.在山西博物院内通过文物陈列，感悟民族的大熔炉、中原文化的多元、山西文化的积淀、中华文化的源远流长	1.掌握八路军抗战史的整体脉络；2.开辟敌后战场的意义；3.太行山脉的地质特点及形成原因；4.太行山革命文艺的创作背景；5.“前方鲁艺”工作者在抗战时期的巨大贡献；6.中国革命文艺的特点；7.近现代国防建设与军事改革情况；8.太行百里画廊的自然特点、气候成因；9.学习掌握晋中爱国人物代表事迹；10.实施智能工具使用类课程，满足“构想→设计→扫描→打印输出”的一体化加工需求	1.正面战场、敌后战场抗战的主要史实；2.正面战场战略防御阶段四大会战；3.正面战场战略相持阶段的抗战；4.理解十四年抗战胜利在中华民族伟大复兴中的历史意义；5.历史时空思维图绘制；6.国共两党在抗战中的关系及其作用；7.中共七大背景、时间及意义；8.抗日战争胜利的原因及意义；9.初识酒文化、感受非遗技艺，全面了解汾酒的酿酒历史、酿酒知识，观看“非遗—杏花村汾酒酿制技艺”；10.在贾家庄研学基地掌握非遗项目技艺
	教学难点	1.认识红五星，了解红五星的含义；2.体会革命先辈信仰坚定、热爱人民的优良品格；3.野战运动安全要求及淘汰规则；4.了解八路军全面抗战历史；5.煤炭资源在中国发展中的作用；6.在山西博物院内，根据时间轴脉络，传承历史文脉，激扬文化自信	1.掌握十四年抗日战争史的两个时期；2.掌握抗日战争两条主线；3.重温中国共产党领导下战胜日本侵略者的历史史实；4.理解“中国共产党是全民族团结抗战的中流砥柱”的核心内涵；5.了解日本军国主义的侵华罪行；6.通过学习正面战场和敌后战场的抗战史，感悟中华民族英勇不屈的精神；7.全面理解当今时代的主题；8.在对监察文化精华的领悟中，提炼出监察文化自信的时代标识；9.全面理解爱国爱民，勤俭节约，平等待人等优秀品质；10.通过实践课程实现“科教兴国”战略决策对综合实践的指导意义	1.掌握百团大战时间及战果；2.深入理解全民族抗战的史实；3.理解造成人民苦难的根本原因及革命斗争的矛盾抉择；4.体悟文艺、文化作品蕴含的思想情感，提高审美和表达能力；5.全面理解“中国共产党是全民族团结抗战的中流砥柱”的核心内涵；6.参与交流，学会借助生活、发挥想象来表达情思；7.体悟文人和革命志士的爱国情怀，激发学生对家国的热爱之情，实现精神成长；8.小花戏非遗文化传承；9.汾酒复兴、工业振兴、企业的社会担当；10.贾家庄红色教育、文学艺术、传统民俗、农耕体验等精神传承

维度或要素	小学高年级段	初中段	高中段
教学策略	小学高年级段学生心智发展规律，思维方式特殊，身心发展幼稚，在判断、辨别是非方面缺乏社会经验；其道德品质基础知识掌握较好，但明显存在语言表达能力较薄弱等问题 针对以上学情，基于合作教学理论、发展性教育理论等思想，激发学生积极探索问题，每组学生通过相互研究和讨论解决这些问题以达到掌握教学重点内容，完善认知结构，优化思维品质，选取符合小学高年级段学生认知水平特点、具有深远意义的内容，关注学生的早期爱国主义教育，聚焦责任与担当教育；以学生具备基本的国情教育常识为基础，采取案例教学、情境教学、探究学习、合作学习和讲授法、谈话法、演示法、练习法等教法，借助相关研学基地的教学资源和数字化技术，使用游戏化、体验式、跨学科等教学策略，开展相关责任与担当教育实践活动；学生得以亲身体验责任与担当的重要性，并将其内化为自己的价值观，从而使其认识到个人成长与国家发展的密切关系并在实际教学过程中根据学生反馈进行动态调整，以实现质量保证	初中学生正处在青春初期，文史类学科教学一方面要为学生心扉“开锁”，伴随学生度过突变期，另一方面，要平稳度过心理生理期，为学生筑起防波堤，在法治社会里懂得有为和有所不为；另外，初中段学生在文史类课程学习过程中普遍存在对于教材内容所能考查的知识点把握不明确，不能正确分析教材所蕴含的信息；对于课本主干知识分析、解决的能力不高，辩证思维能力和发散性思维能力较弱，不能多角度分析问题、解决问题 针对以上学情，基于教学过程最优化理论、发展性教育理论等思想，着眼于学生责任与担当教育的一般发展“新体系”，充分考虑不同个体的智能优势和劣势，根据学生差异化特点进行个性化教学设计；选取实际生活中的研学资源，以激发爱国情怀为教学理念，使其形成正确的家国观念，意识到不同角色有相应的责任与权利；采取讲授法、讨论法、演示法、实验法、练习法等教法和自主学习、探究学习、合作学习等学法，借助相关研学基地的教学资源和数字化技术，使用体验式、跨学科、基于探究的学习、情境教学等教学策略来进行总体设计，在实际教学过程中根据学生反馈进行动态调整	多数高中生对中国近代史、现代史缺乏整体框架认知，在理解政党制度方面存在一定的难度；学生在身心发展、成长过程中，其情绪、情感、思维、意志、能力、性格还不够稳定和成熟，具有很大的可塑性和易变性 针对以上学情，基于建构主义、多元智力等理论思想，充分利用多媒体和网络资源，为学生提供丰富的学习材料，引导学生自主学习和探究，并利用人工智能技术为学生提供个性化的学习路径和学习资源，运用游戏化的学习理念让学生在轻松愉快的研学氛围中学习知识，提高学习兴趣和动力；内容设计以学生为中心，通过爱国主义研学实践育人，实现红色文化立德树人、培根铸魂的目标，结合学生的优势、性格，促使学生将个人兴趣与社会环境相结合，促进社会发展的规则意识；采取讲授法、谈话法、讨论法、演示法、练习法等教法和自主学习、探究学习、合作学习等学法，通过实际操作、实地考察或模拟情境，打破学科界限，围绕实际问题或项目，整合不同学科的知识和方法；教师作为引导者，提出问题或设置情境，采用模拟真实生活或工作场景等教学策略来进行总体设计

维度或要素				小学高年级段	初中段	高中段
实施方案	入营教育	安全	引导	着重进行营地功能场馆、安全通道指示教育	着重进行营地功能场馆、应急安全标识学习，进行入营安全教育	着重对营地功能场馆、研学基地周边安全注意事项进行强调
			实训	通过实训演练，识记入住营地功能场馆地理方位以及上下楼梯、入寝纪律要求	通过实训演练，识记入住营地功能场馆地理方位；认识应急安全标识	通过实训演练，识记营地功能场馆地理方位；通过视频学习研学基地周边注意事项
		应急	引导	掌握面对应急事件情绪处理的方法和技巧	掌握应急事件处理的方法和技巧	掌握应急事件分类、处理方法和技巧
			实训	通过心理团体课进行实训，运用情绪支持法掌握管理焦虑情绪的技巧	在营地红十字功能场馆实操学习包扎方法和中暑、崴脚等应急处置方法	在营地红十字功能场馆实操学习心肺应急救急技能以及简单包扎处置方法
		救助	引导	通过案例情境，引导学生需要救助时，主动寻找和利用各种资源	通过学习预防措施和救助办法，引导学生在遇到危险时减少伤害，保持冷静以保证安全	通过模拟演练，引导学生在遇到危险时能保持冷静和安全
			实训	借助营地安全教育场馆公众课，实训学习110、120、119等救助电话的程序及注意事项	借助营地安全教育场馆公众课，观看视频学习基本自救、互救方法，并让小组实践演示	借助营地安全教育场馆公众课，观看视频学习基本自救、互救方法，并小组实践演示
		自我管理	引导	推动学生自主管理模式创设	推动学生自主管理模式创设，做好自我规范、自我约束、自我提高	推动学生自主管理模式创设，做好时间管理、情绪管理、学习管理、健康管理
			实训	通过自荐或民主选举产生学生自管委员，老师讲解自管考核评价方案	通过自荐或民主选举产生学生自管委员，老师强调自管委员工作纪律要求	通过自荐或民主选举产生学生自管委员，老师强调闭营学生自评要求
		团队协作	引导	营地学生管理部门对学生自主管理建设加强指导检查	提升团队协作能力，学会有效沟通，助力团队达成共同目标	发挥团队精神，探索责任感、培养实操技能
			实训	通过学生自管制度，强化团队概念，责任教师及时辅助管理并做出点评	通过营地户外拓展课，在拓展老师引导下完成团队拓展，感受团队力量	引导学生利用各种资源，培养信息获取和资源整合能力等

维度或要素		小学高年级段	初中段	高中段
实施方案	导入教学环节	1.收集刘胡兰纪念馆以及尹灵芝烈士纪念馆的资料，组织班会交流分享；2.开展趣味户外活动，进行热身准备运动；3.向学生介绍拓展活动目的、流程、安全注意事项等；4.时代回望到解放时期，从陈永贵与他的“老少组”的逆袭之路导入；5.从中国历史文化聚焦“五千年看山西”，为山西博物院研学做理论储备	1.出示左权将军的人物图片，关联家乡英雄榜样；2.以共唱红歌《我和我的祖国》导入，以情感共鸣的方式唤起学生对祖国的热爱之情；3.利用视频导入法，播放红色影片《太行之脊》，激发学生学习兴趣，更好地进入学习状态；4.故事导入：听晋商故事，学晋商文化，做晋商传人；5.介绍人工智能的基本概念，让学生了解人工智能、对科技产生兴趣	1.利用音频导入法，播放红色歌曲《在太行山上》，激发学生积极兴趣，更好地进入学习状态；2.运用事例导入法进行故事导入，让学生充分感受到太行山背后的故事；3.行走华夏第一宅—王家大院，以故事导入，讲述王家发家史；4.运用情境导入，学习入党誓词，引导学生坚定理想信念；5.用“讲好家乡故事”的研学目标导入研学主题和内容
	授课教学环节	第一天：入营教育，必修课程一“我是小小讲解员”、必修课程二“真人CS野战运动”；第二天：必修课程三“我是小小八路军”、必修课程四“重走长征路”，选修课程1“铭记英烈　赓续血脉”；第三天：必修课程五“重温红色记忆”、必修课程六“阵地保卫战”，选修课程2“缝红军包　忆革命情”；第四天：必修课程七“徒步大赛”、必修课程八“一起绘地图”，选修课程3“原声天籁（左权民歌学唱《桃花红杏花白》）(一)”；第五天：必修课程九“一吨煤的作用”、必修课程十“又见山博　沉‘晋’看展”，选修课程4“责任担当教育大讲堂：和平与发展时代的主题”	第一天：入营教育，必修课程一“红印少年心”、必修课程二“传承左权精神”；第二天：必修课程三“追随红军重建连队”、必修课程四“执笔绘征途”，选修课程1“传统泥塑手作　红色研学课堂”；第三天：必修课程五“胜利大会师”、必修课程六“学跳左权小花戏”，选修课程2“CS枪战　勇夺红星”；第四天：必修课程七“探访乔家大院”、必修课程八“寻悟廉政文化”，选修课程3“原声天籁（左权民歌学唱《桃花红杏花白》)(二)”；第五天：必修课程九“科技赋能　强国有我”、必修课程十“探索创客魅力”，选修课程4“责任担当教育大讲堂：时代的主题”	第一天：入营教育，必修课程一“聆听晋绥故事”、必修课程二“革命文物映初心”；第二天：必修课程三“重温强军历程”、必修课程四“东渡黄河”，选修课程1“追光路上　强国有我”；第三天：必修课程五“大院里的家训”、必修课程六“探寻灵石之光”，选修课程2“重温峥嵘岁月　争做时代新人”；第四天：必修课程七“太行绘梦青春”、必修课程八“学习入党誓词”，选修课程3“原声天籁（左权民歌学唱《桃花红杏花白》)(三)”；第五天：必修课程九“国之瑰宝　担当致远”、必修课程十“乡村振兴　农业先行”，选修课程4“责任担当教育大讲堂：战备演练—提高应急应战能力”

维度或要素		小学高年级段	初中段	高中段
实施方案	进级教学环节	1.结合实践所学，借助网络，收集长征过程中的故事；2.小组围绕红色文创自选主题，经过草图绘制、制作构想、任务分工等环节，完成红军包等物品的文创设计与制作；3.研学教师讲解左权民歌《桃花红杏花白》背后的故事；4.在昔阳深入挖掘本地优势资源，不断筑牢红色教育阵地，用好红色资源优势，强化担当；5.引入低碳生活和环境保护意识，学会环保小妙招，践行绿色低碳生活理念	1.在感悟革命先烈的伟大精神的基础上，结合自己的思考，结合时代背景，思考如何更好传承革命精神；2.通过模拟战场，进行综合素质对抗，深化学生对军强则国强的认知，强化学生军事素质；3.学生用不同的方言进行交流或唱歌，体悟家乡本土文化韵味；4.学生交流分享，从文物保护、用好晋商文化等角度，传承晋商精神；5.通过手工泥塑的实践方式，让学生设计制作表现科技兴国的艺术让作品	1.通过主题演讲，积极引导学生树立“强国有我”的决心，把准青春航向，涵养青春底气，积蓄青春力量；2.邀请红色讲解员，重温太行故事，深入解读八路军红色文化，引导学生感受太行精神的伟大力量；3.通过王家家风家训诵读，弘扬中华优秀传统文化及家风家训教诲，做有道德的人；4.通过诵读入党誓词，叩问青年初心，要经常加以对照，坚定不移，终生不渝；5.以大讲堂形式开展普及性国防教育科普讲座。引导学生认真学习，锻炼本领，心怀“民族复兴，强国有我”的责任担当意识，为强国复兴贡献力量
	巩固教学环节	1.在实践过程中，学生运用合作学习法等，以小组为单位，分享研学过程中的收获和感悟；2.教师利用复述式巩固法、列举式巩固法，对实践内容进行效果巩固，夯实爱国主义情怀；3.利用合作学习法、新旧知识对比法，以小组为单位，归纳研学实践过程中的收获，明确红色精神依然是需要传承和发扬的重要精神财富；4.通过实习法、演示法，从小组中选取代表进行知识分享、技能展示，对创新传承红色精神的措施进行相互交流；5.利用情境教学法，在已有知识的基础上，将抽象的认知具象化，将责任与担当意识内化于心、外化于行，起到示范引领作用	1.通过红色文化研学实践，强化历史、政治等学科的认知拓展和素养培育；2.通过迁移学习法，加深校内学科和研学课程的有机关联融合；3.利用复述式巩固法、问答式巩固法，对近现代国防建设与军事改革等相关国防教育知识进行巩固；4.通过合作学习法，学生分成小组，选择感兴趣的红军相关主题，将红军史与政治、音乐、艺术等进行跨学科整合，深入研究；5.通过发散联想法、探究学习法，引导学生将红军史与当代社会问题联系起来，讨论总结红军的精神和其价值对当代青年的启示以及如何传承红军精神	1.利用图像法、归纳法对研学史实进行研学效果巩固；2.利用复述式巩固法、问答式巩固法，对红色研学故事理论学习进行巩固；运用文艺汇演、主题演讲、情景演绎等形式，真正从内心深处增强责任感和使命感，以实际行动为党的事业作出贡献；3.利用情境体验法，沉浸式体验晋商故事，通过角色扮演的方式，让学生直观深入地呈现学习实践成果；4.利用实习法对责任与担当板块内容进行巩固，组织国防教育宣讲活动，加强国防知识的普及、宣传；5.利用复述式巩固法、问答式巩固法，对家乡贡献度进行巩固

维度或要素			小学高年级段	初中段	高中段
实施方案	总结教学环节	教学创新	重视因材施教的原则，致力于提供有机衔接的教学内容。课程设置广泛，类型多样，层次分明，满足学生多样化需求。通过教师的言传身教，引导学生树立正确的价值观，培养他们的民族自信心和自豪感。激励他们争做新时代的好少年，成为既有扎实学术基础，又有良好品德的优秀人才。这样的教育体系，既为学生未来发展奠定坚实基础，又为国家的繁荣作出贡献	在研学活动中，教师以卓越的洞察力观察每个学生的独特性，并据此制订出具有针对性的教学方案，根据学生的生活经验，巧妙地设计出一系列丰富多彩的项目活动，这些活动不仅全面覆盖了各个学科领域，还确保了课程类型的多样化。活动层次从基础知识的掌握到高级技能的培养，递进开展，使学生能够在探究中逐步深入，不断提升自我	在研学实践中，注重传承中华优秀传统文化和革命文化，同时关注当代创新发展，以激发学生的求知欲和探索精神。通过这些实践活动，引导学生树立崇高的理想信念和正确的人生目标，培养他们成为有志向、有追求的人。此举旨在提高学生的综合素质，为国家和社会培养更多优秀人才
		教学总结	学生能够在实践活动中充分发挥自己的潜能、才能，展开小组学习、独立学习、互助学习；培养学生独立思考、合作探究的学习能力。通过学习，培养学生爱党、爱祖国的情操和勇于探索、锲而不舍的精神，使学生感受到祖国的强大，更加珍惜今天的幸福生活，从而更加爱祖国，立志报效祖国	结合当代青少年接受习惯，创新教育方式，加强教育空间建设，形成学校、家庭、校内外责任与担当的教育合力，通过系统研学，培养学生爱党、爱祖国的情操和勇于探索、锲而不舍的精神，使学生感受到科技对生活的影响，感受到祖国的强大，更加珍惜今天的幸福生活，立志报效祖国	创新教育方式，在不同学段尝试用讲授法、体验法等多种形式引导学生形成正确的世界观、人生观、价值观，通过责任与担当教育帮助学生客观全面认识历史、了解家乡，激发学习的目标感和动力源，引导学生在自我觉察、社会现状、工作要求之间建立起积极的联系，在丰富知识学习和健全人格的同时，增强社会适应能力和家国认同感
		教学反思	能够从学生实际出发，制定教学要求，根据学生心智特点，利用多种形式呈现研学内容，如生活常识、温故知新、提问以及游戏等，内容针对性强，又具有很大的趣味性。把教学过程视为师生合作，共同发展的互动过程，实现了教师的角色转换。课程与教学的整合，有效地提高了教学能力	根据教学反馈和评估结果，对教学环节和策略进行调整和优化。后期需要明确教学目标，优化教学环节，调整教学策略，提炼经验教训，持续改进。利用有效资源，加强团队协作，提高教学效果，满足学生需求，提炼经验，持续改进；有效利用技术工具，创新教学方法；教师持续自我发展，应对教育变化	教师需更注重学生的自主探究而非单纯传授知识，并耐心解答学生疑问；应向同行学习优秀教学方法和理念，持续进步；激发学生兴趣和参与度，增加实践活动，让学生在实践中学习和成长；结合新课标要求，注重学生的主体性、实践性和创新性

维度或要素				小学高年级段	初中段	高中段
实施方案	评价教学环节	教学水平评价	自我评价	通过学生活动过程及结果的反馈，反思线路设计及课程设计的适切性，是否完成了线路及课程预设的目标	教师对教学目标、学生成果、教学策略等方面进行反思和评价	教师对教学目标、学生成果、教学策略等方面进行深入反思，注重倾听学生意见，与同事进行交流，不断提升自己的教学水平和专业素养
			学生评价	学生的关注点和体验点是否聚焦在真正的研学内容和主题上，而不是“有趣”或“好玩”上	学生针对教师的课堂气氛活跃度、教学设计能力、心理健康教育能力等方面进行评价	学生针对教师的认知文字语言表达能力、教学设计能力、心理健康教育能力等方面进行评价
			同行评价	关注研学基地导师、营地教师、学校学科教师、其他营地教师等对于线路及课程的多维度评价，及时反馈初设目标	由营地教师和教学管理人员对教师的教学设计、教学实施、教学评价、教学管理、信息技术与教学融合等方面进行评价	充分利用信息技术，邀请专家、名师对教师的教学设计、教学实施、教学评价、教学管理、信息技术与教学融合等方面进行评价
			培训和考核	基于教师师德师风、专业能力、教学能力、组织管理能力等线上线下结合的专项培训，通过政治素养、教学水平、教学态度、教学成果等多维度对教师进行综合考核与评价	基于教师师德师风、专业能力、教学能力、组织管理能力等线上线下结合的专项培训，定期对营地教师进行安全教育、劳动教育、学生管理等方面的培训和考核，通过考核结果评价	基于教师师德师风、专业能力、教学能力、组织管理能力等线上线下结合的专项培训，定期对营地教师进行劳动教育、生涯规划、心理学、学生管理等方面的教学培训和考核
			教学成果展示	通过学生设计并制作海报，图文并茂地展示研学成果	通过学生的模型制作展示（展览）或民歌艺术表演形式等进行研学成果展示，以充分展现学生的研究成果和价值	通过学生的研学项目作品、撰写研学报告等进行成果展示，也可以利用多媒体，如PPT、视频等，展示研学成果

维度或要素				小学高年级段	初中段	高中段
实施方案	评价教学环节	学业评价	形成性评价	学生通过自述、团队契约、自评、互评和教师评价等多元方式，形成过程性跟踪评价资料，以检测和反思学习效果。这些评价方式有助于学生更好地了解自己的学习状况，及时调整学习策略，提高学习效果；培养学生的责任感和自我管理能力	在研究过程中，具备较好的研究能力，取得了有价值的研究成果；学习态度积极，能主动承担自己的研究任务，在研究过程中表现出较强的能力，通过努力取得了满意的研究成果；在项目研究中态度端正，主动承担任务并发挥作用。表现出清晰的研究思路和较强的研究能力	学生通过多元方式形成过程性跟踪评价资料，包括团队契约、自评、互评和导师评价，以检测和反思学习效果；这些方式有助于学生了解自身学习状况，调整学习策略，提高学习效果；通过团队合作培养责任感和自我管理的能力，为学生自评和互评提供学习和借鉴机会，为导师评价提供专业建议；这些评价方式也有助于教师了解学生学习状况，调整教学策略，提高教学效果
			总结性评价	研学实践活动结束后，通过学生的研究报告、汇报交流等形式，直观了解学生在研学实践活动中的学习效果，形成科学的总结性评价结果	根据教学目标、教学重难点对学生的作品、报告作出评价，对整个教学方案的有效性作出评定	根据教学目标、教学重难点对学生的作品、报告作出评价，不断完善实施方案
			教师评价	教师根据学生在研学实践活动中的过程性跟踪反馈资料以及研学成果展示等内容，对学生进行智力和非智力两个方面的综合性评价	对师生互动程度、项目指导情况、教学准备情况等方面评价，有效落实教育方针，体现教育目的，加强教师队伍管理科学化，引导教师按照教学规律进行教学	对学生参与度、团队协作情况、师生互动程度、项目指导情况、教学准备情况等方面作出评价
		项目评价		教育行政主管部门进行定期质量核查，参训学校、师生及家长通过线上问卷进行评价，项目涉及研学基地从研学环节、目标实现等维度自评，实现项目有效性、规范性实施	教育行政主管部门进行定期质量核查，参训学校、师生及家长通过线上问卷进行评价，项目涉及研学基地从研学环节、目标实现等维度自评，不断改进完善教学目标、教学策略等实施细节	教育行政主管部门进行定期质量核查，参训学校、师生及家长通过线上问卷进行评价，项目涉及研学基地从研学环节、目标实现等维度自评，为培养学生适应终身发展的必备品格和关键能力奠基

4.4 教学计划与策略列表：洞察国情省情市情　体验改革开放成果

<table>
<tr><td colspan="3">营地名称</td><td>大同市示范性综合实践基地（简称“大同营地”）</td><td>命名机构</td><td>教育部</td><td>识别码</td><td>Y145140002</td></tr>
<tr><td colspan="3">从业资质（摘要）</td><td>特殊基础教育；大中专、中小学生综合素质教育</td><td>单位属性</td><td>公益一类</td><td>法定代表人</td><td>于海军</td></tr>
<tr><td colspan="3">研学主题</td><td>洞察国情省情市情　体验改革开放成果</td><td colspan="2">主要目的指向</td><td colspan="2">责任与担当教育</td></tr>
<tr><td rowspan="7">营地（枢纽）及周边主要优质研学资源</td><td colspan="2">基地层级</td><td colspan="5">研学站点（基地）名称</td></tr>
<tr><td rowspan="2">教育部命名基地</td><td>已列入教学计划</td><td colspan="5">一、与本主题相关列入教学计划的基地8个
1. 平型关大捷纪念馆；2. 黎城太行山黄崖洞旅游发展有限公司（简称“黄崖洞”）；3. 八路军太行纪念馆；4. 八路军文化园（山西红星杨旅游发展有限公司）；5. 吕梁市晋绥边区革命纪念馆；6. 昔阳大寨；7. 周恩来邓颖超纪念馆；8. 平津战役纪念馆
二、与本主题关联不大但列入本营地教学计划的基地12个
1. 平遥古城；2. 临汾市黄河壶口瀑布风景名胜区（简称“壶口瀑布”）；3. 中国煤炭博物馆；4. 山西祁县乔家大院民俗博物馆（简称“乔家大院”）；5. 山西博物院；6. 山西皇城相府文化旅游有限公司相府景区（简称“皇城相府”）；7. 汾阳市贾家庄腾飞文化传播有限公司（简称“贾家庄”）；8. 洪洞大槐树寻根祭祖园有限公司（简称“洪洞大槐树”）；9. 山西晋韵砖雕艺术博物馆；10. 山西凤凰山生态植物园有限公司（简称“凤凰山”）；11. 云冈研究院；12. 平遥唐都推光漆艺博物馆（简称“唐都漆器”）</td></tr>
<tr><td>待列入教学计划</td><td colspan="5">1. 中国人民革命军事博物馆；2. 中国人民抗日战争纪念馆；3. 天安门国旗护卫队；4. 大同市摩天岭长城；5. 高屯抗日情报站旧址；6. 八路军三五九旅旅部旧址；7. 徐向前故居；8. 西河头地道纪念馆；9. 伯强毛主席路居馆</td></tr>
<tr><td colspan="2">其他部委命名基地</td><td colspan="5">1. 大同煤矿万人坑遗址纪念馆；2. 晋华宫国家矿山地质公园</td></tr>
<tr><td colspan="2">地方命名基地</td><td colspan="5">1. 阳高大泉山红色教育基地；2. 大同市天镇李二口长城；3. 弘毅国防教育基地；4. 雁北星火党史教育展览馆（简称“雁北星火展览馆”）；5. 大同市红色记忆馆；6. 白求恩特种外科野战医院；7. 新荣区塞尚驿栈</td></tr>
<tr><td colspan="2">本营地资源</td><td colspan="5">1. 模拟射击馆；2. 红蓝军模拟对抗体验馆；3. 国防教育展馆；4. 四史馆；5. 运动拓展中心；6. 青少年模拟法庭；7. 地震馆</td></tr>
<tr><td colspan="2">其他资源</td><td colspan="5">1. 大同市新荣区拒门堡红色革命教育基地；2. 大同市革命烈士陵园；3. 大同和平解放谈判旧址；4. 熊猫光伏电站；5. 塔山煤矿；6. 雁门关长城；7. 大同浑源二岭红色教育基地；8. 大同城墙陈列馆；9. 浑源穆家庄烈士陵园；10. 左云县烈士陵园；11. 天镇县万家乐移民新区；12. 灵丘县舍水人家；13. 左云县清风林教育基地；14. 董存瑞烈士纪念馆；15. 大境门长城；16. 塞北革命纪念馆；17. 右玉红色教育基地；18. 晋察冀军区司令部旧址；19. 徐向前元帅纪念馆；20. 阳明堡飞机场战斗遗址；21. 南茹村八路军总部旧址；22. 麻田八路军总部纪念馆；23. 国民师范学院旧址；24. 得胜堡长城；25. 大同能源馆；26. 雁门关伏击战遗址；27. 天津国际青少年交流中心；28. 雁北第一党支部</td></tr>
</table>

维度或要素	小学高年级段	初中段	高中段
校内教育基础（与校内教育的衔接）	对照小学语文课标和中小学综合实践活动课程指导纲要中提出的责任与担当的要求，小学生应围绕日常生活开展服务活动，能处理生活中的基本事务，初步养成自理能力、自立精神、热爱生活的态度，具有积极参与学校和社区生活的意愿，小学高年级的学生随着年龄的增长，责任与担当意识逐渐增强。注意力也有较大的提高，特别是对感兴趣的事物非常乐于表现自己的才能，展示自身的价值，在这个阶段，孩子们开始更加关注自己的行为对他人的影响，并逐渐认识到自己在家庭、学校和社会中的角色与责任。本研学主题必修课程与校内教育衔接如下：1.人教版体育与健康第六章："球类运动"；2.人教版语文五年级下册第四单元"青山处处埋忠骨""军神"、六年级上册第二单元"七律·长征""开国大典""我的战友邱少云"、六年级下册第四单元"为人民服务""董存瑞舍身炸暗堡"；3.人教版道德与法治五年级上册第三单元"我们的国土，我们的家园"、第四单元"骄人祖先　灿烂文化"、五年级下册第一单元"我们一家人"、第二单元"公共生活靠大家"、第三单元"百年追梦　复兴中华"、六年级上册第二单元"我们是公民"、第三单元"我们的国家机构"、六年级下册第一单元"完善自我　健康成长"	对照初中历史课标和中小学综合实践活动课程指导纲要中提出的责任与担当的要求，初中生已初步形成探究社区问题的意识，愿意参与社区服务，初步形成对自我、学校、社区负责任的态度和社会公德意识，初步具备法治观念。初中段的学生开始树立起担当精神，勇于承担责任。开始具备团队协作的精神，发挥自己的特长，帮助团队成员共同进步，与外界有了更为广泛的交流与互动。本研学主题必修课程与校内教育衔接如下：1.人教版语文七年级上册第四单元第12课"纪念白求恩"、八年级下册第一单元"邓稼先"；2.人教版道德与法治七年级上册第四单元"生命的思考"、七年级下册第四单元"走进法制天地"、八年级上册第三单元"勇担社会责任"、第四单元"维护国家利益"；3.人教版历史八年级上册第一单元"中国开始沦为半殖民地半封建社会"、第二单元"近代化的早期探索与民族危机的加剧"、第四单元"新民主主义革命的开始"、第六单元"中华民族抗日战争"、第七单元"解放战争"、八年级下册第一单元"中华人民共和国的成立和巩固"、第二单元"社会主义制度的建立与社会主义建设的探索"、第三单元"中国特色社会主义道路"、第四单元"民族团结与祖国统一"、第五单元"外交成就"	对照思想政治课标和中小学综合实践活动课程指导纲要中提出的责任与担当的要求，高中生需增强社会责任意识和法治观念，形成主动服务他人、服务社会的情怀，理解并践行社会公德，提高社会服务能力。随着年龄的增长和知识水平的提高，高中阶段的学生开始承担更多的责任与担当。因此，应该具备国家意识，关注国家大事，了解国家政策和发展方向。本研学主题必修课程与校内教育衔接如下：1.人教版思想政治必修一第2课"只有社会主义才能救中国"、第3课"只有中国特色社会主义才能发展中国"、第4课"只有坚持和发展中国特色社会主义才能实现中华民族伟大复兴"、必修三第一单元"中国共产党的领导"、第二单元"人民当家作主"、第三单元"全面依法治国"；2.人教版中外历史纲要上册第五单元"晚清时期的内忧外患与救亡图存"、第七单元"中国共产党成立与新民主主义革命兴起"、第八单元"中华民族的抗日战争和人民解放战争"、第九单元"中华人民共和国成立和社会主义革命与建设"、第十单元"改革开放与社会主义现代化建设新时期"、中外历史纲要下册第九单元"当代世界发展的特点与主要趋势"；3.人教版语文必修上册"沁园春·长沙"、语文必修下册"在《人民报》创刊纪念会上的演说"

维度或要素			小学高年级段	初中段	高中段
研学课程	必修课程一	名称	四史教育——童心向党　传承红色	四史教育——强国复兴有我	四史教育——永远跟党走　奋进新征程
		活动目的	通过教师讲授让学生们传承中华优秀传统文化，增强民族自豪感和文化自信心	通过教师讲授让学生了解国家复兴的重要性，培养他们的爱国情怀和责任感	通过实践深入学习党史知识激励学生不忘初心、砥砺前行、艰苦奋斗的精神
		活动形式	教师讲授、感悟分享相结合	教师讲授、感悟分享相结合	教师讲授、感悟分享相结合
	必修课程二	名称	运动拓展——同心鼓	运动拓展——飞夺泸定桥	参观红色记忆馆
		活动目的	通过实践体验，让学生们认识到团队精神的重要性，培养团结互助精神	通过锻炼平衡以及手眼协调能力，提升协作能力，感悟红色精神、传承红色基因	通过参观红色记忆馆，让学生了解革命历史，传承红色基因，培养爱国主义情怀
		活动形式	教师讲授、实践体验相结合	教师讲授、实践体验、感悟分享相结合	教师讲授、现场探访相结合
	必修课程三	名称	国防教育——我国的领土与主权	国防教育——了解经典战争	国防教育——军衔、军服以及入伍知识
		活动目的	通过学习感受革命先烈的坚强意志和博大胸怀，激发爱国热情，增强国防意识	通过教师讲授，了解历史上重大战役，培养学生们的爱国主义精神	通过教师讲授树立拥军意识，激发参军热情，做到爱国、爱家、爱社会主义
		活动形式	教师讲授、参观学习、感悟分享相结合	教师讲授、参观学习、感悟分享相结合	教师讲授、参观学习、感悟分享相结合
	必修课程四	名称	寻访红色平型关（乔沟）	传承红色基因　赓续精神血脉	寻访红色平型关（团课讲座）
		活动目的	通过重走乔沟，让抗战精神永传承，让学生们铭记光辉历史，传承红色基因	通过观看晋绥边区纪念馆的革命文物和历史资料，激发学生们的爱国主义热情	通过团课讲解激发学生主动学习红色文化的热情，培养学生勇于担当的精神
		活动形式	参观学习、教师讲授、感悟分享相结合	教师讲授、参观学习相结合	参观学习、教师讲授、感悟分享相结合

维度或要素			小学高年级段	初中段	高中段
研学课程	必修课程五	名称	学习白求恩精神	防震减灾	一堂党课《纪念白求恩》
		活动目的	通过纪念白求恩精神，用英雄的国际主义精神激励学生，让英雄精神薪火相传	通过教师教授地震知识，了解在地震发生时的应对策略	通过学习白求恩精神，传承白求恩精神，培养学生的爱国情感和社会责任感
		活动形式	参观学习、教师讲授相结合	参观学习、教师讲授、感悟分享相结合	教师讲授、感悟分享相结合
	必修课程六	名称	参观雁北星火展览馆	参观雁门关伏击战遗址	学习“雁北第一党支部”精神
		活动目的	通过参观展览，可以深入了解雁北地区的历史和文化	通过实地参观雁门关战役遗址，铭记历史、缅怀革命先烈	通过本次调查活动了解革命老区的现状，探索保护和传承红色记忆的有效途径
		活动形式	教师讲授、参观学习、感悟分享相结合	实地参观、感悟分享相结合	参观学习、教师讲授、实地调查相结合
	必修课程七	名称	弘毅国防教育基地（精准目标射击）	悲情万人坑	法安天下　德润人心
		活动目的	通过体验射击，培养学生的射击技能和团队协作能力，增强学生的自信心和意志力	通过参观万人坑遗址纪念馆，教导学生铭记历史，勿忘国耻	通过教师讲授法律知识，培养学生合法意识和法律素养
		活动形式	实地参观、实地体验相结合	实地参观、教师讲授、感悟分享相结合	教师讲授、感悟分享相结合
	必修课程八	名称	走进大泉山（一）	走进大泉山（二）	走进大泉山（三）
		活动目的	通过教师讲解大泉山的革命故事，激发学生们的爱国主义情感	通过实地参观大泉山，了解革命故事，培养学生们爱国主义热情	通过重走老一辈革命家走过的路，体会当年治理大泉山水土的不易
		活动形式	参观学习、教师讲授、感悟分享相结合	参观学习、教师讲授、感悟分享相结合	参观学习、教师讲授、感悟分享相结合

维度或要素			小学高年级段	初中段	高中段
研学课程	必修课程九	名称	参观大同长城（得胜堡）	参观大同长城（李二口）	寻红色足迹　承英雄之志
		活动目的	通过教师讲授，培养学生的团队合作精神和实践能力，提高他们的综合素质	通过实地参观，了解长城修筑历史，培养学生们保护文物的意识	通过教师讲授了解平津战役，体会当今生活的来之不易
		活动形式	实地参观、教师讲授相结合	实地参观、教师讲授相结合	实地参观、教师讲授相结合
	必修课程十	名称	走进能源馆	参观徐向前元帅纪念馆	追寻红色印记　传承革命精神
		活动目的	通过教师讲授，掌握能源知识，了解能源革命	通过教师讲授，了解共产党人的风采以及大寨人的艰苦创业史	讲述伟人周恩来和邓颖超为国为民、鞠躬尽瘁的感人故事，缅怀革命先烈
		活动形式	教师讲授、实地参观相结合	教师讲授、实地探访相结合	教师讲授、实地探访相结合
	选修课程		1. 拒门堡红色记忆 2. 塞尚驿栈 3. 参观雁门关长城	1. 参观浑源穆家庄烈士陵园 2. 走进昔阳大寨 3. 参观董存瑞烈士纪念馆	1. 参观中国人民革命军事博物馆 2. 参观人民抗日纪念馆 3. 观看天安门升旗仪式

维度或要素		小学高年级段	初中段	高中段
研学线路	代表性线路（时长五日）	第一天：大同营地—大同营地运动拓展中心—白求恩特种外科医院—大同营地；第二天：大同营地—大同营地国防教育馆—弘毅国防教育基地—大同营地；第三天：大同营地—大同营地四史馆—得胜堡长城—大同营地；第四天：大同营地—阳高大泉山红色教育基地—大同能源馆—大同营地；第五天：大同营地—平型关大捷纪念馆—雁北星火展览馆—大同营地	第一天：大同营地—吕梁市晋绥边区革命纪念馆—太原营地；第二天：太原营地—徐向前元帅纪念馆—雁门关伏击战遗址—大同营地；第三天：大同营地—大同营地四史馆—大同营地运动拓展中心—大同煤矿万人坑遗址纪念馆—大同营地；第四天：大同营地—大同市天镇李二口长城—阳高大泉山红色教育基地—大同营地；第五天：大同营地—大同营地国防教育馆—大同营地地震馆—大同营地	第一天：大同营地—平津战役纪念馆—天津国际青少年交流中心；第二天：天津国际青少年交流中心—周恩来邓颖超纪念馆—大同营地青少年模拟法庭—大同营地；第三天：大同营地—平型关大捷纪念馆—白求恩特种外科医院—大同营地；第四天：大同营地—大同营地四史馆—大同营地国防教育馆—大同营地；第五天：大同营地—阳高大泉山红色教育基地—雁北第一党支部—红色记忆馆—大同营地
	可选择线路（按天设计，菜单式选择）	1. 大同营地—模拟射击馆—大同营地；2. 大同营地—大同红色记忆馆—大同营地；3. 大同营地—大同市革命烈士陵园—大同营地；4. 大同营地—大同和平解放谈判旧址—大同营地；5. 大同营地—熊猫光伏电站—大同营地；6. 大同营地—新荣区塞尚驿栈—大同营地；7. 大同营地—塔山煤矿—大同营地；8. 大同营地—雁门关长城—大同营地；9. 大同营地—大同市新荣区拒门堡红色革命教育基地—大同营地；10. 大同营地—大同浑源二岭红色教育基地—大同营地	1. 大同营地—大同城墙陈列馆—大同营地；2. 大同营地—浑源穆家庄烈士陵园—大同营地；3. 大同营地—左云县烈士陵园—太原营地；4. 大同营地—天镇县万家乐移民新区—大同营地；5. 大同营地—灵丘县舍水人家—大同营地；6. 大同营地—左云县清风林教育基地—大同营地；7. 大同营地—董存瑞烈士纪念馆—大同营地；8. 大同营地—大境门长城—大同营地；9. 大同营地—塞北革命纪念馆—大同营地；10. 大同营地—右玉红色教育基地—大同营地	1. 大同营地—晋察冀军区司令部旧址—大同营地；2. 大同营地—徐向前元帅纪念馆—大同营地；3. 大同营地—阳明堡飞机场战斗遗址—大同营地；4. 大同营地—南茹村八路军总部旧址—太原营地；5. 太原营地—八路军太行纪念馆—晋中营地；6. 晋中营地—麻田八路军总部纪念馆—晋中营地；7. 晋中营地—黄崖洞—晋中营地；8. 晋中营地—昔阳大寨—太原营地；9. 太原营地—吕梁市晋绥边区革命纪念馆—太原营地；10. 太原营地—国民师范学院旧址—大同营地
	规划线路（按天设计）	1. 大同营地—大同市天镇李二口长城—大同营地；2. 大同营地—高屯抗日情报站旧址—大同营地；3. 大同营地—八路军三五九旅旅部旧址—大同营地	1. 大同营地—徐向前元帅纪念馆—大同营地；2. 大同营地—西河头地道纪念馆—大同营地；3. 大同营地—伯强毛主席路居馆—大同营地	1. 大同营地—中国人民抗日战争纪念馆—北京营地；2. 北京营地—中国人民革命军事博物馆—天津国际青少年交流中心；3. 天津国际青少年交流中心—平津战役纪念馆—大同营地

维度或要素		小学高年级段	初中段	高中段
教学重点难点（以代表性线路教学设计为例，以下同）	教学重点	1.通过对拓展课程的体验，培养集体主义精神 2.参观红色国防教育基地，培养国防意识，增强自信心 3.了解长城的历史和价值，深入学习中国的历史文化 4.弘扬革命传统，传承红色基因 5.进一步加深对清洁能源的了解	1.了解晋绥边区的革命历史故事 2.传承红色基因，激发责任担当意识 3.通过体验拓展课，树立集体主义精神和团结协作精神，通过参观红色历史场馆，铭记历史，勿忘国耻 4.增强民族自豪感和文化认同感，切实感受老一辈革命家的奉献精神 5.了解国家复兴的重要性，培养爱国情怀和责任感，增强国防意识	1.全面了解平津战役 2.弘扬革命传统，传承红色基因 3.通过学习白求恩精神，加强爱国主义教育，激发主动学习红色文化的意识，增强师生的爱国主义情怀 4.激发学生学习党史的积极性 5.学习老一辈革命家艰苦奋斗的革命精神
	教学难点	1.进一步通过对拓展课程的体验，培养团结协作的精神 2.参观红色国防教育基地，培养团结协作能力和热爱祖国、热爱中国共产党的精神 3.了解并传承中华优秀传统文化，增强文化自信和民族自豪感 4.了解红色文化，学习红色精神 5.了解能源革命改变了我们的生活，通过此次研学，让学生了解国家的历史、文化和传统，增强爱国情感和文化自信	1.通过了解晋绥边区的革命历史故事，激发学生们的爱国主义热情 2.参观徐向前元帅纪念馆和雁门关伏击战遗址，让学生们了解国家的发展历程和当今生活的来之不易 3.通过观看英雄事迹的电影和纪录片，增强对国家的认同感和自豪感，激发爱国情感 4.实地参观李二口长城，激发学生们的民族自豪感和民族自信心 5.通过实地参观，培养学生们的爱国主义精神 6.传授学生地震发生时的应对措施	1.通过讲解员讲授，全面了解平津战役发生的背景、经过、结果 2.通过讲解员讲授，真切感受周恩来、邓颖超两位伟人光辉灿烂的一生，以及他们为祖国、为人民鞠躬尽瘁的优秀品质和崇高精神。引导学生们将所学的法律知识运用到生活当中来 3.参观白求恩特种野战医院，激发学生们的爱国主义热情 4.通过党史学习教育使学生们更加热爱中国共产党，热爱祖国，激发报效祖国的热情 5.通过参观大泉山，了解大泉山的历史，让学生们体会当今生活的来之不易

维度或要素	小学高年级段	初中段	高中段
教学策略	针对小学高年级段，该段学生正处在身心快速发展的时期，对于外界的认知和自我意识都在逐步增强。他们开始有较为清晰的世界观、价值观，对于学习、生活以及人际交往有了自己的看法。基于研学实践活动注重培养学生的探究精神和实践能力，培养学生的合作意识和团队精神，培养学生的情感和价值观，选取红色教育、劳动教育、科技教育等为主的研学站点，依托活动任务卡和挑战卡、研学地点相关资料。利用《研学手册》、安全预案、安全责任书等资源，采取讲授法、情境教学、启发教学、问题导向教学等教法，学生们通过体验式学习、合作学习、探究学习等方法进行研学实践活动，达到培养学生爱国主义、集体主义等观念的目标	针对初中段，学习方法与策略对于学生的学习效果具有重要影响。一些学生可能已经掌握了一些有效的学习方法，而有的学生还需要不断摸索和实践。基于关注学生的需求和发展，尊重学生的个性和差异，激发学生的学习兴趣和潜能，注重培养学生的实践能力和创新精神，鼓励学生将所学知识应用于实际问题的解决。选取红色教育基地、历史文化遗迹为主的研学站点，依托活动任务卡和挑战卡、研学地点相关资料、《研学手册》、安全预案、安全责任书、必备药品等资源。教师将互动体验、合作探究等方法运用到研学实践活动中，学生们通过体验式学习、合作学习等方式，达到树立学生们爱国主义热情，增强民族自信、文化自信的目标	针对高中段，学生的兴趣和特长逐渐明确。在社会实践活动中高中生团队协作共同完成任务的能力增强。学生具备良好的团队协作精神，能有效地与他人合作完成任务。基于鼓励学生之间的合作与交流，培养学生的团队协作能力和沟通技巧。引导学生关注社会问题，培养他们的社会责任感和担当精神。选取红色教育、劳动教育、传统建筑遗迹为主的研学站点，依托活动任务卡和挑战卡、研学地点相关资料、《研学手册》、安全预案、安全责任书、必备药品等资源。采取互动体验、合作探究、问题导向等教法，引导学生通过体验式学习、合作学习等方式，达到培养学生们爱国、爱党的思想，为进一步实现中华民族伟大复兴的中国梦贡献出自己的一份力量，进一步提升团队协作能力的目标

维度或要素				小学高年级段	初中段	高中段
实施方案	入营教育	安全	引导	通过营地安全通道、安全标识学习进行入营安全教育，树立安全意识	培养责任意识，学会急救知识，了解实践活动中的安全防范措施	进一步掌握应急救护知识与技能，强化安全意识
			实训	观看安全教育视频，了解宿舍和食堂安全注意事项	参加安全主题讲座，预防校园安全事故	组织学生观看安全教育视频、安全讲座
		应急	引导	培养学生应对火灾、地震等各类灾害的安全意识	培养学生应对各类灾害的应变能力，培养冷静思考和随机应变的能力	进行主题安全教育，学习应急自救与互救的方法与技能
			实训	依托营地内消防馆、地震馆，进行应急安全教育	在营地的消防馆、地震馆，进行实操演练心肺复苏等应急技能	在营地开展疏散等应急安全实操演练
		救助	引导	掌握自我保护、求助、避险与逃生的基本技能，初步掌握急救知识	培养安全责任意识，学会急救知识，提高预防和应对突发事故的能力	引导学生理解责任感的意义，强调发现问题和解决问题的能力
			实训	学生在生命安全馆进行生命安全课程学习	组织学生开展各类急救模拟演练	组织学生开展各类实操演练
		自我管理	引导	引导学生加强自我管理	学会自我管理和互相监督	引导学生加强自我管理，学会情绪调节，帮助学生掌握应对压力和困难的方法
			实训	营地组织开展学生军训，加强学生的自我管理能力	制订详细的计划表，合理安排时间，规范学生的管理	通过心理疏导课程，学会自我情绪疏导
		团队协作	引导	通过讲解、角色扮演理解团队协作的重要性	通过模拟场景及实际案例分析，学会处理团队中的各种问题	通过案例分析、小组讨论等方式，学习妥善处理团队中的矛盾与冲突
			实训	设置班长、安全员、组长、舍长等，掌握学习小组分工合作的基本技能	通过拓展类课程加强团队协作能力，提高协调、组织等团队合作技能	提供相关的培训指导，打造优秀团队

维度或要素		小学高年级段	初中段	高中段
实施方案	导入教学环节	1.问题导入：学生们，你们体验过同心鼓吗？2.问题导入：由澳门回归引出领土和主权的问题；3.问题导入：你了解家乡的长城吗？让学生带着问题开始研学实践；4.故事导入：通过讲述老一辈革命家在大泉山艰苦奋斗，治理生态环境的故事，引发学生思考；5.问题导入：通过我国进行过哪些能源革命的提问引发学生思考，调动课堂积极性	1.问题导入：是否了解晋绥军的故事；2.故事导入：通过讲述徐向前元帅的故事，激发爱国主义热情；3.故事导入：讲述中国共产党历史上的英雄事迹，激发学生的兴趣；4.问题导入：你了解家乡的长城吗？关于长城的故事你知道多少呢；5.问题导入：大家了解在我国发生过的重大地震有哪些吗	1.问题导入：设置平津战役相关问题，以趣味问答的方式激发学生兴趣；2.情境导入：梳理周恩来总理的生平故事脉络，让学生们感受红色文化，培养爱国主义情怀；3.故事导入：讲解红色故事，感悟红色精神；4.视频导入：通过观看中国共产党成立的艰辛过程，激发学生爱党爱国的热情；5.情境导入：参观雁北第一党支部，深切体会老一辈革命家艰苦奋斗的革命精神
	授课教学环节	第一天：入营教育，必修课程二“运动拓展——同心鼓”、必修课程五“学习白求恩精神”；第二天：必修课程三“国防教育——我国的领土与主权”、必修课程七“弘毅国防教育基地（精准目标射击）”、选修课程1“拒门堡红色记忆”；第三天：必修课程一“四史教育——童心向党　传承红色”、必修课程九“参观大同长城（得胜堡）”、选修课程2“塞尚驿栈”；第四天：必修课程八“走进大泉山（一）”、必修课程十“走进能源馆”、选修课程3“参观雁门关长城”；第五天：必修课程四“寻访红色平型关（乔沟）”、必修课程六“参观雁北星火展览馆”	第一天：入营教育，必修课程四“传承红色基因　赓续精神血脉”；第二天：必修课程十“参观徐向前元帅纪念馆”、必修课程六“参观雁门关伏击战遗址”、选修课程1“参观浑源穆家庄烈士陵园”；第三天：必修课程一“四史教育——强国复兴有我”、必修课程二“运动拓展——飞夺泸定桥”、必修课程七“悲情万人坑”、选修课程2“走进昔阳大寨”；第四天：必修课程九“参观大同长城（李二口）”、必修课程八“走进大泉山（二）”、选修课程3“参观董存瑞烈士纪念馆”；第五天：必修课程三“国防教育——了解经典战争”、必修课程五“防震减灾”	第一天：入营教育，必修课程九“寻红色足迹　承英雄之志”；第二天：必修课程十“追寻红色印记　传承革命精神”、必修课程七“法安天下　德润人心”、选修课程1“参观中国人民革命军事博物馆”；第三天：必修课程四“寻访红色平型关（团课讲座）”、必修课程五“一堂党课《纪念白求恩》”、选修课程2“参观人民抗日纪念馆”；第四天：必修课程一“四史教育——永远跟党走奋进新征程”、必修课程三“国防教育——军衔、军服以及入伍知识”、选修课程3“观看天安门升旗仪式”；第五天：必修课程八“走进大泉山（三）”、必修课程六“学习‘雁北第一党支部’精神”、必修课程二“参观红色记忆馆”

维度或要素		小学高年级段	初中段	高中段
实施方案	进级教学环节	1.了解雁北地区第一个农村党组织；2.教师讲授白求恩的故事；3.由澳门回归引出领土和主权的问题；4.讲解枪械的基本知识以及枪械的内部构造；5.用多媒体手段，生动形象地展示历史上的重要事件和人物；6.带领学生实地参观得胜堡长城；7.实地探访大泉山，了解红色革命故事；8.实地参观能源馆；9.实地寻访平型关战役发生的地点	1.了解晋绥边区的革命历史故事；2.了解徐向前元帅的生平事迹；3.了解经典战争的背景、经过、结果；4.讲授党史知识和重大历史事件；5.了解地震知识，什么是地震；6.了解万人坑的历史，铭记历史，勿忘国耻；7.带领学生实地参观李二口长城，让他们亲身体验长城的雄伟壮观；8.教师讲授大泉山的历史故事	1.全面了解平津战役；2.了解周恩来总理在工作和生活中细小、朴实的故事；3.讲授法律的知识；4.简要介绍白求恩的生平和事迹，让学生形成初步印象；5.讲述中国共产党成立的艰辛过程；6.走进大泉山，了解红色革命故事；7.通过介绍“雁北第一党支部”的历史背景和事迹，激发学生的学习兴趣；8.走进红色记忆馆，了解大同地区红色革命故事
	巩固教学环节	1.将学生分成若干小组，回顾拓展项目动作的要领 2.总结传承白求恩精神 3.分享枪械的知识以及国防知识 4.组织学生进行小组讨论，分享各自对长城的理解和感受，培养学生的表达能力和合作学习能力 5.小组相互讨论，总结可再生能源的优点	1.总结当今生活的来之不易，传承红色血脉 2.缅怀革命先烈艰苦奋斗的精神 3.巩固拓展项目的动作要领以及安全绳的系法 4.重走革命历史道路，分享红色文化感悟 5.总结地震波的形成、地震的危害	1.感受当今生活来之不易，激发爱国主义热情 2.分享交流老一辈共产党人无私奉献的精神，激发学生们爱党爱国的热情 3.感受雁北地区新民主主义革命期间艰苦而光辉的历史，将所学到的知识和实际生活相结合 4.总结大泉山老一辈共产党人艰苦奋斗的精神 5.讲述红色记忆馆中大同地区的革命历史故事

维度或要素			小学高年级段	初中段	高中段
实施方案	总结教学环节	教学创新	通过多样化的活动方式，鼓励学生多角度思考问题，提高想象力、创造力和责任担当意识	通过多样化的活动方式，鼓励学生创新思维，充分发挥主观能动性，实现校内外教育的协同，提高想象力、创造力和责任担当意识	在课程内容中引入最新的科学发现、社会事件和文化现象，使教学内容与现实紧密联系。拓宽课程内容的选择性，满足不同学生的兴趣需求，增加如创新思维、领导力培养等课程
		教学总结	回顾研学过程，及时收集学生、家长、研学讲解员和其他相关人员的反馈，通过研学复盘的方式，了解研学环节的优点和不足。建立研学档案，并在研学导师的指导下，完善《研学手册》	引导学生形成正确的价值观，在自我觉察、社会现状之间建立起积极的联系，增强学生的社会适应能力，建立研学档案。整理研学活动资料，完善研学制度	回顾研学过程，全面了解学生在科技、劳动、行为习惯等方面的情况，激发学生争做新时代的好少年，立志报效祖国。建立研学档案，并在研学导师的指导下，完善《研学手册》
		教学反思	教师对教学目标达成度、教学方法有效性、实践活动创新性、学生研学成果等方面进行反思，找出存在的问题，及时纠正并解决问题	教师梳理实施过程中出现的问题，思考解决问题路径与策略，形成解决方案，调整和优化教学设计，拓宽教学思路，提高教学水平	根据研学反馈和评估结果，对研学环节进行调整和优化，对研学资源进行深入挖掘。进一步梳理与学校课程的衔接深度，提炼、梳理实施过程中出现的问题，思考解决问题路径与策略，在此基础上不断地改进完善，为下一次研学活动提供参考

维度或要素				小学高年级段	初中段	高中段
实施方案	评价教学环节	教学水平评价	自我评价	教师对研学课程实施程度、师德师风表现、授课形式等方面进行自我评价，并不断发现问题，解决问题，完善研学课程	教师对研学课程内容设计、学生反馈情况、实施质量等方面进行评价，不断完善研学课程设计方案，做好下一步的改进措施	教师对目标落实情况、实施流畅度、学生参与度等进行评价与反思，发现问题与不足，找到改进措施与路径，做好改进计划，明确下一步实施策略
			学生评价	对教师是否激发学生积极性、启发学生深度思考、鼓励学生表达交流、引导学生树立正确的价值观等方面进行评价	对课程内容设计、目标达成情况、执行顺畅程度、课堂氛围活跃度、教学规划能力、心理健康教育能力等方面展开评价与反思	通过对课程知识结构的特点、重点是否突出、层次是否分明、是否通俗易懂、理论和实际相结合程度等方面进行评价
			同行评价	对研学导师的教学设计、实施策略、专业知识、教学机制等方面进行评价	对研学导师的导入环节、教学能力、专业知识、创意物化、课堂管理、学生互动情况等方面进行评价	对研学导师的课程开发与实施程度、课程方案实施、教学效果、学生参与程度等方面进行评价
			培训和考核	定期对营地教师进行研学实践课程资源的开发与实施专项培训并定期考核	定期对营地教师进行研学实践课程资源的开发与实施专项培训并考核，通过考核结果来提高教师的研学教学水平	针对营地教师，定期实行研学实践课程资源开发与实施的培训，同时进行考核。教师教学水平以其考核结果为评判标准
			教学成果展示	通过照片、视频展示学生实践活动情况，学生分享研学感受，综合衡量教师研学实践课程的实施程度	通过学生设计作品展示、研学分享、研学报告等方式，全面展示研学实践成果	通过图文、音像等资料记录学生的研学实践表现，用推介会、作品展等展示研学实践成果

维度或要素				小学高年级段	初中段	高中段
实施方案	评价教学环节	学业评价	形成性评价	研学实践中，教师对学生的参与程度、探索深度、交流表达情况等进行及时评价	研学实践中，教师对内容设计、目标落实情况、实施流畅度、学生参与度等进行评价与反思，发现活动实施过程中存在的问题，明确改进方向与策略	研学实践中，教师对课程设计、实施程度等方面进行评价与反思，发现问题与不足，找到改进措施与路径，做好改进计划，明确下一步实施策略
			总结性评价	研学实践后，教师以预先设定的学习目标为基准，通过测验、报告、展示等形式，对学生达成目标的程度作出评价	研学实践后，教师对内容设计、目标落实情况、实施流畅度、课堂气氛活跃度、教学设计能力、心理健康教育能力、学生参与度等进行评价与反思	研学实践后，教师对学生反馈情况、认知及语言表达能力、教学设计能力、心理健康教育能力、学生参与度等进行评价与反思
			教师评价	研学教师对研学期间学生的知识生成、能力提升、情感认同、作业完成情况等方面进行综合评价	研学教师对研学期间学生的团结协作能力、知识生成、研学课程理解能力、作业完成情况等方面进行综合评价	研学教师对研学期间学生的课程参与度、知识探究能力、问题解决方案、情绪管理、小组课程完成情况进行综合评价
		项目评价		面向学校带队教师、学生家长，在研学结束后对本次研学课程、研学线路规划等方面进行评价，及时找出问题，修订研学方案	对带队教师、参与学生、学生家长采取问卷调查等方式对教学目标设定、教学设计、研学课程开发程度、研学线路规划、研学成果展示等方面进行评价，及时找出问题，修订研学方案	面向教育主管部门、带队教师、参与学生、学生家长，采取问卷调查等方式对研学目标的达成度、活动组织方式、学生理解程度、研学活动实施的有效性等方面进行评价，及时找出问题，修订研学方案

4.5　教学计划与策略列表：擎思想旗帜　担强国使命

<table>
<tr><td colspan="3">营地名称</td><td>太原市中小学生综合实践学校（简称“太原营地”）</td><td>命名机构</td><td>教育部</td><td>识别码</td><td>Y145142003</td></tr>
<tr><td colspan="3">从业资质（摘要）</td><td>义务教育综合实践、高中通用技术、研究性学习、国防教育</td><td>单位属性</td><td>公益一类</td><td>法定代表人</td><td>毕俊卿</td></tr>
<tr><td colspan="3">研学主题</td><td>擎思想旗帜　担强国使命</td><td colspan="2">主要目的指向</td><td colspan="2">责任与担当教育</td></tr>
<tr><td rowspan="7">营地（枢纽）及周边主要优质研学资源</td><td colspan="2">基地层级</td><td colspan="5">研学站点（基地）名称</td></tr>
<tr><td rowspan="2">教育部命名基地</td><td>已列入教学计划</td><td colspan="5">一、与本主题相关列入教学计划的基地10个
1. 八路军太行纪念馆；2. 八路军文化园（山西红星杨旅游发展有限公司）；3. 中国煤炭博物馆；4. 山西祁县乔家大院民俗博物馆（简称“乔家大院”）；5. 山西晋韵砖雕艺术博物馆；6. 山西博物院；7. 昔阳大寨；8. 黎城太行山黄崖洞旅游发展有限公司；9. 淮海工业集团有限公司；10. 平型关大捷纪念馆
二、与本主题关联不大但列入本营地教学计划的基地10个
1. 平遥唐都推光漆艺博物馆（平遥县唐都推光漆器有限公司）；2. 吕梁市晋绥边区革命纪念馆（简称“晋绥边区革命纪念馆”）；3. 云冈研究院；4. 临汾市黄河壶口瀑布风景名胜区；5. 山西皇城相府文化旅游有限公司相府景区（管理处）；6. 平遥古城；7. 洪洞大槐树寻根祭祖园有限公司；8. 汾阳市贾家庄腾飞文化传播有限公司；9. 山西凤凰山生态植物园有限公司；10. 山西省长治市气象局</td></tr>
<tr><td>待列入教学计划</td><td colspan="5">无</td></tr>
<tr><td colspan="2">其他部委命名基地</td><td colspan="5">无</td></tr>
<tr><td colspan="2">地方命名基地</td><td colspan="5">1. 山西三晋奇石博物馆（简称“三晋奇石博物馆”）；2. 店子底村（简称“店子底”）；3. 六味斋；4. 彭真纪念馆；5. 国民师范旧址</td></tr>
<tr><td colspan="2">本营地资源</td><td colspan="5">1. 国防教育中心；2. 航天教育中心；3. 科学教育中心；4. 生命安全教育中心；5. 素质拓展中心；6. 防震减灾中心</td></tr>
<tr><td colspan="2">其他资源</td><td colspan="5">无</td></tr>
</table>

维度或要素	小学高年级段	初中段	高中段
校内教育基础（与校内教育的衔接）	对照课标，小学高年级段在责任与担当教育方面提出“将社会主义先进文化、革命文化、中华优秀传统文化、国家安全、生命安全与健康等重大主题教育有机融入课程”“加强课程与学生经验、社会生活的联系”。本研学主题必修课程与校内教育的衔接内容主要如下：1.人教版五年级体育与健康第四章“基本身体活动”；2.人教版六年级道德与法治下册第四单元第4节“我们爱和平”；3.人教版六年级道德与法治上册第二单元第2节“公民的基本权利和义务”；4.人教版六年级语文上册第二单元第5课“七律·长征”、第6课“狼牙山五壮士”、第7课“开国大典”、第9课“我的战友邱少云”；5.人教版六年级道德与法治下册第四单元第9课“日益重要的国际组织”；6.人教版五年级上册道德与法治第三单元第6课“我们神圣的国土”；7.人教版五年级下册道德与法治第三单元“百年追梦　复兴中华”；8.人教版四年级上册第七单元第22课“为中华之崛起而读书”、第24课“延安，我把你追寻”	对照课标，初中段在责任与担当教育方面提出“将社会主义先进文化、革命文化、中华优秀传统文化、国家安全、生命安全与健康等重大主题教育有机融入课程”“倡导‘做中学’‘用中学’‘创中学’”“培养学生的爱国情怀、社会责任感、创新精神和实践能力”，培养“有理想、有本领、有担当的时代新人”。本研学主题必修课程与校内教育人教版教材的衔接内容主要如下：1.人教版八年级语文上册第五单元第20课“人民英雄永垂不朽——瞻仰首都人民英雄纪念碑”；2.人教版八年级语文下册第一单元第2课“回延安”；3.人教版八年级上册道德与法治第四单元第9课“树立总体国家安全观”、第10课“建设美好祖国”；4.人教版八年级下册道德与法治第三单元第六课第5节“国家司法机关”；5.人教版八年级历史上册第五单元第17课“中国工农红军长征”、第六单元“中华民族的抗日战争”；6.人教版八年级历史下册第五单元“国防建设与外交成就”；7.人教版八年级上册语文第一单元活动·探究任务一“我三十万大军胜利南渡长江”	对照课标，高中段在责任与担当教育方面提出“继承和弘扬中华优秀传统文化、革命文化，加强法治意识、国家安全、民族团结、生态文明和海洋权益等方面的教育”“发挥综合实践活动在促进学生发展中的独特作用”。本研学主题必修课程与校内教育人教版教材的衔接内容主要如下：1.高中思想政治选择性必修一第二单元第4课“和平与发展”；2.高一历史必修第四单元第13课“从明朝建立到清军入关”、第十单元第29课“改革开放以来的巨大成就”、第九单元第27课“社会主义建设在探索中曲折发展”；高一历史必修第八单元第24课“全民族浴血奋战与抗日战争的胜利”；3.高中思想政治必修一第四单元第2课“实现中华民族伟大复兴中国梦”；4.高中思想政治必修一第四单元第5课“经济全球化与对外开放”；5.高中思想政治必修二第四单元“当代国际社会”；6.高中思想政治必修三第四单元第5课“培养担当民族复兴大任的时代新人”；7.高中语文统编版必修上册第一单元第1课“沁园春·长沙”；8.高中语文统编版必修下册第五单元第11课“与妻书”

维度或要素			小学高年级段	初中段	高中段
研学课程	必修课程一	名称	狼牙山五壮士	缅怀历史　慎终追远	铭记抗战历史　传承红色基因
		活动目的	学习狼牙山五壮士英勇事迹，培养爱国情怀和民族精神	了解抗日战争背景知识，缅怀历史慎终追远，为学生成长和发展奠定坚实的基础	深入学习八路军在抗日战争中的英勇事迹和伟大精神，从而增强对历史的敬畏感和认同感
		活动形式	主题参观、情景剧演出、分享交流	主题参观、情景剧演出、团建活动	情景剧演出、团建活动、“抗战精神”我来讲
	必修课程二	名称	传承红色基因　争做时代新人	不忘初心勇担当　牢记使命作贡献	弘扬太行精神　强化责任担当
		活动目的	通过了解发生在太行山的抗日故事，培养学生的爱国情怀	通过梳理八路军将士为民族独立和人民解放所作出的巨大牺牲，激发学生爱国情怀	深入了解中国共产党的光辉历程和伟大精神，坚定理想信念，增加对党的热爱
		活动形式	参观展览、互动体验、分享交流	主题参观、角色扮演、手工制作、分享交流	互动式展览、团建项目、“太行精神”我来讲
	必修课程三	名称	忆黄崖洞保卫战	战鼓吹开胜利花	从战争看民族精神
		活动目的	通过魂穿黄崖洞任务，沉浸了解当时战争的艰辛，感悟和平的珍贵	通过扮演导览员为游客介绍黄崖洞保卫战的抗战历史角色，激发热爱家乡、爱祖国的情怀	通过深入了解并模拟战争实况，感悟黄崖洞精神
		活动形式	教师讲解、发布任务卡、学生体验	教师布置任务、实地实践	教师讲解、学生分组规划设计、实践操作
	必修课程四	名称	初识兵工厂	踏访重点保军企业　铭记前辈丰功伟绩	工欲善其事必先利其器
		活动目的	通过了解兵工厂的前世今生，感知国防力量，激发学生民族自豪感	通过了解我国军工产品的发展历程，呈现不同年代的武器，激发学生爱国主义情怀	通过模拟战争对抗，深入了解兵器在战争中的重要作用，激发学生保家护国的责任感
		活动形式	参观学习、分组分享	教师讲解、成果分享	分组参观学习、模拟演练

维度或要素			小学高年级段	初中段	高中段
研学课程	必修课程五	名称	探寻大寨红色记忆	大寨变迁探秘	农业创新实践探访
		活动目的	通过了解大寨革命先烈的英勇事迹，增强对红色文化的理解和认同	通过梳理大寨农村的发展历程和变迁轨迹，感受中国农村的巨大变化和发展成就	通过研习大寨的农业发展现状和创新实践，培养问题解决能力和创新精神，树立时代使命
		活动形式	现场参观、专家讲解、小组讨论	现场参观、调研访谈、成果展示	实地考察、撰写报告
	必修课程六	名称	体验传统农耕文化	未来乡村设计师	助力大寨乡村振兴实践
		活动目的	通过参观农耕文化展示区梯田、渡槽等遗址遗迹，感受农耕文化底蕴	通过参与乡村振兴规划活动，让学生深入了解乡村振兴的目的与意义	通过具体、实地的乡村振兴实践活动，让学生深入理解乡村振兴的实际需求和挑战
		活动形式	现场参观、动手实践	教师讲解、乡村调研、小组规划、分组展示	乡村调研、项目策划、小组汇报、专家评估
	必修课程七	名称	小小矿工体验记	探秘煤炭工业	煤炭与能源未来
		活动目的	通过模拟矿工的工作，感知煤炭事业对时代发展的重要性	通过了解煤炭的形成、开采、利用，引导学生认识到其在工业发展中的责任与担当	了解全球能源现状、煤炭的未来发展以及新能源技术，培养可持续发展意识
		活动形式	角色扮演、模拟任务、分享讨论	现场参观、课题研究、考察报告	课题研讨、分析讨论、演讲展示
	必修课程八	名称	文物守护者	博物馆小导览员	博物馆策展人
		活动目的	通过参与文物保护活动，培养保护文物的责任感	通过担任博物馆导览员的角色，培养传播文化的责任感和使命感	通过参与博物馆展览的策划和实施，培养传承和创新文化的责任感和能力
		活动形式	现场参观、知识竞赛、实践体验	参观学习、资料整理、展示分享	参观学习、策划布展、成果展示

维度或要素			小学高年级段	初中段	高中段
研学课程	必修课程九	名称	山西人家的故事	品读晋商故事　传承民族之魂	走进晋商大院　弘扬时代精神
		活动目的	通过了解晋商杰出代表的事迹，感悟晋商家风，培养学生的文化自信	通过研习晋商大院的楹联、建筑，感悟晋商精神	研习以晋商大院为代表的山西民居建筑的基本特点，树立文化探究意识，提升文化自信
		活动形式	参观学习、剧本扮演、手工制作	参观学习、任务探究、手工制作	参观学习、项目探究、手工制作
	必修课程十	名称	走进砖雕艺术　感受山西民俗	非遗砖雕　传承有我	非遗保护与传承
		活动目的	鉴赏砖雕图案题材，感受砖雕体现的中国民俗，领略中华优秀传统文化所折射的艺术美感和文化底蕴	通过参观砖雕博物馆，学会从烧窑技艺、雕刻技艺等方面分析非遗，感受国家级非遗的审美价值、历史价值、社会价值	通过鉴赏砖雕，了解砖雕作为建筑型材的发展历程，明确作为建筑构建的作用及环保价值，通过体验窑前雕、窑后雕的制作感受山西民居建筑传递的传统文化的厚重，提升民族自信
		活动形式	教师讲授、实地探访、实践体验	教师讲授、实地探访、实践体验	教师讲授、实地探访、实践体验
	选修课程		1. 红色故事 2. 战争史 3. 国防科技	1. 影视赏析 2. 诵读山西 3. 微电影制作	1. 影视赏析 2. 战争之殇 3. 抗战历史

维度或要素		小学高年级段	初中段	高中段
研学线路	代表性线路（时长五日）	第一天：太原营地—黎城太行山黄崖洞旅游发展有限公司—淮海工业集团有限公司—太原营地；第二天：太原营地—八路军太行纪念馆—八路军文化园—太原营地；第三天：太原营地—昔阳大寨—太原营地；第四天：太原营地—中国煤炭博物馆—山西博物院—太原营地；第五天：太原营地—山西晋韵砖雕艺术博物馆—乔家大院—太原营地	第一天：太原营地—八路军太行纪念馆—八路军文化园—太原营地；第二天：太原营地—黎城太行山黄崖洞旅游发展有限公司—淮海工业集团有限公司—太原营地；第三天：太原营地—昔阳大寨—太原营地；第四天：太原营地—中国煤炭博物馆—山西博物院—太原营地；第五天：太原营地—山西晋韵砖雕艺术博物馆—乔家大院—太原营地	第一天：太原营地—八路军太行纪念馆—八路军文化园—太原营地；第二天：太原营地—黎城太行山黄崖洞旅游发展有限公司—淮海工业集团有限公司—太原营地；第三天：太原营地—昔阳大寨—太原营地；第四天：太原营地—中国煤炭博物馆—山西博物院—太原营地；第五天：太原营地—山西晋韵砖雕艺术博物馆—乔家大院—太原营地
	可选择线路（按天设计，菜单式选择）	1.太原营地—三晋奇石博物馆—太原营地；2.太原营地—平遥古城—太原营地；3.太原营地—晋绥边区革命纪念馆—太原营地；4.太原营地—八路军太行纪念馆—八路军文化园—太原营地；5.太原营地—黎城太行山黄崖洞旅游发展有限公司—淮海工业集团有限公司—太原营地；6.太原营地—昔阳大寨—太原营地；7.太原营地—中国煤炭博物馆—山西博物院—太原营地；8.太原营地—山西晋韵砖雕艺术博物馆—乔家大院—太原营地	1.太原营地—昔阳大寨—太原营地；2.太原营地—中国煤炭博物馆—山西博物院—太原营地；3.太原营地—山西晋韵砖雕艺术博物馆—乔家大院—太原营地；4.太原营地—三晋奇石博物馆—太原营地；5.太原营地—八路军太行纪念馆—八路军文化园—太原营地；6.太原营地—黎城太行山黄崖洞旅游发展有限公司—淮海工业集团有限公司—太原营地；7.太原营地—平遥古城—太原营地；8.太原营地—晋绥边区革命纪念馆—太原营地	1.太原营地—晋绥边区革命纪念馆—太原营地；2.太原营地—三晋奇石博物馆—太原营地；3.太原营地—平遥古城—太原营地；4.太原营地—八路军太行纪念馆—八路军文化园—太原营地；5.太原营地—黎城太行山黄崖洞旅游发展有限公司—淮海工业集团有限公司—太原营地；6.太原营地—昔阳大寨—太原营地；7.太原营地—中国煤炭博物馆—山西博物院—太原营地；8.太原营地—山西晋韵砖雕艺术博物馆—乔家大院—太原营地
	规划线路（按天设计）	1.太原营地—店子底—太原营地；2.太原营地—六味斋—太原营地；3.太原营地—彭真纪念馆—太原营地；4.太原营地—国民师范旧址—太原营地；5.太原营地—平型关大捷纪念馆—太原营地	1.太原营地—平型关大捷纪念馆—太原营地；2.太原营地—店子底—太原营地；3.太原营地—彭真纪念馆—太原营地；4.太原营地—六味斋—太原营地；5.太原营地—国民师范旧址—太原营地	1.太原营地—国民师范旧址—太原营地；2.太原营地—平型关大捷纪念馆—太原营地；3.太原营地—店子底—太原营地；4.太原营地—六味斋—太原营地；5.太原营地—彭真纪念馆—太原营地

维度或要素		小学高年级段	初中段	高中段
教学重点难点（以代表性线路教学设计为例，以下同）	教学重点	1.理解并珍视今天的幸福生活来之不易，培养学生民族自豪感和归属感 2.引导学生将抗战的关键事件和重要兵器清晰讲述 3.亲身体验农业劳动的艰辛与乐趣，培养对农耕文化的尊重，引导学生体会在传承和弘扬农耕文化中的责任与担当 4.通过模拟矿工工作，培养学生的团队协作意识和责任感 5.解读晋商杰出代表人物故事，结合时代背景，分析感悟晋商精神	1.引导学生通过红色文化体验活动，增强民族自豪感和自信心 2.学习黄崖洞保卫战历史和兵工厂的前世今生，分析总结兵器与战争的关系 3.认识到自己在记录和传承大寨历史变迁中的责任，明确在推动农村发展中的担当 4.培养学生作为导览员所需的历史文化知识，增强学生的责任感和使命感 5.梳理晋商发展脉络，通过砖雕等建筑装饰解读晋商精神	1.认识自己在国家发展和社会进步中的责任与担当 2.掌握黄崖洞兵工厂的军工力量发展史，感悟中国军人敢打硬仗的优良作风 3.全面、深入地梳理大寨的农业发展现状和创新实践 4.引导学生思考其在能源转型中的责任与担当，培养可持续发展意识 5.从时代背景、政治、经济、地理等因素全面认识晋商，感悟新时代的晋商精神
	教学难点	1.通过狼牙山五壮士的事迹感悟抗战精神内涵 2.通过梳理黄崖洞保卫战历史，感悟艰苦卓绝的抗战精神 3.将对农耕文化的尊重和对农业劳动的理解转化为实际行动 4.在模拟活动中真正体会到责任与担当的重要性，转化为实际行动，激发传承自觉性 5.梳理中国近现代史的历史背景与晋商杰出代表人物故事的关系	1.从政治、经济、文化等方面全面辨析抗战的意义 2.能举例说明武器在当今国家之间军事较量中的重要作用 3.学生在活动过程中产生情感共鸣，并将这种共鸣转化为对乡村振兴的责任感和使命感 4.确保每个学生都能充分参与导览活动，并从中获得深刻的文化传承体验 5.楹联、砖雕作品的鉴赏与解读	1.引导学生积极思考和讨论，培养独立思考能力和批判性思维 2.能够从抗战文化、军工科技等方面进行探究，进一步了解军工与国防、与国家安全的密切联系 3.策划既具有创新性又切实可行的乡村振兴项目 4.深入理解能源转型的复杂性和挑战性，以及个人在其中的责任和担当 5.明清时期的晋商精神与新时代的晋商精神的联系与传承

维度或要素	小学高年级段	初中段	高中段
教学策略	针对小学高年级段学生活泼好动、知识技能积累尚未特别丰富等实际情况，基于兴趣理念、互动理念、发展理念等现代教学理念，选取红色教育场馆、博物馆等为主的研学站点，依托研学基地、《研学手册》、研学教师等研学资源，以培养学生爱家乡、爱祖国的情怀为培养目标，采取讲授法、实践法等教法和自主学习、合作学习等学法，借助丰富的实践体验教学资源和数字化技术，使用游戏化、体验式、情境式、合作学习等学习策略来进行总体设计，开展参观、体验、制作等多种形式的活动，并根据学生反馈进行动态调整，确保小学高年级段的学生能够深度参与并在研学实践中学有所得	针对初中段学生求知欲旺盛、逻辑思维能力增强的学情，基于认知主义学习理论，选取红色教育、文化传承、国情教育等为主的研学站点，依托研学基地、《研学手册》、研学教师等研学资源，以养成学生探究社会问题的意识、初步形成对社会负责的态度和社会公德意识、以初步具备法治观念为培养目标，采取讲授法、讨论法、练习法、实践法等教法和自主学习、合作学习、探究学习等学法，借助丰富的实践体验教学资源和数字化技术，使用体验式、情境式、合作学习、跨学科、项目式、相互教学等学习策略来进行总体设计，开展实践体验、交流分享等活动，确保不同基础的初中段学生都能够在研学中学有所悟	针对高中段学生知识技能储备较为丰富、对社会具备了基本认知，身处世界观、人生观、价值观成型的关键阶段等特点，以建构主义理论、发现学习理论为指导思想，基于主体理念、发展理念、问题理念、反思理念等现代教学理念，选取红色教育、国防教育、科技教育、乡村振兴等为主的研学站点，依托研学基地、《研学手册》、研学教师等研学资源，以养成学生关心家乡发展、关注社会问题、践行社会公德为培养目标，采取讲授法、演示法等教法和自主学习、合作学习、探究学习等学法，借助丰富的实践体验教学资源和数字化技术，使用体验式、情境式、合作学习、跨学科、探究学习、问题解决等学习策略来进行总体设计，开展实践体验、交流反思等活动，确保研学实践活动能对高中段学生世界观、人生观、价值观的形成发挥积极的促进作用

维度或要素				小学高年级段	初中段	高中段
实施方案	入营教育	安全	引导	通过营地课堂，给学生讲解安全注意事项以及课堂安全	通过营地安全标识学习进行入营安全教育，了解安全应急知识，掌握应急救护技能	通过营地内安全宣传栏、安全通道、安全标识学习进行入营安全教育
			实训	为参训学生制定《安全手册》，利用晚间活动学习安全技能	开展安全应急演练，掌握突发事件处置技能	开展安全应急演练，掌握突发事件处置技能
		应急	引导	发布紧急情况疏散线路图，紧急情况应急处理办法和《应急救护手册》	通过案例介绍、视频学习，掌握应急事件处理方法	通过案例学习应急事件处理办法和技巧，培养面对突发事件随机应变的能力
			实训	组织参训学生进行应急逃生演练，提升学生自救与互救能力	开展安全救护技能实践操作，提升学生自救与互救能力	通过公共安全课组织参训学生安全实践演练，强化安全意识
		救助	引导	教育学生认识救助标识、场所及救助用品，培养学生主动寻找救助场所及办法	通过公共安全课教师示范引领，让学生学会基本的应急救助方法	通过公共安全课教师的专业示范、讲解，教会学生心肺复苏的正确操作方法
			实训	观看学习救助相关知识及技能	小组合作学习包扎、搬运	模拟体验、技能考试
		自我管理	引导	在研学教师的带领下，学生养成自我管理习惯	通过自我情绪管理的培训和指导，帮助学生掌握应对压力和困难的方法	通过自主管理问题的引导，让学生掌握科学的自我管理方法
			实训	开展自我管理培训，相互交流分享自我管理经验，掌握相应的自我管理知识	采用沉浸式体验方式，对学生自我管理进行培训，提升自我管理能力	通过以班为单位进行课间活动，让学生进行自主管理
		团队协作	引导	以小组为单位，选择活动项目，由易到难，学生合力完成活动任务	分小组协作，合理分工，制订计划、分配任务、协调进度等	通过创设情境，选择任务或项目，小组内分工有序、协调配合、共同完成挑战
			实训	分组完成趣味毛毛虫等活动项目，释放学生天性，通力合作完成挑战	组织同心鼓、同心笔等活动项目，培养学生的团队协作和责任意识	通过组织呼吸的力量、毕业墙等素质拓展项目，培养学生之间的信任，充分认识自己在团队中的重要性

维度或要素		小学高年级段	初中段	高中段
实施方案	导入教学环节	1. 情境导入：齐唱、鉴赏武乡赞歌，激发爱国热情 2. 故事导入：讲述黄崖洞保卫战的战况，引导学生融入战火纷飞的情境中 3. 视频导入：播放昔阳大寨相关的社会主义革命和建设时期的历史短片 4. 视频导入：播放矿工工作视频，展示矿工在地下辛勤劳动的场景 5. 游戏导入：抽选砖雕盲盒，蒙眼摸出砖雕上雕刻的纹样或文字及其寓意	1. 情境导入：朗诵、鉴赏《七律·长征》，激发学习兴趣 2. 猜谜导入：引出造枪炮武器的红色景点——黄崖洞兵工厂 3. 视频导入：播放大寨农村变迁的纪录片或历史资料，激发学习兴趣 4. 情境导入：让学生了解煤炭工业的现状和发展趋势。向学生提出研究性问题 5. 问题导入：楹联中体现了哪些家风家训？小组讨论，教师引导	1. 情境导入：齐唱、鉴赏《在太行山上》，明确学习任务 2. 提问导入：假如你是黄崖洞保卫战的指挥员，如何取得战争胜利 3. 案例导入：分享关于大寨农业创新的案例，引发学生思考 4. 案例导入：介绍新能源技术案例，激发学生对能源转型的兴趣 5. 时政导入：讲述明清时期的晋商杰出代表，说说他们有哪些贡献
	授课教学环节	第一天：必修课程一“狼牙山五壮士”、必修课程二“传承红色基因　争做时代新人” 第二天：必修课程三“忆黄崖洞保卫战”、必修课程四“初识兵工厂”，选修课程1“红色故事” 第三天：必修课程五“探寻大寨红色记忆”、必修课程六“体验传统农耕文化”，选修课程2“战争史” 第四天：必修课程七“小小矿工体验记”、必修课程八“文物守护者”，选修课程3“国防科技” 第五天：必修课程九“山西人家的故事”、必修课程十“走进砖雕艺术　感受山西民俗”	第一天：必修课程一“缅怀历史　慎终追远”、必修课程二“不忘初心勇担当　牢记使命作贡献” 第二天：必修课程三“战鼓吹开胜利花”；必修课程四“踏访重点保军企业　铭记前辈丰功伟绩”，选修课程1“影视赏析” 第三天：必修课程五“大寨变迁探秘”、必修课程六“未来乡村设计师”，选修课程2“诵读山西” 第四天：必修课程七“探秘煤炭工业”、必修课程八“博物馆小导览员”，选修课程3“微电影制作” 第五天：必修课程九“品读晋商故事　传承民族之魂”、必修课程十“非遗砖雕　传承有我”	第一天：必修课程一“铭记抗战历史　传承红色基因”、必修课程二“弘扬太行精神　强化责任担当” 第二天：必修课程三“从战争看民族精神”、必修课程四“工欲善其事必先利其器”，选修课程1“影视赏析” 第三天：必修课程五“农业创新实践探访”、必修课程六“助力大寨乡村振兴实践”，选修课程2“战争之殇” 第四天：必修课程七“煤炭与能源未来”、必修课程八“博物馆策展人” 第五天：必修课程九“走进晋商大院　弘扬时代精神”、必修课程十“非遗保护与传承”，选修课程3“抗战历史”

维度或要素		小学高年级段	初中段	高中段
实施方案	进级教学环节	1.查阅搜集狼牙山五壮士相关资料信息，作为烈士的发言人进行讲述 2.通过研学黄崖洞精神内涵，树立珍惜当今的理念 3.设立研究小组，挖掘精神内涵，亲自动手，学习并掌握至少一项传统农耕技艺，如犁地、播种、收割等 4.体验矿工的日常工作，引导学生了解矿工的安全规程，设置模拟任务，让学生在完成任务中感受责任与担当 5.探究渠家家风家训对后人的影响	1.分角色扮演，以情景剧的形式重现当年的壮烈场面 2.扮演导览员，讲述黄崖洞故事 3.选择大寨变迁中的某个特定时期或事件进行深入研究，如合作化运动、改革开放等；选择乡村区域或问题点，如适老型乡村规划，制订方案并制作沙盘模拟 4.分组研究煤炭工业相关课题；设计并制作博物馆展览的《导览手册》或数字导览内容 5.“南徽北晋”，探究国家级非遗晋派砖雕的文化价值、历史价值、建筑价值等	1.以八路军各小队的方式模拟战争实况 2.沉浸式体验战争艰苦卓绝的同时认识到兵器对于战争胜负的重要性 3.观察当地的农业发展现状和创新实践成果；组织农业创新实践讲座；分组进行乡村调研，策划乡村振兴项目 4.分组进行能源转型相关课题的研究；学生学习展览策划的基本理念和方法 5.案例分析新晋商的贸易领域，传承晋商精神
	巩固教学环节	1.引导学生在和平时代传承狼牙山五壮士的精神，举办时代新人演讲赛 2.分组主题情景剧展示：带着现代武器回到战场的我。让学生在分工合作的过程中了解战争的智慧 3.创作与大寨红色记忆相关的故事、剧本或演讲稿；引导学生思考如何将传统农耕文化传承下去，探索其与现代农业的结合点 4.模拟文物保护活动，如“文物搬运”，让学生在实践中体验文物保护的责任 5.教师引导学生以小组为单位利用所学制作《渠家家风家训》书签，并与其他组分享交流	1.通过角色扮演还原当时的场景，激发学生民族自豪感 2.设想自己是兵工厂设计师，如何为当今国防建设更好地贡献自己的力量 3.大寨变迁探秘：学生将研究成果和调研发现整理成报告或展示材料 4.撰写研究报告并进行展示，分享在导览过程中的收获和感受 5.教师引导学生以小组为单位，利用所学将晋商大院院落形态探究结果绘制成思维导图，并与其他组分享交流	1.举例分析太行精神在新时代的体现与运用，感悟精神的时代传承 2.通过模拟战争实况，感悟新时代青年的使命 3.展示考察报告及乡村振兴方案 4.撰写研究报告并进行演讲，分享对能源转型中责任与担当的认识和思考 5.教师引导学生以小组为单位利用所学撰写《新时代的晋商精神》研学报告，并与其他组分享交流

维度或要素			小学高年级段	初中段	高中段
实施方案	总结教学环节	教学创新	1. 充分掌握学情，以问题导入和情境导入的方式，激发学生学习兴趣 2. 依托多元智力理论，设计内容丰富、形式多样、难度各异的体验活动	1. 根据学生学情，设计丰富的活动形式，引导学生从多角度思考问题，提高创造力和责任担当意识 2. 依托发现学习理论，在研学实践过程中，通过场景转换和实践体验，引导学生发现并解决问题	1. 根据学情，将研学实践课程任务有效分解，模拟实践，培养学生探究意识 2. 依托建构主义理论，引导学生主动学习、深入思考，实现教师指导下的以学习者为中心的学习
		教学总结	1. 回顾研学实践，引导学生加深对责任与担当的理解 2. 结合学生和教师的反馈，完成必要的教学评价 3. 完善研学档案，留好过程性资料	1. 总结归纳，引导学生加深对责任与担当的理解 2. 收集学生、教师以及其他相关人员的反馈，完成全面客观的评价 3. 完善研学档案，便于评价与管理	1. 通过小组研讨、分享交流等，强化责任与担当的意识和能力 2. 在研学教师的指导下，完成情境模拟展示，完善《研学手册》并完成教学评价 3. 完善研学档案，留好研学课程积分管理的过程性资料
		教学反思	1. 复盘研学实践过程中，安全保障工作是否开展到位，还存在哪些安全隐患 2. 反思研学过程中“研”和“学”的比例 3. 是否将责任与担当意识融合到研学实践中	1. 反思课程的爱国主义情怀引导是否有效 2. 思考研学资源的抗战历史时代需求融合和爱国教育因素的挖掘是否合理 3. 反思各环节衔接把控如何优化，做到扬长避短，明确实施方案的优化方向	1. 思考是否引导学生将研学课程与自己的兴趣相衔接，是否能为提升学生责任担当意识和能力发挥作用 2. 进一步梳理与学校课程衔接的深度，为下一次研学活动提供参考 3. 根据研学反馈调整和优化研学方案，完善研学课程教学策略

维度或要素				小学高年级段	初中段	高中段
实施方案	评价教学环节	教学水平评价	自我评价	反思是否积极参与观察和记录活动、在活动中是否感到有趣并乐在其中、在活动中是否收获了更多知识等	评价研学课程设计能否更加优化；研学教师的讲解是否引起学生兴趣；探究任务的难易程度等	高中学段可以从研究深度、创新能力、团队合作等方面进行自我评价。对内容设计、目标落实情况、实施流畅度、学生参与度等进行评价
			学生评价	完成活动中是否得到必要的帮助并用自己的方式表达内容。作品展示活动能否体现学生的观察力、动手能力和表达能力	教师是否激发学生积极性并启发学生深度思考；是否鼓励学生表达交流，引导学生树立正确的价值观；对教师的研学水平进行评价	对研学任务分配和完成效果进行评价；对教师教授、设计和组织能力进行评价；评价学生的创新思维、实践能力和表达能力
			同行评价	是否明确相应教学目标，是否与课程目标相契合，是否充分激发学生的学习兴趣和积极性；是否有效引导学生积极参与、分享和交流；教学方法是否多样且适合学生认知	对研学教师的教学设计、实施策略和总结反思等方面进行评价；对研学呈现的生成性问题的解决方式方法评价	对教师设计的探究问题、方式和结果呈现进行评价；对研学资源的挖掘和研学课程各学科的融合度进行评价；对研学设计、研究深度和研学总结方式进行评价
			培训和考核	强调研学活动的设计与实施、学生参与度的提升策略、多元化教学方法的运用等。教学目标的达成度、学生参与度与反馈、教学方法的多样性与有效性等	定期对研学线路、课程开发和实施进行培训并考核；进行研学安全培训	对研学教师教学节奏、组织和讲解等专业能力进行培训；对研学教师的师风进行考核；把学生满意度、家长和社会认可度作为考核重要标准
			教学成果展示	绘画作品、演讲稿、记录展板等	社会调查报告、主题演讲或辩论等	研究报告、推介会、作品展等

维度或要素				小学高年级段	初中段	高中段
实施方案	评价教学环节	学业评价	形成性评价	观察学生兴趣度和参与度，及时调整研学课程设计的方式方法；针对学生及时调整课程深度；学生在研学中随时对自己和他人在研学中的表现进行评价	对学生的参与程度、探索深度和交流表达等表现进行及时评价；更加关注学生探究方法和能力的培养；关注学生团队建设的情况	对学生表现进行及时评价；更加关注学生探究方法和能力的培养；关注学生团队建设的情况
			总结性评价	对学生研学态度、安全意识、自理自立等进行整体性评价	通过测验、报告、展示等形式，对学生达成目标的程度作出评价；对学生实验的结果、达到的目标、完成水平和完成度进行评价	在高中段，总结性评价更加注重学生的研究能力、创新思维和综合素质的评估。教师可以通过研究报告、学术论文、项目作品等方式进行评价
			教师评价	对学生研学全过程的准备、实践、参与度、作业完成情况进行评价；对学生课堂自我管理、领导力和组织能力等方面进行评价	对初中段的学生需要从评估学生的理解能力、考查学生的实验能力、分析学生的研讨表现等方面，评价他们的实验技能和科学探究能力，检查学生知识点的掌握情况，帮助学生理解并运用所学知识	通过观察、访谈和调查问卷等方式对学生获取研学知识、探究能力和研学态度进行评价；对研学中学生合作、情绪管理、意志品质等进行评价
		项目评价		教育主管部门、学生家长、社会各界对研学实践教育研学主题、教学目标设定、教学设计、研学线路规划、安全保障等方面进行评价	行政主管部门、参与学校、学生、家长及社会各界对安全管理、研学资源、课程衔接、进度组织、教学策略、教学环节、课程意义、学生成长等方面进行评价，以便持续完善研学实践教育	教育主管部门、学生家长、社会各界对研学实践教育研学主题、教学目标设定、教学设计、研学线路规划、安全保障等方面进行评价

4.6 教学计划与策略列表：追随领袖足迹　培育时代新人

<table>
<tr><td colspan="3">营地名称</td><td>运城市示范性综合实践基地（简称“运城营地”）</td><td>命名机构</td><td>教育部</td><td>识别码</td><td>Y145143004</td></tr>
<tr><td colspan="3">从业资质（摘要）</td><td>义务教育阶段学生素质教育工作，开展综合实践活动课程（生存体验、素质拓展、科学实践、专题教育）</td><td>单位属性</td><td>公益一类</td><td>法定代表人</td><td>景宇</td></tr>
<tr><td colspan="3">研学主题</td><td>追随领袖足迹　培育时代新人</td><td colspan="2">主要目的指向</td><td colspan="2">责任与担当教育</td></tr>
<tr><td rowspan="7">营地（枢纽）及周边主要优质研学资源</td><td colspan="2">基地层级</td><td colspan="5">研学站点（基地）名称</td></tr>
<tr><td rowspan="2">教育部命名基地</td><td>已列入教学计划</td><td colspan="5">一、与本主题相关列入教学计划的基地9个
1. 八路军太行纪念馆；2. 山西博物院；3. 昔阳大寨；4. 平型关大捷纪念馆；5. 平遥古城；6. 山西祁县乔家大院民俗博物馆；7. 吕梁市晋绥边区革命纪念馆；8. 云冈研究院；9. 洪洞大槐树寻根祭祖园有限公司（简称“洪洞大槐树”）
二、与本主题关联不大但列入本营地教学计划的基地8个
1. 临汾市黄河壶口瀑布风景名胜区；2. 山西晋韵砖雕艺术博物馆；3. 山西省长治市气象局；4. 山西皇城相府文化旅游有限公司相府景区；5. 黎城太行山黄崖洞旅游发展有限公司；6. 汾阳市贾家庄腾飞文化传播有限公司；7. 山西凤凰山生态植物园有限公司；8. 平遥唐都推光漆艺博物馆（平遥县唐都推光漆器有限公司）</td></tr>
<tr><td>待列入教学计划</td><td colspan="5">1. 八路军文化园（山西红星杨旅游发展有限公司）；2. 中国煤炭博物馆</td></tr>
<tr><td colspan="2">其他部委命名基地</td><td colspan="5">1. 运城市博物馆；2. 晋祠；3. 尧庙；4. 永济鹳雀楼；5. 芮城永乐宫；6. 万荣李家大院（简称“李家大院”）；7. 西侯度遗址；8. 关帝庙；9. 后土祠；10. 蒲津渡和蒲州故城遗址（简称“蒲津渡遗址”）</td></tr>
<tr><td colspan="2">地方命名基地</td><td colspan="5">1. 关帝家庙；2. 堆云洞；3. 夏县格瑞特庄园（简称“格瑞特庄园”）；4. 新绛县绛州澄泥砚文化园；5. 永济尧王台景区（简称“尧王台”）；6. 永济河东葫芦文化园；7. 平陆张家沟爱国主义教育基地；8. 杜马战役纪念馆</td></tr>
<tr><td colspan="2">本营地资源</td><td colspan="5">1. 国防教育中心；2. 生命安全教育中心；3. 素质拓展中心；4. 红色教育中心</td></tr>
<tr><td colspan="2">其他资源</td><td colspan="5">1. 夏县宇达青铜文化产业园馆；2. 山西池盐文化研学基地；3. 河东名人馆</td></tr>
</table>

维度或要素	小学高年级段	初中段	高中段
校内教育基础（与校内教育的衔接）	对照课标，小学高年级段在责任与担当教育方面提出“通过日常生活劳动，认识到劳动对家庭幸福、社会进步的意义，能发现日常生活劳动中存在的问题，综合运用生活基本技能解决问题，养成劳动习惯和品质”“培养学生的道德情感、责任意识，引导学生遵守公共规则，形成深厚的爱国情感。”本研学主题必修课程与校内教育的衔接内容主要如下：1.人教版五六年级体育与健康第四章“基本身体活动”；2.人教版五年级美术下册第3课“抽象的雕塑”；3.人教版六年级美术下册第15课“我国古代建筑艺术”；4.青岛版五年级科学下册第二单元第5节“灭火与逃生”；5.人教版六年级道德与法治下册第四单元第4节“我们爱和平”；6.人教版六年级语文上册第二单元第2节“狼牙山五壮士”；7.人教版六年级科学上册第三单元第5节“水在自然界的循环”；8.人教版五年级道德与法治下册第三单元第4节“夺取抗日战争和人民解放战争的胜利”等	对照课标，初中段在责任与担当教育方面提出“增强对中国共产党的足迹和精神谱系的认知”“增强学生国防观念，从历史事件中引导学生铭记历史，谨记使命，自强向上，培育天下兴亡、匹夫有责、国家利益至上的家国情怀”。本研学主题必修课程与校内教育人教版教材的衔接内容主要如下：1.八年级语文上册第四单元第1课“背影”；2.八年级语文上册第五单元第2课“苏州园林”；3.九年级化学上册第七单元第1课“燃烧与灭火”；4.八年级道德与法治上册第四单元第10课“建设美好祖国”；5.九年级道德与法治上册第三单元第5课“守望精神家园”；6.九年级美术上册第一单元第2课“异彩纷呈的中国古代雕塑、工艺和建筑”；7.七年级语文下册第二单元第6课“黄河颂”；8.九年级美术上册第四单元第1课“古城古镇考察”；9.八年级历史上册第六单元第20课“正面战场的抗战”、第21课“敌后战场的抗战”、第22课“抗日战争的胜利”等	对照课标，高中段在责任与担当教育方面提出“通过对抗日战争史中的红色革命文化、民族精神等学习，加深祖国认同感、政治认同感等”。本研学主题必修课程与校内教育人教版教材的衔接内容主要如下：1.高二思想政治选择性必修一第二单元第4课“和平与发展”；2.高一地理必修一第三章“自然界的水循环”；3.高一地理必修二第二章“地域文化与城乡景观”；4.高一美术必修美术鉴赏第二单元第6课“中国传统雕塑”、第7课“华夏意匠—中国传统建筑与园林艺术”；5.高一历史必修一第四单元第16课“抗日战争”、第17课“解放战争”；6.高一地理必修一第三章第3节“海水的运动”；7.高一历史必修下册第十单元第29课“改革开放以来的巨大成就”；8.高一历史必修下册第九单元第27课“社会主义建设在探索中曲折发展”；9.高一历史必修下册第八单元第24课“全民族浴血奋战与抗日战争的胜利”；10.高一语文必修下册第三单元第8课“中国建筑的特征”；11.高一思想政治必修一第四单元第2课“实现中华民族伟大复兴中国梦”等

维度或要素			小学高年级段	初中段	高中段
研学课程	必修课程一	名称	揭秘盐池	河东文化	寻根觅祖
		活动目的	通过了解盐池的形成原因，激发学生对家乡的热爱	通过对运城博物馆的学习，感受中华民族的文明之光，增强民族自豪感	通过学习移民背景和移民起因，感受和平生活的不易，激发学生的爱国之情
		活动形式	讲解指导、实地参观	讲解指导、参观学习	讲解指导、实地参观
	必修课程二	名称	河东名人	圣迹文化	历史文脉
		活动目的	通过了解不同时期的河东名人的故事，体会河东文化底蕴及内涵，增强民族自豪感	通过关帝庙情境式体验，演绎传统经典故事，增强学生文化认同感	通过研学晋祠，让学生感受晋祠的纪念意义，增强学生的文化自信
		活动形式	讲解指导、学习讨论	讲解指导、情景演绎	讲解指导、实地参观
	必修课程三	名称	忠义文化	工艺传承	重温誓词
		活动目的	通过情景剧表演，了解关羽有关的历史知识和其精神品质，传承忠义文化精神	通过实地学习，观察和制作澄泥砚，体验工艺文化，传承工艺精神	通过实地学习，重温入党誓词，坚定理想信念，激发学生爱国情怀
		活动形式	讲解指导、情景演绎	讲解指导、实践制作	讲解指导、实地探访
	必修课程四	名称	忠信仁勇	农耕文明	耕作悟学
		活动目的	通过了解关羽家族的发展兴衰，体验古人作战场景，激发学生的文化传承使命感	通过农耕实践活动，了解农耕文明发展史，认识农业利国利民的重要性	通过动手体验，感受传统农耕，培养学生的动手能力，增强学生的集体荣誉感
		活动形式	讲解指导、实地参观、实践体验	讲解指导、观察学习、实践体验	讲解指导、观察学习、实践体验

维度或要素			小学高年级段	初中段	高中段
研学课程	必修课程五	名称	唐风盛景	走进青铜	抗洪抢险
		活动目的	通过朗读鹳雀楼和蒲津渡相关诗词，感受登高望远的心境，增强文化自信	通过欣赏青铜作品的造型之美，了解青铜作品蕴含的艺术价值，感受工匠精神	通过了解洪涝灾害的基本知识，掌握抗洪抢险的技能，增强安全和防范意识
		活动形式	讲解指导、观察体验	讲解指导、实地参观、实践体验	讲解指导、实地参观、情景模拟
	必修课程六	名称	文化传承	革命步伐	红色基因
		活动目的	通过欣赏浮雕、壁画、雕塑，感受河东大地的历史文化，激发民族自豪感	通过缅怀革命先烈的英雄事迹，让英雄精神薪火相传，激发爱国情怀	通过参观麻田红色旧址，了解革命先辈的伟大事迹，坚定为中国梦而奋斗的信念
		活动形式	讲解指导、观察体验	讲解指导、实地参观、情景体验	讲解指导、观察体验
	必修课程七	名称	华夏根祖	登赋名楼	抗战历史
		活动目的	通过欣赏了解后土祠古建筑，感受中华优秀传统文化的魅力，增强文化自信	通过学习历史文化故事，在实践探究中摸清历史脉络，增强文化信念	通过了解革命历史、感悟红色精神、传承红色基因，增强责任感和使命感
		活动形式	讲解指导、观察体验	讲解指导、实地探访	讲解指导、实地探访
	必修课程八	名称	吟诗诵辞	河东文脉	华夏文明
		活动目的	通过诗词朗诵的方式，感受后土祠的文化魅力，培养艺术鉴赏力	通过知识学习、搭建桥梁模型，培养学生空间想象能力和团队协作能力	通过探访尧庙，学习尧的历史故事，树立文化自信，增强民族自豪感
		活动形式	讲解指导、观察体验	讲解指导、实地探访、实践制作	讲解指导、实地探访、分享交流

维度或要素			小学高年级段	初中段	高中段
研学课程	必修课程九	名称	奏响红歌	盐运文化	祭尧大典
		活动目的	通过了解红歌内容，体悟蕴含的革命精神，坚定革命意识，激发学生爱国热情	通过了解盐运历史，感受古人的智慧，培养学生善于研究，敢于创新的能力	通过举行祭尧大典，着衣冠，行献礼，亲身体验祭祀文化，感受华夏深邃文化底蕴
		活动形式	讲解指导、分析研讨	讲解指导、实地探访	讲解指导、实地探访
	必修课程十	名称	红色生命线	永乐之美	古建魅力
		活动目的	通过学习公共卫生保护、紧急情况预案，提升学生自我安全保护意识	通过参观壁画的产生与发展脉络，培养守正创新、勇于担当的“永乐精神”	通过研学，让学生了解五凤楼、尧宫、尧井台、图雕等历史建筑的故事和意义
		活动形式	讲解指导、实践练习	讲解指导、实地探访	讲解指导、实地探访
	选修课程		1. 运城文脉 2. 祭祀大典 3. 盐运先锋队 4. 李家善举 5. 红色家印	1. 学唱红歌 2. 酿酒工艺 3. 河东文脉 4. 黄河臂弯	1. 根雕艺术 2. 峥嵘岁月 3. 历史讲堂 4. 礼仪文化

维度或要素		小学高年级段	初中段	高中段
研学线路	代表性线路（时长五日）	第一天：运城营地—山西池盐文化研学基地—河东名人馆—运城营地；第二天：运城营地—永济鹳雀楼—蒲津渡遗址—运城营地；第三天：运城营地—后土祠—李家大院—运城营地；第四天：运城营地—平陆县红色教育基地—杜马战役纪念馆—运城营地；第五天：运城营地—关帝庙—关帝家庙—运城营地	第一天：运城营地—运城市博物馆—关帝家庙—运城营地；第二天：运城营地—格瑞特庄园—宇达青铜文化产业园—堆云洞—运城营地；第三天：运城营地—永济鹳雀楼—蒲津渡遗址—运城营地；第四天：运城营地—芮城永乐宫—西侯度遗址—运城营地；第五天：运城营地—新绛县绛州澄泥砚文化园—运城营地	第一天：运城营地—洪洞大槐树—晋中营地；第二天：晋中营地—昔阳大寨—晋中营地；第三天：晋中营地—八路军太行纪念馆—晋中营地；第四天：晋中营地—尧庙—晋中营地；第五天：晋中营地—晋祠—运城营地
	可选择线路（按天设计，菜单式选择）	1.运城营地—运城市博物馆—关帝家庙—运城营地；2.运城营地—红色教育中心—国防教育中心—运城营地；3.运城营地—吕梁市晋绥边区革命纪念馆—运城营地；4.运城营地—新绛县绛州澄泥砚文化园—运城营地；5.运城营地—堆云洞—格瑞特庄园—运城营地；6.运城营地—芮城永乐宫—西侯度遗址—运城营地；7.运城营地—平陆张家沟爱国主义教育基地—杜马战役纪念馆—运城营地；8.运城营地—山西池盐文化研学基地—河东名人馆—运城营地；9.运城营地—后土祠—李家大院—运城营地	1.运城营地—平陆张家沟爱国主义教育基地—杜马战役纪念馆—运城营地；2.运城营地—云冈研究院—晋中营地；3.晋中营地—山西博物院—运城营地；4.运城营地—后土祠—运城营地；5.运城营地—山西池盐文化研学基地—河东名人馆—运城营地；6.运城营地—李家大院—运城营地；7.运城营地—新绛县绛州澄泥砚文化园—运城营地；8.运城营地—运城市博物馆—关帝家庙—运城营地；9.运城营地—永济鹳雀楼—蒲津渡遗址—运城营地；10.运城营地—芮城永乐宫—西侯度遗址—运城营地	1.运城营地—平型关大捷纪念馆—晋中营地；2.晋中营地—平遥古城—晋中营地；3.晋中营地—山西祁县乔家大院民俗博物馆—运城营地；4.运城营地—后土祠—运城营地；5.运城营地—山西池盐文化研学基地—河东名人馆—运城营地；6.运城营地—芮城永乐宫—西侯度遗址—运城营地；7.运城营地—生命安全教育中心—素质拓展中心—运城营地；8.运城营地—运城市博物馆—关帝家庙—运城营地；9.运城营地—平陆张家沟爱国主义教育基地—杜马战役纪念馆—运城营地；10.运城营地—尧王台—永济河东葫芦文化园—运城营地
	规划线路（按天设计）	1.运城营地—昔阳大寨—晋中营地；2.晋中营地—洪洞大槐树—晋中营地；3.晋中营地—临汾市黄河壶口瀑布风景名胜区—运城营地	1.运城营地—晋祠—晋中营地；2.晋中营地—山西博物院—晋中营地；3.晋中营地—洪洞大槐树—运城营地	1.运城营地—八路军文化园（山西红星杨旅游发展有限公司）—晋中营地；2.晋中营地—中国煤炭博物馆—晋中营地；3.晋中营地—吕梁市晋绥边区革命纪念馆—运城营地

维度或要素		小学高年级段	初中段	高中段
教学重点难点（以代表性线路教学设计为例，以下同）	教学重点	1.室外拓展项目体验要组织好学生，做好安全防范，并要通过考评，加强技巧掌握 2.研学池盐博物馆并制作盐雕；体验纸版画，感受名人文化的魅力 3.掌握古代建筑文化，探究古楼重修的技术局限，通过观看历史文物、图片、视频，以及情境式体验的方式学习盐运历史 4.赏建筑、体验雕刻、鉴赏壁画艺术，通过诗歌吟诵，沉浸式感受中华优秀传统文化	1.研学绛州澄泥砚文化园，沉浸式体验澄泥砚生产过程 2.认识农业发展史，感悟先民农耕技术与智慧，传承中华优秀传统文化 3.掌握晋南革命历史，学习先辈革命精神 4.欣赏鹳雀楼的伟岸，黄河的雄姿，更深切地学习华夏五千年灿烂文化。情境式体验——齐诵《登鹳雀楼》，感受世代工匠精神 5.欣赏永乐宫精美的壁画和宫殿建筑艺术，认知到永乐宫奇迹般的原貌搬迁历程	1.研学洪洞大槐树，根雕大门，千年槐根。情境式体验祭祖大典，感受移民对故乡的眷念之情 2.进行“礼仪千秋”文化表演、《晋韵千秋》文化表演、《唐晋之缘》话剧表演 3.掌握昔阳大寨的革命精神，感悟艰苦岁月下劳动人民的艰辛与智慧，总结分享大寨人民积极的精神面貌与勇于奋斗的革命精神 4.理解十四年抗战胜利在中华民族伟大复兴中的历史意义，并绘制历史时空思维图 5.观建筑、赏文物、学礼仪，追根溯源
	教学难点	1.了解盐对人体的作用，认识到盐池在古代对我国的重要意义 2.体会河东先贤热爱国家、为民奉献的家国情怀与民族大义 3.体会蒲津渡劳动人民的工匠精神和敢于冒险、锐意进取的品质 4.体会中华优秀传统文化的艺术与人文价值，感受非遗技艺蕴含的巧思，提升学生文化自信 5.体会革命先辈信仰坚定，明白“红色文化”的含义，认识农业对国家的重要性	1.感受河东池盐文化和名人文化的悠久历史，感受五千年河东文化的魅力，厚植家国情怀，勇担时代使命 2.盐雕作品和纸版画作品的创意表现，组织与实施盐运拓展活动 3.学会鹳雀楼的相关诗词，解读相关历史故事和诗歌文化，感受古人的智慧以及古人勇于冒险、敢于思考、坚韧不拔的意志品质 4.演绎李家施粥济困情景剧，代入角色体验诚善文化 5.认识到新中国成立初期革命先辈们的艰难岁月，体会革命先辈们信念坚定，关爱人民的优良品格	1.研学洪洞大槐树，感受和平生活的不易，通过祭祖大典，感受移民对故乡的眷念之情 2.研学晋祠，增强民族自豪感，感受传统文化与现代艺术相融合的文化盛宴 3.学生在抗洪抢险研学活动中，团队合作与应急方案的实施 4.深入理解全民族抗战的史实，理解造成人民苦难的根本原因及革命斗争的矛盾与抉择 5.知道五凤楼、尧宫、尧井台、图雕等历史建筑的故事和意义，参与祭尧大典，学会祭祀礼仪

维度或要素	小学高年级段	初中段	高中段
教学策略	针对小学高年级阶段学生对基础知识有一定了解，但明显存在语言表达能力较薄弱等问题，依然在判断、辨别事物是非方面缺乏社会经验的学情，基于多元智力理论等指导思想和兴趣理念、互动理念、发展理念等现代教学理念，选取红色教育、人文教育、文化传承、劳动教育等为主的研学站点，依托研学基地、《研学手册》、研学教师等研学资源，以养成学生自理能力、自主精神和热爱生活的态度为培养目标，采取讲授法、演示法、练习法等教法和自主学习、合作学习等学法，借助丰富的实践体验教学资源和数字化技术，使用游戏化、体验式、情境式、合作学习等学习策略来进行总体设计，开展参观、体验、制作等多种形式的活动，并在活动中根据学生反馈及时调整活动方式，让学生在快乐中学习，在实践中成长	针对初中段学生处于感性认识为主，向理性上升的阶段，身体发育、知识经验、心理品质等方面依然处于过渡时期等特点，以发现学习理论、多元智力理论为指导思想，基于兴趣理念、主体理念、互动理念、发展理念、问题理念等现代教学理念，选取红色教育、文化传承、劳动教育、国情教育等为主的研学站点，依托研学基地、《研学手册》、研学教师等研学资源，以养成学生独立生活习惯、探究社会问题意识、初步形成对社会负责的态度和社会公德意识、以初步具备法治观念为目标，采取讲授法、演示法、讨论法、练习法、实践法等教法和自主学习、合作学习、探究学习等学法，借助丰富的实践体验教学资源和数字化技术，使用体验式、情境式、合作学习、跨学科、项目式、相互教学等学习策略来进行总体设计，开展实践体验、交流分享等活动，并在活动中根据学生反馈及时调整活动方式，让学生在快乐中学习，在实践中成长	针对高中段学生缺乏对历史的整体性认知，对现实生活以及历史体验不足，在理解社会人文与自然景观方面有一定的难度等特点，以建构主义理论、发现学习理论、多元智力理论为指导思想，基于主体理念、互动理念、发展理念、问题理念、反思理念、多元理念等现代教学理念，选取红色教育、国防教育、科技教育、乡村振兴等为主的研学站点，依托研学基地、《研学手册》、研学教师等研学资源，以养成学生关心社会发展、关注社会问题、关切社会生活、践行社会公德为培养目标，采取讲授法、演示法、讨论法、练习法、实验法等教法和自主学习、合作学习、探究学习、验证法等学法，借助丰富的实践体验教学资源和数字化技术，使用体验式、情境式、合作学习、跨学科、项目式、服务学习、探究学习、问题解决等学习策略来进行总体设计，开展实践体验、交流反思、实验验证等活动，并在活动中根据学生反馈及时调整活动方式，让学生在快乐中学习，在实践中成长

维度或要素				小学高年级段	初中段	高中段
实施方案	入营教育	安全	引导	借助多媒体，让学生知晓安全的重要性，指导使用《安全手册》	通过案例警示教育，强调安全的重要性，发放《安全手册》	通过主题教育，引导学生对研学中的安全知识自主梳理，并得出应对方法
			实训	针对住宿、饮食、研学点、交通等，开展紧急避险演练、安全疏散演练	开展“研学安全知多少”安全知识技能展示，并有效指导实训	学生以小组为单位制订安全预案，并以比赛形式开展模拟推演
		应急	引导	借助多媒体，让学生知晓火灾等灾害的危害，指导使用《应急教育手册》	通过案例警示教育，强调应急救护的重要性，发放《应急教育手册》	以主题教育形式，引导学生自主梳理研学中可能使用到的应急方法与技能
			实训	组织学生进行逃生演练、火警演练等	联系应急救援大队联合开展学生应急教育知识与技能培训	有计划、不定时地组织开展学生应急教育演练，增强学生实操能力
		救助	引导	借助多媒体，让学生掌握救助原则及方法，指导使用《救助技能手册》	通过案例警示教育，强调火灾、地质灾害等危害性，发放《救助技能手册》	以主题教育形式，引导学生梳理典型灾害救助的方案
			实训	组织学生完成生命安全体验馆与本次研学配套的救助课程	组织学生开展救助技能实操训练等	与红十字会共同开展“救在身边”应急救护模拟演练
		自我管理	引导	通过开展学生自我管理教育培训，让学生掌握自我管理方法	通过制度及要求规范学生自我管理行为	通过心理健康课程，对学生的自我管理行为进行引导
			实训	通过制定时间安排表、任务完成进度条，强化学生自我管理意识	通过小组合作，对学生自我管理进行过程性监督并进行评价	在集体活动中，对学生自我管理进行综合评估
		团队协作	引导	借助多媒体，强调团队协作的重要性	通过展示优质团队协作案例，启发学生对合作与分工的思考	通过课程中所涉及的团队建设、团队精神进行过程性引导
			实训	小组协作，每个小组负责一个具体的任务或项目	鼓励学生在小组内分工合作，制订计划、分配任务、协调进度等	在课程实施与总结中，对学生团结协作进行展示与评价

维度或要素		小学高年级段	初中段	高中段
实施方案	导入教学环节	1. 情境导入：介绍盐池的经济地位及背景 2. 故事导入：讲述鹳雀楼和蒲津渡的相关历史故事 3. 故事导入：用关公故事引导学生联系到忠义精神 4. 故事导入：讲述时代背景下万荣李家的善行之举，感受李家家训的至善至诚至真 5. 故事导入：讲述六十一个阶级兄弟的故事与杜马战役中革命战士和老百姓间的鱼水情，让学生感受互帮互助的革命友谊与军民一体的红色精神	1. 问题导入：同学们了解中华文明之源吗 2. 图片导入：以看图识砚的形式进行导入，通过图片认识中国四大名砚 3. 任务导入：以农耕文化知多少为前置项目任务，引导学生了解农耕技术发展的同时，理解农业强国的重要性 4. 情感导入：齐诵王之涣的《登鹳雀楼》，感受鹳雀楼作为四大名楼之一的雄伟 5. 问题导入：你知道哪些生活中的用火小常识	1. 背景导入：介绍洪洞移民的背景 2. 背景导入：介绍晋祠的建设沿革、建筑格局和文物遗存 3. 故事导入：讲述昔阳大寨的历史故事，将学生带入故事当中，以情境模拟的方式，带领学生认识昔阳大寨 4. 事例导入：让学生充分感受到抗日战争背后的故事，感悟红色精神、传承红色基因 5. 视频导入：观看纪录片《中国通史》节选尧舜的片段，初步了解华夏文明起源的历史，激发学生对尧庙的探索欲望
	授课教学环节	第一天：入营教育，必修课程一“揭秘盐池”、必修课程二“河东名人”，选修课程1“运城文脉” 第二天：必修课程五“唐风盛景”、必修课程六“文化传承”，选修课程3“盐运先锋队” 第三天：必修课程七“华夏根祖”、必修课程八“吟诗诵辞”，选修课程4“李家善举” 第四天：必修课程九“奏响红歌”、必修课程十“红色生命线”，选修课程5“红色家印” 第五天：必修课程三“忠义文化”、必修课程四“忠信仁勇”，选修课程2“祭祀大典”	第一天：入营教育，必修课程一“河东文化”、必修课程二“圣迹文化”，选修课程1“学唱红歌” 第二天：必修课程四“农耕文明”、必修课程五“走进青铜”、必修课程六“革命步伐”，选修课程2“酿酒工艺” 第三天：必修课程七“登赋名楼”、必修课程八“河东文脉”、必修课程九“盐运文化”，选修课程3“河东文脉” 第四天：必修课程十“永乐之美”、选修课程4“黄河臂弯” 第五天：必修课程三“工艺传承”	第一天：入营教育，必修课程一“寻根觅祖” 第二天：必修课程三“重温誓词”、必修课程四“耕作悟学”、必修课程五“抗洪抢险”，选修课程1“根雕艺术” 第三天：必修课程六“红色基因”、必修课程七“抗战历史”，选修课程2“峥嵘岁月” 第四天：必修课程八“华夏文明”、必修课程九“祭尧大典”，选修课程3“历史讲堂” 第五天：必修课程二“历史文脉”，选修课程4“礼仪文化”

维度或要素		小学高年级段	初中段	高中段
实施方案	进级教学环节	1.实践：盐雕创作活动、情境式体验 2.讨论：通过哪些形式能更好地发掘身边的红色故事 3.体认：触摸红色历史，演绎红色故事，继承先烈遗志，传承红色基因	1.实践：青铜艺术品的制作 2.思考：探究考古学家是如何判断西侯度是中国人类用火最早的地方 3.探究：理解“火”之于人类的意义 4.表达：尝试写一篇关于蒲津渡的诗歌或文章 5.讨论：在西侯度遗址陈列厅中，学习“地球生物演化过程图”，定位人类之于地球存在的阶段 6.体认：形成对中国特色社会主义道路的坚定信念，增强责任感	1.实践：祭尧大典、情境式体验 2.思考：感受移民对故乡的眷念之情，增强对家乡的热爱 3.探究：体验培育农作物的过程 4.讨论：祭祀文化在华夏文明发展中的重要作用 5.体认：了解和体验华夏文化的魅力，感受华夏文明的博大精深，树立对华夏文明的自信和自豪感
	巩固教学环节	1.回顾：研学导师带领学生一起总结和回顾，及时解答学生遇到的问题 2.作业：通过讲故事、做手抄报等多种活动加深对革命历史的认识 3.应用：采访家乡革命先辈，以具有纪念意义的老物件、老照片为依据，发掘背后的红色故事	1.回顾：研学导师带领学生一起总结和回顾，及时解答学生遇到的问题 2.作业：通过讲故事、情景剧、微电影制作等多种活动加深对革命历史的认识 3.应用：河东文化主题演讲 4.思考：博物馆教育与学校教育的区别和联系	1.回顾：研学导师带领学生一起总结和回顾，及时解答学生遇到的问题 2.作业：选择感兴趣的红色革命相关主题，将麻田红色革命史与政治、音乐、艺术等学科进行跨学科整合，深入研究，并以报告、演讲或展示的形式分享观点和成果 3.应用：创设情景剧，将抽象的认知具象化 4.思考：理解造成人民苦难的根本原因以及革命斗争的矛盾与抉择 5.探究：绘制历史时空思维导图

维度或要素			小学高年级段	初中段	高中段
实施方案	总结教学环节	教学创新	倡导做中学、用中学、创中学，如在“追觅华夏根祖，弘扬诚善文化”研学中通过情境式体验施粥济困、诵读家训，领略李家善行天下、富而行仁的优良家风，学习李氏家族的慈善文化	突出实践育人，强化课程与生产劳动、社会实践的结合，强调知行合一，如在研学前设置前置课程、前置任务，引导学生在实际的研学场景中解决所提出的问题	突出实践育人，强化课程与生产劳动、社会实践的结合，强调知行合一，注重培育学生终身发展和适应社会发展所需要的核心素养
		教学总结	小学高年级段学生正处于由儿童期向少年期转变的过程中，对于集体生活已经比较熟悉，养成了较为稳定的生活和学习习惯的同时具备了一定学科基础和认知能力，对事物开始有了自己的思考和判断，可通过实践活动助力学生良好习惯的养成，开拓视野陶冶情操	学生正处于青春期，身心发展迅速，自我意识增强，在认知上有了更高的要求，逻辑思维能力和创新能力也在不断提高，在学习习惯上，具备自主学习能力。通过动手实践提高了学生分析问题解决问题的能力。增强对学科知识的理解和应用能力，提高综合素质	学生已经具备了一定的知识基础和思维能力，但同时也存在学习压力大、缺乏实践经验等问题。可以通过让学生多参加实践活动，融德育于课程中，逐步培养学生的创新思维、工匠精神，引导学生了解华夏文明始祖所在地的乡土文化
		教学反思	1.反思研学过程中“研”和“学”的比例 2.复盘研学实践过程中对安全保障工作的开展是否到位，还存在哪些安全隐患 3.是否将责任与担当意识融合到研学实践中	1.反思研学实践课程在责任担当方面的育人实效 2.反思对研学资源所蕴含的各学科知识融合和教育因素挖掘是否合理 3.反思环节设置和节奏把控如何进一步优化，了解研学环节的优点和不足	1.是否引导学生将研学实践课程与自己的兴趣和生涯规划联系起来；是否能为提升学生的责任担当意识发挥积极的促进作用 2.进一步梳理与学科课程的衔接深度，提炼经验教训 3.根据研学反馈和评估结果，对研学方案进行调整和优化，对研学资源进行重新挖掘，完善研学课程教学策略

维度或要素				小学高年级段	初中段	高中段
实施方案	评价教学环节	教学水平评价	自我评价	研学活动中是否以学生的角度去带入，对于学生活动设计哪些是陌生的，哪些是熟悉的，积累经验，调整课程内容	活动是否能激发学生兴趣，引发学生深度思考，能否根据学生的知识及能力不同，改变教学策略	积极探索新的教学方法和策略，同时注重培养学生的实践能力和创新意识。通过组织实践活动，鼓励学生积极参与，让他们在实践中发现问题、解决问题
			学生评价	对教师的专业知识进行评价；学生对自己在研学课程中的活跃程度、探索程度、学习积极性等进行评价	教师在研学活动中与学生的交流、沟通能力如何；自己在团队协作中是否能够胜任？研学实践课程是否内容充实、趣味性强	教师是否具有很强的责任心与组织能力，能否提供优质的服务；学生是否提升了自我管理能力、动手能力，能否将理论知识应用于实际情境中
			同行评价	对研学教师的研学组织和节奏把控进行评价；对研学过程中解决问题的能力进行评价	对研学教师的教学设计、实施策略和总结反思等方面进行评价；对研学呈现的生成性问题的解决方法和机制进行评价	对教师设计的探究问题、方式和结果呈现进行评价；对研学资源的挖掘与各学科的融合度进行评价；对研学设计、研究深度和研学总结方式进行评价
			培训和考核	制订培训方案和考核准则，组织教师专业能力提升培训，通过专业机构考核评价活动质量；对学生、家长、社会公众进行满意度调查测评	针对教师的综合素质、专业技能等进行培训，通过专业机构对研学活动质量和效果进行考核；对学生、家长、社会公众的满意度进行调查测评	定期组织教师技能培训，制订评估团队和考核方案，定期对教师专业技能和综合素质进行培训与考核；对学生、家长、社会公众的满意度进行调查测评
			教学成果展示	用图文、音像等资料记录学生研学实践表现；用学生作品展示研学实践成果	用学生作品展展示研学实践成果，学生利用PPT等工具，对研学课程的过程与成果和体会进行汇报和演讲	利用PPT等工具，对研学实践课程的过程与成果和体会进行汇报和演讲；学生根据研学主题，撰写研究报告，展示研究成果

维度或要素				小学高年级段	初中段	高中段
实施方案	评价教学环节	学业评价	形成性评价	对学生研学过程中的表现进行观察、记录，及时鼓励学生自评、互评，使学生获得成就感，增强自信心	通过记录和反馈学生研学过程中的学习情况，以及在活动中以小组、个人为单位的活动表现，科学测评学生的学习行为，增强学生自主学习的意识和能力	基于对学生学习全过程的持续观察、记录以及学生提交的科技研学作品，如实验报告、科技创新作品等，引导学生从“理论”向“实务”转变，运用课程中的基本理论、基本方法来实际分析管理实践中存在的各种问题
			总结性评价	在研学活动结束后，根据学生的实践日志、展示分享、研究成果等，全面了解学生研学活动中的成长和进步	在研学活动结束后，以责任担当为主要指向，全面了解学生在研学活动中科学素养和综合能力的积累	在研学活动结束后，通过对学生科技研学作品的分析，全面了解学生在研学活动中创新能力和问题解决能力的发展，鼓励学生积极适应和应对不断变化的科技社会
			教师评价	由教师根据学生在研学活动中的表现和成果进行多维度评价，鼓励学生更好地学习和应用科学知识，并用科学知识解决实际问题	由教师根据学生在研学活动中的表现和成果，根据学生的参与度、作业质量、能力提升程度等方面，尊重学生个体差异，以发展性眼光对学生进行学业评价	根据预设的活动目标，结合学生研学日记、物化成果，通过交流展示，对学生达到目标的程度以及研学效果作出评价，增强学生的社会参与意识和社会责任感
		项目评价		以问卷调查、访谈等形式，围绕对研学项目的组织实施、小学高年级段目标实现度、教学策略有效性等方面进行评价，通过教研活动及针对评价结果的反思，及时发现问题并加以改进	以问卷调查交流研讨等形式，对研学线路规划、活动组织、自我能力提升等方面进行综合性评价，持续完善研学实践教育	通过教育行政部门、校内教育工作者、学生家长、社会各界以问卷调查、观测等形式参与评价，围绕课程资源、对高中段课标实现度、教学环节衔接度、综合知识运用等方面进行评价，召开专题研讨活动，及时发现问题并加以改进

4.7 教学计划与策略列表：寻访红色印记　勇担责任使命

<table>
<tr><td colspan="3">营地名称</td><td>盘锦市示范性综合实践基地（简称“盘锦营地”）</td><td>命名机构</td><td>教育部</td><td>识别码</td><td>Y145210001</td></tr>
<tr><td colspan="3">从业资质（摘要）</td><td>综合实践教育、国防教育、拓展训练、研学实践教育</td><td>单位属性</td><td>公益一类</td><td>法定代表人</td><td>朱立军</td></tr>
<tr><td colspan="3">研学主题</td><td>寻访红色印记　勇担责任使命</td><td colspan="2">主要目的指向</td><td colspan="2">责任与担当教育</td></tr>
<tr><td rowspan="7">营地（枢纽）及周边主要优质研学资源</td><td colspan="2">基地层级</td><td colspan="5">研学站点（基地）名称</td></tr>
<tr><td rowspan="2">教育部命名基地</td><td>已列入教学计划</td><td colspan="5">一、与本主题相关列入教学计划基地19个
1.辽沈战役纪念馆；2.沈阳“九·一八”历史博物馆（简称“九·一八博物馆”）；3.抚顺市雷锋纪念馆（简称“雷锋纪念馆”）；4.抗美援朝纪念馆；5.鞍钢集团博物馆（简称“鞍钢博物馆”）；6.本溪抗联史实教育基地；7.大连金普新区素质教育活动中心（简称“大连营地”）8.沈飞航空博览园（简称“沈飞博览园”）9.大连盐化集团有限公司（简称“大连盐化集团”）；10.星辰国防研学基地；11.铁岭市学生综合实践中心（简称“铁岭基地”）；12.国家医学媒介生物监测检测重点实验室（辽宁）（简称“大连海关”）；13.鞍山市职教城管理委员会（简称“鞍山职教城”）；14.辽宁省博物馆；15.鞍山市地震局；16.朝阳市鸟化石国家地质公园（简称“朝阳鸟化石公园”）；17.锦州东方华地城中小学生研学实践教育基地（简称“锦州东方华地城”）；18.朝阳庙子沟滑雪有限公司（简称“朝阳庙子沟”）；19.格物（大连）文化发展有限公司（简称“格物基地”）
二、与本主题关联不大但列入本营地教学计划的基地7个
1.红海滩国家风景廊道景区“两山”生态研学基地（盘锦红海滩旅游发展有限公司）（简称“红海滩基地”）；2.大连海事大学；3.国家海洋环境监测中心（简称“海洋监测中心”）；4.中国铁路沈阳局集团有限公司沈阳铁路陈列馆（简称“沈阳铁路馆”）；5.沈阳铁路局大安北蒸汽机车陈列馆（简称“沈阳机车馆”）；6.阜新市中小学生示范性综合实践学校（基地）（简称“阜新营地”）；7.辽阳市宏伟区中小学生社会实践基地</td></tr>
<tr><td>未列入教学计划</td><td colspan="5">无</td></tr>
<tr><td colspan="2">其他部委命名基地</td><td colspan="5">1.中国工业博物馆；2.丹东鸭绿江断桥（简称“鸭绿江断桥”）；3.旅顺日俄监狱旧址博物馆（简称“日俄监狱”）；4.大连关向应纪念馆；5.辽宁省科技馆</td></tr>
<tr><td colspan="2">地方命名基地</td><td colspan="5">1.田庄台甲午末战遗址（简称“甲午末战遗址”）；2.盘锦中尧七彩庄园（简称“七彩庄园”）；3.沙岭烈士陵园；4.旅顺万忠墓；5.北方华锦化学工业集团有限公司（简称“华锦集团”）；6.中国石油辽河油田金海采油厂（简称“金海采油厂”）；7.辽河油田石油精神基地（简称“石油精神基地”）</td></tr>
<tr><td colspan="2">本营地资源</td><td colspan="5">1.军事射击馆；2.消防急救馆；3.VR/AR体验馆；4.科技实景房；5.模型体验馆；6.飞行模拟体验馆</td></tr>
<tr><td colspan="2">其他资源</td><td colspan="5">1.徐恩惠红色教育基地；2.中共盘锦市第一个党支部教育基地（简称“第一党支部”）；3.白玉山景区；4.潜艇博物馆；5.辽宁中蓝电子科技有限公司（简称“中蓝电子”）；6.盘锦港</td></tr>
</table>

维度或要素	小学高年级段	初中段	高中段
校内教育基础（与校内教育的衔接）	对照课标，小学高年级段在责任与担当教育方面提出“学生应该能够建立爱国主义意识，初步了解国情，简要了解中国共产党的历史，同时基本了解国家的文化和传统，形成中国人身份认同感，具有民族意识和团体意识”。本研学主题必修课程与校内教育的衔接内容如下（均为人教版教材）：1.音乐三年级下册第三单元音乐家故事“聂耳与《义勇军进行曲》”；2.道德与法治五年级下册第三单元“百年追梦 复兴中华”“中国有了共产党”；3.语文五年级下册第四组教学设计“他们让我感动”；4.体育与健康三~四年级全一册第五章第1节“队列与队形”；5.信息技术六年级第十一单元“信息技术与创新”“信息技术在生活中的应用”“信息技术与创新能力的培养”“信息技术的未来发展趋势”；6.体育与健康五~六年级全一册第三章第3节“轻度损伤的自我处理”；7.音乐六年级下册第五单元母亲河“保卫黄河”；8.劳动课程第二学段劳动任务群六“传统工艺制作”；9.道德与法治五年级下册第二单元“公共生活靠大家”“我参与 我奉献”；10.语文五年级下册第三教学设计“语言的艺术”	对照课标，初中段在责任与担当教育方面提出“学生应树立正确的国家观念和民族观念，领悟伟大建党精神的内涵，体会中华文化的源远流长和博大精深，具有强烈的民族自豪感，理解中国梦的内涵，树立为中华民族伟大复兴而奋斗的理想”。本研学主题必修课程与校内教育的衔接内容如下（均为人教版教材）：1.初中历史第二册现代史单元九“解放战争和新中国的成立”“中华人民共和国的成立”；2.初中历史第二册现代史单元八“中国的抗日战争”“东北抗日联军”；3.初中历史第二册现代史单元八“中国的抗日战争”；4.劳动课程第四学段劳动任务群五“传统工艺制作”；5.地理八年级上册第四章“中国的经济发展”“工业的分布与发展”，劳动课程第四学段劳动任务群六“工业生产劳动”；6.劳动课程第四学段劳动任务群九“公益劳动与志愿服务”；7.地理八年级上册第二章“中国的自然环境”“地势和地形”；8.信息技术七年级上册第五单元“信息获取与交流”“信息交流的方式”；9.初中历史第二册现代史单元九“解放战争和新中国的成立”“解放战争的胜利”；10.生物七年级下册第三章“人体的呼吸”“发生在肺内的气体交换”，第四章“人体内的物质运输”“流动的组织——血液”“输血与血型”	对照课标，高中段在责任与担当教育方面提出“学生应树立正确的历史观，理解爱国主义精神，具备坚定的爱国主义情怀，并对祖国的发展变化有着清晰的认识”。本研学主题必修课程与校内教育的衔接内容如下（均为人教版教材）：1.高中历史必修一第四单元“近代中国反侵略、求民主的潮流”第十六课“抗日战争”；2.高中音乐全一册第四单元“音乐作品题材中的历史事件、人物和故事”；3.高中物理必修一第二章“匀变速直线运动的速度与时间的关系”“匀变速直线运动”“速度与时间的关系式”；4.高中物理必修二第五章“生活中的圆周运动”“航天器中的失重现象”“离心运动”；5.高中语文第一册第一单元“沁园春·长沙”；6.高中历史必修一第四单元“近代中国反侵略、求民主的潮流”第17课“解放战争”；7.高中政治必修二第四单元第9课“维护世界和平 促进共同发展”；8.高中生物必修三稳态与环境“人体的内环境与稳态”“动物和人体生命获得的调节”“免疫调节”；9.高中美术必修一第十二讲“现代人物画”，第十三讲“现代山水画 花鸟画”；10.高中物理必修二第七章“机械能守恒定律”“能量和能量耗散”

维度或要素			小学高年级段	初中段	高中段
研学课程	必修课程一	名称	国歌的诞生	红色党史记心间	走进九·一八博物馆
		活动目的	通过了解国歌的诞生历程及创作背景，学习国歌的精神内涵	通过学习红色历史，增强爱国、爱党的信念，厚植爱国主义情怀	通过参观九·一八博物馆，了解九·一八事变的历史及影响，勿忘国耻，居安思危
		活动形式	教师讲授、实地参观、实践体验相结合	教师讲授、实地参观、实践体验相结合	教师讲授、实地参观、实践体验相结合
	必修课程二	名称	榜样的力量	红色故事大讲堂	演绎革命历史舞台剧
		活动目的	通过与徐恩惠同志面对面，聆听中国共产党背后鲜为人知的故事	通过聆听红色故事，了解革命历史，学会讲述2个最难忘的红色故事	通过演绎革命英雄事迹，帮助学生树立远大理想，增强爱国情怀
		活动形式	教师讲授、实地探访、实践体验相结合	教师讲授、实地参观、实践体验相结合	教师讲授、实地参观、实践体验相结合
	必修课程三	名称	祭革命烈士墓	重走长征路	探秘沈飞博览园
		活动目的	通过到烈士陵园进行祭扫活动，了解英雄事迹，对革命先辈产生敬畏之心	通过模拟体验4公里的微缩版“长征”，感受革命先烈的艰辛，重温革命情怀	通过与歼击机近距离接触，探秘歼击机发展，学会制作简易歼击机模型
		活动形式	教师讲授、实地探访、实践体验相结合	教师讲授、实地探访、实践体验相结合	教师讲授、实地探访、实践体验相结合
	必修课程四	名称	我是一名小红军	编织行军草鞋	飞机驾驶我体验
		活动目的	通过了解英雄事迹，学习并体验站军姿、打军体拳，培养学生的意志力和耐力	通过聆听草鞋故事，掌握草鞋编织的基本技巧，深入体会老红军的革命精神	通过体验驾驶飞机，发现自身兴趣所在及现实水平，帮助学生树立职业规划意识
		活动形式	教师讲授、实践体验相结合	教师讲授、实地探访、实践体验相结合	教师讲授、实地探访、实践体验相结合

维度或要素			小学高年级段	初中段	高中段
研学课程	必修课程五	名称	军事射击体验	钢铁是怎样炼成的	走红路　研红诗
		活动目的	通过体验营地军事射击课程，掌握射击的基本技能，了解国防知识	通过参观鞍钢博物馆，学习钢铁冶炼的过程，感受现代化钢铁企业的魅力	通过阅读、寻访、分享、讲述、创作等形式，诵读、创作红色诗词，传承红色文化
		活动形式	教师讲授、实践体验相结合	教师讲授、实地参观、实践体验相结合	教师讲授、实地参观、实践体验相结合
	必修课程六	名称	消防急救我能行	我是小小讲解员	走进抗美援朝纪念馆
		活动目的	通过体验营地消防急救课程，掌握消防急救知识，增强安全意识	在为他人讲解的过程中，将知识进行转化，并学会用自己的方式进行阐述	通过了解抗美援朝的伟大历史，感受志愿军的英雄气概，发扬党的优良传统
		活动形式	教师讲授、实地参观、实践体验相结合	教师讲授、实地参观、实践体验相结合	教师讲授、实地参观、实践体验相结合
	必修课程七	名称	学唱红色歌曲	战地地图我绘制	日俄监狱的悲壮史歌
		活动目的	通过学习红色歌曲，感受革命先辈的英雄气概	运用地理知识，学会分析地形对于战争的利与弊，学会识别地图	通过视觉、听觉等方式了解屈辱的历史与惨无人道的暴行，增加爱国情怀
		活动形式	教师讲授、实践体验相结合	教师讲授、实地参观、实践体验相结合	教师讲授、实地参观、实践体验相结合
	必修课程八	名称	制作行军香囊	摩斯密码传信行动	野外生存技能小课堂
		活动目的	通过学习香囊的制作方法和用途，体会红军在恶劣的环境中长途跋涉的艰辛	通过了解电报机的使用，学会破译简单的电报密码，完成相关的情报破译任务	通过学习基本的野外生存技能，如帐篷搭建、野外取水、取火等，增强生活本领
		活动形式	教师讲授、实践体验相结合	教师讲授、合作探究、实践体验相结合	教师讲授、自由式探究、实践体验相结合

维度或要素			小学高年级段	初中段	高中段
研学课程	必修课程九	名称	走进雷锋纪念馆	走进辽沈战役纪念馆	白玉山写生
		活动目的	通过探寻雷锋足迹，了解雷锋故事，寻找雷锋精神	通过参观辽沈战役纪念馆，了解辽沈战役的历史，厚植爱国主义情怀	用画笔描绘白玉山景象，重温历史峥嵘岁月，感受革命传统
		活动形式	教师讲授、实地参观、实践体验相结合	教师讲授、实地参观、实践体验相结合	教师讲授、自由式探究，实践体验相结合
	必修课程十	名称	雷锋叔叔我想对您说	战地救护小课堂	探秘潜艇博物馆
		活动目的	通过了解雷锋故事，给雷锋叔叔写一封信	通过学习基本救护知识和技能，如止血、包扎、心肺复苏等，提高学生安全防护意识	了解潜艇的内部构造，了解我国潜艇发展的历史，感受国防力量
		活动形式	实地探访、实践体验相结合	教师讲授、合作探究、实践体验相结合	教师讲授、实地参观、实践体验相结合
	选修课程		1. 支前运粮 2. 重建烽火家园 3. 珍贵的鸡毛信 4. 争做一颗螺丝钉	1. 我是战地小记者 2. 绘制炼钢流程 3. 雷区取水 4.“辽沈战役”知识大闯关	1. 音乐党史课 2. 战场风云 3. 制作战地沙盘 4. 红色印记手作活动

维度或要素		小学高年级段	初中段	高中段
研学线路	代表性线路（时长五日）	第一天：盘锦营地—徐恩惠红色教育基地—盘锦营地；第二天：盘锦营地—沙岭烈士陵园—盘锦营地；第三天：盘锦营地—军事射击馆—消防急救馆；第四天：盘锦营地—第一党支部—盘锦营地；第五天：盘锦营地—雷锋纪念馆—盘锦营地	第一天：盘锦营地—第一党支部—盘锦营地；第二天：盘锦营地—七彩庄园—盘锦营地；第三天：盘锦营地—鞍钢博物馆—盘锦营地；第四天：盘锦营地—本溪抗联史实教育基地—盘锦营地；第五天：盘锦营地—辽沈战役纪念馆—盘锦营地	第一天：盘锦营地—九·一八博物馆—盘锦营地；第二天：盘锦营地—沈飞博览园—盘锦营地；第三天：盘锦营地—鸭绿江断桥—抗美援朝纪念馆—大连营地；第四天：大连营地—日俄监狱—万忠墓—大连营地；第五天：大连营地—白玉山—潜艇博物馆—盘锦营地
	可选择线路（按天设计，菜单式选择）	1. 盘锦营地—甲午末战遗址—盘锦营地；2. 盘锦营地—七彩庄园—盘锦营地；3. 盘锦营地—盘锦港—盘锦营地；4. 盘锦营地—飞行模拟体验馆—盘锦营地；5. 盘锦营地—辽宁省博物馆—盘锦营地；6. 盘锦营地—华锦集团—盘锦营地；7. 盘锦营地—辽宁省科技馆—盘锦营地；8. 盘锦营地—鞍钢博物馆—盘锦营地	1. 盘锦营地—辽河金海采油厂—石油精神基地—盘锦营地；2. 盘锦营地—中蓝电子—盘锦营地；3. 盘锦营地—华锦集团—盘锦营地；4. 盘锦营地—沈阳铁路馆—沈阳机车馆—盘锦营地；5. 盘锦营地—辽宁省博物馆—盘锦营地；6. 盘锦营地—九·一八博物馆—盘锦营地；7. 盘锦营地—辽沈战役纪念馆—盘锦营地；8. 盘锦营地—沈飞博览园—盘锦营地	1. 盘锦营地—中国工业博物馆—盘锦营地；2. 盘锦营地—鞍山市地震局—盘锦营地；3. 盘锦营地—星辰国防研学基地—盘锦营地；4. 盘锦营地—大连海事大学—大连营地；5. 大连营地—关向应纪念馆—大连营地：6. 大连营地—大连盐化集团—大连营地；7. 大连营地—海洋监测中心—盘锦营地；8. 盘锦营地—辽宁省科技馆—盘锦营地
	规划线路（按天设计）	1. 盘锦营地—红海滩基地—盘锦营地 2. 盘锦营地—沈飞博览园—模型体验馆—盘锦营地 3. 盘锦营地—辽沈战役纪念馆—盘锦营地 4. 盘锦营地—锦州东方华地城—盘锦营地	1. 盘锦营地—鞍山职教城—盘锦营地 2. 盘锦营地—沈飞博览园—飞行模拟体验馆—盘锦营地 3. 盘锦营地—大连海关—大连营地 4. 大连营地—格物基地—盘锦营地	1. 盘锦营地—VR/AR体验馆—科技实景房—盘锦营地 2. 盘锦营地—朝阳鸟化石公园—盘锦营地 3. 盘锦营地—朝阳庙子沟—盘锦营地 4. 盘锦营地—铁岭基地—盘锦营地

维度或要素		小学高年级段	初中段	高中段
教学重点难点（以代表性线路教学设计为例，以下同）	教学重点	1. 了解国歌的诞生历程及创作背景；2. 了解中国共产党党员的优秀事迹；3. 学习英雄事迹，讲述一个英雄故事；4. 学习站军姿、打军体拳；5. 掌握射击的基本动作要领，了解枪械及武器知识；6. 掌握基本的消防急救知识，具备安全意识；7. 学唱一首红色歌曲，讲述歌曲背后的故事；8. 学习行军香囊的制作方法；9. 学习雷锋故事，读雷锋日记；10. 学习书信格式，给雷锋写信	1. 掌握中国共产党的发展历史；2. 学会讲述一个最难忘的红色故事；3. 全面学习长征的历史意义，掌握红军长征的整体脉络；4. 学会编织行军草鞋，体会长征的艰辛；5. 掌握我国工业发展的历史和现状，了解冶炼钢铁的流程；6. 学会用自己的方式和语言为同学讲解场馆内容；7. 学会分析地形对于战争的利弊，会识别地图；8. 了解电报机的使用，学会基本的密码破译方法；9. 学习辽沈战役的历史背景和意义；10. 学习基本的救护知识和技能	1. 深入学习九·一八事变的起因和过程，了解日本帝国主义的侵华罪行；2. 理解九·一八事变后中国社会性质的转变；3. 探究歼击机的发展，学会制作简易歼击机模型；4. 掌握简单的飞机驾驶技巧；5. 学习诵读、创作红色诗词，传承红色文化；6. 掌握抗美援朝战争的历史背景和过程，全面理解抗美援朝战争的重要意义；7. 掌握日俄监狱的用途和历史意义；8. 学习良好行为习惯，养成爱国意识和保护国家安全的责任意识；9. 学习现代风景、人物写生，重温历史峥嵘岁月；10. 探究潜艇的内部构造，学习我国基本军事力量，了解我国的综合国力
	教学难点	1. 体会国歌的精神内涵；2. 体会共产党的领导和党员的先锋模范作用；3. 通过祭扫活动，感悟先烈的革命精神；4. 在活动中时刻以红军的标准要求自己，提高意志力和耐力；5. 学习基本的国防知识，了解我国国防事业的发展历程；6. 掌握心肺复苏的正确方法；7. 通过学习红色歌曲，感受革命先辈的英雄气概；8. 掌握香囊的材料配比，体会红军精神；9. 探究雷锋日记，感悟雷锋精神；10. 理解全心全意为人民服务的精神和艰苦朴素的奋斗精神	1. 理解党领导人民的意义；2. 全面理解“中国共产党是全民族团结抗战的中流砥柱”核心内涵；3. 学会总结红军长征时期的重要会议的时间、内容和意义；4. 深入了解红军长征的胜利对抗日战争的重要意义，体会革命先辈信仰坚定、热爱人民的优良品格；5. 掌握国家工业发展的重要阶段，了解“共和国钢铁工业的‘长子’”的含义和意义；6. 通过体验讲解员，理解“红色文化”“红色精神”的含义；7. 利用所学知识，成功绘制出一幅战地地图；8. 通过学习破译一份简单的电报，并学会制作电报；9. 深入了解辽沈战役作为解放战争首场战略决战的重要意义；10. 能在活动中树立集体意识和独立自主意识	1. 通过九·一八事变理解中国是世界反法西斯战争的东方主战场；2. 理解十四年抗战胜利在中华民族伟大复兴中的历史意义；3. 探究国防力量对国家发展的重要意义；4. 树立正确的择业观，了解各专业、职业的未来发展趋势；5. 总结抗美援朝的重要战役及其意义，感悟英雄的革命精神；6. 铭记屈辱历史，理解做担当民族复兴大任时代新人的含义；7. 体会家国情怀，知道落后就要挨打的道理，树立远大理想；8. 体悟文艺、文化作品蕴含的思想情感和审美情趣，提高审美鉴赏和表达交流能力；9. 探究我国国防事业的发展历史和进程

维度或要素	小学高年级段	初中段	高中段
教学策略	小学高年级学生认知水平和思维能力都已日趋成熟，求知的欲望、能力和好奇心都有所增强，这一阶段的学生已具有一定的分析、思考能力，并且对新鲜事物开始思考、追求、探索，学习的兴趣更为广泛，自我意识有所发展，基于以上学情，采用多元智力、互动等教育理念，依托市内、省内红色研学资源，选取参观红色基地，体验军事射击、消防急救课程，学习革命榜样等研学内容，运用讲授法、图示法、参观法、讨论法等教法，观察法、归纳法等学法，通过集体学习，集体住宿，集体活动，激发学生自主管理、自我约束、自我提升的意识，培养同学们的劳动意识和自主能力；通过参与红色文化研学活动，了解红色文化背景，牢记红色文化历史，树立正确价值观、提升思想道德素质，养成良好的集体意识，形成文化认同	初中生思维活跃，有强烈的求知欲望和上进心，这一阶段的学生已具备一定的基本道德规范和意志品质，掌握一定的学习方法和能力，但对知识仍处于感性阶段，辩证看待历史问题的能力不强，基于以上学情，采用发现学习、构建学习、互动教学理论，教师应积极引导学生自主学习、主动探索，通过调查、讨论等理解掌握知识，增强能力，提高觉悟；依托市内、省内红色研学资源，选取参观历史纪念馆，体验重走长征路，走进工业博物馆，扮演小小讲解员、情报员等研学内容，运用讲授法、图示法、参观法、讨论法等教法，自主学习、探究式学习、合作学习等学法，通过研学活动，引导学生发挥各自的学习动能，通过团队成员之间的沟通协作，提升学生合作学习能力和共同进步的团队精神，通过创设良好的学习环境，重温历史发生的背景，引导学生主动探究，沉浸体悟红色岁月，启发学生积极思维，注重师生互动和生生互动；通过红色文化历史，体会当前青少年的使命责任，思考当代青少年的历史担当；了解历史事实，牢记革命先辈浴血奋战得之不易的美好生活，培养良好行为习惯，养成爱国意识和保护国家安全的责任意识	高中生思维品质迅速发展，有一定的分析问题与辩证思考的能力，能够运用人类社会发展史和科学社会主义的基本原则去分析和解决问题，但由于社会实践少，感性认识多，理性思维少；教学过程要深入浅出，由感性到理性，遵循学生认知规律。基于以上学情，采用实用主义、发展、差异、互动教学理论，倡导探究式学习，开放问题、鼓励提问、激发思考，促进学生主动探究，关注生活逻辑，贴近真实生活，呈现真实社会工作内容，依托市内、省内红色研学资源，选取参观历史纪念馆，探秘潜艇博物馆等研学内容，运用讲授法、图示法、参观法、讨论法等教法，自主学习、探究式学习、合作学习等学法，通过大量图文、雕塑、文物与历史遗迹，帮助学生梳理历史脉络，提供多个研究性课题，以任务驱动的方式小组进行合作探究与学习，以跨学科主题学习为主，整合各学科知识，通过实践活动的形式，围绕红色主题和目标开展研学，采用“体验式教学”，通过体验、互动和参与来达到知识传授和认知目的，引领学生走进社会、融入社会，有助于学生更加深刻地了解社会、认识社会，感受社会的进步与发展，树立正确人生观、价值观、世界观，做新时代社会主义接班人，真正形成适应未来社会发展的必备品格和关键能力

维度或要素				小学高年级段	初中段	高中段
实施方案	入营教育	安全	引导	了解逃生安全知识，了解营地安全避难场所，增强自我保护意识	掌握风险预防、应急处理知识，掌握分散撤离方式	注重研学基地周边以及活动过程中的安全事项
			实训	开展用水、用电、出行等相关安全知识讲座，为学生安全护航	学生学习《安全手册》内容，掌握可能的风险、预防措施和应急处理方法	学生以团队为单位制定《安全手册》，倡导文明研学、安全研学
		应急	引导	掌握应急事件处理方法和技巧	培养学生对于突发事件的冷静思考和随机应变的能力	培养学生在应急事件中的自救能力
			实训	通过营地消防、地震、环保等生命教育类课程，培养学生应急能力	在营地的安全教育中心，进行地震、火灾等突发事件应急安全演习	邀请专业人士为学生进行案例讲解，学生通过实操，掌握应急方法和技巧
		救助	引导	通过学习预防和救助措施，引导学生在危险中减少伤害，保持冷静并保证安全	提升学生遇到问题，主动寻找和利用资源获取信息的能力	通过模拟演练，引导学生在遇到危险时能保持冷静并保证安全
			实训	教师指导，学生学习烫伤处理、伤口简单处理与止血方法等救助知识	通过团队合作等方式，学生掌握应对骨折、挫伤等伤害的救助方法	实操学习心肺复苏等应急救急技能以及对AED等急救工具的使用方法
		自我管理	引导	学生自我要求、形成时间观念，树立纪律意识	学生掌握自我情绪调节、活动积极性调动的方法	学生做好时间管理、学习管理、人际关系管理
			实训	通过内务整理课程实操，培养学生自理能力	通过情景剧演绎活动，学生掌握自我情绪调节、调动自身活动积极性的方法	学生根据研学活动目标，对自己进行跟踪评估
		团队协作	引导	提升团队协作能力，激发团队荣誉感	发挥团队精神，互补互助	学生自主规划活动内容、时间安排、资源调配等
			实训	学生创建团队，起队名、画队旗、选队歌，培养学生集体认同感	通过定向寻宝拓展、翻越高墙队伍竞赛等活动，团队配合，发挥集体作用	分小组协作，鼓励学生在小组内分工合作，制订计划、分配任务、协调进度等

维度或要素		小学高年级段	初中段	高中段
实施方案	导入教学环节	1.视频导入：播放历史纪录片，激发学生的探究兴趣；2.情境导入：通过创设我是小红军的情景，导入当天研学内容，激发学生对研学内容的探究兴趣；3.问答导入：开展农业科技知识问答赛，调动学生的研学积极性；4.挑战导入：设计生动好玩的大学打卡挑战活动，激发学生研学热情，让学生在一次次挑战任务中，不断了解革命事迹；5.任务导入：设置“我是小雷锋”任务，让学生们感受有目的、有收获、有品质的自然探索活动方式	1.问题导入：提问学生最熟悉、最感兴趣的红色故事，调动学生积极性；2.情境导入：通过创设红军长征情境，学生充满代入感、沉浸感，能够主动参与学习实验；3.任务导入：带队导师布置学生研学任务，让学生进行自主探索；4.任务导入：发布研学任务，讲明学习目标；5.视频导入：播放辽沈战役历史纪录片，调动学生的研学积极性	1.视频导入：通过观看九·一八事变历史纪录片，调动学生的研学积极性和探究兴趣；2.任务导入：预留研学问题，学生通过查阅相关资料获取信息，调动学生探究兴趣；3.互动导入：互动小游戏引出研学内容，增加学生的学习兴趣；4.问题导入：通过问答形式与学生校内知识点联动，引起学生的研究兴趣；5.视频导入：播放国防教育宣传片及研学活动视频，调动学生积极性
	授课教学环节	第一天：入营教育、必修课程一“国歌的诞生”、必修课程二“榜样的力量” 第二天：必修课程三“祭革命烈士墓”、必修课程四“我是一名小红军”、选修课程1“支前运粮” 第三天：必修课程五“军事射击体验”、必修课程六“消防急救我能行”、选修课程2“重建烽火家园” 第四天：必修课程七“学唱红色歌曲”、必修课程八“制作行军香囊”、选修课程3“珍贵的鸡毛信” 第五天：必修课程九“走进雷锋纪念馆”、必修课程十“雷锋叔叔我想对您说”、选修课程4“争做一颗螺丝钉”	第一天：入营教育、必修课程一“红色党史记心间”、必修课程二“红色故事大讲堂” 第二天：必修课程三“重走长征路”、必修课程四“编织行军草鞋”、选修课程1“我是战地小记者” 第三天：必修课程五“钢铁是怎样炼成的”、必修课程六“我是小小讲解员”、选修课程2“绘制炼钢流程” 第四天：必修课程七“战地地图我绘制”、必修课程八“摩斯密码传信行动”、选修课程3“雷区取水” 第五天：必修课程九“走进辽沈战役纪念馆”、必修课程十“战地救护小课堂”、选修课程4“‘辽沈战役’知识大闯关”	第一天：入营教育、必修课程一“走进九·一八博物馆”、必修课程二“演绎革命历史舞台剧” 第二天：必修课程三“探秘沈飞博览园”、必修课程四“飞机驾驶我体验”、选修课程1“音乐党史课” 第三天：必修课程五“走红路　研红诗”、必修课程六“走进抗美援朝纪念馆”、选修课程2“战场风云” 第四天：必修课程七“日俄监狱的悲壮史歌”、必修课程八“野外生存技能小课堂”、选修课程3“制作战地沙盘” 第五天：必修课程九“白玉山写生”、必修课程十“探秘潜艇博物馆”、选修课程4“红色印记手作活动”

维度或要素		小学高年级段	初中段	高中段
实施方案	进级教学环节	1.通过团建活动，模拟战争中运送粮食的场景，培养团队默契，体会革命精神；2.通过大型积木搭建，通力合作，综合运用多学科知识；3.通过体验送鸡毛信的活动，了解先辈突破障碍，使命必达的革命精神；4.通过开展“人生的价值在于奉献”主题任务，使学生在当今时代背景下思考奉献的重要性；能够从身边找寻体现奉献精神的实例，重新给予“奉献”定义，并能联系实际将奉献精神融入平时热爱集体，关心班级，乐于助人等细小方面	1.通过扮演战地小记者，了解战争年代信息收集和传递的方式，体会革命的艰辛；2.通过学习，用画笔绘制从采矿、选矿、烧结、冶炼到轧钢的过程，感受现代化的钢铁企业的生产过程，使学生对工艺流程、产品用途及企业的发展变化等有初步了解；3.通过模拟雷区取水的过程，提升团队凝聚力，深刻感受中国共产党的创业艰辛；4.通过集知识性、趣味性于一体的答题闯关环节引导学生掌握纪念馆文字史料、展陈文物背后的历史故事	1.通过文艺的力量、音乐的感染力让学生在音乐和歌声中，触摸信仰力量，引导学生“学党史、强信念、跟党走”，传承好红色基因；2.通过“真人CS”拓展训练，以红军长征为背景，进行情景剧防守和攻击的对抗，掌握射击技巧，运用自己的勇气和策略来完成任务解救人质；3.了解战地沙盘的概念和基本原理，了解战争历史和战略规划的基本概念，提高学生在空间认知和建模方面的能力，培养学生的创造力、团队合作和问题解决能力；4.通过打卡互动，创意绘画、思维导图设计等创作体验，用艺术创作追寻红色记忆，传承红色故事，缅怀革命先烈，创作出心中的红色记忆，丰富学生的研学过程
	巩固教学环节	1.通过开展研学知识问答赛等环节，帮助学生对当天所学研学内容进行巩固 2.通过填写《研学手册》，将活动过程具体化、研学活动成果实物化，帮助学生对当天所学研学内容进行巩固 3.通过聆听爱国主义讲座，帮助学生对当天所学研学内容进行巩固 4.通过观看历史纪录片，帮助学生对当天所学研学内容进行巩固 5.通过观看电影《雷锋》，帮助学生对当天所学研学内容进行巩固	1.通过合作学习法，以小组为单位，归纳研学实践过程中的收获，帮助学生对当天所学研学内容进行巩固 2.通过撰写演讲稿，开展革命故事演讲大赛，帮助学生对当天所学研学内容进行巩固 3.通过“鞍钢知识大闯关”知识问答，利用复述式巩固法、列举式巩固法，帮助学生对当天所学研学内容进行巩固 4.通过开展班会，小组分享交流，合作共享，帮助学生对当天所学研学内容进行巩固 5.通过观看电影《大决战之辽沈战役》帮助学生对当天所学研学内容进行巩固	1.通过制作思维导图，让研学成果可视化，帮助学生对当天所学研学内容进行巩固 2.通过情景剧表演，帮助学生对当天所学研学内容进行巩固 3.通过学生自己撰写演讲稿，开展革命故事演讲大赛，帮助学生对当天所学研学内容进行巩固 4.通过制作海报，小组合作探究法和问题讨论法将知识汇集在海报当中，帮助学生对当天所学研学内容进行巩固 5.通过开展绘画展览，分享交流创作经验，帮助学生对当天所学研学内容进行巩固

维度或要素			小学高年级段	初中段	高中段
实施方案	总结教学环节	教学创新	以导学、行学、展学、评学四个部分为研学课程模式，导学是基础，行学是中心环节，展学是内化与升华，评学是达标反馈、目标评价，四者缺一不可，层层递进，相辅相成；鼓励学生发现、提出问题并寻找答案	通过常态化的体验学习到深入、沉浸式的交互学习，学生在研学中锻炼解决问题，学会合作等能力，进一步增强科学理性，爱党爱国，文化认同感等意识；采用游戏形式+问题导向+情境模拟的形式提高学生的注意力，提供学生自我操作的机会，培养其独立能力，树立进取的人生态度	倡导探究式学习，开放问题、鼓励提问、激发思考，促进学生主动探究；关注生活逻辑，贴近真实生活，呈现真实社会工作内容；以跨学科主题学习为主，整合各学科知识，通过实践活动的形式，围绕红色主题和目标开展研学，采用“体验式教学”，通过体验、互动和参与达到知识传授和培养目的
		教学总结	回顾整体教学线路、教学设计环节、课程目标梯度实现，从选修课的难度选择，教学策略的运用，教学重难点的突出与体现，入营教育的合理性，导入教学环节和授课教学环节的科学性进行整体总结，不断完善，优化活动内容与结构，不断交流改进	复盘研学活动实施过程、整理研学资料、收集反馈意见，建立研学档案，提炼经验教训，及时收集学生、学校教师和其他相关人员的反馈，了解教学环节的优点和不足，整理研学活动的教学资料	通过调查问卷等方式，及时收集学生、家长和相关活动人员的反馈，掌握教学环节的优点和不足，整理归纳研学活动的教学资料，建立教学档案
		教学反思	在活动准备是否充足；聚焦学生核心素养提升，是否达到预期提升目标；是否充分发挥学生主体作用；活动创设是否有趣；是否运用多元化教育教学组织形式；使用教育教学方法是否得当；是否合理发挥评价的教育功能等方面进行反思，根据反思结果，对活动环节进行调整和优化，为下一次活动提供参考	在活动情境创设是否有新意；教学重难点是否在课程活动中得以解决；活动过程中是否做到分层设计，照顾到不同层次学生；是否合理运用项目式学习方式，充分发挥学生个人及学生团体的主动性、能动性等方面进行反思，根据反思结果，对活动环节进行调整和优化，为下一次活动提供参考	活动开展是否做到以学生为中心的教育理念；课程开设与校内教育的衔接是否紧密得当；针对高中阶段活动开展、课程开设的难度、广度、深度是否符合高中段学生的深层发展需要等方面进行反思，根据反思结果，对活动环节进行调整和优化，为下一次活动提供参考

维度或要素				小学高年级段	初中段	高中段
实施方案	评价教学环节	教学水平评价	自我评价	教师填写自我评价单，对自身的师德师风的表现、教学形式的展现、教学目标的完成度等方面进行自我反思和评价，充分发挥主观能动性，促进教师成长	教师在活动结束后，对当次活动课程进行即时评价，从课堂管理、教学方法的选择、教学工具的应用、研学资源的开发和应用程度等方面对教育教学水平进行综合评价	教师在教学活动结束后，对活动开展、课程实施进行自我评价，旨在提升学生科学素养的同时，精进自身教育教学涵养，做到教学相长，不断创新教育模式，提升对新技术的应用
			学生评价	利用“A.B.C.D”从高至低四个等级，学生对教师从教学态度、课程难度设计合理度、课堂有趣度等方面进行多维度评价，将学生真实感受回馈于教师，帮助教师专业成长	通过满意度调查表，学生针对教师和学生之间的互动是否充分，研学课程师生参与度，气氛活跃度等方面进行评价，营地收集再反馈于教师，帮助教师专业成长	对教师是否发挥学生的主观能动性、是否引导学生进行思考、鼓励交流表达、研学整体效果等进行综合性评价，对评价结果进行反馈，提升教师教育教学水平
			同行评价	营地教师通过听课、随队观摩等方式，从课前准备，活动课程开展流程、开展方式、开展方法、活动课程总结与进级等方面对活动实施教师进行评价，提升教师业务水平	营地教师通过听课、问卷等形式对活动实施教师从研学课程和线路选择、教学策略、教学重难点把握等方面进行多维评价，促进教师间互相交流学习，借鉴提升	营地教师通过听课、教学文件的审阅等多种形式对活动实施教师从教学实施方案、教学效果、教学的延伸性、对学生可持续发展的引导性等方面进行评价，提升教师团队整体素养
			培训和考核	通过线上教育平台、教研小组研讨等培训方式，建立以教育教学目标为培训基础的教师专业发展培训制度，着眼教师发展需要，形成特色培训，并定期对教师学习成果进行水平测试考核	通过外出调研、专家引领等方式，对专业教师的师德师风、专业能力、团队建设等方面开展专项培训，定期对营地教师通过集体汇报等方式进行考核	通过线上线下双循环、校内校外双驱动对教师进行专业引领，安排每位面对高中段学生的教师每季度不少于15小时的培训学时，通过季度成果展示进行考核
			教学成果展示	运用图文、影像资料记录学生的表现，用过程性资料展示研学实践成果，通过学生作品，制作展示板或海报等形式进行教学成果展示	通过研学过程教学展示教师的教学成果，学生的专业技能竞赛，指导学生作品创新、开设互动工坊等方式进行教学成果展示	以图文影像资料记录学生的表现，用学生过程性资料展示研学实践成果。用创意作品推介会、主题活动、主题展览等方式进行教学成果展示

维度或要素				小学高年级段	初中段	高中段
实施方案	评价教学环节	学业评价	形成性评价	通过对学生提问环节、小组讨论环节、《研学手册》填写环节进行观察、记录和总结反馈，面向学生的阶段性成长、阶段知识获取程度和阶段目标完成情况进行评价，支撑教师开展后续教育教学工作	通过观察、记录和反馈学生研学过程中的学习情况，以及他们在活动中以小组、个人为单位的活动表现，教师对学生的参与度、知识探究、交流表达、动手实践、互助合作等具体表现进行记录和评价，为后续活动开展提供帮助	基于对学生学习全过程的持续观察、记录、反思，通过对学生日常活动的表现、所取得的成绩以及所反映出的情感、态度、策略等方面做出综合评价，评价结果作为指导教师后续工作开展的参考
			总结性评价	以完成教学目标为基准，通过学生的《研学手册》、汇报演出、作品展示等形式，全面了解学生在不同课程活动中的整体掌握程度，以及在研学活动中的人文素养和思想道德素养的提升	在研学活动结束后，通过研究报告、个人学习成果展示、小组合作成果展示等形式，以责任担当为主要指向，全面了解学生在研学活动中综合素养和综合能力的积累	教师对学生的问题解决、知识生成、能力提升、情感认同、创造创新、实践能力，思维探究能力等方面进行综合评估，鼓励学生勇担民族复兴大任
			教师评价	由教师根据学生在研学活动中的个人和集体表现，从基本知识掌握、技能掌握、认知能力、思维发展等方面进行多维度评价，鼓励学生做到全面发展	由教师根据学生在研学活动中的表现和成果，根据学生的参与度、作业质量、能力提升程度等方面，尊重学生个体差异，以发展性眼光对学生进行学业评价	根据预设的活动目标，结合学生研学日记、物化成果，通过交流展示，对学生达到目标的程度以及研学效果做出评价，增强学生的社会责任感
		项目评价		学校带队教师、学生对研学线路选择的合理性和课程难度设计的阶梯性等方面进行综合性评价，营地及教师对评价的结果进行反思，及时发现问题并加以改进	学校带队教师和家长代表对研学项目的设计实施、课程方案、教学策略、教学环节、学生综合素养的提升情况等方面进行综合性评价，对评价结果及时反思，发现问题并加以改进	教育行政主管部门、学校、学生、家长、社会各界对研学项目的活动目标实现程度、实施的有效性、规范性、整体性等进行综合性评价，对评价结果进行反思，及时发现问题并加以优化

4.8　教学计划与策略列表：心系国防　共筑强国

<table>
<tr><td colspan="3">营地名称</td><td>上海市青少年校外活动营地——东方绿舟（简称“东方绿舟营地”）</td><td>命名机构</td><td>教育部</td><td>识别码</td><td>Y145310001</td></tr>
<tr><td colspan="3">从业资质（摘要）</td><td>探索适合青少年个性特长发展的活动内容和方法</td><td>单位属性</td><td>公益二类</td><td>法定代表人</td><td>杨昕</td></tr>
<tr><td colspan="3">研学主题</td><td>心系国防　共筑强国</td><td colspan="2">主要目的指向</td><td colspan="2">责任与担当教育</td></tr>
<tr><td rowspan="7">营地（枢纽）及周边主要优质研学资源</td><td colspan="2">基地层级</td><td colspan="5">研学站点（基地）名称</td></tr>
<tr><td rowspan="2">教育部命名基地</td><td>已列入教学计划</td><td colspan="5">一、与本主题相关列入教学计划的基地7个
1. 上海交通大学钱学森图书馆；2. 上海中国航海博物馆；3. 上海四行仓库抗战纪念馆；4. 中国共产党第一次全国代表大会会址纪念馆；5. 上海淞沪抗战纪念馆；6. 江南造船展示馆；7. 陈云故居
二、与本主题关联不大但列入本营地教学计划的基地2个
1. 上海市质量监督检验技术研究院；2. 上海地震科普馆（上海市地震局佘山地震基准台）</td></tr>
<tr><td>待列入教学计划</td><td colspan="5">1. 中共四大纪念馆；2. 汤阴县岳飞纪念馆；3. 淮阳区太昊陵；4. 黄河博物馆；5. 林州市红旗渠</td></tr>
<tr><td colspan="2">其他部委命名基地</td><td colspan="5">上海公安博物馆</td></tr>
<tr><td colspan="2">地方命名基地</td><td colspan="5">1. 上海航宇科普中心；2. 世博会博物馆；3. 鄂豫皖苏区首府博物馆</td></tr>
<tr><td colspan="2">本营地资源</td><td colspan="5">1. 国防教育园；2. 上海市公共安全教育实训基地；3. 淀山湖湿地；4. 竹林；5. 野外生存区；6. 龙舟码头；7. 智慧大道；8. 绿梦园</td></tr>
<tr><td colspan="2">其他资源</td><td colspan="5">1. 朱家角古镇；2. 广富林文化遗址；3. 新县大别山露营公园营地（简称“大别山营地”）；4. 鄂豫皖苏区首府革命烈士纪念馆；5. 许世友将军故居；6. 匠人馆；7. 露营服务基地；8. 大别山野外生存区；9. 青少年爱国主义教育体验基地；10. 国防教育基地；11. 非遗文化馆；12. 大别山露营公园；13. 汤阴县岳飞纪念馆；14. 淮阳区太昊陵；15. 红营广场</td></tr>
</table>

维度或要素	小学高年级段	初中段	高中段
校内教育基础（与校内教育的衔接）	对照课标，小学高年级段在责任与担当方面着重将社会主义核心价值观融入教学，通过观看影片、实地探访等方式使学生拥有充足的机会了解革命先烈们为祖国付出的巨大牺牲，珍惜如今来之不易的幸福生活，知道中华民族的伟大复兴需要每个人共同努力、共同建设。本研学主题与校内教育必修课程的衔接如下：1.五年级道德与法治；2.五年级语文；3.六年级道德与法治；4.五年级音乐等。如在与五年级的道德与法治的衔接中，通过讲解国家的发展历程、英雄事迹等内容，引导学生树立正确的世界观、人生观和价值观，培养学生的爱国情怀和社会责任感。同时，结合课堂讨论、角色扮演等形式，引导学生在实践中体验和感悟认真学习、提高学业成绩，锻炼身体、提高体能，明辨是非、抵制错误言行就是自己的责任与担当。通过与校内教育必修课程的深入衔接，更加全面、深入地展开小学高年级段在责任与担当方面的研学活动，为学生的成长和发展奠定坚实的基础	对照课标，初中段在责任与担当方面帮助学生初步发展跨学科观察、思考、提问和综合运用所学知识解决问题的能力。进一步激发主观能动性，提升自主水平及实践能力。进一步了解国家的建立发展、兴盛与富强之路的艰辛，提升民族认同感与国家建设的参与感。本研学主题与校内教育必修课程的衔接如下：1.初中道德与法治；2.初中语文；3.初中历史等。如在与初中道德与法治的衔接中，以社会主义核心价值体系为导向，以适应初中学生的成长需要，做负责任的公民为目标，根据学生身心发展特点，通过实地探访、合作实践等方式，帮助学生在扩展其生活经验的基础上，引领学生了解社会、参与公共生活、珍爱生命、感悟人生；正确认识成长中的自己，处理好与他人、集体、国家和社会的关系；增强自我意识和独立性，树立责任意识和积极的生活态度。从学生实际出发，注重与社会实践的联系，在“重温世博精神　续写责任担当”“走进航海世界”等课程中引导学生正确认识中国与世界的关系，帮助学生在认识、体验与践行中提升人文素养和社会责任感	对照课标，高中段在责任与担当方面促使学生在多个学科领域中全面发展。在研学过程中通过主动思考、实践探索，逐渐领悟到知识与实际生活的联系。通过将个体与自然、家庭、社会及国家和人类文明相互关联，学生全面地理解自己在这个复杂而多元的社会中的角色与责任。本研学主题与校内教育必修课程的衔接如下：1.高中语文；2.高中历史；3.高中思想政治等。如在与高中语文的衔接中，以核心素养为本，既关注知识技能的外显功能，又重视课程的隐性价值。在“慧眼识雕”“军民鱼水情”等课程中，引导学生多经历、体验有关自然、军工方面的实践活动，使学生形成自己的思想、行为准则，增强为中华民族伟大复兴而努力的历史使命感和社会责任感。坚持加强研学课程内容与学生成长的联系，采取自主协作、体验创新的教学方式，引导学生积极参与实践活动，实现多方面要素的综合与内化，如在“走进地灯戏的民间艺术”“探究渡江之战”课程中，引导学生继承和弘扬中华优秀传统文化、革命文化、社会主义先进文化，培养热爱中华文明、热爱祖国、热爱人民、热爱中国共产党的深厚感情，以及热爱美好生活和奋发向上的人生态度

维度或要素			小学高年级段	初中段	高中段
研学课程	必修课程一	名称	兵器王国面面观	兵器博览与步枪拆解	慧眼识雕
		活动目的	知道中国兵器发展史，了解轻型、重型兵器的概念及分类	了解兵器的发展历程，学习体验95式自动步枪的分解与结合	上山寻找精雕细琢的木头、树根类的物品，并将寻找到的物品进行制作和展示
		活动形式	实地探访、教师讲解、小组合作	实地探访、小组合作、实践体验	自主探索、教师讲解、小组合作
	必修课程二	名称	牢记安全在心中　践行安全稳步走	沉浸式体验　筑牢安全魂	走进地灯戏的民间艺术
		活动目的	帮助学生熟练掌握关键的避险逃生技能，提升自救互救、风险防范意识	熟练掌握关键的避险逃生技能，提升自救互救、风险防范意识	邀请老艺术家讲述地灯戏的由来，引导学生设计剧本并进行排练
		活动形式	情境演练、教师讲解、自主体验	情境演练、教师讲解、合作体验	教师讲解、情境示范、小组合作
	必修课程三	名称	陈云精神的力量	重温世博精神　续写责任担当	野外生存体验
		活动目的	了解陈云的历史贡献和他的精神品质	了解世博会的起源、发展和意义，通过参观了解世博会的特点和内容	凭借现有工具搭建庇护所，学习取火、抓鱼捕虾、绳结等野外生存技能
		活动形式	实地探访、教师讲解、自主体验	实地探访、教师讲解、自主体验	教师讲解、实物演示、小组合作
	必修课程四	名称	淞沪记忆：抗战英雄与传奇	铭记血沃淞沪　赓续红色血脉	探究渡江之战
		活动目的	了解“一·二八淞沪抗战”及“八·一三淞沪会战”的历史背景及重要意义	理解“一·二八淞沪抗战”及“八一·三淞沪会战”的历史背景及重要意义	探究渡江战役中中国共产党取得胜利的关键策略，掌握造船与航行的基本技能
		活动形式	实地探访、教师讲解、小组合作	实地探访、教师讲解、小组合作	视频导入、教师演示、小组合作

维度或要素			小学高年级段	初中段	高中段
研学课程	必修课程五	名称	观江南造船　感军工之巅	观江南造船积淀　承军工文化基因	重走红军路
		活动目的	了解江南造船厂发展之概貌，了解军工文化的基因，理解江南造船发展的不竭动力	了解江南造船厂发展之概貌，理解军工文化的基因，读懂江南发展的不竭动力	穿越山林，体验红军行军的长途跋涉，感受战争时期的烽火岁月
		活动形式	实地探访、教师讲解、小组合作	实地探访、教师讲解、小组合作	实地探访、教师演示、小组合作
	必修课程六	名称	探索四行仓库的历史与文化	“八百壮士”的誓死坚守	鄂豫皖苏区的往事
		活动目的	了解四行仓库的历史背景和重要意义；培养爱国情怀和增强社会责任感	理解四行仓库的历史背景和重要意义；提升爱国情怀，增强社会责任感	学习大别山精神，参观抗战时期解放军所使用的各种武器装备
		活动形式	实地探访、讲解员讲解、合作体验	实地探访、教师讲解、小组合作	实地探访、教师讲解、小组合作
	必修课程七	名称	党的诞生地	走进航海世界	探访匠人馆
		活动目的	了解中国共产党的产生原因和马克思主义在中国的传播方式	知道中国航海史及中国古代船舶的类型和用途，熟悉中国航海史的发展进程	通过小组皮影制作，演一出皮影戏，培养文化自信
		活动形式	实地探访、教师讲解、小组合作	实地参观、小组探究、合作体验	实地探访、教师讲解、小组合作
	必修课程八	名称	广富林文化之旅	寻访海派文化之根	军民鱼水情
		活动目的	了解广富林遗址的历史文化背景，培育学生的文化自信和历史使命感	知道广富林遗址的历史文化背景，培养学生的文化自信和历史使命感	打糍粑，做竹编，体验红军当年与百姓制作斗笠等活动，感受军民鱼水情深
		活动形式	实地探访、教师讲解、合作体验	实地探访、教师讲解、小组合作	史料展示、教师演示、小组合作

维度或要素			小学高年级段	初中段	高中段
研学课程	必修课程九	名称	走近导弹之父	追寻钱学森先生的初心和信仰	走访许世友将军故居
		活动目的	了解钱学森先生的人物生平、科学成就和对国家的贡献	通过回顾钱学森先生四段重要人生历程中的选择与成长，深入了解钱学森先生的初心与信仰	了解许世友将军忠勇典范、道德楷模的精神；学习一首红歌，弘扬革命精神
		活动形式	实地探访、讲解员讲解、小组合作	实地探访、讲解员讲解、合作体验	实地探访、教师讲解、小组合作
	必修课程十	名称	航海探秘之旅	访初心之地　传红色基因	寻找季节的痕迹
		活动目的	了解世界与中国航海史及中国古代船舶的类型和用途	理解中共一大的历史背景和重要意义，培养独立思考的意识	在大别山内徒步观光，寻找能体现季节变化的事物，感受大别山的季节风光
		活动形式	讲解员讲解、实践体验、小组合作	实地探访、教师讲解、小组合作	实地探访、自主实践、小组分享
	选修课程		1. 重走长征路 2. 文化漫步 3. 争渡险桥	1. 英雄之路 2. 行走中的课堂 3. 龙舟竞渡	1. 红色电影赏析 2. 篝火晚会 3. 争做非遗传承人

维度或要素		小学高年级段	初中段	高中段
研学线路	代表性线路（时长五日）	第一天：东方绿舟营地—国防教育园—上海市公共安全教育实训基地—陈云故居—东方绿舟营地；第二天：东方绿舟营地—上海淞沪抗战纪念馆—江南造船展示馆—东方绿舟营地；第三天：东方绿舟营地—上海四行仓库抗战纪念馆—中国共产党第一次全国代表大会会址纪念馆—东方绿舟营地；第四天：东方绿舟营地—广富林文化遗址—上海交通大学钱学森图书馆—东方绿舟营地；第五天：东方绿舟营地—上海中国航海博物馆—东方绿舟营地	第一天：东方绿舟营地—国防教育园—上海市公共安全教育实训基地—世博会博物馆—东方绿舟营地；第二天：东方绿舟营地—上海淞沪抗战纪念馆—江南造船展示馆—东方绿舟营地；第三天：东方绿舟营地—上海四行仓库抗战纪念馆—上海中国航海博物馆—东方绿舟营地；第四天：东方绿舟营地—广富林文化遗址—上海交通大学钱学森图书馆—东方绿舟营地；第五天：东方绿舟营地—中国共产党第一次全国代表大会会址纪念馆—东方绿舟营地	第一天：东方绿舟营地—大别山营地—露营服务基地—大别山营地；第二天：大别山营地—大别山野外生存区—鄂豫皖苏区首府革命烈士纪念馆—大别山营地；第三天：大别山营地—青少年爱国主义教育体验基地—鄂豫皖苏区首府博物馆—大别山营地；第四天：大别山营地—匠人馆—国防教育基地—大别山营地；第五天：大别山营地—许世友将军故居—大别山野外生存区—东方绿舟营地
	可选择线路（按天设计，菜单式选择）	1. 东方绿舟营地—国防教育园—东方绿舟营地；2. 东方绿舟营地—上海淞沪抗战纪念馆—东方绿舟营地；3. 东方绿舟营地—上海市公共安全教育实训基地—东方绿舟营地；4. 东方绿舟营地—上海四行仓库抗战纪念馆—东方绿舟营地；5. 东方绿舟营地—中国共产党第一次全国代表大会会址纪念馆—东方绿舟营地；6. 东方绿舟营地—广富林文化遗址—东方绿舟营地；7. 东方绿舟营地—江南造船展示馆—东方绿舟营地；8. 东方绿舟营地—上海航宇科普中心—东方绿舟营地；9. 东方绿舟营地—上海中国航海博物馆—东方绿舟营地；10. 东方绿舟营地—上海市质量监督检验技术研究院—东方绿舟营地	1. 东方绿舟营地—国防教育园—东方绿舟营地；2. 东方绿兵营地—上海淞沪抗战纪念馆—东方绿舟营地；3. 东方绿舟营地—上海四行仓库抗战纪念馆—东方绿舟营地；4. 东方绿舟营地—中国共产党第一次全国代表大会会址纪念馆—东方绿舟营地；5. 东方绿舟营地—江南造船展示馆—东方绿舟营地；6. 东方绿舟营地—广富林文化遗址—东方绿舟营地；7. 东方绿舟营地—上海交通大学钱学森图书馆—东方绿舟营地；8. 东方绿舟营地—上海公安博物馆—东方绿舟营地；9. 东方绿舟营地—上海中国航海博物馆—东方绿舟营地；10. 东方绿舟营地—上海地震科普馆—东方绿舟营地	1. 东方绿舟营地—大别山营地—露营服务基地—大别山营地；2. 大别山营地—鄂豫皖苏区首府革命烈士纪念馆—大别山营地；3. 大别山营地—青少年爱国主义教育体验基地—大别山营地；4. 大别山营地—匠人馆—大别山营地；5. 大别山营地—国防教育基地—大别山营地；6. 大别山营地—许世友将军故居—大别山营地；7. 大别山营地—大别山野外生存区—大别山营地；8. 大别山营地—鄂豫皖苏区首府博物馆—大别山营地；9. 大别山营地—非遗文化馆—大别山营地—东方绿舟营地
	规划线路（按天设计）	1. 东方绿舟营地—龙舟码头—东方绿舟营地；2. 东方绿舟营地—绿梦园—东方绿舟营地；3. 东方绿舟营地—竹林—东方绿舟营地；4. 东方绿舟营地—淀山湖湿地—东方绿舟营地；5. 东方绿舟营地—朱家角古镇—东方绿舟营地	1. 东方绿舟营地—智慧大道—东方绿舟营地；2. 东方绿舟营地—中共四大纪念馆—东方绿舟营地；3. 东方绿舟营地—竹林—东方绿舟营地；4. 东方绿舟营地—龙舟码头—东方绿舟营地；5. 东方绿舟营地—野外生存区—东方绿舟营地	1. 东方绿舟营地—大别山营地—大别山露营公园—大别山营地；2. 大别山营地—汤阴县岳飞纪念馆—大别山营地；3. 大别山营地—淮阳区太昊陵—大别山营地；4. 大别山营地—红营广场—大别山营地—东方绿舟营地

维度或要素		小学高年级段	初中段	高中段
教学重点难点（以代表性线路教学设计为例，以下同）	教学重点	1. 了解兵器分类及其历史发展；2. 掌握避险逃生技能；3. 了解陈云的历史贡献；4. 了解淞沪抗战的历史背景；5. 知道江南造船厂的发展历程；6. 了解四行仓库的历史背景；7. 明确中国共产党的成立原因；8. 认识广富林遗址的历史文化；9. 了解钱学森的科学成就；10. 了解世界与中国航海史的发展历程	1. 通过参与式学习，增强国防安全意识，掌握必要的安全行为知识；2. 了解淞沪会战两场战役、四行仓库和中共一大会址的历史地位和现实意义；3. 参观江南造船展示馆，了解中国制造业的先进水平，筑牢军工文化基因；4. 了解广富林文化遗址在中华优秀传统文化发展中的重要地位；5. 了解钱学森的生平和科学成就，重点了解他在国家建设和国防领域的重要贡献；6. 了解中国航海史，以及中国海军主要作战力量；7. 以世博为窗口，了解世界、了解中国	1. 了解常见的野外生存技能，善于利用现场资源，慧眼识雕；了解地灯戏，传承中华优秀传统文化；2. 了解渡江战役的史实，知晓渡河所需的造船技能与航行知识；3. 成功穿越山林，感受红军长征之艰辛，同时感受不同季节的风光；4. 理解大别山精神的历史意义和现实意义，学会弘扬中国共产党的光荣传统和优良作风；5. 了解打糍粑与竹编的制作过程，感受解放军与老百姓的深厚感情；6. 探访许世友将军故居和匠人馆，了解许世友将军以及匠人们充满传奇和神秘的一生
	教学难点	1. 理解兵器在历史发展中的作用；2. 自主应用逃生技能；3. 体会陈云精神的时代价值；4. 理解抗战精神；5. 感受军工文化的内涵；6. 培养爱国情怀；7. 理解马克思主义传播的现实意义；8. 深入理解海派文化的发展历程，培养文化自信；9. 感受钱学森的爱国情怀；10. 了解古代船舶的用途	1. 掌握现代武器的特点与用途，了解中国机械与武器发展史，正确认识国防力量；树立避险识险意识，提高应对突发事件的能力；2. 重温中共党史，传承革命精神，激发爱党爱国情怀；3. 深刻认识中国自主制造对国防安全的重要性，发扬军工自强精神；4. 认识海派文化的根源，传承中华优秀传统文化；5. 紧紧围绕钱学森的崇高精神进行研究与传播，了解钱学森的丰功伟绩，发扬爱国主义精神；6. 真实地感受中华民族灿烂的航海智慧；7. 重温上海世博会的盛况，厚植爱国主义情怀	1. 掌握常见的野外生存技能，掌握根雕的技巧，会设计地灯戏的剧本；2. 了解渡江战役的历史细节，掌握渡河所需的造船技能与航行知识；3. 理解红军长征的重要意义；4. 理解大别山精神的形成背景，继承和发扬大别山精神；5. 掌握打糍粑与竹编的技能；6. 探访许世友将军故居和匠人馆，传承红色精神，理解匠人的时代价值，发扬工匠精神

维度或要素	小学高年级段	初中段	高中段
教学策略	小学高年级段学生正处于认知能力和情感发展的关键时期，他们好奇心旺盛，对外部世界充满探索欲，同时渴望与他人交流、合作。因此，基于社会认知理论、多元智力理论等教育理念，教学策略充分考虑到他们的年龄特点和心理需求，采用《研学手册》引导，明确每次活动的目标与任务，实地讲解与自主探究结合，让学生在直观感受中理解知识，并鼓励他们自主探究，培养创新能力和解决问题的能力。同时，通过合作学习，确保学生对所学知识有深入的理解和掌握，培养学生的团队协作精神和沟通能力，提升他们的综合能力和素质；通过红色文化、国防教育等内容培养学生的爱国情怀和社会责任感，以及为学生未来的学习和生活奠定坚实的基础，帮助他们更好地适应社会的发展和变化。总之，结合先进的教育理念和优质教育资源，设计一套全面、系统的教育体系，旨在培养既有知识底蕴又有责任担当的小学高年级段学生	依据初中段学生的年龄特征，以及该学段学生对学习的知识有举一反三的能力，学习潜力大等特点，以多元智力理论、社会学习理论、发展教育理论为教育理念，围绕提升学生的人文素养和责任意识这一主线，通过上海红色文化教育、国防教育、科工教育、历史文化教育，以问题需求为导向，以情境教学法、任务驱动法、提问法、示范法为主要教学策略，借助丰富的数字化教学资源，以项目式学习、基于跨学科学习等为切入点进行总体设计，开展传统文化、历史文化、国情教育、国防科工等主题的研学实践活动，注重学生的主体性，鼓励他们在实践中学习，在合作中成长，实现知识的内化与情感的升华；引导学生学会提问、发现问题，采用科学方法分析问题，培养学生家国情怀、责任担当意识。总体而言，该学段注重实践活动课程中对于学生思维的引导、行为的鼓励和评价的多元化，达成认知提升与实践落地的目的	根据高中段学生正处在个人世界观、人生观、价值观形成的关键时期，以及该学段学生的自主学习和实践创新意识较强等特点，以建构主义理论、多元智力理论、社会学习理论为教育理论，围绕培育学生的社会责任意识、实践能力和创新意识这一主线，以当地的红色文化教育、历史文化教育等优质教育资源为主要内容，依托研学基地、《研学手册》、研学导师等研学资源，以密切关注国家大事、社会热点问题、个人发展等为切入点，以分组合作、任务驱动、自主探究、案例教学为教学策略进行总体设计，以项目为引领，以学生为主体，注重培养校内外知识学习和能力发展的贯通，注重情境互动解决实际问题。在研学实践活动中，引导学生学会综合运用所学的知识，反复训练的科学方法，开展实践体验、交流反思、实验验证等活动，引导创新，激发学生个性化发展，确保研学实践活动能对高中段学生的世界观、人生观、价值观的形成发挥促进作用，助力立德树人要求的全面落实，践行新时代背景下的“五育融合”，提升学生的综合素养

维度或要素				小学高年级段	初中段	高中段
实施方案	入营教育	安全	引导	以研学实践安全教育线上课程为基础，开展入营安全教育	以研学实践安全教育线上课程为基础，探究活动过程中可能存在的安全隐患	以研学实践安全教育线上课程为行前课程，规避可能发生的安全事故的方法
			实训	发放《安全手册》，针对行车、饮食、住宿的安全注意事项进行疏散演练	发放《安全手册》，在教师引导下，通过小组讨论的方式开展疏散演练	发放《安全手册》，主动探究，小组讨论疏散演练内容并实践
		应急	引导	引导学生思考活动过程中可能会遇到哪些突发状况，找到可以提供帮助的对象	引导学生思考遇突发事件如地震时如何处理，并提交科学可行的方案	带领学生思考遇突发事件如地震、火灾等如何快速有效的处理，并予以实践演练
			实训	借助公共安全实训不同板块资源，知道火灾、地震等突发事件的处理方式	依托公共安全实训基地，学会灭火器的使用方法，掌握地震防护的方法	依托不同板块安全教育资源，掌握不同安全事件应对方法，掌握自救互救技能
		救助	引导	引导学生在意外发生时保持沉着冷静，找到可以提供帮助的对象	知道现场急救技能的重要性，引导学生思考拨打120需要提供的信息	以真实案例为导入，引导学生探究应对突发灾害的处理方法，提升应对能力
			实训	了解止血、包扎等基本现场急救的方法，知道如何处理中暑等急症的救助方式	学会止血、包扎等基本现场急救的技能，学会拨打120	掌握止血、包扎等急救技能和急症的救助方式，掌握及时正确拨打120的方法
		自我管理	引导	引导学生认识到活动中自我管理的重要性，激发他们的参与热情，明确责任	通过实际案例提升学生自主决策、自我管理的自信心与责任感	引导学生明确自己在集体食宿及研学活动中承担的角色与责任
			实训	以小组合作的方式探讨如何按照规定的管理条例，提升整体表现水平	学生自主选定自管会成员，探讨集体食宿中管理条例的评分标准并实践	自主选定自管会成员，小组探究生活管理、实践体验等方面的评分标准
		团队协作	引导	创设积极的团队氛围，引导学生认识到团队协作的重要性	明确团队协作的目标，引导学生认识到个人与团队的关系，理解团队协作的重要性	通过实际案例，引导学生探究其成败的原因，明确团队协作起到的重要作用
			实训	通过礼让通行活动，明确团队协作的定义，鼓励学生互相帮助，共同解决问题	通过穿越电网活动，增强团队凝聚力，培养团队协作的意识	通过徒手营救活动，在积极的团队氛围下，深刻理解团队协作的重要意义

维度或要素		小学高年级段	初中段	高中段
实施方案	导入教学环节	1.问题导入：展示各种轻武器，讲解其用途与名称，引发学生思考轻武器的发展对国防安全的作用；2.案例导入：结合公共安全实训基地的场馆资源，让学生了解日常生活中可能出现的各种突发事件以及可能造成的伤害与后果，引导学生思考应对方法；3.史料与视频导入：展示淞沪会战、八百壮士的四行仓库保卫战及党的第一次人民代表大会的历史资料、照片及影像资源，使学生初步了解革命先烈的牺牲与付出，引发学生思考其背后的重要意义；4.讨论导入：探讨陈云的历史贡献及个人的精神品质；5.任务导入：根据任务单寻找特定航模船体、特殊记号等标志物	1.任务导入：小组合作，利用互联网及自媒体等搜索工具搜集各种武器的照片；2.视频导入：以《八佰》电影片段为切入点，引导学生说出抗日战争中的重要战役；3.讨论导入：郑和下西洋的"七次"由来以及对中国航海事业发展的影响；4.问题导入：中国的"导弹之父"是谁？他对中国的航天事业发展作出哪些贡献；5.视频导入：以《1921》电影片段为切入点，分析中共一大召开的历史意义，以及在中国共产党的革命历程中的历史地位	1.任务导入：根据寻找到的物品制作出不同形状的根雕，创作地灯戏的剧本；2.案例导入：借助野外生存类纪录片，创设不同地区的野外实景情境，引发学生思考野外生存需要具备哪些技能与资源；3.史料导入：展示红军长征的历史资料、照片及影像资源，探究红军长征的历史背景、重要意义与决胜策略；4.多媒体导入：通过视频展示皮影戏、打糍粑、竹编的相关内容，引导学生讨论交流；5.讨论导入：在日常生活中见过哪些工匠，他们的工匠精神是如何体现的
	授课教学环节	第一天：入营教育，必修课程一"兵器王国面面观"、必修课程二"牢记安全在心中 践行安全稳步走"、必修课程三"陈云精神的力量"；第二天：必修课程四"淞沪记忆：抗战英雄与传奇"、必修课程五"观江南造船 感军工之巅"、选修课程1"重走长征路"；第三天：必修课程六"探索四行仓库的历史与文化"、必修课程七"党的诞生地"、选修课程2"文化漫步"；第四天：必修课程八"广富林文化之旅"、必修课程九"走近导弹之父"；第五天：必修课程十"航海探秘之旅"、选修课程3"争渡险桥"	第一天：入营教育，必修课程一"兵器博览与步枪拆解"、必修课程二"沉浸式体验 筑牢安全魂"、必修课程三"重温世博精神 续写责任担当"；第二天：必修课程四"铭记血沃淞沪 赓续红色血脉"、必修课程五"观江南造船积淀 承军工文化基因"、选修课程1"英雄之路"；第三天：必修课程六"'八百壮士'的誓死坚守"、必修课程七"走进航海世界"、选修课程2"行走中的课堂"；第四天：必修课程八"寻访海派文化之根"、必修课程九"追寻钱学森先生的初心和信仰"；第五天：必修课程十"访初心之地 传红色基因"、选修课程3"龙舟竞渡"	第一天：入营教育，必修课程一"慧眼识雕"、必修课程二"走进地灯戏的民间艺术"、选修课程1"红色电影赏析"；第二天：必修课程三"野外生存体验"、必修课程四"探究渡江之战"；第三天：必修课程五"重走红军路"、必修课程六"鄂豫皖苏区的往事"、选修课程2"篝火晚会"；第四天：必修课程七"探访匠人馆"、必修课程八"军民鱼水情"、选修课程3"争做非遗传承人"；第五天：必修课程九"走访许世友将军故居"、必修课程十"寻找季节的痕迹"

维度或要素		小学高年级段	初中段	高中段
实施方案	进级教学环节	1.梳理出中国轻武器的发展历程，思考轻武器的各个发展阶段特点，及武器存在的缘由；2.通过互动式实训，掌握各种突发应急事件的正确应对方法与技能，提高识险避险、自救互救的意识；3.对比淞沪会战两场战役、党的一大、四行仓库、陈云纪念馆的历史细节，并思考其在中国历史上的历史地位和现实意义；4.梳理出上海中国航海博物馆、江南造船展示馆的中国航海史和造船史的发展历程	1.探究中国不同发展阶段的轻武器特点，总结分析各发展阶段的武器特点，并站在和平与发展的时代主题的立场上分析武器的利与弊；2.通过情境模拟互动式实训，掌握应对突发事件的方法与技能，达到识险避险、自救互救的目标；3.通过实地参观，了解淞沪会战两场战役的历史细节，对比其历史背景、历史地位等要点；4.小组讨论中共一大会址选址的原因、与会人员及会议历程，探究中共一大对于建党的重要意义；5.小组分享探究中国造船事业的发展历程及时代价值	1.小组合作，在山林中识别可食用的果实与植物，分析其共同的特点或特性；掌握钻木取火、过滤水源等基本生存技能；2.小组探究渡江战役的取胜策略，以及其对如今生活的启示；3.小组合作穿越山林，探究在山林中可能会出现的突发事件并提出相应解决方法；深刻理解红军长征的艰辛以及学会在日常生活中发扬红军精神；4.探究八路军战士在抗日战争过程中是如何与广大劳动人民建立深厚感情的，分析八路军与其他军队的区别及八路军诞生的内因与外因
	巩固教学环节	1.通过小组分享，了解轻武器的发展以及战争的真实面貌，理解国家和平的重要意义；2.通过实景训练，知道突发事件的正确应对方法，能够自救，学会求助；3.通过完成主题手抄报，巩固对淞沪会战与中共一大的历史细节的认识与了解；4.通过制作船模，加深对江南造船发展历程的理解，激发对航海事业的热爱	1.通过小组汇报展示轻武器的发展历程，分享保卫国家和平的基础条件，分析国家安全与人民生活的关系；2.小组分享在实训过程中，应对不同突发事件的正确处理方法，总结共性问题及解决方式；3.完成关于“淞沪会战与党的诞生”主题的课题报告，感悟国家和平的重要意义；4.以江南造船展示馆为例，分享中国制造的发展对国家拥有大国重器的推动意义，分析维护国家和平的重要因素	1.小组分享，野外生存需要哪些常用的技能以及如何因地制宜地在日常生活中实践；2.小组展示造船的过程，总结能够渡江的船需要具备的特点与功能，以及制作出船只进行实地试验，展示成果；3.完成以“大别山精神”为主题的课题报告，加深对抗战取得胜利的直接和间接因素的理解与认识；4.通过演示皮影戏、雕琢树根，加深对所学所见的深度认识和理解力，达到所学知识的同化，以构建成自我的知识体系

维度或要素			小学高年级段	初中段	高中段
实施方案	总结教学环节	教学创新	通过课堂小测验、观察记录、作品展示等方式，激发学生学习兴趣；通过模拟的科学研究环境，培养学生的科学研究能力和探索精神；结合实际案例和社会热点，加强学生的实践能力和社会责任感	利用小组讨论和主题演讲等方式，评估学生在探究、创新和表达方面的能力；通过场景切换与实际体验，提升学生发现并解决问题的能力；搭建多元化展示平台，让学生展示自我才华，增强自信心和成就感	引入研究性学习的模式，学生自主选择研究主题、设计研究方案、开展实践活动，培养他们的科学探究能力和创新能力；通过专家讲座、实地考察等形式，关注学生的个性发展和特长培养，提供多样化的学习资源和活动
		教学总结	教师和学生回顾研学实践课程的关键内容和所掌握的技能，鼓励学生分享学习体会；考虑学生的接受度、学习行为和反馈，结合学校、教师和家长的意见，进行全面的教学评价和反思	教师引导学生自主回顾课程内容和技能，学生小组讨论并分享研学心得；教师综合考虑学生学习表现、反馈及活动结束后的各方意见，完成教学过程评价与反思；教师定期总结研学实践课程的教学经验和成果，形成教学案例和教学论文，为今后的教学提供有益的参考和借鉴	汇总梳理研学活动中学生的学习内容及掌握的技能，完成主题性课题探究环节；教师总结点评主题性研究报告，结合学校、老师及家长的反馈，完成教学评价及教学反思；教师根据评价结果和反思，调整和完善研学实践课程的教学内容、方法和策略
		教学反思	根据学生、学校、老师及家长的反馈，进一步完善研学课程的教学内容与环节，保证课程内容能够为学生认识到责任与担当的意义服务；复盘教学各环节中的安全保障工作，避免安全隐患；反思活动过程中的教育性与趣味性的融合程度	发放研学情况调查表，由学生、老师及家长填写，反馈对研学主题、研学场馆、课程内容、安全保障、用餐安排等方面的意见与建议，结合调查表的数据汇总与统计，完善活动的组织与开展；根据活动过程中学生对责任与担当意识的理解与接受程度，反思教学方式与手段与新时代下中学生的学习方式的适配度	梳理研学情况调查表反馈的研学活动各环节需要改进的内容；在行后总结环节中，让学生自主讨论提出提升和完善的方案并探究其可实施性和可操作性；根据学生在行前准备、行中学习和行后总结各环节的表现，反思教师的引导性与组织性是否能够提升学生的自主学习和主动探究意识，及提升学生的责任担当意识

维度或要素				小学高年级段	初中段	高中段
实施方案	教学环节评价	教学水平评价	自我评价	研学导入是否能够引起学生兴趣；教学手段与教学方式是否符合小学生的学习习惯；课程内容的教学是否能够引起学生对责任与担当的思考与理解	研学活动的课程内容、活动组织形式与场馆选择是否符合中学生的学习兴趣与学习期待；任务单的难易程度是否能够让学生顺利地进行自主学习、小组学习与探究学习	研学主题性研究报告的选题内容是否能够进一步提升学生对责任与担当的认识与理解；教学的引导方式是否能够使学生进行更加紧密地小组合作与探究性学习
			学生评价	学生对研学导入、活动内容与研学场馆是否感兴趣；任务单的设计是否兼顾趣味性与学习性；能否理解教师的授课内容；活动内容是否有助于学生更好地认识与理解何谓“责任与担当”	完成研学情况调查表，完成对研学主题、研学场馆、课程内容、安全保障、用餐安排等方面的评价；活动过程中教师的教学方式、组织形式是否有助于提升学习体验	完成研学情况调查表中对研学各环节的评价与反馈；研究报告的选题是否符合科学性、教育性、实践性；小组合作的学习方式是否具有学习性、探究性与趣味性
			同行评价	对教师教学导入的教育性进行评价；对教师授课方式、教学组织的有效性及突发情况的解决方式进行评价	对教师的课程设计、各教学环节的联系与衔接进行评价；对教师组织教学是否符合以学生为主体进行评价	对教师的研学组织实施方案的线路制定、站点选择与活动内容确定是否符合“责任与担当”主题进行评价；教师对主题性研究报告的选题、总结、反馈进行评价
			培训和考核	教师个人提交研修计划，结合小学高年级段的校内课程与“责任与担当”方面的研学资源，定期参加教师的内部培训和外部培训；结合教师教学表现与研学情况调查表的反馈，定期对教师进行考核与评价	教师个人与教研组提交有关“责任与担当”的研修计划，结合初中阶段的校内课程，定期组织教师前往上海市内相应研学场馆进行培训；结合教师授课、带队与组织活动情况进行评价与考核	定期组织教师前往上海市内及全国各营基地进行线路开发与优化，结合高中学生的探究性学习报告完成情况，制订培训计划；对线路开发、研学方案撰写与实施及探究性报告的完成情况进行考核与评价
			教学成果展示	通过微报告、分享会、座谈会等方式展示研学实践成果	记录、总结学生研学实践过程中的表现，撰写研学实践案例；通过汇报课题报告、分享交流会等方式展示研学实践成果	记录、总结学生的研学实践过程，撰写研学实践经典案例；通过汇报课题报告、辩论赛、座谈会、分享交流会等方式展示研学实践成果

维度或要素				小学高年级段	初中段	高中段
实施方案	评价教学环节	学业评价	形成性评价	对学生研学实践活动的行前、行中、行后各环节进行实时观察、关注、记录，综合考量学生的学习动态和合作表现，以及在实践过程中对学生所学的知识和技能进行及时总结，完成反馈	实时观察、关注、记录学生的学习过程、合作能力和创造性表达；关注学生探究方法和能力的培养；关注学生团队合作的能力；记录学生的领导策略；观察学生发现问题、分析问题和解决问题的能力	对学生的知识拓展、问题意识、创新思维等方面进行实时观察、关注、记录，跟踪学生的学习过程、合作能力和创造性表达，正向反馈和积极表达；及时观察学生学习态度、探究问题的深度和广度，以及他们进行探究的方式和手段，给予指导和建议，确保能够高效地进行学习和探索
			总结性评价	依据研学实践主题的活动目标，遵循公平、公正、公开的原则，通过知识竞答、小组汇报展示、撰写研学日记、实物制作等形式对学生的活动表现进行总结性评价	对照研学实践活动既定目标，对学生所填写的《研学手册》、撰写的研学总结、汇报的研学成果等多种形式的学习结果进行客观、公正、科学的评价，以培养学生对研学实践活动的正确认知	参照研学目标，通过测验、小组汇报展示、调研报告、学生达成目标等形式对学生在研学活动中的收获进行评价，促进学生正确认识研学实践活动的必要性和重要性，提高学生的认知水平，以及增强学生的实践创新意识
			教师评价	教师根据学生在研学活动中的认知水平、参与度、合作有效性、成果展示、能力提升、情感认同等方面进行客观公正的评价	教师基于公平、公正、公开的原则，根据学生在研学活动中的参与度、问卷调查、合作有效性、成果展示、能力提升、情感认同等方面进行综合评价	针对学生在研学活动中的认知能力、责任意识、实践创新水平、整体参与度、合作有效性、成果展示、情感价值认同等方面进行多维度评价；通过问卷、汇报等方式及时客观地评价活动成果
		项目评价		行政主管部门、参与学校、学生、家长、社会各界通过问卷调查、集中访谈等形式，对研学活动的安全预案、研学资源利用、方案规划设计、组织开展实施的科学性、教育性、安全性进行整体评价，完善研学活动各环节	基于科学性、教育性、安全性等原则，行政主管部门、参与学校、学生、家长、社会各界通过问卷调查、个别访谈等形式，对研学活动的安全预案、研学资源利用、方案规划设计、组织开展实施进行客观评价	针对研学活动的安全预案、研学资源利用、方案规划设计、组织开展实施等活动各环节，行政主管部门、参与学校、学生、家长、社会各界通过问卷调查、访谈等形式科学客观地评价，以达到研学实践活动持续开展的目的

4.9 教学计划与策略列表：传承红色革命精神 树立爱国爱乡情怀

<table>
<tr><td colspan="3">营地名称</td><td>晋江中小学生示范性综合实践基地（简称“晋江营地”）</td><td>命名机构</td><td>教育部</td><td>识别码</td><td>Y145350001</td></tr>
<tr><td colspan="3">从业资质（摘要）</td><td>综合实践教育；研学实践教育；劳动教育</td><td>单位属性</td><td>公益一类</td><td>法定代表人</td><td>董佳毅</td></tr>
<tr><td colspan="3">研学主题</td><td>传承红色革命精神 树立爱国爱乡情怀</td><td colspan="2">主要目的指向</td><td colspan="2">责任与担当教育</td></tr>
<tr><td rowspan="7">营地（枢纽）及周边主要优质研学资源</td><td colspan="2">基地层级</td><td colspan="5">研学站点（基地）名称</td></tr>
<tr><td rowspan="2">教育部命名基地</td><td>已列入教学计划</td><td colspan="5">一、与本主题相关列入教学计划的基地5个
1.泉州市晋江市五店市传统文化旅游区（简称“五店市”）；2.福州三坊七巷·严复翰墨馆（简称“严复翰墨馆”）；3.福州市林则徐纪念馆（简称“林则徐纪念馆”）；4.福州市中国船政文化景区（简称“福州船政”）；5.龙岩市古田旅游集团有限公司（简称“古田会址”）
二、与本主题关联不大但列入本营地教学计划的基地13个
1.福建土楼（南靖）青少年社会实践活动中心（简称“南靖土楼”）；2.福建闽越王城博物馆（简称“闽越王城”）；3.福建福州国家森林公园（简称“福州森林公园”）；4.厦门科技馆；5.漳州东南花都（简称“东南花都”）；6.南平市建阳区卧龙湾生态旅游开发有限公司（简称“卧龙湾”）；7.鹭凯研学实践基地（简称“鹭凯基地”）；8.厦门市中小学生综合实践基地（简称“厦门基地”）；9.泉州市洛江区中小学生综合实践基地（简称“洛江基地”）；10.三明市泰宁世界地质公园研学实践基地（简称“泰宁地质公园”）；11.福鼎市中小学劳动实践基地（简称“福鼎基地”）；12.福建泉州顺美集团有限责任公司（简称“顺美陶瓷”）；13.福建农业职业技术学院相思岭中小学研学实践教育基地（简称“相思岭”）</td></tr>
<tr><td>待列入教学计划</td><td colspan="5">1.厦门大学附属科技中学；2.国家海洋局厦门海洋环境监测中心站；3.国家海洋局海岛研究中心；4.宁德市屏南县甘棠乡漈下村中小学实践教育基地（屏南县甘棠乡漈下村民委员会）；5.三明市建宁县客坊乡水尾村中小学实践教育基地（建宁县客坊乡水尾村村民委员会）；6.宁德市屏南县熙岭乡龙潭村中小学实践教育基地（屏南县熙岭乡龙潭村村民委员会）；7.三明市建宁县溪源乡上坪村中小学实践教育基地（建宁县溪源乡上坪村委会）</td></tr>
<tr><td colspan="2">其他部委命名基地</td><td colspan="5">无</td></tr>
<tr><td colspan="2">地方命名基地</td><td colspan="5">1.金井镇围头村八二三战地公园（简称“八二三战地公园”）；2.金井镇围头村安业民烈士陵园（简称“安业民烈士陵园”）；3.晋江博物馆（简称“晋博”）；4.晋江市非物质文化遗产展示馆（简称“晋江非遗馆”）；5.晋江城市展馆（简称“城市展馆”）；6.安海安平桥（简称“安平桥”）；7.泉州洛阳桥（简称“洛阳桥”）；8.福建省世茂海上丝绸之路博物馆（简称“海丝博物馆”）；9.石狮永宁古城（简称“永宁古城”）；10.泉州华侨革命历史博物馆（简称“华侨革命历史博物馆”）；11.南安九日山祈风石刻（简称“九日山”）；12.南安郑成功纪念馆（简称“郑成功纪念馆”）；13.厦门陈嘉庚纪念馆（简称“陈嘉庚纪念馆”）；14.厦门鼓浪屿（简称“鼓浪屿”）；15.古田会议旧址；16.毛主席纪念园；17.协成店</td></tr>
<tr><td colspan="2">本营地资源</td><td colspan="5">1.晋江市防震减灾科普馆；2.晋江市青少年毒品预防教育基地；3.成美小学</td></tr>
<tr><td colspan="2">其他资源</td><td colspan="5">金井福全古城（简称“福全古城”）</td></tr>
</table>

维度或要素	小学高年级段	初中段	高中段
校内教育基础（与校内教育的衔接）	对照《义务教育课程方案和课程标准（2022年版）》，小学高年级段在责任与担当教育方面提出“注重学习中华优秀传统文化的源远流长，丰富多彩，提升自身文化修养；学习先贤志士的人格魅力，感悟老一辈无产阶级革命家的英雄气概、优良作风和高尚品质，体会捍卫民族尊严，维护国家利益和世界和平的伟大精神”。本研学主题必修课程与校内教育的衔接内容主要如下（均为人教版语文小学教材）：1.四年级上册第七单元第22课“为中华之崛起而读书”、第24课“延安，我把你追寻”；2.四年级下册第六单元第18课“小英雄雨来”、第七单元第24课“黄继光”；3.五年级上册第二单元第8课“冀中的地道战”；4.五年级下册第四单元第10课“青山处处埋忠骨”、第11课“军神”、第12课“清贫”；5.六年级上册第二单元第5课“七律·长征”、第6课“狼牙山五壮士”、第7课“开国大典”、第8课“灯光”；6.六年级下册第四单元第11课“十六年前的回忆”、第12课“为人民服务”、第13课“金色的鱼钩”	对照课标，初中段在责任与担当教育方面提出“注重理解中华优秀传统文化蕴含的核心思想理念、中华人文精神和传统美德，表达自己作为中华民族一员的归属感和自豪感；体会中国共产党在长期奋斗历程中培育形成的崇高精神和人格风范，体认英雄模范忠于祖国和人民的优秀品质，培育民族气节和爱国主义情怀”。本研学主题必修课程与校内教育的衔接内容主要如下（均为人教版语文初中教材）：1.七年级上册第四单元第13课“纪念白求恩”；2.七年级下册第二单元第6课“老山界”、综合性学习“天下国家”、第四单元第14课“驿路梨花”；3.八年级上册第一单元第1课消息二则“我三十万大军胜利南渡长江”“人民解放军百万大军横渡长江”、第4课“一着惊海天——目击我国航母舰载战斗机首架次成功着舰”、第5课“国行公祭，为佑世界和平”、第三单元名著导读“红星照耀中国”；4.八年级下册第四单元第13课“最后一次讲演”、第六单元名著导读“钢铁是怎样炼成的”；5.九年级上册第一单元第1课“沁园春·雪”、第2课“我爱这土地”、第五单元第17课“中国人失掉自信力了吗”；6.九年级下册第一单元第1课“祖国啊，我亲爱的祖国”、第2课“梅岭三章”	对照《义务教育课程方案和课程标准（2022年版）》，高中段在责任与担当教育方面提出“进一步提升学生综合素质，着力发展核心素养，使学生具有理想信念和社会责任感，具有科学文化素养和终身学习能力，具有自主发展能力和沟通合作能力”“有机融入社会主义核心价值观，中华优秀传统文化、革命文化和社会主义先进文化教育内容”“充实丰富培养学生社会责任感、创新精神、实践能力”。本研学主题必修课程与校内教育人教版语文高中教材的衔接内容主要如下：1.必修上册第一单元第1课“沁园春·长沙”、第四单元“家乡文化活动”、第五单元“乡土中国”；2.必修下册第五单元第10课“在马克思墓前的讲话”“与妻书”；3.选择性必修上册第一单元第1课“中国人民站起来了”、第2课“长征胜利万岁”“大战中的插曲”；4.选择性必修中册第6课“记念刘和珍君”“为了忘却的记念”；5.选择性必修下册第二单元第5课“阿Q正传”

维度或要素			小学高年级段	初中段	高中段
研学课程	必修课程一	名称	初识八二三战地公园	探秘八二三战地公园	研读八二三战地公园
		活动目的	使学生初识战争的残酷，学习战士的大无畏精神	使学生理解战争的残酷，体会战士的大无畏精神，珍惜今天和平幸福的美好生活	使学生感悟战争的残酷，传承红色精神，增强社会责任感
		活动形式	教师讲授、实地探访、表达交流相结合	教师讲授、小组合作、总结反思相结合	教师讲授、实地探访、小组合作、实践体验相结合
	必修课程二	名称	聆听红色故事	探访福全古城	状元文化知多少
		活动目的	学习安业民烈士的英雄事迹，学习革命先烈保家卫国、视死如归的精神	学习古城抵御海盗（寇）的光辉历史，学习古城的文化魅力，培养爱国爱乡情怀	掌握晋江的状元文化，明白晋江人才辈出的原因并为之努力，培植爱国爱乡的情怀
		活动形式	教师讲授、实地探访、感悟分享相结合	讲解指导、小组合作、总结反思相结合	教师讲授、实地探访、小组合作、自主探究相结合
	必修课程三	名称	五店市的传说	洛阳桥的秘密	探访洛阳桥
		活动目的	探访五店市，学习五店市的前世今生，学习浓郁闽南文化，培养爱国爱乡的情怀	学习洛阳桥的历史价值和古代工匠高超的造桥技术	学习洛阳桥深厚的历史文化底蕴和它的历史价值，掌握古代工匠高超的造桥技术
		活动形式	教师讲授、实地探访、交流分享相结合	教师讲授、自主探究、小组合作相结合	学生质疑、实地探访、实践体验相结合
	必修课程四	名称	传承非遗之美	晋江故事——历史与人文的诉说	我与镇馆之宝的对话
		活动目的	探访晋江非遗馆，感知千年非遗文化传承，培养爱国爱乡情怀	学习晋江丰富多彩的历史文化，增强文化自信和责任担当，培养爱国爱乡情怀	深入学习晋江丰富多彩的历史文化，增强文化自信和责任担当，激发创新精神
		活动形式	教师讲授、动手体验相结合	教师讲授、实地探访、实践体验相结合	观察交流、实地探访、实践体验、合作探究相结合

维度或要素			小学高年级段	初中段	高中段
研学课程	必修课程五	名称	安平桥下绘世遗	探秘祈风石刻	传承嘉庚精神
		活动目的	初识安平桥，认识它的重要价值，培养学生爱国爱乡的情怀	探访海丝起点九日山，理解祈风石刻的悠久历史和重要意义，培养爱国爱乡的情怀	学习陈嘉庚先生伟大光辉的一生，学习他的赤诚报国之情，传播嘉庚精神
		活动形式	教师讲授、交流分享相结合	教师讲授、实地探访、实践体验相结合	采风创作、实地探访、合作探究、实践体验相结合
	必修课程六	名称	晋江品牌知多少	探访叶飞故居	探秘海上花园——鼓浪屿
		活动目的	学习晋江经验的重要价值和意义，为“爱拼才会赢”“敢为天下先”的晋江精神而自豪	学习叶飞将军和泉籍华侨的光辉业绩，学习他们的爱国爱乡之情	寻访名人故居，领略万国建筑，学习鼓浪屿世界文化遗产魅力，培养文化认同感
		活动形式	教师讲授、交流分享相结合	教师讲授、实地探访、实践体验相结合	教师讲授、实地探访、实践体验、合作探究相结合
	必修课程七	名称	漂洋过海的香气	探秘永宁古卫城	三坊七巷的故事
		活动目的	学习海丝之路传播的香料文化历史，探寻海丝文明，传承海丝精神	通过实地探索，学习古卫城的人文底蕴和抗击倭寇的历史，培养爱国爱乡情怀	走进严复翰墨馆、林则徐纪念馆，感悟名人家国情怀
		活动形式	教师讲授、实地探访、动手操作相结合	教师讲授、实地探访、小组合作相结合	教师讲授、实地探访、自主探究、实践体验相结合
	必修课程八	名称	海上雄关——福全古城	福船海上游	悟船政文化
		活动目的	学习古城抵御海盗（倭寇）的光辉历史，培养爱国爱乡情怀	学习宋元时期福船在海上丝绸之路中发挥的重要作用，体会古人造船的智慧	探访船政文化景区，学习立志进取、积极作为、虚心好学的船政文化
		活动形式	教师讲授、实地参观相结合	教师讲授、实践体验相结合	实地探访、小组交流、实践操作相结合

维度或要素			小学高年级段	初中段	高中段
研学课程	必修课程九	名称	祈风石刻的秘密	华侨之光——陈嘉庚	红色圣地——古田
		活动目的	走访海丝起点九日山，学习祈风石刻的由来，培养爱国爱乡情怀	学习陈嘉庚先生伟大光辉的一生，学习他的爱国之情	参观古田会议旧址，瞻仰红色圣地，传承红色精神，增强责任感、使命感
		活动形式	教师讲授、实地探访相结合	教师讲授、实地探访、小组交流相结合	教师讲授、实地探访、实践体验相结合
	必修课程十	名称	探寻郑成功足迹	鼓浪屿的传说	星火燎原映红心
		活动目的	近距离接触郑成功史迹，学习民族英雄的爱国主义精神	寻访名人故居，感受鼓浪屿世界文化遗产魅力	参观协成店，学习伟人的革命乐观主义精神，增强责任感、使命感
		活动形式	教师讲授、实地参观相结合	教师讲授、实地探访相结合	教师讲授、实地探访、实践体验相结合
	选修课程		1. 消防安全、交通安全科普 2. 无骨花灯制作 3. 电子百拼 4. 手工编织 5. 挑战多米诺	1. 防震减灾、禁毒科普（一） 2. 金工 3. 非遗剪纸 4. 人民军队的历史 5. 瓦当拓印	1. 防震减灾、禁毒科普（二） 2. 木工 3. 无人机 4. 现代国防教育 5. 陶瓷制作

维度或要素		小学高年级段	初中段	高中段
研学线路	代表性线路（时长五日）	第一天：晋江营地—八二三战地公园—安业民烈士陵园—晋江营地；第二天：晋江营地—五店市—晋江非遗馆—晋江营地；第三天：晋江营地—安平桥—城市展馆—晋江营地；第四天：晋江营地—福全古城—海丝博物馆—晋江营地；第五天：晋江营地—九日山—郑成功纪念馆—晋江营地	第一天：晋江营地—八二三战地公园—安业民烈士陵园—福全古城—晋江营地；第二天：晋江营地—洛阳桥—晋博—晋江营地；第三天：晋江营地—九日山—华侨革命历史博物馆—晋江营地；第四天：晋江营地—永宁古城—海丝博物馆—晋江营地；第五天：晋江营地—陈嘉庚纪念馆—鼓浪屿—晋江营地	第一天：晋江营地—八二三战地公园—安业民烈士陵园—五店市—晋江营地；第二天：晋江营地—洛阳桥—晋博—晋江营地；第三天：晋江营地—陈嘉庚纪念馆—鼓浪屿—晋江营地；第四天：晋江营地—严复翰墨馆—林则徐纪念馆—福州船政—晋江营地；第五天：晋江营地—古田会址—毛主席纪念园—协成店—晋江营地
	可选择线路（按天设计，菜单式选择）	1. 晋江营地—八二三战地公园—福全古城—晋江营地；2. 晋江营地—五店市—晋江营地；3. 晋江营地—晋江非遗馆—晋江营地；4. 晋江营地—安平桥—晋江营地；5. 晋江营地—城市展馆—晋江营地；6. 晋江营地—海丝博物馆—晋江营地；7. 晋江营地—九日山—晋江营地；8. 晋江营地—郑成功纪念馆—晋江营地	1. 晋江营地—八二三战地公园—安业民烈士陵园—晋江营地；2. 晋江营地—福全古城—晋江营地；3. 晋江营地—洛阳桥—晋江营地；4. 晋江营地—晋博—晋江营地；5. 晋江营地—九日山—晋江营地；6. 晋江营地—华侨革命历史博物馆—晋江营地；7. 晋江营地—永宁古城—晋江营地；8. 晋江营地—海丝博物馆—晋江营地；9. 晋江营地—陈嘉庚纪念馆—晋江营地；10. 晋江营地—鼓浪屿—晋江营地	1. 晋江营地—八二三战地公园—安业民烈士陵园—晋江营地；2. 晋江营地—五店市—晋江营地；3. 晋江营地—洛阳桥—晋江营地；4. 晋江营地—晋博—晋江营地；5. 晋江营地—陈嘉庚纪念馆—晋江营地；6. 晋江营地—鼓浪屿—晋江营地；7. 晋江营地—严复翰墨馆—林则徐纪念馆—晋江营地；8. 晋江营地—福州船政—晋江营地；9. 晋江营地—古田会址—毛主席纪念园—晋江营地
	规划线路（按天设计）	1. 晋江营地—厦门大学附属科技中学—晋江营地 2. 晋江营地—宁德市屏南县甘棠乡漈下村中小学实践教育基地—晋江营地 3. 晋江营地—三明市建宁县客坊乡水尾村中小学实践教育基地—晋江营地	1. 晋江营地—国家海洋局厦门海洋环境监测中心站—晋江营地 2. 晋江营地—宁德市屏南县熙岭乡龙潭村中小学实践教育基地—晋江营地 3. 晋江营地—三明市建宁县客坊乡水尾村中小学实践教育基地—晋江营地	1. 晋江营地—国家海洋局海岛研究中心—晋江营地 2. 晋江营地—宁德市屏南县熙岭乡龙潭村中小学实践教育基地—晋江营地 3. 晋江营地—三明市建宁县溪源乡上坪村中小学实践教育基地—晋江营地

维度或要素		小学高年级段	初中段	高中段
教学重点难点（以代表性线路教学设计为例，以下同）	教学重点	1.学习安业民烈士和郑成功的英雄事迹 2.感知具有闽南地方特色的传统文化 3.明白晋江经验的含义 4.理解海丝精神，传承海丝文明	1.通过学习洛阳桥深厚的历史文化底蕴，知道晋江丰富多彩的历史文化 2.探访九日山，寻觅海丝遗迹；学习叶飞将军光辉的一生和泉籍华侨参与支持祖国革命的光辉业绩 3.通过学习华侨之光——陈嘉庚的英雄事迹，学会多角度思考问题，成为对社会有用的人	1.探索洛阳桥深厚的历史文化底蕴，传承晋江丰富多彩的历史文化 2.解读华侨之光——陈嘉庚的英雄事迹，感知鼓浪屿的发展历程中闽台人士作出的重大贡献 3.通过对三坊七巷的名人故事的深入学习，提升爱国爱家的情怀 4.瞻仰古田红色圣地，学习红色故事，传承革命传统，思考长征的意义，学习长征精神
	教学难点	1.学习先烈的精神，感知战争的残酷 2.理解非遗传承的意义 3.学习晋江经验的意义和价值 4.理解海丝精神的意义 5.学习郑成功的爱国精神，培养爱国爱乡的情怀	1.学习先烈的精神，深入理解战争的残酷；理解福全古城的历史意义 2.探寻海丝精神，传承海丝文明，增强文化自信 3.学习泉籍华侨支持祖国革命的伟大精神，思考如何成为一个对国家无私奉献的人	1.探究客家精神与革命精神的内在联系，学习他们的精神品质，思考战争的意义 2.学习华侨之光陈嘉庚的伟大情怀，探究鼓浪屿世界文化遗产魅力，培养爱国爱乡的情怀 3.学习三坊七巷深厚的人文历史，理解立志进取、积极作为、虚心好学的船政文化精神，探究它的现实意义

维度或要素	小学高年级段	初中段	高中段
教学策略	针对小学高年级段学生活泼好动、好奇心强、乐于发现及尝试的学情，基于泰勒的现代课程理论、陶行知的生活教育理论，选取红色文化、海丝文化等为主的研学站点，依托晋江市及周边丰富的红色资源、海丝资源及营地的师资、课程、教材资源等，采取讲授法、案例教学、情境教学等教法，体验式学习、交流式学习等学法，以学生为主体，引领学生亲身实地参与考察、体验、制作等多种形式的活动，并在实际教学过程中根据学生反馈进行动态调整，确保小学高年级段的学生能够积极参与并在研学实践中学有所得，激发他们的学习兴趣和创造力，培养他们的综合素养和实践能力，培养其爱国爱乡情怀	针对初中阶段学生正处于青春期，认知能力、自我意识发展迅速，接受能力开始提高，情绪、情感丰富易变等较为普遍的年龄特征，基于泰勒的现代课程理论、陶行知的生活教育理论，选取红色文化、海丝文化、华侨文化等为主的研学站点，依托泉州市内及周边丰富的红色资源、海丝资源、华侨资源及营地的师资、课程、教材资源等，采取讲授法、参观法、讨论法、任务驱动法等教法，体验式学习、合作式学习、探究式学习等学法，以学生为主体，引领学生进行参观、调研、体验、制作等多种形式的活动，并在实际教学过程中根据学生反馈进行动态调整，确保初中阶段的学生能够深度参与并在研学实践中学有所得，激发他们的学习兴趣和创造力，在实践体验、交流分享中培养他们的综合素养和实践能力，培养爱国爱乡情怀，塑造学生的良好品格，培养学生的社会责任感	针对高中阶段学生独立思考和逻辑思维能力增强，理解能力、动手能力、团队合作能力增强，眼界较为开阔，知识储备较为丰富等特点，基于泰勒的现代课程理论、陶行知的生活教育理论，选取红色文化、海丝文化、闽南文化、华侨文化、船政文化等为主的研学站点，依托省内丰富的红色资源、海丝资源、华侨资源及营地的师资、课程、教材资源等，采取多学科情境式教学、任务驱动法等教法，体验式学习、合作式学习、探究式学习等学法，以学生为主体，引领学生进行参观、调研、体验、制作等多种形式的活动，并在实际教学过程中根据学生反馈进行动态调整，引导学生主动探究文化背后的历史，培养综合分析解决问题的能力，确保高中阶段的学生能够深度参与并在研学实践中学有所得，激发他们的学习兴趣和创造力，在实践体验、交流分享中培养他们的综合素养和实践能力，培养学生的社会责任感，帮助他们形成正确的世界观、人生观、价值观

维度或要素				小学高年级段	初中段	高中段
实施方案	入营教育	安全	引导	通过营地安全通道、安全标识学习进行入营安全教育	通过营地安全通道、安全标识学习进行入营安全教育，寻找安全隐患	通过营地安全通道、安全标识学习进行入营安全教育，掌握遇到危险如何逃生的方法
			实训	学习《安全手册》，强化安全意识	学习《安全手册》，强化安全意识，思考解决安全隐患的办法	学习《安全手册》，引起对安全的重视，分组制定疏散方案、路线
		应急	引导	通过观看视频，学习应急事件处理的方法、技巧	通过视频学习，掌握应急事件处理的方法和技巧	通过视频学习，掌握应急事件处理的方法和技巧，分组制订应急方案
			实训	观看典型视频，学习逃生技巧，进行应急疏散演练	观看典型视频，学习应急技能，进行应急疏散演练	观看典型视频，掌握应急技能，分组制订疏散方案，开展应急疏散演练
		救助	引导	通过案例情境，帮助学生快速掌握需要救助时的流程，特别是记住救助电话	通过案例情境，培养学生遇到危险需要求助时，主动寻找和利用各种资源的能力	通过案例情境，掌握遇到危险自救、互救的技能
			实训	实施角色扮演等活动，帮助学生熟悉救助流程	实施角色扮演、团队合作等活动，熟悉救助流程	实施包括角色扮演、团队合作、案例分析等活动，掌握救助方法
		自我管理	引导	通过情绪管理的培训和指导，帮助学生学习应对压力和解决困难的方法	通过情绪管理的培训和指导，使学生掌握应对压力和解决困难的方法	通过情绪管理的培训和指导，学生学会缓解压力和解决困难
			实训	开展角色扮演、心理游戏等活动，学习自我管理的内容和方法	开展角色扮演、团队拓展等活动，学习从多层面进行情绪管理	开展案例分析、心理团建等活动，提升时间、情绪等自我管理能力
		团队协作	引导	从集体生活的细节入手，引导学生认识团队协作的重要性	从集体生活的细节，引导学生理解“一个人可以走很远，一群人可以走更远”理念	从集体生活的细节，引导学生打造高效团队
			实训	通过丰富多彩的游戏项目培养学生的合作互助意识和集体意识	通过丰富多彩的拓展训练项目培养学生的合作互助意识	通过丰富多彩的团队拓展训练项目培养学生的合作互助意识

维度或要素		小学高年级段	初中段	高中段
实施方案	导入教学环节	1. 视频导入：观看“炮轰金门”，激发学生兴趣 2. 故事导入：研学导师讲“皇宫起”的传说 3. 提问导入：你知道被誉为“天下无桥长此桥”的是哪座桥吗？激发学生探索欲望 4. 任务导入：学生查找泉州境内有名的古城资料 5. 视频导入：播放《联合国教科文组织发现祈风石刻》纪实录像	1. 故事导入：“海上青松”，引起学生对抵御海盗英雄的敬仰 2. 视频导入：洛阳桥的传说，激发学生探索的欲望 3. 情境导入：欣赏碑拓作品集，引导学生对史料传承的认同感 4. 故事导入：观看《永宁古城的抗倭历史》纪录片，激发学生的爱国热情 5. 视频导入：观看“陈嘉庚办学的感人事迹”，初步感知爱国情怀	1. 情境导入：听“红色革命小故事” 2. 任务导入：学生查找泉州境内有名的古桥资料 3. 视频导入：陈嘉庚办学的感人事迹 4. 故事导入：讲述“虎门销烟”，培养学生的辩证思维 5. 故事导入：讲述“红军在古田的故事”，初步学习红军精神
	授课教学环节	第一天：入营教育，选修课程1“消防安全、交通安全科普”、必修课程一“初识八二三战地公园”、必修课程二“聆听红色故事” 第二天：必修课程三“五店市的传说”、必修课程四“传承非遗之美”、选修课程2“无骨花灯制作” 第三天：必修课程五“安平桥下绘世遗”、必修课程六“晋江品牌知多少”、选修课程3“电子百拼” 第四天：必修课程七“漂洋过海的香气”、必修课程八“海上雄关——福全古城”、选修课程4“手工编织” 第五天：必修课程九“祈风石刻的秘密”、必修课程十“探寻郑成功足迹”、选修课程5“挑战多米诺”	第一天：入营教育，选修课程1“防震减灾、禁毒科普（一）”、必修课程一“探秘八二三战地公园”、必修课程二“探访福全古城” 第二天：必修课程三“洛阳桥的秘密”、必修课程四“晋江故事——历史与人文的诉说”、选修课程2“金工” 第三天：必修课程五“探秘祈风石刻”、必修课程六“探访叶飞故居”、选修课程3“非遗剪纸” 第四天：必修课程七“探秘永宁古卫城”、必修课程八“福船海上游”、选修课程4“人民军队的历史” 第五天：必修课程九“华侨之光——陈嘉庚”、必修课程十“鼓浪屿的传说”、选修课程5“瓦当拓印”	第一天：入营教育，选修课程1“防震减灾、禁毒科普（二）”、必修课程一“研读八二三战地公园”、必修课程二“状元文化知多少” 第二天：必修课程三“探访洛阳桥”、必修课程四“我与镇馆之宝的对话”、选修课程2“木工” 第三天：必修课程五“传承嘉庚精神”、必修课程六“探秘海上花园——鼓浪屿”、选修课程3“无人机” 第四天：必修课程七“三坊七巷的故事”、必修课程八“悟船政文化”、选修课程4“现代国防教育” 第五天：必修课程九“红色圣地——古田”、必修课程十“星火燎原映红心”、选修课程5“陶瓷制作”

维度或要素		小学高年级段	初中段	高中段
实施方案	进级教学环节	1. 实践：亲历地道，学习地道的构造 2. 动手制作：彩绘扇面——安平桥下绘世遗，体会海丝之美 3. 讨论：如何设计晋江旅游路线图 4. 制作：漂洋过海的香气——香囊DIY	1. 思考：思考地道在战争中的积极作用 2. 讨论：讨论洛阳桥造桥的独创之处，学习古人智慧 3. 探究：手绘九日山路线图，探寻海丝精神 4. 体验：制作福船模型，学习海丝之美	1. 探究：武器在战争中的积极作用 2. 表达：分享自己最欣赏的家风家训，学习前人“修齐治平”的理念 3. 探究：探究洛阳桥的独创之处 4. 讨论：各抒己见，推选晋博的镇馆之宝 5. 体验：制作福船模型，学习船政文化 6. 体认：重走红军路，学习红色精神
	巩固教学环节	1. 回顾：引导学生回顾总结整个研学流程，为学生答疑解惑 2. 思考：怎样更好地传承闽南文化 3. 分享：以小组为单位分享自己制作的非遗手作、香囊等作品 4. 作业：为自己喜爱的晋江品牌设计一个LOGO	1. 回顾：引导学生回顾总结整个研学流程，为学生答疑解惑 2. 思考：如何更好地传承革命精神 3. 应用：为战地公园的坦克大炮制作名片 4. 分享：分享自己制作的福船模型 5. 作业：把自己感动的革命英雄事迹讲给家人听	1. 回顾：引导学生回顾总结整个研学流程，为学生答疑解惑 2. 思考：家风家训对现代社会的重要意义 3. 应用：如何振兴红色乡村 4. 探究：船政精神在今天的重要意义 5. 分享：分享自己制作的福船模型 6. 作业：分组合作完成研学小论文“为什么只有共产党可以救中国”

维度或要素			小学高年级段	初中段	高中段
实施方案	总结教学环节	教学创新	结合小学高年级学生的年龄特点，运用多种直观的教学方式，体验形式多样、难易有度的活动，激发学生的学习兴趣	鼓励学生多角度思考，引导学生发现并解决问题，提高创造力和责任担当意识	通过小组合作探究的方式，引导学生主动学习、深入思考，撰写研学报告，培养探究意识和自主学习能力
		教学总结	评价与交流，引导学生加深对责任与担当的理解；及时收集学生、家长和其他相关人员的反馈，总结教学环节的优点和不足，整理研学活动的教学资料，建立学习档案	总结研学过程中相关重要内容，引导学生加深对责任与担当的理解；及时收集学生、家长和其他相关人员的反馈，总结教学环节的优点和不足，整理研学活动的教学资料，建立教学档案	引导学生总结研学过程的重要内容，撰写研学报告；通过小组讨论加深对责任与担当的理解；及时收集学生、家长和其他相关人员的反馈，总结教学环节的优点和不足，整理研学活动的教学资料，建立教学档案
		教学反思	根据教学反馈和评估结果，梳理教学环节的设计、实施和效果，对教学环节进行调整和优化	根据教学反馈和评估结果，对教学环节进行调整和优化，调整“研”与“学”的适合比例，梳理教学环节的设计、实施和效果，提炼经验教训，为下一次研学活动提供参考	根据教学反馈和评估结果，对教学环节进行调整和优化，进一步梳理与学校课程的衔接深度，进一步优化责任与担当教育在课程中的呈现，提炼经验教训，梳理教学环节的设计、实施和效果，为下一次研学活动提供参考

维度或要素				小学高年级段	初中段	高中段
实施方案	评价教学环节	教学水平评价	自我评价	教师复盘整个研学过程，对自己的教学进行反思和评价	根据学生参与课程的阶段性成果及教学目标是否达成对教学进行反思和评价	根据学生对研究性学习的完成情况，教师对自己的教学进行反思和评价
			学生评价	学生针对教师和学生之间的互动是否充分；研学课程师生对话参与度、学生能否积极参与研学活动、课堂气氛活跃度方面进行评价	学生针对教师的引导与启发是否到位；学生主动参与度，学生能否充分展示表达自己，发挥团队合作方面进行评价	学生针对教师所提供的研学资源与课题是否充分匹配；教师参与课题研究的深度与广度以及学科知识的整合能力方面进行评价
			同行评价	由营地教师和教学管理人员通过审阅研学教学设计方案等对教师的教学进行评价	由营地教师和教学管理人员通过审阅研学教学设计方案、随队观摩等形式对教师的教学进行评价	邀请相关专业教师全程跟进课程实施过程，对研学教师进行细致的评价与指导
			培训和考核	定期对营地教师进行教学培训和考核，通过考核结果评价教师的教学水平	定期组织教师专业能力提升培训，通过培训机构或专业机构考核评价活动质量	定制化地对教师进行专业培训，并定期组织团队对教师素养进行考核；对学生、家长、社会公众满意度进行调查测评
			教学成果展示	通过研学过程教学展示教师的教学成果，通过学生的研学作品等来评价教师的教学水平	通过参与学术研讨会、教学案例分享会等形式，教师分享自己在教学实践中的经验和心得，并从其他教师和专家的反馈中得到启发并改进	成立课题研究组，通过撰写论文的方式展示教育教学成果，以此持续跟进学生的学习效果，同时将研究成果和观点进行及时整理

维度或要素				小学高年级段	初中段	高中段
实施方案	评价教学环节	学业评价	形成性评价	通过观察、记录和反馈学生研学过程中的学习情况，以及他们在活动中的表现并给予评价	通过动手操作、作品展示交流等形式，对学生研学过程以及他们在活动中的表现给予评价	科学设计探究性作业和实践性操作，观察、记录学生研学过程中的完成情况并给予评价
			总结性评价	在研学活动结束后，通过研究报告、展示或测试等形式，全面了解学生在研学活动中的学习成果和进步情况	对学生参与研究性学习全过程的情况、收集整理信息能力、交流合作能力、动手实践能力及创新能力进行评价，从而动态地评价学生的综合能力	对学生参与研究性学习全过程的情况、资料积累情况、研究结果及成果展示情况进行评价，从而动态地评价学生的综合素质能力
			教师评价	由教师根据学生在研学活动中的表现和取得成果，根据学生参与的积极性、《研学手册》完成的质量等，对学生的学业进行评价	由教师根据学生在研学活动中的表现和取得成果，根据学生参与的积极性、《研学手册》完成的质量、小组合作的参与性等，对学生的学业进行评价	由教师根据学生在研学活动中的表现和成果，根据学生参与的积极性、《研学手册》完成的质量、合作探究的参与性、研学报告完成的质量等，对学生的学业进行评价
		项目评价		教育行政部门、校内教育工作者、学生家长及社会各界以问卷调查、座谈、调研等多种形式参与评价，围绕小学高年级段课标实现度、教学环节衔接度、教学策略有效性等方面进行评价，及时发现问题并加以改进	教育行政部门、校内教育工作者、学生家长及社会各界以问卷调查、座谈、调研等多种形式参与评价，对教学目标设定、教学设计、课程资源、教学策略、活动组织、协同管理、研学线路规划、学生成长等方面进行评价	教育行政部门、校内教育工作者、学生家长及社会各界以问卷调查、座谈、调研等多种形式参与评价，围绕对高中课标实现度、教学环节衔接度、教学策略有效性等方面进行评价，通过教研活动及针对评价结果的反思，评价项目实施的风险和效益，进一步优化项目

4.10 教学计划与策略列表：感悟家国情怀 践行责任与担当

<table>
<tr><td colspan="3">营地名称</td><td>三明市综合实践学校（简称“三明营地”）</td><td>命名机构</td><td>教育部</td><td>识别码</td><td>Y145352003</td></tr>
<tr><td colspan="3">从业资质（摘要）</td><td>综合实践；劳动实践；研学实践</td><td>单位属性</td><td>公益一类</td><td>法定代表人</td><td>巫常清</td></tr>
<tr><td colspan="3">研学主题</td><td>感悟家国情怀　践行责任与担当</td><td colspan="2">主要目的指向</td><td colspan="2">责任与担当教育</td></tr>
<tr><td rowspan="7">营地（枢纽）及周边主要优质研学资源</td><td colspan="2">基地层级</td><td colspan="5">研学站点（基地）名称</td></tr>
<tr><td rowspan="2">教育部命名基地</td><td>已列入教学计划</td><td colspan="5">一、与本主题相关列入教学计划的基地9个
1.福州市林则徐纪念馆；2.泉州市晋江市五店市传统文化旅游区；3.三明市泰宁世界地质公园研学实践基地；4.龙岩市古田旅游集团有限公司；5.福建农业职业技术学院相思岭中小学研学实践教育基地（福建慕农农业科技有限公司）；6.福建泉州顺美集团有限责任公司（顺美陶瓷文化世界）；7.福州市中国船政文化景区；8.福州市三坊七巷·严复翰墨馆；9.泉州市洛江区中小学生综合实践基地
二、与本主题关联不大但列入本营地教学计划的基地8个
1.漳州东南花都；2.福鼎市中小学劳动实践基地；3.厦门市中小学生综合实践基地（厦门市教育事务受理中心）；4.厦门科技馆；5.南平市建阳区卧龙湾生态旅游开发有限公司；6.福建土楼（南靖）青少年社会实践活动中心；7.福建闽越王城博物馆；8.鹭凯研学实践基地（福建鹭凯生态农庄股份有限公司）</td></tr>
<tr><td>待列入教学计划</td><td colspan="5">1.厦门大学附属科技中学；2.国家海洋局厦门海洋环境监测中心站；3.国家海洋局海岛研究中心；4.宁德市屏南县甘棠乡漈下村中小学实践教育基地（屏南县甘棠乡漈下村民委员会）；5.宁德市屏南县熙岭乡龙潭村中小学实践教育基地（屏南县熙岭乡龙潭村民委员会）；6.福建福州国家森林公园</td></tr>
<tr><td colspan="2">其他部委命名基地</td><td colspan="5">1.三明市建宁县客坊乡水尾村中小学实践教育基地；2.三明市建宁县溪源乡上坪村中小学实践教育基地</td></tr>
<tr><td colspan="2">地方命名基地</td><td colspan="5">1.宁化县革命纪念馆；2.尤溪朱子文化园；3.宁化客家祖地；4.沙县小吃文化城；5.万寿岩；6.福建三明钢铁厂；7.永安槐南安贞堡；8.建宁中央苏区反围剿纪念园；9.水美土堡群；10.三明市博物馆；11.马江海战纪念馆；12.建宁上坪古村</td></tr>
<tr><td colspan="2">本营地资源</td><td colspan="5">1.国防教育馆；2.陶艺坊；3.科技坊；4.电商坊；5.安全教育坊；6.木工坊；7.非遗教育坊；8.自然教育坊；9.邮政馆</td></tr>
<tr><td colspan="2">其他资源</td><td colspan="5">1.清流林畲毛泽东旧居；2.清流灵台山；3.尤溪桂峰古村落；4.沙县富口荷山村；5.沙县小吃民俗风情馆；6.夏茂镇俞邦村；7.尤溪县博物馆；8.永安鳞隐石林；9.三明将乐玉华洞；10.岩前忠山村十八寨；11.天芳悦潭温泉博物馆</td></tr>
</table>

维度或要素	小学高年级段	初中段	高中段
校内教育基础（与校内教育的衔接）	小学高年级段学生社会性情感的比重逐渐增加，义务感、责任感、集体主义情感和友谊感逐步形成。小学生的理智感也进一步发展，他们的求知欲、好奇心、学习热情越来越稳定而深刻。校内课程包括品德和规则教育，爱国主义、集体主义和社会主义教育，历史与文化、国情教育，地理和环境教育，生命与安全教育，民族团结教育等；教学活动体现学生生活经验、知识学习与社会参与的彼此渗透和相互促进，从多角度、多层面引导学生去理解、认识自我、他人和社会。本研学主题必修课程与校内教育人教版教材的衔接内容主要如下：1.语文三年级下册第一单元第2课“春日”；2.语文五年级上册第八单元语文园地“观书有感”；3.语文五年级下册第四单元第10课“军神”、语文六年级上册第二单元第6课“狼牙山五壮士”；4.语文五年级下册第七单元“口语交际·我是小小讲解员”“习作·中国的世界文化遗产”；5.语文六年级上册第七单元“口语交际·聊聊书法”；6.语文六年级上册第二单元第5课“七律·长征”；7.语文六年级下册第四单元第13课“金色的鱼钩”	初中段学生坚持正确价值观念，引导学生将独立思考与积极实践相统一。责任与担当意识的形成离不开学生的生活体验和独立思考。校内课程将正确的价值引导蕴含在鲜活的生活主题之中，注重课内课外相结合，鼓励学生在实践中进行积极探究和体验，通过课程与活动促进思想品德的健康发展。本研学主题必修课程与校内教育人教版教材的衔接内容主要如下：1.语文七年级上册第16课“诫子书”；2.语文七年级下册第二单元第6课“老山界”；3.语文七年级下册第四单元综合性学习“孝敬亲老，从我做起”；4.语文八年级上册第五单元第19课“苏州园林”；5.语文八年级上册第五单元“人民英雄永垂不朽”；6.语文八年级上册第三单元名著导读“红星闪耀中国”；7.语文八年级下册第三单元第11课“核舟记”；8.语文八年级下册第三单元名著导读“傅雷家书”；9.历史八年级上册第五单元第17课“中国工农红军长征”；10.道德与法治九年级上册第四单元第8课“中国人　中国梦”	高中段校内教育根据不同层次学生的特点，精心设计和组织开展内容丰富、形式多样、吸引力较强的课程与活动，使学生通过实践体验成为知行合一的人。日常教学中通过提高自己的个人修养，对学生的世界观和人生观进行一种渗透，通过情感的感化，帮助学生成为有责任与担当的人。本研学主题必修课程与校内教育人教版教材的衔接内容主要如下：1.高中历史必修中外历史纲要（上）第三单元第12课“辽宋夏金元的文化”；第七单元第22课“南京国民政府的统治和中国共产党开辟革命新道路”；2.高三历史选修课程4专题二东西方的先哲第一课“儒家学派的创始人——孔子”；专题五第5课“新中国的缔造者——毛泽东”；3.高中语文必修课程上册第一单元第1课“沁园春·长沙”、第二单元第5课“以工匠精神雕刻时代品质”；4.高中语文必修课程下册第三单元第8课“中国建筑的特征”；5.高中语文选择性必修课程第一单元第2课“长征胜利万岁”

维度或要素			小学高年级段	初中段	高中段
研学课程	必修课程一	名称	国防教育（一）	国防教育（二）	国防教育（三）
		活动目的	通过参观国防教育馆，获得积极意义的价值体验，使学生掌握部分浅易的国防知识，培养对中国共产党的感情	通过国防教育馆互动体验，掌握国防常识、国防地理、国防科技等各方面知识，立志从小热爱祖国，献身国防事业	将国防教育馆与校内兵器广场相结合，通过讲解、射击体验，锤炼学生意志，增强爱国主义情感和国家认同感
		活动形式	场馆参观、游戏互动、经验分享相结合	教师讲授、小组合作、实践体验相结合	教师讲授、学生讲解、射击体验相结合
	必修课程二	名称	非遗扎染	非遗剪纸	非遗木工
		活动目的	通过学习制作扎染的基础技法，感受扎染的魅力，使学生对其产生兴趣，传承扎染这项非遗技艺，提高民族自豪感	引导学生积极参与文化的传承与交流，开发非智力因素，提高审美能力，促进学生的个性协调发展，达到立德启智、知行合一	通过课程使学生更加热爱中国的传统文化，掌握锯子、锉刀、砂纸等工具的使用方法，能够设计并制作有一定创意的木簪
		活动形式	前置学习、教师讲授、实践体验、总结分享相结合	前置学习、教师讲授、实践体验、总结分享相结合	前置学习、教师讲授、实践体验、总结分享相结合
	必修课程三	名称	走进朱子文化苑	寻大儒朱熹	弘扬朱子文化
		活动目的	通过朱子文化苑研学，激发学生求学求知，行礼感恩，遵从孝道的感知	实地考察探究朱熹诞生地和朱子文化园相关代表地，了解朱子理学文化的精髓，引领学生树立崇高理想	探究朱子理学文化发展轨迹，激发家国情怀，思考朱子理学文化对传承中华优秀传统文化的重要性
		活动形式	教师讲授、个体观察、自主参观、小组合作、拓展体验相结合	教师讲授、实地探访、总结分享相结合	教师讲授、实地探访、经典诵读体验相结合
	必修课程四	名称	品理学精髓	传承朱子礼仪	传承朱子文化思想
		活动目的	通过参观南溪书院和开山书院，让学生对其中蕴含的文化精神及内涵进行充分探究，培养学生爱国、爱家的思想情感	通过参观式、体验式、研究性学习，传承中华优秀传统文化，提升研学合力育人成效，培育青少年学生的社会主义核心价值观	通过课程让学生感受朱子文化的博大精深、建筑文化的古朴精妙，树立保护文物、弘扬中华优秀传统文化的自信心、自豪感
		活动形式	教师讲授、实地参观、经典诵读相结合	教师讲授、实践体验、总结分享相结合	教师讲授、观察探究、木雕体验相结合

维度或要素			小学高年级段	初中段	高中段
研学课程	必修课程五	名称	缅怀革命先烈　传承红色基因（一）	缅怀革命先烈　传承红色基因（二）	缅怀革命先烈　传承红色基因（三）
		活动目的	通过场馆参观，了解红军长征革命历史，感受先辈崇高的品格与热烈的爱国情怀，树立正确的世界观、人生观、价值观	通过参观展馆，探究宁化为什么会成为红军长征的出发地之一，激发学生对先辈的敬佩之情与爱国主义情感	通过参观展馆，探究红军长征的艰苦事迹，了解什么是苏区精神和长征精神，激发学生对先辈的敬佩之情与爱国主义情感
		活动形式	教师讲授、实地参观、诵读体验相结合	教师讲授、实地参观、打卡体验相结合	教师讲授、实地探访、实践体验相结合
	必修课程六	名称	探究镇馆之宝	探究宁化印记	探究东方好区域
		活动目的	通过对国家一级文物——《中国工农红军军用号谱》的了解，系统了解军号在人民军队建设中的作用、意义及时代价值	通过找寻探究，理解英雄们为了理想选择献身的勇气与信念，引导学生树立正确的世界观、人生观和价值观	通过参观、探究了解中央苏区，让学生了解到宁化是中央苏区核心区、激发学生爱国爱家的自豪感
		活动形式	教师讲授、实地参观、实践体验相结合	教师讲授、实地探访、讲解体验相结合	教师讲授、实地探访、实践体验相结合
	必修课程七	名称	探究土堡乾坤	长征　从这里开始（一）	长征　从这里开始（二）
		活动目的	通过了解安贞堡的历史，知道安贞堡作为三明市城市名片的价值和内涵；观察安贞堡的建筑特点，探究其中的建筑内涵	通过研学深入认识闽西，感受革命先辈们对革命事业无限忠诚的精神和爱国、爱党、爱人民的情感	通过研学感受并学习先辈们对革命道路探索不畏艰辛和无私奉献的精神
		活动形式	教师讲授、实地参观、实践体验相结合	教师讲授、实地探访、实践体验相结合	教师讲授、实地探访、实践体验相结合
	必修课程八	名称	品读地质地貌	星星之火　可以燎原（一）	星星之火　可以燎原（二）
		活动目的	通过走进自然，亲近自然，感受大自然的鬼斧神工和人民的智慧；认识岩溶喀斯特地貌，了解形象各异的石林景观	深入调查实践，扩展知识面和视野，学会调查、观察，学习古田会议的内容，感受厚重的感情色彩	通过研学让学生感受革命的不易，继承革命精神，增强爱国意识，引导学生为国家未来发展更繁荣昌盛贡献力量
		活动形式	教师讲授、实地参观、实践体验相结合	教师讲授、实地探究、实践体验相结合	教师讲授、实地探究、实践体验相结合

维度或要素			小学高年级段	初中段	高中段
研学课程	必修课程九	名称	探究木雕艺术精品	探究家训家规文化	探究德馨书屋所展示的孔子文化
		活动目的	通过研学，了解木雕的四种经典雕刻手法，探究楠木雕花篮等被赋予的美好寓意，感悟中华优秀传统文化的博大精深	通过参观明清园，对匾额、漆画进行探究，了解古代家训家规，传承弘扬中华优秀传统文化，建立积极向上的世界观、人生观、价值观	通过参观德馨书屋，领悟刻苦钻研的学习态度与锲而不舍、不耻下问的求学精神，在仪式中升腾“尊师重教”的情感
		活动形式	教师讲授、小组学习、实践体验相结合	教师讲授、小组探究、总结分享相结合	参观、祭孔体验、小组交流，总结分享相结合
	必修课程十	名称	研尚书美德	探民居特点	听历史足音
		活动目的	了解李春烨的人生经历，学习李春烨艰苦求学、坚持不懈、孝顺、谨言慎行等优点；通过擂茶体验，了解古人智慧	通过探索尚书第古建筑整体框架设计及布局，研究古建筑的特有构造，感受工匠精湛的技艺	通过考察探究，理解尚书第内各种楹联背后的含义，在学习过程中感受中华文化之美，为传承中华优秀传统文化贡献力量
		活动形式	教师讲授、实地参观、擂茶体验相结合	教师讲授、实地探究、小组讨论、总结分享相结合	教师讲授、实地探究、梅林体验相结合
	选修课程		1. 非遗——敲拓染 2. 诗歌朗诵 3. 红色故事宣讲 4. 设计木雕	1. 非遗——掐丝珐琅 2. 观看红色电影 3. 漆画设计	1. 鲁班锁设计 2. 朱子礼乐 3. 探究书院文化

维度或要素		小学高年级段	初中段	高中段
研学线路	代表性线路（时长五日）	第一天：三明营地—国防教育馆—非遗教育坊—三明营地；第二天：三明营地—尤溪朱子文化园—三明营地；第三天：三明营地—宁化县革命纪念馆—三明营地；第四天：三明营地—龙岩市古田旅游集团有限公司—三明营地；第五天：三明营地—三明市泰宁世界地质公园研学实践基地—三明营地	第一天：三明营地—国防教育馆—木工坊—三明营地；第二天：三明营地—尤溪朱子文化园—三明营地；第三天：三明营地—宁化县革命纪念馆—三明营地；第四天：三明营地—龙岩市古田旅游集团有限公司—三明营地；第五天：三明营地—三明市泰宁世界地质公园研学实践基地—三明营地	第一天：三明营地—国防教育馆—木工坊—三明营地；第二天：三明营地—尤溪朱子文化园—三明营地；第三天：三明营地—宁化县革命纪念馆—三明营地；第四天：三明营地—龙岩市古田旅游集团有限公司—三明营地；第五天：三明营地—三明市泰宁世界地质公园研学实践基地—三明营地
	可选择线路（按天设计，菜单式选择）	1.三明营地—安全教育坊—三明营地；2.三明营地—邮政馆—三明营地；3.三明营地—宁化客家祖地—清流灵台山—三明营地；4.三明营地—沙县富口荷山村—宁化革命纪念馆—三明营地；5.三明营地—沙县小吃文化城—沙县小吃民俗风情馆—夏茂镇俞邦村—三明营地；6.三明营地—尤溪县博物馆—尤溪朱子文化园—尤溪桂峰古村落—三明营地；7.三明营地—永安鳞隐石林—三明将乐玉华洞—三明营地；8.三明营地—万寿岩—三明营地	1.三明营地—科技坊—三明营地；2.三明营地—自然教育坊—三明营地；3.三明营地—三明市建宁县客坊乡水尾村中小学实践教育基地—三明市建宁县溪源乡上坪村中小学实践教育基地—三明营地；4.三明营地—永安槐南安贞堡—水美土堡群—三明营地；5.三明营地—泰宁明清园（三明市泰宁世界地质公园研学实践基地）—泰宁寨下大峡谷（三明市泰宁世界地质公园研学实践基地）—三明营地；6.三明营地—泰宁尚书第（三明市泰宁世界地质公园研学实践基地）—泰宁九龙潭（三明市泰宁世界地质公园研学实践基地）—三明营地；7.三明营地—清流林畲毛泽东旧居—天芳悦潭温泉博物馆—三明营地；8.三明营地—福建三明钢铁厂—岩前忠山村十八寨—三明市博物馆—三明营地	1.三明营地—电商坊—三明营地；2.三明营地—陶艺坊—三明营地；3.三明营地—泰宁明清园—泰宁寨下大峡谷（三明市泰宁世界地质公园研学实践基地）——泰宁尚书第（三明市泰宁世界地质公园研学实践基地）—泰宁九龙潭（三明市泰宁世界地质公园研学实践基地）—三明营地；4.三明营地—泰宁尚书第—泰宁九龙潭—三明市建宁县溪源乡上坪村中小学实践教育基地—三明营地；5.三明营地—建宁中央苏区反围剿纪念园—建宁上坪古村—三明营地；6.三明营地—福州市中国船政文化景区—马江海战纪念馆—三明营地；7.三明营地—福州市林则徐纪念馆—福州市三坊七巷·严复翰墨馆—福建农业职业技术学院相思岭中小学研学实践教育基地—三明营地；8.三明营地—晋江五店市传统街区—泉州市洛江区中小学生综合实践基地—三明营地；9.三明营地—福建泉州顺美集团有限责任公司—三明营地
	规划线路（按天设计）	1.三明营地—厦门大学附属科技中学—三明营地；2.三明营地—国家海洋局厦门海洋环境监测中心站—三明营地；3.三明营地—国家海洋局海岛研究中心—三明营地	1.三明营地—厦门大学附属科技中学—三明营地；2.三明营地—国家海洋局厦门海洋环境监测中心站—三明营地；3.三明营地—国家海洋局海岛研究中心—三明营地	1.三明营地—厦门大学附属科技中学—三明营地；2.三明营地—国家海洋局厦门海洋环境监测中心站—三明营地；3.三明营地—国家海洋局海岛研究中心—三明营地

维度或要素		小学高年级段	初中段	高中段
教学重点难点（以代表性线路教学设计为例，以下同）	教学重点	1.初步掌握国防是什么，为此我们国家做了哪些举措；2.学会扎染的文化、分类、特点和基础技法；3.掌握朱子的孝道文化；4.掌握木雕的题材及分类；5.掌握红军长征有几个出发地，有哪些革命家曾到过宁化；6.通过探究镇馆之宝，掌握军号在战争中的作用；7.通过参观，知道安贞堡作为三明市城市名片的价值和内涵；8.通过考察探究，掌握喀斯特地貌的特点；9.通过探究李春烨的生平，学会孝顺父母；10.学会不同题材木雕的文化起源	1.了解当今国际形势，掌握国防常识；2.初步掌握剪纸的历史文化，掌握剪纸的基本技法；3.掌握朱子治学的名言警句；4.掌握两个书院与朱熹的关系；5.掌握红军四个长征出发地的成因；6.赏析并探讨毛泽东诗词的特点与其中蕴含的情感；7.掌握红军长征会师的重要性；8.听专业讲解，结合《研学手册》，对古田会议会址及古田会议纪念馆进行探究；9.掌握道志和后堂家训家规的含义；10.掌握尚书第建筑背景及当前影响	1.掌握兵器广场上兵器的历史、作用；2.掌握如何安全使用木工工具；3.掌握朱子文化对中国的影响；4.掌握成人礼、拜师礼的流程；5.掌握三明有多少个苏区；6.培养学生爱党爱国的情感；7.了解闽西革命战争史，学习长征精神；8.学习古田会议决议的主要内容及重要性；9.掌握德馨书屋的来源及作用；10.学习、理解、运用尚书第内各种楹联背后的含义
	教学难点	1.体会革命战争时期的艰难岁月；2.掌握方巾扎染的方法；3.讲好二十四孝的故事；4.初步掌握木雕的基本知识及分类；5.初步掌握宁化为什么会成为长征出发地；6.掌握军号在战争中的作用；7.掌握土堡的相关知识，设计土堡；8.通过考察，初步掌握喀斯特地貌的成因；9.通过探究，掌握李春烨成功的密码；10.通过探究，初步掌握不同题材木雕所代表的文化内涵	1.掌握国防知识、兵种知识；2.为万寿岩设计一份剪纸作品；3.针对朱子理学的名言警句，能说出自己的独特见解；4.为自己的家设计一份家训；5.掌握宁化为红军长征作了哪些贡献；6.掌握在宁化一共经历了几次反围剿；7.掌握长汀为什么会被称为红色小上海；8.掌握古田会议的历史背景；9.掌握“二十四孝漆金画”在当时的社会背景下发挥的作用；10.掌握尚书第的布局及每栋房子的作用	1.掌握兵器广场上兵器的历史和作用；2.学会设计一个美观的木簪；3.对于如何将理学文化和孝文化有机融合能提出自己独特的见解；4.通过参加成人礼，能对中国为何重视成人礼提出自己的见解；5.掌握什么是苏区精神；6.掌握宁化进行土地改革的意义；7.感受革命战争时期不畏艰险，奋勇杀敌的爱国主义精神；8.分析古田会议决议在我国发展过程中对政治、文化的影响；9.掌握匾额“万世师表”的来源及其意义；10.掌握南方古民居建筑艺术特色和明清时期的生活习俗

维度或要素	小学高年级段	初中段	高中段
教学策略	以学生为主体，以问题为导向，以实践为基础，小学高年级段学生社会性情感的比重逐渐增加，义务感、责任感、集体主义情感和友谊感逐步形成，小学生的理智感也进一步发展，他们的求知欲、好奇心、学习热情越来越稳定而深刻。基于马克思辩证唯物主义论、课程论、学习论，选取国防教育、非遗教育、红色教育、传承教育、传统文化教育内容，依托营地内部和周围的研学站点、《研学手册》、研学教师等研学资源，采取讲授法、谈话法、演示法、练习法等教法和调查法、体验法、问卷法、小组合作学习等学法，开展实地考察探究、参观博物馆、情境体验、设计制作等活动确保研学活动安全顺利地开展，初步养成自理自立、热爱生活的态度，具有积极参与学校和社区生活的意愿，实现研学教育综合育人的目的	初中阶段学生生理和心理都在发生快速变化，从生理角度来看，正处于青春期的起始阶段，其心理状况表现为活泼好动，思维活跃，对新生事物好奇心较强，有强烈的求知欲和上进心，勇于表现自我，思想不稳定，自制力较差，看事物比较单一，偏重于直观、形象性的东西，不能用全面的、发展的观点看问题。基于构建主义理论、发展教学理论、多元智力、人本主义理论选取国防教育、红色教育、传统文化教育、非遗教育为内容，以培养学生的科学素质和民族自豪感为目标，采取讲授法、讨论法、演示法、实验法、练习法等教法和小组讨论法、任务驱动法、观察法、归纳法、自主学习法、探究学习法、合作学习法，借助营地和周边基地相关的教学资源、《研学手册》、研学教师，做好后勤准备，开展前置学习、参观考察、实地探究、实践体验、总结分享等活动，达到增强服务意识，养成独立的生活习惯、增强服务学校的行动能力的目的；达到初步形成探究社区问题的意识，愿意参与社区服务，初步形成对自我、学校、社区负责任的态度和社会公德意识，初步具备法治观念等一系列的学习目标	针对高中阶段学生面临着高考压力，在生理、心理、行为上有一定的特殊性，正处于人格塑造的关键时期，他们对自己的认同感和自我价值感逐渐清晰。他们的信息思维逐渐向抽象思维过渡，辩证逻辑思维日趋发展，根据研学项目化学习的需求，与学校对接分析高中阶段学生的知识储备、思维发展、生活经验。基于构建主义理论、发展教学理论、多元智力、人本主义理论思想，采取讲授法、谈话法、讨论法、演示法、练习法等教法和小组讨论法、任务驱动法、观察法、归纳法、自主学习法、探究学习法、合作学习法，开展前置学习、参观考察、实地探究、实践体验、总结分享等活动，体悟学生个人成长与文化传承、社会进步、国家发展和人类命运共同体的关系。传承传统文化，感受中华民族的文化底蕴，提升中华文化归属感和认同感、提升对传统文化的认识，增强民族自信心、文化自豪感，对学生的职业规划有正面积极的影响

维度或要素				小学高年级段	初中段	高中段
实施方案	入营教育	安全	引导	开展入营教育，通过PPT了解安全注意事项	开展入营安全教育，让学生分析要注意的安全事项	开展入营安全教育，学生分析安全事项，并找出解决办法
			实训	组织学生学习乘车安全、用餐安全、住宿安全等事项	组织学生学习安全自救常识及其他安全注意事项，分组查找安全隐患	组织学生学习安全自救常识及其他安全注意事项，针对每个课程，做安全培训
		应急	引导	通过观看视频和教师讲解学习逃生方法，如何拨打求救电话	通过观看视频和教师讲解学习逃生方法、应急处理方法	通过观看视频和教师讲解掌握逃生技能、应急事件处理方法
			实训	组织学生进行应急疏散演练、消防逃生演练、地震逃生演练	组织学生进行应急疏散演练、消防逃生演练、地震逃生演练	组织学生进行应急疏散演练、消防逃生演练、地震逃生演练
		救助	引导	通过视频，AR体验，了解安全救护知识	通过情境模拟，学会出血、擦伤、碰伤等处理的方法	通过情境模拟、演练学会日常伤害处理
			实训	组织学生学习防溺水、防中暑等应急救护知识	组织学生学习包扎、中暑、溺水等应急救护知识	组织学生学习包扎、心肺复苏等应急救护知识
		自我管理	引导	通过拓展课程训练培养学生自我管理的能力	通过观看视频分析自我管理的重要性	通过拓展课程提升学生自我管理的意愿
			实训	组织学生学习内务规范，进行内务整理，对学生进行养成教育	组织学生学习内务规范，进行内务整理、食堂帮厨等，进行自我管理	组织学生进行宿舍管理、就餐管理、卫生区管理，对学生进行教育
		团队协作	引导	通过军歌、军姿挑战引导学生了解团结协作的重要性	通过拓展课程，提升学生对团结协作的认知	通过拓展课程，分析如何在团队中发挥自我价值
			实训	组织学生通过队旗、队名的设计进行团队破冰、团队组建	组织学生通过中空体验、团队展示等活动完成破冰和团队组建	组织学生进行高空体验、毕业墙等拓展课程训练，实现团队破冰、团队组建

维度或要素		小学高年级段	初中段	高中段
实施方案	导入教学环节	1. 视频导入：通过观看视频了解课程，介绍扎染的历史引发学生的兴趣；2. 通过背诵故事《春日》，让学生介绍朱熹的生平事迹；3. 视频导入：通过观看红色故事视频了解烽火岁月；4. 竞赛导入：设计自己认为最棒的城堡，说说设计理念；5. 故事导入：通过讲述李春烨的故事，说说自己如何孝顺父母	1. 视频导入：通过观看研学点介绍视频了解研学点概况；2. 问题导入：通过网络搜索完成前置学习问题；3. 情境导入：利用图片、往期的视频引发学生的兴趣；4. 任务导入：利用《研学手册》中的研学任务，引发学生的兴趣；5. 情境导入：通过观看泰宁的视频，了解泰宁的人文底蕴	1. 视频导入：通过观看研学点介绍视频了解研学点概况；2. 问题导入：通过网络搜索完成前置学习问题；3. 任务导入：完成《研学手册》中的研学任务；4. 故事导入：听老师讲述古田会议发生的故事，了解当时的历史；5. 多媒体导入：通过图片、视频了解泰宁的人文
	授课教学环节	第一天：入营教育，必修课程一“国防教育（一）”、必修课程二“非遗扎染”，选修课程1“非遗——敲拓染” 第二天：必修课程三“走进朱子文化苑”、必修课程四“品理学精髓”，选修课程2“诗歌朗诵” 第三天：必修课程五“缅怀革命先烈 传承红色基因（一）”、必修课程六“探究镇馆之宝”，选修课程3“红色故事宣讲” 第四天：必修课程七“探究土堡乾坤”、必修课程八“品读地质地貌”、选修课程4“设计木雕” 第五天：必修课程九“探究木雕艺术精品”、必修课程十“研尚书美德”	第一天：入营教育，必修课程一“国防教育（二）”、必修课程二“非遗剪纸” 第二天：必修课程三“寻大儒朱熹”、必修课程四“传承朱子礼仪” 第三天：必修课程五“缅怀革命先烈 传承红色基因（二）”、必修课程六“探究宁化印记”；选修课程2“观看红色电影” 第四天：必修课程七“长征 从这里开始（一）”、必修课程八“星星之火 可以燎原（一）” 第五天：必修课程九“探究家训家规文化”、必修课程十“探民居特点”，选修课程3“漆画设计”	第一天：入营教育，必修课程一“国防教育（三）”、必修课程二“非遗木工” 第二天：必修课程三“弘扬朱子文化”、必修课程四“传承朱子文化思想”、选修课程2“朱子礼乐”，选修课程3“探究书院文化” 第三天：必修课程五“缅怀革命先烈 传承红色基因（三）”、必修课程六“探究东方好区域” 第四天：必修课程七“长征 从这里开始（二）”、必修课程八“星星之火 可以燎原（二）” 第五天：必修课程九“探究德馨书屋所展示的孔子文化”、必修课程十“听历史足音”

维度或要素		小学高年级段	初中段	高中段
实施方案	进级教学环节	1.通过参观、射击体验等培养学生爱党爱国的情感；2.学生将在学校美术课上学习到的图形、形状的特性结合到一起进行扎染；3.带领学生参观朱子文化苑，进行体验式研究性学习；4.通过参观纪念馆了解“人在号在”的红色传奇故事，了解军号在人民军队发展历程中的作用和意义；5.参观探究土堡的作用与建筑特点，探究中国传统文化的内涵；6.走进自然，亲近自然，感受大自然的鬼斧神工和人民的智慧，分析岩溶喀斯特地貌的成因；7.组织学生探究古建筑、古木雕特点及家风家训文化楹联警句，以研学实践活动为载体培育社会主义核心价值观	1.通过活动，学生能够学会制作简单的调查问卷或调查表，了解现代战争中的科技应用；2.学习剪纸的历史与工艺，掌握剪纸的技法，设计一份具有个人特色的剪纸；3.通过参观南溪书院和开山书院，让学生对其中蕴含的文化精神及内涵进行充分的探究，培养学生爱国爱家思想情感；4.通过参观了解宁化籍子弟兵在湘江战役中的英勇战绩，感悟革命理想的坚定信念以及伟大的长征精神；5.走进古田会议旧址群，引领学生学习古田会议精神，探究古田会议对我党、我军发展的重要历史意义；6.参观明清园，了解明清时期古建筑和木雕精品特色，探究古代家训家规，建立积极向上的人生观、生活观	1.通过传导正能量活动，学生能够团队合作、协同完成传导正能量任务；2.学生能够了解木工的由来与历史，知道篗子制作的基本过程，在制作过程中，掌握木工的基本技巧；3.通过举行开笔礼、成人礼、中国结艺、朱子文化讲坛或读书研究会、古琴音乐演奏、书画笔会等，将德育教育融入研学实践活动，增强研学趣味性、科学性；4.通过参观让学生了解到宁化是中央苏区核心区、扩红支前重点县，在人力、物力、财力各方面都为中国革命的胜利作出了重要贡献，激发学生爱国爱家的自豪感；5.重走红军桥和红军街，了解红军桥和红军街的故事和意义，长征再出发壮行仪式体验；6.祭拜儒学大师孔子，弘扬国学，尊师重教
	巩固教学环节	1.通过知识问答和作品设计对所学知识进行巩固；2.通过发布任务设计木雕，提升文化内涵；3.通过诵读诗歌，培养爱党爱国的情感；4.通过设计土堡，传承中华优秀传统文化；5.通过故事宣讲，提升对孝文化的认识	1.通过作品设计、知识分享提升文化认同感；2.通过家训的设计，内化所学知识，提升文化素养；3.背诵毛泽东的诗词，将红色教育融入活动，培养学生的价值观；4.通过问卷调查、总结分享感悟革命先辈的伟大，幸福生活的来之不易；5.利用《研学手册》对所学知识进行归纳，通过交流分享了解我国传统文化的博大精深	1.通过总结分享，激发爱国习武的热情，增强国防观念；2.通过撰写感悟、研学心得等方式培育学生探求真理、勤奋好学、孝敬长辈、尊重他人的良好品格；3.通过辅助活动故事宣讲，在学习红色文化的同时，提高学生语言表达能力，展示自我、增强参与社会、服务社会的意识；4.结合研学资料和古田会议资料，就古田会议内容对我党、我军的指导地位进行探究与分享；5.利用《研学手册》对所学知识进行归纳、交流分享，提高核心素养

维度或要素			小学高年级段	初中段	高中段
实施方案	总结教学环节	教学创新	在研学课程的前置学习中运用项目化学习，选取学生感兴趣的主题进行探究、查找分享，研学过程中采用小组讨论法、任务驱动法等，培养学生自我学习、团队合作的创新精神和实践能力	在研学课程的前置学习中运用项目化学习，选取学生感兴趣的主题进行探究、查找分享、制订学习方案。研学过程中采用小组讨论法、任务驱动法，培养新一代青少年责任与担当的意识	在研学课程的前置学习中运用项目化学习，选取学生感兴趣的主题进行探究、查找分享、设计学习方案，并不断优化；研学过程中采用小组讨论法、任务驱动法，树立正确的价值观，并在自我认知、社会现实和职业要求之间建立积极的联系，以增强他们的社会适应能力
		教学总结	回顾研学过程，提升学生责任与担当的意识；学生将研学活动进行总结，与同学分享，小组合作完成《研学手册》；开反馈会收集家长、学生意见建议，对研学整个过程进行评价；完善研学资料收集	回顾研学过程，落实提升学生责任与担当意识的有效性；学生对研学活动进行总结，在研学老师的指导下完成研学作品，完成《研学手册》；开反馈会收集家长、学生意见建议，对研学整个过程进行评价；完善研学资料收集	回顾研学过程，落实提升学生责任与担当意识的有效性；学生对研学活动进行总结，独立完成研学作品，完成《研学手册》；开反馈会收集家长、学生意见建议，对研学整个过程进行评价；完善研学资料收集
		教学反思	1. 反思在研学过程中是否组织合作学习，关注个体差异 2. 如何将学生的兴趣与课程实施有效结合 3. 在研学过程中学生的认知层面、情感和价值层面是否有所提升 4. 在研学过程中团队纪律和习惯的养成	1. 反思研学过程中是否顺应了学生的认知和情感发展态度，使学生获得真体验、真感悟 2. 研学过程中是否引发学生的兴趣与深度思考 3. 在研学过程中教师是否做到有效的指导 4. 在研学过程中养成团队纪律和习惯	1. 反思在研学过程中是否将研学课程与学生的兴趣和职业规划有效结合 2. 在研学过程中活动是否能让学生综合运用知识多元分析，辩证思考 3. 设计的研学活动是否能引导学生批判分析，激发学生的创造力

维度或要素				小学高年级段	初中段	高中段
实施方案	评价教学环节	教学水平评价	自我评价	教师针对研学的课程方案、课程内容、课程实施、后勤保障、安全管理进行自我评价，通过自我评价有效提升专业素养	教师针对前置学习、《研学手册》设计、实施过程、交通食宿安排、安全教育、应急保障进行评价，有助于课程的不断完善与实施	教师对自己的教学进行反思和评价，针对存在的问题开展系统研讨、责任到人、落实并反馈问题的真实性，提出改进方案
			学生评价	利用《研学手册》中的评价表对研学过程中行前课程是否有针对性、时间安排是否合理、研学指导教师能力与责任心、课程是否有吸引力进行有效评价	通过调查表，学生针对教师和学生之间的互动是否充分，研学活动中师生对话参与度，学生能否积极参与、应急保障是否及时有效等方面进行评价	通过电子问卷让学生评价研学课程是否能调动学生的主观能动性、是否对学生的职业规划有帮助、研学过程的参与度和体验度进行评价
			同行评价	营地教师和教学管理人员通过听课、观摩对研学课程中研学主题、研学目的、研学课程设计进行评价	营地教师和教学管理人员通过问卷调查、听课、观摩对研学活动中的主题是否鲜明、研学目的是否明确、研学课程中学生的参与度、线路选择是否合理、课程衔接是否紧凑进行评价	营地教师和教学管理人员通过电子问卷、听课、观摩对研学过程中教学效果、研学课程与校内课程的衔接度、教学的延伸、课程的可持续性等进行评价
			培训和考核	每学期组织营地教师业务培训，每个教师不少于90学时，每个学期对教师进行考核	聘请有关专家对教师进行培训，通过专家的讲座、示范课增强教师的理论素养及教育教学水平，每学期对教师进行考核	加强师资培训，拓宽学习渠道，组织教师通过线上线下、请进来、走出去等多种方式提升教师水平，每学期对教师进行考核
			教学成果展示	以小组为单位，用思维导图的形式创作一份研学成果作品，呈现本次研学实践主题内容	以小组为单位，任选文字、绘图、海报、思维导图其中的一种形式创作一份研学成果作品，呈现本次研学实践主题内容（本次研学实践地点在哪里？研学课题是哪些？印象最深刻的课题是哪个？）	以小组为单位，任选文字、绘图、海报、思维导图其中的一种形式创作一份研学成果作品，并设计电子作品与大家分享（本次研学实践地点在哪里？研学课题是哪些？你认为哪个研学主题对你最有帮助？）

维度或要素				小学高年级段	初中段	高中段
实施方案	评价教学环节	学业评价	形成性评价	对学生研学过程中的表现、反映出来的情感、态度、策略等方面作出评价	对学生研学过程中的动手实践、小组讨论、《研学手册》填写、研学任务的完成等方面作出综合评价，通过评价使学生认识到自己的优势与不足	针对学生研学过程中的全面表现，以及学生的学习能力、学习态度、参与程度、合作精神等作出评价。不断对评价体系进行优化，从而发挥评价应有的作用，激励引导学生不断进步，落实研学育人实效
			总结性评价	对学生的学习方法、语言能力、合作学习、探究成果、目标达成、总结分享六个方面进行评价，通过评价了解学生在研学过程中的收获，以及在研学过程中责任与担当的培养	对小组活动的参与度、语言表达能力的提升、资料收集完整度、学科知识的融合、创新能力、分享与报告的创新等方面进行有效评价，从而对学生在研学过程中责任意识和担当精神的提升进行全面了解	对学生的知识和技能的学习、品德和心理素质、创新能力和实践能力等方面进行评价，引导学生树立正确的价值观、让学生在实践中学会反思、勇于承担责任，践行担当
			教师评价	对学生在活动过程参与度的表现、乘车过程守纪的表现、用餐文明度的表现、住宿中的配合度表现进行评价	对研学前的行前知识、研学中的组织纪律、团队协作、自我管理、学习状态、研学后的作业完成情况、成果交流进行评价	对学生的组织纪律、团队合作、文明意识、安全意识、自我管理、沟通能力、学习状态进行横向和纵向的评价
		项目评价		教育工作者、学生家长及社会各界积极参与评价，通过教研活动对评价结果进行反思，及时发现问题并加以改进	教育工作者、学生家长及社会各界积极参与评价过程，对课程衔接、安全教育、活动内容进行评价，通过教研活动对评价结果进行反思，及时发现问题并加以改进	教育工作者、学生家长及社会各界积极参与评价过程，课程衔接、安全教育、活动内容、多方协同、教学策略等进行评价，通过教研活动对评价结果进行反思，及时发现问题并加以改进

4.11 教学计划与策略列表：强国有我　责任在肩

<table>
<tr><td colspan="3">营地名称</td><td>潍坊市中小学生示范性综合实践基地（简称“潍坊营地”）</td><td>命名机构</td><td>教育部</td><td>识别码</td><td>Y145370001</td></tr>
<tr><td colspan="3">从业资质（摘要）</td><td>综合实践教育；研学实践教育；劳动教育；创新实验教育</td><td>单位属性</td><td>公益一类</td><td>法定代表人</td><td>鞠克亮</td></tr>
<tr><td colspan="3">研学主题</td><td>强国有我　责任在肩</td><td colspan="2">主要目的指向</td><td colspan="2">责任与担当教育</td></tr>
<tr><td rowspan="7">营地（枢纽）及周边主要优质研学资源</td><td colspan="2">基地层级</td><td colspan="5">研学站点（基地）名称</td></tr>
<tr><td rowspan="2">教育部命名基地</td><td>已列入教学计划</td><td colspan="5">一、与本主题相关列入教学计划的基地21个
1.黄河口生态文明研学基地（简称“黄河口”）；2.山东景芝教育投资有限公司（简称“景芝公司”）；3.曲阜孔庙、孔林和孔府（简称“三孔”）；4.孟庙孟府孟林景区（简称“三孟”）；5.山东博物馆；6.蒙阴岱崮地貌拓展服务中心（简称“岱崮地貌”）；7.青岛海洋地质研究所；8.山东航天科技展馆（简称“山东航天馆”）；9.桓台华夏粮仓博物馆（简称“华夏粮仓”）；10.山东特种工业集团有限公司（简称“山特集团”）；11.山东省山青世界青少年实践活动中心（简称“山青世界”）；12.青岛市妇女儿童中心；13.蓬莱仙境戚继光文化管理有限公司（简称“蓬莱仙境”）；14.山东沂蒙红色文化产业有限公司（简称“沂蒙红色教育基地”）；15.中国水准零点景区；16.齐文化博物院；17.广饶县孙子文化旅游区（简称“孙子文化园”）；18.山东莱阳白垩纪国家地质公园（简称“白垩纪公园”）；19.山东泰山研学教育有限公司（简称“泰山研学”）；20.日照市山泽海洋旅游产业开发有限公司（简称“日照山泽海洋”）；21.中国海军博物馆
二、与本主题关联不大但列入本营地教学计划的基地10个
1.青岛鲁海丰海洋牧场（简称“鲁海丰牧场”）；2.山东北海湿地鸟类教育基地（简称“北海湿地”）；3.浪潮集团有限公司（简称“浪潮集团”）；4.山东省妇女儿童活动中心；5.青岛蓝树谷文化传媒旅游集团股份有限公司（简称“蓝树谷”）；6.山东省科学技术宣传馆；7.国家中印科技国际创新园（简称“中印科技”）；8.济南市气象局；9.台儿庄古城景区（简称“台儿庄”）；10.山东省防震减灾科普馆</td></tr>
<tr><td>待列入教学计划</td><td colspan="5">无</td></tr>
<tr><td colspan="2">其他部委命名基地</td><td colspan="5">1.海水稻三产融合发展示范区（简称“海水稻示范区”）；2.安丘市合力牧场；3.潍柴动力股份有限公司（简称“潍柴动力”）；4.八路军115师司令部旧址</td></tr>
<tr><td colspan="2">地方命名基地</td><td colspan="5">1.国家方志馆黄河分馆；2.红高粱抗战纪念馆；3.临朐淌水崖水库党性教育基地（简称“淌水崖水库”）；4.渤海走廊革命斗争陈列馆；5.牛头镇抗日武装起义陈列馆；6.巨淀湖芦苇荡风景区（简称“巨淀湖”）；7.昌邑县抗日殉国烈士祠；8.山东抗日民主政权创建纪念馆</td></tr>
<tr><td colspan="2">本营地资源</td><td colspan="5">1.国防教育中心；2.航天教育中心；3.科学教育中心；4.生命安全教育中心；5.素质拓展中心；6.防震减灾中心；7.心理体验中心</td></tr>
<tr><td colspan="2">其他资源</td><td colspan="5">1.莱央子盐场；2.莫言文学艺术馆；3.赤涧支前粮站；4.乐道院；5.潍县集中营；6.陈少敏纪念馆；7.临朐县委诞生地旧址；8.威海民族复兴教育基地；9.海水稻示范区</td></tr>
</table>

维度或要素	小学高年级段	初中段	高中段
校内教育基础（与校内教育的衔接）	对照课标，小学高年级段在责任与担当教育方面提出“将社会主义先进文化、革命文化、中华优秀传统文化、国家安全、生命安全与健康等重大主题教育有机融入课程”“加强课程与学生经验、社会生活的联系”。本研学主题必修课程与校内教育的衔接内容主要如下：1.人教版五六年级体育与健康第四章“基本身体活动”；2.青岛版五年级科学上册第四单元地球和地表第3节“地震”；3.苏教版五年级科学上册第三单元第2节“火山和地震”；4.青岛版五年级科学下册第二单元第5节“灭火与逃生”；5.人教版六年级道德与法治下册第四单元第4节“我们爱和平”；6.河北版六年级科学上册第五单元第2节“保护自然资源”；7.河北版六年级科学下册第三单元第3节“漂浮的船”；8.人教版六年级道德与法治上册第二单元第2节“公民的基本权利和义务”；9.教科版六年级科学上册第一单元第7节“微生物与健康”；10.苏教版五年级科学下册第一单元第4节“微生物的‘功’与‘过’”等	对照课标，初中段在责任与担当教育方面提出“将社会主义先进文化、革命文化、中华优秀传统文化、国家安全、生命安全与健康等重大主题教育有机融入课程”“倡导‘做中学’‘用中学’‘创中学’”“培养学生的爱国情怀、社会责任感、创新精神和实践能力”，培养“有理想、有本领、有担当的时代新人”。本研学主题必修课程与校内教育的衔接内容主要如下：1.人教版八年级物理下册第七章第1课“力”；2.人教版七年级地理上册第一章第2课“地球的运动”；3.人教版九年级化学上册第七单元第1课“燃烧与灭火”；4.人教版七年级历史上册第二单元“夏商周时期：早期国家的产生与社会变革”；5.人教版八年级地理上册第四章第4课“因地制宜发展农业”；6.人教版七年级语文下册第三单元第11课“邓稼先”，综合性学习“我也追‘星’”；7.人教版七年级语文下册第二单元第6课“黄河颂”；8.人教版七年级历史上册第二单元第8课“百家争鸣局面”；9.人教版八年级历史上册第六单元第20课“正面战场的抗战”、第21课“敌后战场的抗战”、第22课“抗日战争的胜利”等	对照课标，高中段在责任与担当教育方面提出“继承和弘扬中华优秀传统文化、革命文化，发展社会主义先进文化，加强法治意识、国家安全、民族团结、生态文明和海洋权益等方面的教育”“学校要系统规划校内外课程资源的使用”“因地制宜，科学安排综合实践活动”“为学生提供丰富、便利的实践体验机会”“发挥综合实践活动在促进学生发展中的独特作用”。本研学主题必修课程与校内教育的衔接内容主要如下：1.人教版高二思想政治选择性必修一第二单元第4课“和平与发展”；2.人教版高一物理必修一第二章“探究小车速度随时间变化的规律等全部创新实验”；3.人教版高一化学必修一第二章“配制一定物质的量浓度的溶液等全部创新实验”；4.人教版高一生物必修一第一章“使用高倍显微镜观察几种细胞等全部创新实验”；5.人教版高一历史必修第四单元第13课“从明朝建立到清军入关”；6.人教版高一地理必修一第三章第3节“海水的运动”；7.人教版高一历史必修第十单元第29课“改革开放以来的巨大成就”；8.人教版高一历史必修第九单元第27课“社会主义建设在探索中曲折发展”；9.人教版高一历史必修第八单元第24课“全民族浴血奋战与抗日战争的胜利”；10.人教版高一语文必修上册第七单元第16课“登泰山记”；11.人教版高一思想政治必修一第四单元第2课“实现中华民族伟大复兴中国梦”等

维度或要素			小学高年级段	初中段	高中段
研学课程	必修课程一	名称	运动拓展	航天教育	国防教育
		活动目的	通过丰富的拓展训练项目，培养团结协作的能力和主动担当、永不言弃的意志品质	通过学习航天科技知识，培养自力更生、严谨务实和无私奉献的航天精神	通过丰富的军事拓展项目，培养吃苦耐劳、敢于挑战困难的品质，提高社会责任感
		活动形式	讲解指导、拓展体验和经验分享相结合	讲解指导、科学实验和实践体验相结合	讲解指导、小组合作和实践体验相结合
	必修课程二	名称	地震消防	防灾减灾	创新实验
		活动目的	通过演练，掌握地震消防逃生、心肺复苏急救等技能，培养关爱和保护生命意识	通过地震消防体验，了解并掌握灾害应对技能，培养尊重生命、爱护生命的意识	通过丰富的创新实验和人工智能项目，培养拔尖创新人才，培养科技报国的精神
		活动形式	讲解指导、实践体验和学习讨论相结合	科学普及和技能培训相结合	小组合作、实践体验、实验验证、学习交流、经验分享相结合
	必修课程三	名称	体悟沂蒙精神	探寻复兴密码	走进中国海博
		活动目的	通过参观沂蒙红色教育基地，感受军民水乳交融、生死与共铸就的沂蒙精神	学习中华优秀传统文化，探寻民族复兴文化密码，培育文化自信，提升爱国情怀	了解中国海军发展历程，感悟美好生活来之不易，培养强国有我的信念
		活动形式	讲解指导和实地参观相结合	实地探访、实践体验和交流分享相结合	实地探访、海模制作实践体验和即兴演讲相结合
	必修课程四	名称	忆峥嵘岁月	访华夏粮仓	探海洋奥秘
		活动目的	通过了解和回顾革命战争年代抗日民主政权建设的辉煌历程，深化爱国主义情怀	通过了解中国农业发展历程，感悟粮食安全重要性	通过探索海洋的奥秘，深入感悟海洋强国战略，弘扬追求卓越的航海精神
		活动形式	讲解指导和实地参观相结合	讲解指导、实地探访、实践体验和分享交流相结合	讲解指导、学习讨论和实践体验相结合

维度或要素			小学高年级段	初中段	高中段
研学课程	必修课程五	名称	讲好抗战故事	走进山东博物馆	迈向民族复兴
		活动目的	通过了解抗日战争的历史背景、当地人民的抗战故事，激发学生爱国情怀	通过了解齐鲁文明辉煌历程，感悟民族复兴文化密码，培养文化自信	通过民族复兴教育基地学习，了解民族复兴伟大历程，凝聚民族复兴磅礴伟力
		活动形式	讲解指导、实地参观、听革命斗争故事和编制草鞋相结合	讲解指导、探访体验和分享交流相结合	讲解指导、实地探访和学习研讨相结合
	必修课程六	名称	初识岱崮地貌	探索航天科技	探秘蓬莱仙境
		活动目的	通过观看岱崮地貌，领略大自然的生态之美，增强生态环境的保护意识	通过探访山东航天科技馆，了解尖端科技，感悟航天精神，培养爱国情怀	通过探访蓬莱仙境，了解戚继光文化，感悟中华优秀传统文化，培养爱国奉献精神
		活动形式	讲解指导、实地参观和绘画相结合	讲解指导、航天VR体验和分享交流相结合	讲解指导、实地探访、绘制地图和实践体验相结合
	必修课程七	名称	零点启航	方志天地	“山特”探秘
		活动目的	通过实地参观，了解测绘地理知识，进行航海体验，提高社会责任感	探访国家方志馆黄河分馆，感悟“存史、资政、育人”的方志文化，培育爱国情怀	通过探访山东特种工业集团有限公司，探究特种工业对国家安全的巨大影响，培育奉献精神
		活动形式	讲解指导、实地参观和实践体验相结合	讲解指导、绘制地图、讲黄河故事和分享交流相结合	讲解指导、实地探访、实践体验和科学实验相结合
	必修课程八	名称	法治教育	黄河脉络	烽火足迹
		活动目的	通过参观妇女儿童中心，体验各种实践课程，培养自理自立能力	理解黄河生态环境面临的挑战，学习生态保护的技能，增强生态保护的责任感	通过探访红色影视基地，学习革命先辈的斗争精神和奉献精神，激发爱国奉献情怀
		活动形式	讲解指导、实地参观和实践体验相结合	讲解指导、实地探访和水质实验相结合	讲解指导、实地探访、微电影制作和红色影视赏析相结合

维度或要素			小学高年级段	初中段	高中段
研学课程	必修课程九	名称	智慧农业	走近兵圣	泰山之巅
		活动目的	了解智能农业与传统农业的不同，以及农牧循环一体化概念，培养重视和爱护生态的品质	学习孙子文化，了解中国军事史和军人价值观，培养纪律意识和忠诚祖国的品质	通过登临泰山，学习泰山文化，培养顽强拼搏、勇于攀登的意志品质
		活动形式	讲解指导、实地参观和实践体验相结合	讲解指导、实践体验、军事知识竞赛和分享交流相结合	讲解指导、爬山体验和诗词竞赛相结合
	必修课程十	名称	劳动体验	微视频制作	山青探索
		活动目的	通过参观场馆和劳动体验，养成吃苦耐劳精神，锻炼动手实践能力	通过自编自导自演红色主题军事短剧，感悟军事强国，培养担当意识	走进山青世界青少年实践活动中心，培养认真负责、勇于探索的精神品质
		活动形式	讲解指导、实地参观、劳动体验和葡萄酒酿造相结合	讲解指导、实践体验、小组合作、微电影制作和展示交流相结合	讲解指导、实地探访、实践体验和小组合作相结合
	选修课程		1. 红色故事 2. 草鞋编织 3. 认识农业生产工具	1. 影视赏析：《航天科普纪录片》 2. 诵读黄河 3. 折纸艺术 4. 微电影制作	1. 影视赏析：《厉害了，我的国》 2. 水火箭制作 3. 渤海走廊 4. 杂交育种 5. 抗战历史

维度或要素		小学高年级段	初中段	高中段
研学线路	代表性线路（时长五日）	第一天：潍坊营地—素质拓展中心—生命安全教育中心—潍坊营地；第二天：潍坊营地—沂蒙红色教育基地—山东抗日民主政权创建纪念馆—临沂营地；第三天：临沂营地—八路军115师司令部旧址—岱崮地貌—潍坊营地；第四天：潍坊营地—中国水准零点景区—青岛市妇女儿童中心—潍坊营地；第五天：潍坊营地—安丘市合力牧场—景芝公司—潍坊营地	第一天：潍坊营地—航天教育中心—防震减灾中心—潍坊营地；第二天：潍坊营地—齐文化博物院—华夏粮仓—潍坊营地；第三天：潍坊营地—山东博物馆—山东航天馆—潍坊营地；第四天：潍坊营地—国家方志馆黄河分馆—黄河口—孙子文化园—潍坊营地；第五天：潍坊营地—蓬莱仙境—潍坊营地	第一天：潍坊营地—国防教育中心—科学教育中心—潍坊营地；第二天：潍坊营地—中国海军博物馆—青岛海洋地质研究所—乳山营地；第三天：乳山营地—威海民族复兴教育基地—蓬莱仙境—潍坊营地；第四天：潍坊营地—山特集团—沂蒙红色教育基地—临沂营地；第五天：临沂营地—泰山研学—山青世界—潍坊营地
	可选择线路（按天设计，菜单式选择）	1.潍坊营地—生命安全教育中心—潍坊营地；2.潍坊营地—科学教育中心—潍坊营地；3.潍坊营地—潍柴动力—潍坊营地；4.潍坊营地—莱央子盐场—潍坊营地；5.潍坊营地—安丘市合力牧场—潍坊营地；6.潍坊营地—牛头镇抗日武装起义陈列馆—潍坊营地；7.潍坊营地—巨淀湖—潍坊营地；8.临沂营地—三孔—潍坊营地	1.潍坊营地—素质拓展中心—潍坊营地；2.潍坊营地—牛头镇抗日武装起义陈列馆—潍坊营地；3.潍坊营地—巨淀湖—潍坊营地；4.潍坊营地—昌邑县抗日殉国烈士祠—潍坊营地；5.潍坊营地—淌水崖水库—潍坊营地；6.潍坊营地—红高粱抗战纪念馆—潍坊营地；7.潍坊营地—莫言文学艺术馆—潍坊营地；8.临沂营地—三孟—潍坊营地	1.潍坊营地—航天教育中心—潍坊营地；2.潍坊营地—潍柴动力—潍坊营地；3.潍坊营地—白垩纪公园—潍坊营地；4.潍坊营地—日照山泽海洋—潍坊营地；5.潍坊营地—莱央子盐场—潍坊营地；6.潍坊营地—海水稻示范区—潍坊营地；7.潍坊营地—淌水崖水库—潍坊营地；8.潍坊营地—渤海走廊革命斗争陈列馆—潍坊营地；9.潍坊营地—红高粱抗战纪念馆—潍坊营地
	规划线路（按天设计）	1.潍坊营地—北海湿地—潍坊营地；2.潍坊营地—山东省妇女儿童活动中心—潍坊营地；3.潍坊营地—赤涧支前粮站—潍坊营地；4.潍坊营地—乐道院—潍坊营地；5.潍坊营地—潍县集中营—潍坊营地	1.潍坊营地—鲁海丰牧场—潍坊营地；2.潍坊营地—浪潮集团—潍坊营地；3.潍坊营地—蓝树谷—潍坊营地；4.潍坊营地—陈少敏纪念馆—潍坊营地；5.潍坊营地—临朐县委诞生地旧址—潍坊营地	1.潍坊营地—山东省科学技术宣传馆—潍坊营地；2.潍坊营地—中印科技—潍坊营地；3.临沂营地—台儿庄—潍坊营地；4.潍坊营地—济南气象局—潍坊营地；5.潍坊营地—蓝树谷—潍坊营地

维度或要素		小学高年级段	初中段	高中段
教学重点难点（以代表性线路教学设计为例，以下同）	教学重点	1.室外拓展项目体验要组织好学生，做好安全防范，并要通过考评，加深技巧掌握 2.引导学生将抗战的关键事件和重要人物绘制成思维导图，并能讲述 3.能通过绘画表达对大自然的热爱，并能口述地貌特征 4.认识地理测绘工具，了解地理测绘知识 5.能够画出生态牧业的生态循环图，并做出简单说明	1.了解实践项目科学原理，根据研学课程要求，设计相关作品 2.了解齐文化建立、发展和衰落历程，并能总结概括和讲解其根本原因 3.重点研究1~2项博物馆中感兴趣的历史文物，小组合作探究 4.了解历史治理黄河史。通过水质检测，探究黄河下游水质形成原因 5.了解兵器发展史	1.了解国防知识，通过实践体验提高本领，培养意志品质 2.提前了解中国海军发展史，感悟中国海军敢打硬仗的优良作风 3.了解戚继光的生平事迹，进而培养爱国情怀和国防观念 4.通过听故事、分享感悟和志愿者行动，内化沂蒙精神 5.了解泰山文化，朗诵关于泰山的诗词
	教学难点	1.将素质拓展的协作意识、信任度等思政因素融入课程，发挥育人作用；掌握生命教育中自救互救基本技巧 2.采用多样的教学方式，让青少年了解红色历史，并对抗战中所蕴含的革命精神引起共鸣 3.研学前，让学生对地貌的概念、分类和成因等要素有所了解 4.将科技兴海、产业强海、向海开发、生态养海等因素与海洋强国责任与担当因素融合 5.塑造低碳生活、健康饮食理念	1.了解科学原理，根据研学课程要求，运用所学知识设计相关作品 2.能举例说明齐文化中的“礼”在当今生活中的应用 3.选择研究重点，通过现场参观、听教师讲解、访谈、查阅文献等方式进行研学探究 4.探究沿黄九省（区）的自然生态和人文生态差异 5.对兵家文化有所了解，小组合作对“三十六计”中某一计谋进行探究，分享所得	1.探究导航、气象、遥感等卫星的应用，产生对太空探索的兴趣 2.能够从海洋文化、海洋环境、海洋科技等方面进行探究，完成研学报告 3.铭记历史惨痛教训，通过演讲增强文化自信，激发爱国热情和自强不息的精神 4.通过现场教学、主题展览、活动体验和演讲等方式，将沂蒙精神融入实现中国梦的具体行动中 5.小组协作，相互鼓励爬上泰山，增强文化传承使命感和责任感

维度或要素	小学高年级段	初中段	高中段
教学策略	针对小学高年级段学生活泼好动、知识技能积累尚未特别丰富等实际情况，基于多元智力理论等指导思想和兴趣理念、互动理念、发展理念等现代教学理念，选取红色教育、劳动教育、海洋教育等为主的研学站点，依托研学基地、《研学手册》、研学教师等研学资源，以养成学生自理能力、自主精神和热爱生活的态度为培养目标，采取讲授法、演示法、练习法等教法和自主学习、合作学习等学法，借助丰富实践体验的教学资源和数字化技术，使用游戏化、体验式、情境式、合作学习等学习策略来进行总体设计，开展参观、体验、制作等多种形式的活动，并在实际教学过程中根据学生反馈进行动态调整，确保小学高年级段的学生能够深度参与并在研学实践中学有所得	针对初中段学生活泼好动、青春叛逆等较为普遍的年龄特征及其知识储备基础，以发现学习理论、多元智力理论为指导思想，基于兴趣理念、主体理念、互动理念、发展理念、问题理念等现代教学理念，选取红色教育、文化传承、劳动教育、海洋教育、国情教育等为主的研学站点，依托研学基地、《研学手册》、研学教师等研学资源，以养成学生独立生活习惯、探究社会问题意识、初步形成对社会负责的态度和社会公德意识、初步具备以法治观念为培养目标，采取讲授法、演示法、讨论法、练习法、实践法等教法和自主学习、合作学习、探究学习等学法，借助丰富的实践体验教学资源和数字化技术，使用体验式、情境式、合作学习、跨学科、项目式、相互教学等学习策略来进行总体设计，开展实践体验、交流分享等活动，并在实际教学过程中根据学生反馈进行动态调整，确保不同基础的初中段学生都能够在研学中学有所悟	针对高中段学生知识技能储备较为丰富、对社会具备了基本认知、身处世界观、人生观、价值观成型的关键阶段等年龄特征，以建构主义理论、发现学习理论、多元智力理论为指导思想，基于主体理念、互动理念、发展理念、问题理念、反思理念、多元理念等现代教学理念，选取红色教育、国防教育、科技教育、海洋教育、乡村振兴等为主的研学站点，依托研学基地、《研学手册》、研学教师等研学资源，以养成学生关心社会发展、关注社会问题、关切社会生活、践行社会公德为培养目标，采取讲授法、演示法、讨论法、练习法、实践法、实验法等教法和自主学习、合作学习、探究学习、验证法等学法，借助丰富的实践体验教学资源和数字化技术，使用体验式、情境式、合作学习、跨学科、项目式、相互教学、服务学习、探究学习、问题解决等学习策略来进行总体设计，开展实践体验、交流反思、实验验证等活动，并在实际教学过程中根据学生反馈进行动态调整，确保研学实践活动能对高中段学生世界观、人生观、价值观的形成发挥积极的促进作用，并对高中段学生的生涯规划发挥积极影响

维度或要素				小学高年级段	初中段	高中段
实施方案	入营教育	安全	引导	开展入营安全主题教育，签订研学安全协议，引起对安全的重视	开展入营安全主题教育，签订研学安全协议，寻找安全隐患并进行汇报	开展入营安全主题教育，签订研学安全协议，探究营地可能发生的安全事故
			实训	通过教师的讲解指导，学习《安全手册》，组织开展疏散演练	通过教师的指导，学习《安全手册》，讨论制订疏散方案并组织疏散演练	通过教师的指导，学生分小组绘制疏散图、制订疏散方案，开展疏散演练
		应急	引导	通过视频案例和演示，认识营内危险点和危险行为带来的危害	通过视频了解地震、火灾等案例，认识掌握应急事件处理方法和技巧的重要性	探究地震和人为不当行为引起的火灾灾难程度，产生掌握应急技巧的意愿
			实训	依托教师演示和模拟训练，学习应急常识，学会快速报警，了解逃生技巧	通过实践体验，熟练使用灭火器，学习地震、火灾、车祸的应急技能	通过实践体验，学会合作使用消火栓，掌握灾难发生时应对、疏散和逃生方法
		救助	引导	通过模拟人身伤害情境，引发救助他人的意向	模拟真实情境，针对出血、骨折、搬运伤员开展主题引导	模拟真实情境，针对地震火灾开展主题引导，提高应对措施和应变能力
			实训	通过模拟演练，学会拨打急救电话，能配合老师做一些简单的前期救助工作	利用应急急救包开展模拟训练，学会止血、包扎、固定、搬运等急救技能	利用心肺复苏模拟假人开展模拟训练，熟练掌握心肺复苏救助方法和技巧
		自我管理	引导	通过视频案例，引起学生管理情绪和生活的认知	通过自我管理成功案例，引发学生对情绪、时间、目标管理的兴趣	通过心理建设课程，引发学生对时间、情绪、目标、健康管理的意愿
			实训	明确寄宿制管理要求，通过团队心理游戏等活动，了解自我管理的内容与方法	通过拓展训练、性格解析、集体生活等项目，学会从不同层面进行情绪管理	通过绘图说话、心理团建等心理建设活动，提升时间、情绪等自我管理能力
		团队协作	引导	通过集体生活细节，引导同学们认识团队协作重要性	通过体验拓展项目，引导学生发表对团队协作重要性的认识	通过团建课程，培养学生对于团队归属感和打造互助高效团队的深入认识
			实训	通过桥类项目、团建游戏等拓展训练项目，完成破冰，并培养合作互助意识	通过场地项目、中高空项目等拓展训练项目，完成破冰，并培养互助合作意识	通过高空项目、团建游戏等拓展训练项目和心理建设活动，打造互助高效团队

维度或要素		小学高年级段	初中段	高中段
实施方案	导入教学环节	1.游戏导入：采用游戏的方式，让学生在愉快的体验中，做好身心准备；2.故事导入：教师讲述抗战英雄，以及纪念馆展品的故事，引导学生投入到战火纷飞的情境中；3.视频导入：通过地理地貌主题的纪录片，让学生对地貌的形成有初步的了解；4.问题导入：这是中国水准零点标志铜塑建筑，这里是被定义为中国海拔0米的地方。大家想知道是怎么测量出来的吗？5.竞赛导入：让学生提前搜集关于“酒”字的诗词，通过小组竞赛的形式引起学生对中国传统文化的兴趣	1.问题导入：如果我们所处的地区发生了一场6级地震，多人受伤，大家作为志愿者奔赴地震灾区进行抢险工作。那么我们需要学会哪些自救互救技巧呢？2.悬念导入：有一个来自齐国的古代人穿越过来，要了解当今的礼仪，你该做哪些准备？3.情境导入：如果在太空舱进行科考任务，你会遇到哪些问题？进入太空前要做哪些准备？4.问题导入：长江和黄河是中国两大河流，它们在自然地理、历史文化和经济发展等方面有哪些共性和差异？5.实例导入：讲述一则孙武的典型战争案例，通过研学，增进对军事历史和文化的了解	1.案例导入：借助纪录片《厉害了，我的国》，运用实例向学生讲述我国在教育、科技、生态文明建设等各个方面的巨大变化，激发学生科技报国的强烈责任感和担当精神；2.多媒体导入：通过多媒体手段展示有关图片、视频和音乐等，引导学生进入烽火战争岁月，感受中国共产党领导下的抗日战争；3.探究导入：每个小组确定一个关于泰山的兴趣点，带着任务去登泰山；4.任务导入：以“我的美丽家乡”为题，引导学生化身宣传员，为家乡拍摄宣传片，调动学生的热情和积极性；5.任务导入：学校筹建科技主题展馆，请运用研学所学知识，制造一款科技产品，在科技馆留下自己的足迹
	授课教学环节	第一天：入营教育，必修课程一“运动拓展”、必修课程二“地震消防”；第二天：必修课程三“体悟沂蒙精神”、必修课程四“忆峥嵘岁月”，选修课程1“红色故事”、选修课程2“草鞋编织”、选修课程3“认识农业生产工具”；第三天：必修课程五“讲好抗战故事”、必修课程六“初识岱崮地貌”；第四天：必修课程七“零点启航”、必修课程八“法治教育”；第五天：必修课程九“智慧农业”、必修课程十“劳动体验”	第一天：入营教育，必修课程一“航天教育”、必修课程二“防灾减灾”，选修课程1“影视赏析：《航天科普纪录片》”；第二天：必修课程三“探寻复兴密码”、必修课程四“访华夏粮仓”；第三天：必修课程五“走进山东博物馆”、必修课程六“探索航天科技”；第四天：必修课程七“方志天地”、必修课程八“黄河脉络”、必修课程九“走近兵圣”，选修课程2“诵读黄河”；第五天：必修课程十“微视频制作”，选修课程3“折纸艺术”、选修课程4“微电影制作”	第一天：入营教育，必修课程一“国防教育”、必修课程二“创新实验”，选修课程1“影视赏析：《厉害了，我的国》”、选修课程2“水火箭制作”、选修课程3“渤海走廊”；第二天：必修课程三“走进中国海博”、必修课程四“探海洋奥秘”；第三天：必修课程五“迈向民族复兴”、必修课程六“探秘蓬莱仙境”，选修课程4“杂交育种”；第四天：必修课程七“‘山特’探秘”、必修课程八“烽火足迹”，选修课程5“抗战历史”；第五天：必修课程九“泰山之巅”、必修课程十“山青探索”

维度或要素		小学高年级段	初中段	高中段
实施方案	进级教学环节	1. 实践：运动拓展；地震消防 2. 讨论：潍坊地区在抗战中发挥重要作用的战斗有哪些？ 3. 体认：乡村振兴对国家发展的重要意义	1. 实践：水火箭制作；地震消防 2. 思考：充分认识共产党人在抗日战争中的责任与担当；航空航天对国家安全的重要性 3. 探究：中国突破的航空航天核心技术 4. 表达：尝试写一篇关于黄河的诗歌或文章 5. 讨论：以淌水崖水库为例，20世纪五六十年代我国大力发展水利建设的意义 6. 体认：湿地对于生物多样性和生态环境稳定的重要作用	1. 实践：军事拓展活动；创新实验；微电影制作 2. 思考："渤海走廊"的重大意义；科技创新对国家发展的重要作用；新能源在国家发展中的战略地位 3. 探究：海洋强国，吾辈要担当 4. 讨论：怎样为建设科技强国做好准备；黄河建设在中国历史进程中的意义 5. 体认：工业发展对国家安全的重大作用；解读"寿光模式""诸城模式""潍坊模式"在潍坊地区农业发展中的重要意义
	巩固教学环节	1. 回顾：研学教师带领学生一起总结和回顾，及时解答学生遇到的问题 2. 作业：通过讲故事、做手抄报等多种活动加深对革命历史的认识 3. 应用：工业飞速发展中如何保护环境	1. 回顾：研学教师带领学生一起总结和回顾，及时解答学生遇到的问题 2. 作业：通过讲故事、情景剧表演、微电影制作等多种活动加深对革命历史的认识；根据2023年《中国居民膳食指南》，手绘中国居民平衡膳食宝塔 3. 应用：粮食安全主题演讲 4. 思考：博物馆教育与学校教育的区别和联系；探究自然、历史、人文在地方发展中的作用	1. 回顾：研学教师带领学生一起总结和回顾，及时解答学生遇到的问题 2. 作业：通过生物图鉴的形式展示研学实践中见到的海底生物，并阐释如何保护海洋生态环境；通过研学报告、答辩等方式阐释"渤海走廊"在抗战期间发挥的重要作用 3. 应用：乡村振兴战略主题演讲 4. 思考：理解淌水崖水库大坝的工程原理，以报告形式展示研学成果 5. 探究：中国共产党成功的密码

维度或要素			小学高年级段	初中段	高中段
实施方案	总结教学环节	教学创新	1.基于学情实际，以游戏化和情景化的导入方式，激发学生的兴趣 2.基于多元智力理论，设计内容丰富、形式多样、难度各异的体验活动	1.根据学情实际，丰富活动形式，鼓励学生多角度思考问题，提高创造力和责任担当意识 2.基于发现学习理论，在研学实践过程中，通过场景转换和实践体验，引导学生发现并解决问题	1.基于学情实际，通过小组合作探究的方式，将研学实践课程任务分解，撰写研究报告，培养学生探究意识 2.基于建构主义理论，引导学生主动学习，深入思考，实现教师指导下的、以学习者为中心的学习
		教学总结	1.简单回顾研学实践的内容和技能，引导学生通过研学实践加深对责任与担当的理解 2.结合学生、随队教师、家长在导入、实施等环节中的反应和反馈，完成必要的教学评价 3.完善研学档案，留下过程性资料	1.总结归纳研学实践的内容和技能，引导学生通过研学实践加深对责任与担当的理解 2.收集学生、家长、研学讲解员，以及其他相关人员的反馈，完成全面客观的评价 3.完善研学档案，便于评价与管理	1.引导学生总结归纳研学实践的内容和技能，通过小组研讨、分享交流等，强化责任与担当的意识和能力 2.在研学教师的指导下，撰写研究报告，完善《研学手册》，结合报告和手册完成教学评价 3.完善研学档案，留下研学课程积分管理的过程性资料
		教学反思	1.反思研学过程中“研”和“游”的比例 2.复盘研学实践过程中对安全保障工作是否到位，还存在哪些安全隐患 3.是否将责任与担当意识融合到研学实践中	1.反思研学课程在责任担当方面的育人实效 2.反思研学资源所蕴含的各学科的知识融合和教育因素挖掘是否合理 3.反思环节设置和节奏把控如何进一步优化，了解研学环节的优点和不足，明确实施方案优化方向	1.是否引导学生将研学课程与自己的兴趣和生涯规划联系起来；是否能为提升学生的责任担当意识发挥积极的促进作用 2.进一步梳理与学校课程的衔接程度，提炼经验教训，为下一次研学活动提供参考 3.根据研学反馈和评估结果，对研学方案进行调整和优化，对研学资源进行重新挖掘，完善研学课程教学策略

维度或要素				小学高年级段	初中段	高中段
实施方案	评价教学环节	教学水平评价	自我评价	研学导入是否引起学生兴趣；研学实施是否符合小学高年级段特点等，根据学生反应进行调整；研学总结学生参与度	评价研学节奏、研学课程设计，有没有更加优化的措施；研学教师的讲解是否通俗易懂，是否能引起学生兴趣；对所设计探究任务的难易程度、是否易操作进行评价	对内容设计、目标落实情况、实施流畅度、学生参与度等进行评价；对研学实施过程中所设计的实验、探究成果进行考核和评价
			学生评价	对研学站点所呈现的资源是否感兴趣；对研学课程任务的完成情况进行自我评价、他人评价和小组评价	学生对教师是否激发学生积极性，是否启发学生深度思考，是否鼓励学生表达交流，是否引导学生树立正确的价值观进行评价，对教师的研学水平进行评价	对小组合作情况分别评价；对研学任务的分配和完成情况进行评价；对教师的教授、设计和组织能力水平进行评价
			同行评价	对研学教师的研学组织和节奏把控进行评价；对研学过程中教学机制和解决问题能力进行评价等	对研学教师的教学设计、实施策略和总结反思等方面进行评价；对研学呈现的生成性问题的解决方式方法和机制进行评价	对教师设计的探究问题、方式和结果呈现进行评价；对研学资源的挖掘和研学课程各学科的融合度进行评价；对研学设计、研究深度和研学总结方式进行评价
			培训和考核	定期对研学教师的线路、课程开发和实施进行培训并考核；进行研学安全培训 对研学教师师德师风进行考核；对研学开展情况进行考核；定期对研学教师培训学习情况，以及将学习内容转化运用情况进行评价	定期对研学教师的线路、课程开发和实施进行培训并考核；进行研学安全培训 对研学教师师德师风进行考核；对研学开展情况进行考核；把学生满意度、家长和社会认可度作为考核重要标准	定期对研学教师的线路、课程开发和实施进行培训；进行研学安全、应急救护技能培训和考核；对研学教师研学节奏、组织和讲解等专业能力进行培训 对研学教师师德师风进行考核；把学生满意度、家长和社会认可度作为考核重要标准
			教学成果展示	绘画展、手编、画图、引导谈话等	设计作品展示、思辨、实验、故事汇编等	研究报告、推介会、作品展等展示研学实践成果；撰写研学实践课程案例

维度或要素				小学高年级段	初中段	高中段
实施方案	评价教学环节	学业评价	形成性评价	教师观察学生在研学过程中的兴趣度和参与度，及时调整研学方式方法；针对学生的年龄段特点，及时调整研学课程深度；学生在研学中随时对自己和他人在研学中的表现进行评价，以更好地管理自己、他人和团队	研学实践中，对学生的参与程度、探索深度和交流表达等表现进行及时评价；研学中要更加关注学生探究方法和能力的培养；关注学生团队建设的情况	观察小组合作中协作情况，及时调整探究任务、人员组成，并对学生研学观察、记录、讨论和反思及时进行评价；要及时观察学生研学的态度、探究的问题深度，以及探究的方式方法，及时给予指导
			总结性评价	对学生研学态度、习惯和纪律性、安全意识、自理自立能力等进行整体性评价；评价方式可以采用考核和口头评价等	以预先设定的以责任与担当指向为主的学习目标为基准，通过测验、报告、展示等形式，对学生达成目标的程度作出评价；对学生实验的结果、达到的目标、完成水平和完成度进行评价	对学生在研学过程中表现的探究问题的能力，思辨力和责任与担当意识表现等因素进行整体评价，对研学报告、展示项目、作品等研学成果进行评价，促进学生提高研学探究水平
			教师评价	对学生研学前、研学中和研学后的研学准备、研学实践、研学参与度、作业完成情况进行评价；对学生课堂自我管理、领导力和组织能力等方面进行评价	对知识生成、能力提升、情感认同，以及小组合作、互动情况方面进行综合评价；通过观察和问卷调查方式，对学生研学创新点、实践能力水平和探究解决问题切入点、方式方法等方面进行评价	通过观察、访谈和调查问卷等方式对学生获取研学知识、探究能力和研学态度进行评价；对学生探究报告呈现方式、探究深度、问题解决方案进行评价；对研学中学生合作、情绪管理、意志品质等进行评价
		项目评价		行政主管部门、参与学校、学生、家长通过问卷、访谈等形式，对研学项目的安全管理、研学资源、方案设计、组织实施、学生成长的有效性、规范性、整体性进行评价，以便持续完善研学实践教育	行政主管部门、参与学校、学生、家长及社会各界通过问卷、访谈等形式，对安全管理、研学资源、课程衔接、进度组织、教学策略、教学环节、课程意义、学生成长等方面进行评价，以便持续完善研学实践教育	行政主管部门、参与学校、学生、家长及社会各界通过问卷、访谈等形式，对安全管理、研学资源、课程衔接、活动组织、多方协同、课程深度、教学策略、学生成长、项目规范等进行评价，以便持续完善研学实践教育

4.12　教学计划与策略列表：铭记历史坚信念　勇担重任立伟业

<table>
<tr><td colspan="3">营地名称</td><td>乳山市中小学综合实践学校（简称“乳山营地”）</td><td>命名机构</td><td>教育部</td><td>识别码</td><td>Y145372003</td></tr>
<tr><td colspan="3">从业资质（摘要）</td><td>综合实践教育；研学实践教育</td><td>单位属性</td><td>公益一类</td><td>法定代表人</td><td>蔡海波</td></tr>
<tr><td colspan="3">研学主题</td><td>铭记历史坚信念　勇担重任立伟业</td><td colspan="2">主要目的指向</td><td colspan="2">责任与担当教育</td></tr>
<tr><td rowspan="7">营地（枢纽）及周边主要优质研学资源</td><td colspan="2">基地层级</td><td colspan="5">研学站点（基地）名称</td></tr>
<tr><td rowspan="2">教育部命名基地</td><td>已列入教学计划</td><td colspan="5">一、与本主题相关列入教学计划的基地18个
1. 中国海军博物馆；2. 青岛鲁海丰海洋牧场；3. 曲阜孔庙、孔林和孔府（简称“三孔”）；4. 孟庙孟府孟林景区（简称“三孟”）；5. 山东博物馆；6. 台儿庄古城景区（简称“台儿庄古城”）；7. 蒙阴岱崮地貌拓展服务中心（简称“蒙阴岱崮地貌”）；8. 桓台华夏粮仓博物馆（山东长江粮油仓储机械有限公司）（简称“华夏粮仓”）；9. 山东北海湿地鸟类教育基地；10. 山东沂蒙红色文化产业有限公司（简称“沂蒙红色教育基地”）；11. 中国水准零点景区（青岛银海国际游艇俱乐部有限公司）；12. 广饶县孙子文化旅游区（管理委员会）（简称“孙子文化园”）；13. 山东航天科技展馆；14. 山东莱阳白垩纪国家地质公园（管理处）；15. 黄河口生态文明研学基地（东营市旅游开发有限公司）（简称“黄河口”）；16. 山东泰山研学教育有限公司（简称“泰山”）；17. 日照市山泽海洋旅游产业开发有限公司（日照海洋公园）（简称“日照山泽海洋”）；18. 蓬莱仙境戚继光文化管理有限公司（简称“蓬莱仙境”）
二、与本主题关联不大但列入本营地教学计划的基地13个
1. 山东省防震减灾科普馆；2. 济南市气象局；3. 浪潮集团有限公司；4. 青岛海洋地质研究所；5. 山东省山青世界青少年实践活动中心（简称“山青世界”）；6. 齐文化博物院；7. 山东省科学技术宣传馆；8. 青岛市妇女儿童中心；9. 山东省妇女儿童活动中心；10. 山东景芝教育投资有限公司；11. 青岛蓝树谷文化传媒旅游集团股份有限公司（简称“青岛蓝树谷”）；12. 山东特种工业集团有限公司；13. 国家中印科技国际创新园（临沂市拓普网络股份有限公司）</td></tr>
<tr><td>待列入教学计划</td><td colspan="5">无</td></tr>
<tr><td colspan="2">其他部委命名基地</td><td colspan="5">1. 东方航天港科普馆；2. 哈尔滨工业大学（威海）</td></tr>
<tr><td colspan="2">地方命名基地</td><td colspan="5">1. 郭永怀事迹陈列馆；2. 中国甲午战争博物馆；3. 马石山十勇士纪念馆；4. 牡蛎小镇驿站；5. 乳山台依湖国际酒庄；6. 国家方志馆黄河分馆；7. 孔子博物馆；8. 山东抗日民主政权创建纪念馆</td></tr>
<tr><td colspan="2">本营地资源</td><td colspan="5">1. 应急救护馆；2. 民族文化馆；3. 法治馆；4. 禁毒馆；5. 海洋馆；6. 军事训练馆；7. 室外拓展区；8. VR/AR 体验馆</td></tr>
<tr><td colspan="2">其他资源</td><td colspan="5">1. 胶东育儿所教育基地；2. 胶东公学；3. 最美古村落；4. 泰安水牛埠村</td></tr>
</table>

维度或要素	小学高年级段	初中段	高中段
校内教育基础（与校内教育的衔接）	对照课标，小学高年级段在责任与担当教育方面提出“将社会主义先进文化、革命文化、中华优秀传统文化、国家安全、生命安全与健康等重大主题教育有机融入课程”“加强课程与学生经验、社会生活的联系”。本研学主题必修课程与校内教育的衔接内容主要如下：1.青岛版四年级科学下册第四单元第3节“地震”；2.青岛版四年级科学下册第七单元第4节“科学改变世界”；3.青岛版五年级科学上册第一单元第2节“细菌”；4.青岛版五年级科学下册第一单元第2节“我从哪里来”；5.青岛版五年级科学下册第二单元第1、2节“火山”“地震”；6.人教版四年级道德与法治上册第六单元第3节“主动拒绝烟酒与毒品”；7.人教版四年级道德与法治下册第六单元第1节“我们神圣的国土”；8.人教版五年级道德与法治上册第一单元“感受家乡文化　关心家乡发展”、第六单元第3节“我们爱和平”；9.人教版五年级道德与法治下册第五单元第2节“知法守法，依法维权”；10.人教版四年级语文下册第七单元第4课“黄继光”；11.人教版五年级语文上册第二单元第4课“冀中的地道战”	对照课标，初中段在责任与担当教育方面提出“将社会主义先进文化、革命文化、中华优秀传统文化、国家安全、生命安全与健康等重大主题教育有机融入课程”“倡导‘做中学’‘用中学’‘创中学’”“培养学生的爱国情怀、社会责任感、创新精神和实践能力”“培养有理想、有本领、有责任担当的时代新人”。本研学主题必修课程与校内教育的衔接内容主要如下：1.人教版七年级道德与法治第四单元第2节“法律伴我们成长”；2.人教版八年级地理下册第2课“日益严峻的资源问题”；3.七年级历史上册第二单元“夏商周时期：早期国家与社会变革”；4.人教版八年级历史上册第一单元“中国开始沦为半殖民地半封建社会”、第二单元“近代化的早期探索与民族危机的加剧”、第六单元“中华民族的抗日战争”；5.人教版七年级语文下册第1单元第1课“邓稼先”、第二单元第1课“黄河颂”；6.人教版八年级语文上册第一单元第4课“一着惊海天——目击我国航母舰载战斗机首架次成功着舰”；7.鲁科版八年级化学第六单元第1节“燃烧与灭火”；8.鲁科版八年级物理下册第六章“力与运动”	对照课标，高中段在责任与担当教育提出“继承和弘扬中华优秀传统文化、革命文化，发展社会主义先进文化，加强法治意识、国家安全、民族团结、生态文明和海洋权益等方面的教育”“学校要系统规划校内外课程资源的使用”“因地制宜、科学安全安排综合实践活动”“发挥综合实践活动在促进学生发展中的独特作用”。本研学主题必修课程与校内教育教材的衔接内容主要如下：1.人教版高一思想政治必修3第三单元第8课“法治中国建设”；2.人教版高一物理必修第一册第二章“实验：探究小车速度随时间变化的规律”；3.鲁科版高一化学必修第二册第三章“饮食中的有机化合物”“自制米酒——领略我国传统酿造工艺的魅力”；4.鲁教版高一地理必修第二册第三单元“单元活动学用图层叠加分析法”、第四单元第3节“海洋权益与海洋发展战略”；5.人教版高一思想政治必修1第4课第2节“实现中华民族伟大复兴的中国梦”；6.人教版高一数学必修第二册第五章“统计与概率”；7.人教版高一历史必修第八单元第24课“全民族浴血奋战与抗日战争的胜利”、第九单元第27课“社会主义建设在探索中曲折发展”；8.人教版高一语文必修上册第二单元第5课“以工匠精神雕琢时代品质”、第七单元第16课“赤壁赋、登泰山记”

维度或要素			小学高年级段	初中段	高中段
研学课程	必修课程一	名称	我是小小急救员	力争黄金四分钟	野外急救
		活动目的	通过学习急救方法，增加学生的社会责任感	通过学习救人黄金时间段内急救方法方式及原因，增强团队合作意识与社会责任感	通过学习因地制宜急救法，培养自爱心，增强社会责任感与使命担当
		活动形式	教师讲授、实践体验	教师讲授、小组合作、实践体验	教师讲授、小组合作、实践体验
	必修课程二	名称	车轮大战	激光打靶	真人CS
		活动目的	通过具体情境进行滚轮胎、穿越火线等活动，培养不放弃、能吃苦的品质	通过学习射击的相关知识，培养聚精会神、勇敢顽强的精神品质，增强协作意识	通过团队之间PK，培养学生团队精神、做事讲方法与永不放弃精神
		活动形式	讲授指导、拓展体验	教师讲授指导、实践体验	教师讲授指导、实地采访、小组合作
	必修课程三	名称	走进红色革命基地	体验VR/AR	郭永怀事迹陈列馆
		活动目的	通过参观沂蒙红色教育基地，感受人民和子弟兵的深情厚谊，体会沂蒙精神	通过体验虚拟现实技术，感受科技与现实生活的连接，树立科技报国理想	通过对陈列馆的参观，了解郭永怀事迹，说明革命前辈对航天事业的贡献
		活动形式	教师讲授、实地参观、思维导图	教师讲授、实践体验	讲授指导、实地参观、学习交流
	必修课程四	名称	马石山十勇士	走进哈工大	中国甲午战争博物馆（威海）
		活动目的	通过参观马石山十勇士纪念馆，感受革命人永不屈服的革命精神	通过体验名校特色、感受知识的力量、科技与工业结合的魅力，激发科技兴国责任感	通过对博物馆的参观，明白落后就要挨打的道理，激发爱国之志
		活动形式	教师讲授、表演	教师讲授、实地探访、动手实践	教师讲授、实地参观

维度或要素			小学高年级段	初中段	高中段
研学课程	必修课程五	名称	法在心中	探秘国家方志馆黄河分馆	登泰山小天下
		活动目的	通过了解学习国家有关地质法规，了解国家资源有哪些，增强法律意识	通过学习方志文化，聆听黄河故事，了解黄河治理方法，培养爱国情怀	通过登泰山，学习泰山文化蕴藏内涵，感受中华文明，培养坚毅品质
		活动形式	教师讲授、小组合作、小组PK、情景剧表演	教师讲授、绘制地图、实践体验、报告汇总	教师讲授、实地探访、小组合作寻找泰山文化
	必修课程六	名称	认识岱崮地貌	母亲河之行	走进泰安水牛埠村
		活动目的	通过观看岱崮地貌和生物，领略大自然的神奇，增强保护意识	通过对黄河水质进行分析，了解沿河生态，增强保护环境使命感	通过体验各种制茶工艺，感受泰安民俗文化，进行职业体验，培养职业心理
		活动形式	教师讲授、实地参观和绘画相结合	实地观看、小组探索、水质实验、绘制思维导图、交流讲解	教师讲授、合作分工、实践体验、交流体会
	必修课程七	名称	探访国家方志馆黄河分馆	走进山东核电　探秘核能密码	牡蛎小镇驿站
		活动目的	通过学习方志文化，聆听黄河故事，培养爱国情怀，激发民族自豪感	通过海洋核电站，探秘核电的巨大作用，探究航天知识，激发学生学习兴趣	通过学习牡蛎文化感受海洋农业的发展，培养科技兴农的理念
		活动形式	教师讲授、听故事、小组合作、交流心得	讲授指导、实践体验，动手制作	教师讲授、小组合作、实践体验、报告交流
	必修课程八	名称	母亲河之行	大美仙境	青岛鲁海丰海洋牧场
		活动目的	通过参观了解母亲河，了解中华文明的起源与发展，激发爱国情怀与民族自豪感	通过探访蓬莱仙境，了解戚继光的事迹，感悟中华大美河山和大美人物	通过了解海洋牧场养殖方式，了解海洋渔业知识和海洋牧场的重要性
		活动形式	教师讲授、实地参观、水质实验、绘画相结合	讲解，实地探寻、探讨实践	教师讲授、报告汇总交流

维度或要素			小学高年级段	初中段	高中段
研学课程	必修课程九	名称	探秘台依湖国际酒庄	竹竿舞	孔子博物馆
		活动目的	通过参观学习葡萄酒酿造，培养动手兴趣	通过学跳竹竿舞，感受中华优秀传统文化的魅力	通过了解孔子生平事迹，感受其孜孜不倦的追求，培养勇往直前精神
		活动形式	教师讲授、实地参观、动手实践	讲授指导、亲身实践	参观讲授、实地探访
	必修课程十	名称	台儿庄古城之旅	走进兵圣	走进三孔
		活动目的	通过了解台儿庄古城故事，观赏美景，体验劳动的快乐	通过学习孙子文化，了解中国军事史，感受军人力量，培养纪律意识激发爱国情怀	通过对三孔的参观，了解古代文化，了解儒家思想对中国社会的影响
		活动形式	讲授指导、参观考察、动手实践	教师讲授、实地探访、亲身实践	讲授指导、实地探访、亲身实践
	选修课程		1.讲红色故事 2.了解西餐礼仪	1.“科技就是力量”演讲 2.合唱《我和我的祖国》 3.玩转五子棋	1.影片赏析：《万里归途》 2.水火箭制作 3.辩论赛：“孔子是否快乐”

维度或要素		小学高年级段	初中段	高中段
研学线路	代表性线路（时长五日）	第一天：乳山营地—应急救护馆—军事训练馆—乳山营地；第二天：乳山营地—沂蒙红色教育基地—马石山十勇士纪念馆—乳山营地；第三天：乳山营地—法治馆—蒙阴岱崮地貌—乳山营地；第四天：乳山营地—国家方志馆黄河分馆—黄河口—乳山营地；第五天：乳山营地—乳山台依湖国际酒庄—台儿庄古城—乳山营地	第一天：乳山营地—应急救护馆—军事训练馆—乳山营地；第二天：乳山营地—VR/AR体验馆—哈尔滨工业大学（威海）—乳山营地；第三天：乳山营地—国家方志馆黄河分馆—黄河口—乳山营地；第四天：乳山营地—东方航天港科普馆—蓬莱仙境—乳山营地；第五天：乳山营地—室外拓展区—孙子文化园—乳山营地	第一天：乳山营地—应急救护馆—军事训练馆—乳山营地；第二天：乳山营地—郭永怀事迹陈列馆—中国甲午战争博物馆—乳山营地；第三天：乳山营地—泰山—泰安水牛埠村—乳山营地；第四天：乳山营地—牡蛎小镇驿站—青岛鲁海丰海洋牧场——乳山营地；第五天：乳山营地—孔子博物馆—三孔—乳山营地
	可选择线路（按天设计，菜单式选择）	1.乳山营地—应急救护馆—乳山营地；2.乳山营地—胶东育儿所教育基地—胶东公学—乳山营地；3.乳山营地—牡蛎小镇驿站—乳山营地；4.乳山营地—山东博物馆—乳山营地；5.乳山营地—山东北海湿地鸟类教育基地—乳山营地；6.乳山营地—禁毒馆—乳山营地；7.乳山营地—乳山台依湖国际酒庄—乳山营地	1.乳山营地—民族文化馆—乳山营地；2.乳山营地—最美古村落—乳山营地；3.乳山营地—中国海军博物馆—乳山营地；4.潍坊营地—华夏粮仓—乳山营地；5.乳山营地—山东抗日民主政权创建纪念馆—乳山营地；6.乳山营地—禁毒馆—乳山营地；7.乳山营地—乳山台依湖国际酒庄—乳山营地；8.乳山营地—山东博物馆—乳山营地	1.乳山营地—海洋馆—乳山营地；2.乳山营地—中国水准零点景区—乳山营地；3.乳山营地—日照山泽海洋—乳山营地；4.乳山营地—山东航天科技展馆—乳山营地；5.潍坊营地—三孟—乳山营地；6.乳山营地—牡蛎小镇驿站—乳山营地；7.乳山营地—乳山台依湖国际酒庄—乳山营地；8.乳山营地—民族文化馆—乳山营地
	规划线路（按天设计）	1.乳山营地—室外拓展区—乳山营地；2.乳山营地—山青世界—乳山营地；3.乳山营地—齐文化博物院—乳山营地；4.乳山营地—青岛蓝树谷—乳山营地；5.乳山营地—青岛市妇女儿童中心—乳山营地	1.乳山营地—山东特种工业集团有限公司—乳山营地；2.乳山营地—山东省妇女儿童活动中心—乳山营地；3.乳山营地—山东省防震减灾科普馆—乳山营地；4.乳山营地—山东省科学技术宣传馆—乳山营地；5.乳山营地—青岛海洋地质研究所—乳山营地	1.乳山营地—浪潮集团有限公司—乳山营地；2.临沂营地—国家中印科技国际创新园—乳山营地；3.潍坊营地—山东省景芝教育投资有限公司—乳山营地；4.乳山营地—济南市气象局—乳山营地

维度或要素		小学高年级段	初中段	高中段
教学重点难点（以代表性线路教学设计为例，以下同）	教学重点	1.学习应急救护知识，体验军事区项目，做好安全防范，注重技巧掌握 2.引导学生对抗战的方法和事件人物进行归纳总结，选取任意一项进行有条理的讲述 3.引导学生学习地质相关法律法规，通过绘画表达对自然的热爱，并能口述地貌特征和形成原因 4.认识水质检测工具，了解黄河水质形成原因 5.感受台儿庄古城的美好，听取台儿庄抗战故事并会讲解	1.学习安全救护知识，做到简单自救与互救。通过团队合作完成对抗赛，明白团队的力量和永不放弃的决心 2.体验科技的巨大魅力，理解科技兴国的重要性 3.学习黄河治理历史。进行水质检测，探究黄河中下游水质形成原因，试探性提出解决办法 4.学习中国航空事业的发展，了解核电的巨大作用。感受自然人文之美 5.学习兵器发展史，了解孙子的事迹，理解兵法之精髓	1.通过战术战略完成对抗赛，增强自身本领和团队意识，培养坚强意志 2.学习郭永怀事迹，感受爱国情怀和科技兴国的力量 3.感受泰山风光，理解泰山文化，体会泰山与众不同的地位与特殊情感 4.学习海洋牧业，画出生态循环图 5.感受三孔之美，学习儒家文化，感受儒家文化对中华文明的巨大影响
	教学难点	1.学会安全自护，将素质拓展的坚持、团结意识、纪律意识融入课程，发挥育人作用 2.采用多样的教学方式，让学生了解红色历史，体会抗战革命精神 3.学生了解有关地质法规，了解地貌概念、分类和成因 4.了解环境治理对人类的重要性 5.了解葡萄酒酿造方法，体验劳动能创造美好生活	1.学会标准救护知识，学会团队合作的基本方法策略，处理合作过程中出现的问题 2.动手制作太阳能小车 3.掌握黄河沿经省份的生态环境 4.认同航天强国战略的意义，树立科技兴国，强国有我的伟大目标 5.掌握孙子兵法的广泛应用	1.将战略战术和团队协作相结合，发挥育人技巧 2.从天空到大海，明白领空领海的重要性，对现有科技手段做出可行性探究报告，畅想创新未来武器 3.挖掘泰山的象征意义，增强文化传承责任感 4.将科技兴海、产业兴海、生态养海因素与海洋强国责任融合 5.针对儒家文化对现今社会的影响，写一篇研学报告

维度或要素	小学高年级段	初中段	高中段
教学策略	针对小学高年级学段学生好奇心强、可塑性强、知识技能积累尚浅，责任意识不强的实际情况，基于多元智力理论指导思想和兴趣理念、互动理念、发展理念等现代教学理念，选取与军事文化、红色文化、地质资源文化、劳动文化等内容相关的研学站点，依托研学基地资源，在研学教师带领下，以《研学手册》为辅助，采取讲授、演示等教法和学生自主学习、合作学习、探究学习、情境体验等学法，借助丰富的教学资源和现代化科技手段，开展生动化、情境化的研学教学活动，充分调动学生研学的积极性，以达到寓教于研学的目的，让学生在研学中快乐收获、积极探索，主动思考并付诸实践，同时在研学过程中有针对性地及时调整教学方法和活动形式，确保学生真正参与其中	初中段学生对外界认知稍多，生理心理都非常特殊，针对自我意识强、易受外界影响、敢于尝试、勇于标新立异的特点，基于发现学习理论、多元智力理论为指导思想和兴趣理念、互动理念、发展理念、问题理念、个性理念，选取与军事文化、红色文化、爱国文化、地质文化、国情文化、传统文化相关的研学站点，依托研学基地资源，在研学教师带领下，以《研学手册》为辅助，采取讲授、演示、讨论、质疑、实践发现等教法和自主学习、合作学习、探究学习等学法，借助丰富的教学资源和现代化科技手段，开展项目式、链条式学习策略，进行生动化、情境化、学科融合化的研学活动，并在研学过程中有针对性地及时调整教学方法和活动形式，以达到寓教于研学、责任主动化、内驱化的目的	针对高中段学生知识储备量较为丰富、心智发展稳定，兴趣比较广泛，而且处于人生第一道选择路口的关键时刻，世界观、人生观面临重塑的特点，基于建构主义、发现主义、多元智力理论为指导思想和兴趣理念、主体理念、协作理念、发展理念、学以致用理念，选取与法治能力教育、军事能力教育、爱国能力教育、海洋能力教育、传统文化能力教育等为主线的研学站点，依托研学基地，在研学教师带领下，辅助《研学手册》，关注自身发展、社会发展、国家发展，采取讲授、演示、探讨、质疑、实验等教法和自主学习、合作学习、探究学习、实践学习、实验学习、推演学习等学法，借助丰富的教学资源和现代化科技手段，采取项目式、链条式学习策略，进行多手段生动化、情境化、学科融合化、反复推理化、验证化研学活动，并在研学活动过程中根据学生反馈有针对性地及时调整教学方法和活动形式，以达到在研学中塑造正确的世界观、人生观、价值观的效果，为以后的人生规划指明方向

维度或要素				小学高年级段	初中段	高中段
实施方案	入营教育	安全	引导	集体学习入营安全教育，强调安全重要性	开展入营安全教育，自主学习后进行安全汇报	开展入营安全演练教育，自主学习并寻找安全隐患
			实训	教师详细讲解《安全手册》，组织进行安全演练	在教师指导下，学习《安全手册》，自主讨论制定并进行安全疏散演练	在教师指导下，学生分组寻找安全隐患并进行相应演练
		应急	引导	通过视频学习，认识危险行为带来的危害	通过视频学习，培养临危不乱的态度，掌握应急事件处理方法	通过案例学习应急事件发生、发展过程，掌握灾难发生不同程度时的应急方法
			实训	通过情境模拟训练，学会如何报警，掌握逃生技巧，提高安全系数	通过实践体验，进行应急知识培训，掌握应急技能	模拟真实情境，学生根据情况不同，做出不同应急对策
		救助	引导	模拟真实情境，教授学生在保全自己的情况下如何救助他人	模拟真实情境，寻找和利用资源进行急救和自救	通过模拟真实情境，学会心肺复苏、海姆立克救护方法
			实训	教师指导，学生学习拨打急救电话，利用手边可用工具配合老师做急救工作	利用应急包和衣服开展模拟训练，学会止血、包扎等救护方法	模拟训练，精细化指导纠正
		自我管理	引导	通过情绪管理的培训和指导，帮助学生掌握应对压力和困难的方法	通过心理建设课程，培养学生掌控情绪的能力，学会集体生活	通过心理建设课程，引导学生掌握调节情绪的方法
			实训	了解住宿管理要求，通过自我约束进行自我管理	以小组为单位，体验不同情绪带来的结果，感受自控的好处	以小组为单位，通过游戏活动让学生体会不同情绪并从不同层面进行解读
		团队协作	引导	游戏结成团队，完成团队任务	通过体验拓展项目，感受团队力量	通过自主组队，规划活动方式，培养学生对团队的认识
			实训	通过破冰游戏主动结成团队，完成团队任务，培养协作意识	通过合理搭建之类的协作项目，发挥集体力量，培养团队默契合作精神	通过毕业墙之类项目，发挥集体力量，打造高效团队，体会协作分工的作用

维度或要素		小学高年级段	初中段	高中段
实施方案	导入教学环节	1.视频导入：采用情境导入，让学生在熟悉的情境下进入课程 2.影片导入：播放精彩视频，吸引学生注意力 3.微电影导入：通过视频，引导学生对有关法律法规的初步认识 4.视频导入：通过黄河颂视频，让学生感受黄河的巨大力量 5.飞花令导入：链接学科诗词，激发学生参与热情	1.情境导入：联系生活场景，让学生在熟悉的情境下进入课程 2.问题导入：播放视频，了解一所大学为社会作出的贡献有哪些 3.问题导入：在历史上，黄河多次泛滥，但是它却被称作母亲河，原因何在 4.谈话导入：考古发现，古人所说仙境仙人与现代科技有异曲同工之妙，今天就让我们共同感受科技带来的神奇 5.问题导入：我们的陆军号称“陆军之王”，他们能获取这一称号，重要的原因是什么	1.视频导入：播放模拟对战场景，激发学生的爱国热情与必胜心理 2.影片导入：让学生通过对比感受科技的力量与祖国的强大，激发学生学习科技的兴趣，增强报效祖国之心 3.探究导入：搜集泰山资料，带着问题自动组合小组，一起登山 4.问题导入：家住海边的你想怎样发家致富 5.辩论导入：今天我们来进行一场辩论：孔子是否快乐？相关题材让我们一起寻找
	授课教学环节	第一天：入营教育，必修课程一“我是小小急救员”、必修课程二“车轮大战”；第二天：必修课程三“走进红色革命基地”、必修课程四“马石山十勇士”，选修课程1“讲红色故事”；第三天：必修课程五“法在心中”、必修课程六“认识岱崮地貌”；第四天：必修课程七“探访国家方志馆黄河分馆”、必修课程八“母亲河之行”；第五天：必修课程九“探秘台依湖国际酒庄”、必修课程十“台儿庄古城之旅”、选修课程2“了解西餐礼仪”	第一天：入营教育，必修课程一“力争黄金四分钟”、必修课程二“激光打靶”；第二天：必修课程三“体验VR/AR”、必修课程四“走进哈工大”、选修课程1“‘科技就是力量’演讲”；第三天：必修课程五“探秘国家方志馆黄河分馆”、必修课程六“母亲河之行”；第四天：必修课程七“走进山东核电　探秘核能密码”、必修课程八“大美仙境”、选修课程2“合唱《我和我的祖国》”；第五天：必修课程九“竹竿舞”、必修课程十“走进兵圣”、选修课程3“玩转五子棋”	第一天：入营教育，必修课程一“野外急救”、必修课程二“真人CS”、选修课程1“影片赏析：《万里归途》”；第二天：必修课程三“郭永怀事迹陈列馆”、必修课程四“中国甲午战争博物馆（威海）”、选修课程2“水火箭制作”；第三天：必修课程五“登泰山小天下”、必修课程六“走进泰安水牛埠村”；第四天：必修课程七“牡蛎小镇”驿站、必修课程八“青岛鲁海丰海洋牧场”；第五天：必修课程九“孔子博物馆”、必修课程十“走进三孔”、选修课程3“辩论赛：‘孔子是否快乐’”

维度或要素		小学高年级段	初中段	高中段
实施方案	进级教学环节	1. 实践：简单自救方法；车轮越过障碍物到达目的地；制作葡萄酒 2. 讨论：乳山地区为抗战做了哪些事情 3. 体认：生态环境保护具有非常重要的意义	1. 实践：激光打靶；太阳能小车制作；合唱；五子棋 2. 思考：科技创新对国家工业发展的巨大作用；怎样才能保护好母亲河，让母亲河发挥更大作用 3. 探究：中国航天技术的发展 4. 表达：演讲 5. 讨论：我国南水北调的重大意义 6. 体认：水利治理是功在当下，利在千秋之幸事	1. 实践：水火箭的制作；真人CS 2. 思考：科技创新重要作用；真理只在大炮射程之内的意义；思想应该如何和时代结合 3. 探究：海洋强国，加强海防建设；探索领空，强我中华 4. 讨论：科技强国，我们能做什么？未来你想做什么 5. 表达：辩论赛："孔子是否快乐？" 6. 体认：科技是第一生产力；现代销售手段和科技手段对海洋牧业的巨大作用
	巩固教学环节	1. 回顾：教师带领学生回顾总结研学内容，及时帮助学生解决难题 2. 作业：通过讲故事、绘画、画思维导图等活动加深对研学内容的理解 3. 应用：如何在环保的前提下，让家乡资源成为可持续发展的金山银山	1. 回顾：研学教师带领学生总结回顾，及时引导学生解决遇到的难题，解决不了的教师解答 2. 作业：通过画图、归纳可行性知识、PPT制作加深对科技的认识 3. 应用：《科技就是力量》演讲 4. 思考：探究不同环境下造就的不同人文景观	1. 回顾：研学教师带领学生回顾总结，及时有效提示点拨学生解决问题 2. 作业：通过报告探讨甲午战争获得胜利的条件和可能性；以生物图鉴形式展示海底生物，阐述如何保护海洋生态，提升海洋效益 3. 应用：辩论赛："发展和环境谁为先？" 4. 思考：儒家思想对当今社会的正面影响力 5. 探究：中国富强的密码

维度或要素			小学高年级段	初中段	高中段
实施方案	总结教学环节	教学创新	教师主动尝试新的教学方法和策略，如stem课程在PBL教学中的应用，通过多样化的引导和研学实践方式，寓教于乐，寓教于研学，校内校外相结合，引导学生积极探索，提高思维想象力、创造力和审美能力，培养科学实践能力和创新能力	1.教师主动尝试新的教学方法和策略，通过多样化的引导，鼓励学生发现问题、多角度思考问题并解决问题，勇于试错，积极探索，提升学生创造力 2.注重学生个性发展和共性要求相融合，鼓励学生找到自己与团队相处的和谐点，形成良好团队氛围	1.基于学生实际情况，通过小组合作探究方式，将研学实践课程主题给予学生，学生自主讨论并形成几大项目，小组之间进行任务分工、自主探索、寻找答案并撰写报告，培养学生分析问题、解决问题、撰写形成性材料的能力 2.鼓励学生多学科融合解决问题，鼓励学生多种方式展示成果
		教学总结	回顾研学内容，强调责任担当意识。收集学生和班主任的教学效果反馈表，了解教学环节的优点和不足，整理课内课外的教学资料，完善课程资料并听取学生心得	回顾研学实践的内容，强调责任担当意识。收集学生与班主任的教学效果反馈表，了解教学环节的优点与不足，整理课内外的教学资料，完善课程资料听取学生心得并不断改进	回顾研学实践的内容，强调责任担当意识。收集学生与班主任的教学效果反馈表，教师指导学生修改完善研学报告，了解教学环节优点与不足，整理课内外的教学资料，完善课程资料并听取学生心得不断改进
		教学反思	1.是否研与学结合，培养了小组合作能力 2.任务是否准确可行，培养学生搜集整理能力 3.是否让学生在课程中感受到责任与担当	1.是否根据学生心理调动学生主观能动性 2.研与学的比例是否合适 3.环节是否生动有趣，问题设置能否让每个学生都有参与空间 4.课程能否有效培养学生的责任与担当意识	1.能否正确引导提升学生的责任与担当意识 2.引导学生进行学科融合是否到位 3.根据反馈与评估，能否深度挖掘研学内涵，优化调整研学方案

维度或要素				小学高年级段	初中段	高中段
实施方案	评价教学环节	教学水平评价	自我评价	研学课程设计是否符合小学高年级段年龄特点，有效激发兴趣，促进合作，研学总结是否言之有物	教师研学课程设计合理程度，对学生的参与度，课程深入程度、难易程度进行评价	对内容设计、目标落实情况、学生兴趣度进行评价，对研学过程中学生自主参与的探究状态和达成程度进行评价
			学生评价	学生针对教师的课堂表现、与学生的互动交流、课堂氛围、课堂知识的获取、思维的启发、是否激发学生内心情感、《研学手册》完成度等进行评价	学生针对教师的课堂表现，是否激发了学生的兴趣、是否引发学生深层次的思考、是否激起学生的责任感进行评价	对教师的有效教授、内容有效深度和课堂组织能力水平进行评价，对研学内容是否符合学生未来发展、研学方式是否可行有效进行评价
			同行评价	由跟班教师和研学基地讲师根据课程操作环节进行评价，对教师把控课堂力度和课堂随机生成问题的机动灵活性进行评价	由跟班教师和研学基地讲师针对教学设计和课堂实施进行评价，对课堂掌控度和课堂随机生成问题是否能够灵活处理进行评价	跟班教师根据课堂呈现效果和学生参与度、表现力进行评价，对研学资源的挖掘深度和能够融合各学科的问题是否合理，是否对学生责任与担当意识起到引领作用进行评价
			培训和考核	定期对教师进行研学实践课程教学培训，通过学生研学的图文、音像、教师的教案、说课等对教师进行考核，通过考核结果和学生课堂反馈来评价教师的教学水平	组织教师专业能力提升培训，由专家组对研学教师的研学方案、说课进行考核，通过面向学生和家长的调查对研学结果开展考核	组织教师进行课程开发设计培训，围绕研学破冰游戏、应急救护能力等进行培训考核，通过面向跟班教师和研学学生的调查问卷将研学结果作为重要考核标准
			教学成果展示	心得体会、研学作品等	作品展示、实验、演讲等	研究报告、实践结果报告、创意创新理念、课程心得体会等

维度或要素				小学高年级段	初中段	高中段
实施方案	评价教学环节	学业评价	形成性评价	根据学生的参与度、生成性问题进行即时评价，组织学生针对研学过程中的表现进行自评和他评	及时反馈学生及团队在研学中的表现，对学生的参与度、表现度进行即时评价；对团队的创新力和探索力进行评价	对学生自主分工、探索、合作能力、实验进行程度进行即时评价，对学生的研究方法进行点评指导
			总结性评价	对学生在研学过程中的个人研学纪律、态度，和小组内的分工合理性及参与度进行总结性评价，形式可多种多样	对学生及其小组的目标达成度及讲解表现、创新点进行评价	对学生及其小组的研学态度、探索方式、探究深度、实验态度进行评价，对学生的情绪情感品质、有效协作分工进行综合评价
			教师评价	教师根据学生在整节课中的表现和成果，以及学生的能力提升、知识生成、情感态度等情况，进行综合评价，形式可多种多样	对学生的参与度、创新能力、实践水平、知识生成、合作分工、情感态度进行综合评价	对学生及其小组在研学过程中的探究方法、思辨能力与担当表现进行评价，对终结性报告成果进行激励评价
		项目评价		行政主管部门、参与学校、家长、学生通过访谈或调查问卷，对教学目标、教学设计、组织实施、学生有效成长进行具体化、完整性评价，及时发现问题并加以改进，提升研学实践教育实效	行政主管部门、参与学校、学生、家长通过访谈或调查问卷，对研学资源、组织实施、课程衔接、学生有效成长进行具体化详细评价，沟通改进，提升研学实践教育水平	行政主管部门、参与学校、学生、家长通过访谈或调查问卷，对研学资源、组织实施、课程衔接与深度、学生有效成长、课程意义等进行整体化评价，发现问题及时商讨并加以改进，优化研学实践教育

4.13 教学计划与策略列表：铭记奋斗历史 铸就国防力量

<table>
<tr><td colspan="3">营地名称</td><td>长沙市中小学素质教育实践基地岳麓营地（简称“长沙营地”）</td><td>命名机构</td><td>教育部</td><td>识别码</td><td>Y145430001</td></tr>
<tr><td colspan="3">从业资质（摘要）</td><td>学生综合实践活动</td><td>单位属性</td><td>公益一类</td><td>法定代表人</td><td>杨伟</td></tr>
<tr><td colspan="3">研学主题</td><td>铭记奋斗历史　铸就国防力量</td><td colspan="2">主要目的指向</td><td colspan="2">责任与担当教育</td></tr>
<tr><td rowspan="7">营地（枢纽）及周边主要优质研学资源</td><td colspan="2">基地层级</td><td colspan="5">研学站点（基地）名称</td></tr>
<tr><td rowspan="2">教育部命名基地</td><td>已列入教学计划</td><td colspan="5">一、与本主题相关列入教学计划的基地5个
1.湖南党史陈列馆（简称“湖南党史馆”）；2.中国人民抗日战争胜利受降纪念馆（简称“受降纪念馆”）；3.刘少奇故居；4.红军营景区（平江起义纪念馆管理处）（简称“红军营”）；5.国防科技大学校史馆（简称“国防科大”）
二、与本主题关联不大但列入本营地教学计划的基地12个
1.湖南韶山毛泽东同志纪念馆；2.湖南省博物馆；3.长沙市博物馆；4.湖南雨花非遗文化传播有限公司；5.胡耀邦故里管理局；6.长沙市望城区雷锋纪念馆；7.湘潭市博物馆；8.中国农业科学院衡阳红壤实验站；9.湖南省森林植物园；10.湖南省立第一师范旧址；11.湘潭盘龙生态农业示范园有限公司；12.中核二七二铀业有限责任公司（简称“中核二七二铀”）</td></tr>
<tr><td>待列入教学计划</td><td colspan="5">无</td></tr>
<tr><td colspan="2">其他部委命名基地</td><td colspan="5">1.彭德怀故居和纪念馆（简称“彭德怀故居”）；2.秋收起义文家市会师纪念馆；3.李立三故居；4.徐特立故居；5.任弼时纪念馆</td></tr>
<tr><td colspan="2">地方命名基地</td><td colspan="5">1.长沙中澳蓝鹰国防主题公园（简称“中澳蓝鹰”）；2.长沙军联国防教育基地（简称“军联国防”）；3.长沙航空职业技术学院航空馆（简称“湖南航空馆”）；4.长沙光达国防教育主题公园（简称“光达国防”）；5.湖南军魂国防教育基地（简称“军魂国防”）；6.怀化市战神国防教育实践基地（简称“怀化战神”）；7.黄兴故居和纪念馆（简称“黄兴故居”）；8.新民学会旧址（简称“新民学会”）；9.湖南烈士纪念塔（简称“烈士纪念塔”）；10.肖劲光故居；11.王震故居；12.杨开慧纪念馆（简称“杨开慧故居”）；13.湖南会同粟裕同志纪念馆（简称“粟裕纪念馆”）；14.沙洲红色旅游景区（简称“汝城沙洲景区”）；15.湘南暴动纪念馆（简称“宜章湘南暴动旧址”）；16.湘南起义旧址群；17.雄鹰户外营地研学旅游基地（简称“雄鹰营地”）；18.左家老屋；19.耿氏宗祠；20.陈树湘故居；21.谭震林纪念馆；22.茶陵县工农兵政府旧址；23.炎陵县红军标语博物馆；24.新墙河抗战史实陈列馆；25.6501军事工程；26.永州道县陈树湘烈士纪念园；27.永州道县何宝珍故居；28.长沙宁乡花明楼；29.何长工纪念馆</td></tr>
<tr><td colspan="2">本营地资源</td><td colspan="5">1.国防教育馆；2.航天馆；3.人防教育馆；4.CS体验区；5.户外拓展区</td></tr>
<tr><td colspan="2">其他资源</td><td colspan="5">缪伯英故居</td></tr>
</table>

维度或要素	小学高年级段	初中段	高中段
校内教育基础（与校内教育的衔接）	对照课标，小学高年级段在责任与担当方面提出“乐于合作，相互帮助，具有合作意识和集体主义精神，做到遵守公共秩序，遵纪守法，担当责任，养成亲近社会的行为和品格，提升道德和人格修养；能够增强对伟大祖国、中华民族、中华文化、中国共产党、中国特色社会主义的认同，关心国家大事，为实现中华民族伟大复兴而努力学习。”本研学主题必修课程与校内教育的衔接内容主要如下：1.人教版道德与法治五年级上册第四单元第10课“传统美德　源远流长”；2.人教版道德与法治五年级上册第四单元第11课“古代科技　耀我中华”；3.人教版道德与法治五年级上册第三单元第8课“推翻帝制　民族觉醒”；4.人教版道德与法治五年级上册第三单元第9课“中国有了共产党”；5.人教版道德与法治五年级上册第三单元第10课“夺取抗日战争和人民解放战争的胜利”；6.人教版道德与法治五年级上册第三单元第11课“屹立在世界的东方”；7.人教版道德与法治五年级下册第三单元第7课“不甘屈辱　奋勇抗争”；8.人教版语文六年级上册第二单元第5课“七律·长征”；9.人教版科学六年级下册第四单元第12课“认识飞行器”；10.人教版道德与法治六年级下册第四单元第10课“我们爱和平”	对照课标，初中段在责任与担当方面提出“将社会主义先进文化、革命文化、中华优秀传统文化、国家安全、生命安全与健康等重大主题教育有机融入课程”“倡导‘做中学’‘用中学’‘创中学’”“培养学生的爱国情怀、社会责任感、创新精神和实践能力”，培养“有理想、有本领、有担当的时代新人”。本研学主题必修课程与校内教育的衔接内容主要如下：1.人教版语文七年级下册第三单元综合性学习“我也追‘星’”；2.人教版历史八年级上册第20课“正面战场的抗战”；3.人教版历史八年级上册第21课“敌后战场的抗战”；4.人教版历史八年级上册第六单元第12课“抗日战争的胜利”；5.人教版道德与法治八年级上册第四单元第8课“国家利益至上”；6.人教版道德与法治八年级上册第四单元第9课“树立总体国家安全观”；7.人教版道德与法治八年级上册第四单元第10课“建设美好祖国”；8.人教版道德与法治八年级下册第7课“尊重自由平等”；9.人教版道德与法治八年级下册第8课“维护公平正义”；10.人教版道德与法治九年级上册第一单元第1课“踏上强国之路”；11.人教版道德与法治九年级下册第三单元第5课“少年的担当”	对照课标，高中段在责任与担当方面提出“促进学生全面而有个性的发展，为学生适应社会生活、高等教育和职业发展做准备，为学生的终身发展奠定基础。初步形成正确的世界观、人生观和价值观。热爱祖国，拥护中国共产党。弘扬中华优秀传统文化，继承革命文化，发展社会主义先进文化，培育和践行社会主义核心价值观，增强文化自信。掌握适应时代发展需要的基础知识和基本技能，丰富人文积淀，发展理性思维，不断提升人文素养和科学素养。敢于批判质疑，探索解决问题，勤于动手，善于反思，具有一定的创新精神和实践能力。”本研学主题必修课程与校内教育的衔接内容主要如下：1.人教版思想政治必修一第2课“只有社会主义才能救中国”；2.人教版思想政治必修一第3课“只有中国特色社会主义才能发展中国”；3.人教版思想政治必修一第3课“只有坚持和发展中国特色社会主义才能实现中华民族伟大复兴”；4.人教版思想政治必修三第1课“历史和人民的选择”；5.人教版思想政治必修三第2课“中国共产党的先进性”；6.人教版思想政治必修3第3课“坚持和加强从严治党”；7.人教版思想政治必修四第6课“实现人生的价值”；8.人教版思想政治选择性必修一第2课“国家的结构形式”；9.人教版思想政治选择性必修一第3课“多极化趋势”；10.人教版思想政治选择性必修一第4课“和平与发展”

维度或要素			小学高年级段	初中段	高中段
研学课程	必修课程一	名称	走进国防科大	新民学会　建党先声	铭记历史　珍爱和平
		活动目的	参观国防科大校史馆，了解国防知识，感受大国军事力量	了解新民学会成立的原因，知悉新民学会在中国革命进程中的巨大影响	重温“八年烽火起卢沟，一纸降书落芷江”的重要时刻，学习和领会伟大的抗战精神
		活动形式	教师讲授、实地参观、实践体验	教师讲授、实地探访	教师讲授、实地探访、实践体验
	必修课程二	名称	党史馆里的红色记忆	百年党史看湖南	同心筑国防　聚力强军梦
		活动目的	参观湖南党史馆，熟悉中国共产党建党历史，重温党的光辉历程，传承革命精神	知悉湖南在百年党史发展进程中的重要地位，感悟共产党人的初心使命	学习和了解红色历史，学习先辈们艰苦奋斗的革命精神
		活动形式	教师讲授、实地参观、实践体验	教师讲授、实地探访	教师讲授、实地探访、实践体验
	必修课程三	名称	辛亥元勋黄兴	革命先驱黄兴	开国大将粟裕
		活动目的	了解黄兴的革命发展道路，缅怀革命先烈，致敬湖湘革命先驱	探究“爱国、民主、进步”的黄兴精神内涵，感受先辈革命精神和责任担当	弘扬粟裕的革命精神和高尚品质，激励学生为建设社会主义现代化强国而奋斗
		活动形式	教师讲授、实地参观、实践体验	教师讲授、实地探访、实践体验	教师讲授、实地探访、实践体验
	必修课程四	名称	辛亥革命知多少	在精神的丰碑下	铿锵少年梦　激扬爱国志
		活动目的	学习辛亥革命的历史，让学生了解祖国的发展历程和伟大成就	聆听革命先烈的英雄事迹，向先烈致敬，寄托哀思，激发爱国、强国的热情	学习中国的国防历史和现代国防知识，激发学生的爱国热情，培育民族自豪感
		活动形式	教师讲授、实地参观、实践体验	教师讲授、实地探访	教师讲授、实地探访、实践体验

维度或要素			小学高年级段	初中段	高中段
研学课程	必修课程五	名称	致敬三湘魂	走进芷江受降地	缅怀革命先烈　赓续光辉历程
		活动目的	了解从旧民主主义革命到新民主主义革命历程，激发学生爱国之情	瞻仰芷江受降纪念坊，知悉芷江作为日军受降地的主要原因，不忘历史，珍爱和平	学习了解湖南党史知识，体会中国共产党人伟大的奋斗精神与伟大的革命精神
		活动形式	教师讲授、实地参观、实践体验	教师讲授、实地探访、实践体验	教师讲授、实地探访、实践体验
	必修课程六	名称	仰望精神丰碑　传颂英烈故事	粟裕大将的军事风范	黄兴的“亮剑”精神
		活动目的	通过参观游览纪念馆，让学生们感受全民抗战的艰辛和胜利的不易	学习粟裕在军事战争方面的成就，感悟粟裕大将的军事风范和革命精神	了解黄兴生平事迹和辛亥革命历史背景，强化学生的历史意识和爱国情感
		活动形式	教师讲授、实地参观、实践体验	教师讲授、实地探访、实践体验	教师讲授、实地探访、实践体验
	必修课程七	名称	航空梦　国防梦	横刀立马　彭大将军	强国有我
		活动目的	观摩文物飞机陈列馆，让学生了解军用航空的发展历史，以及具备的战略意义	了解彭德怀元帅为新中国成立所作出的军事贡献，领略彭大将军的军事智慧	通过参观国防教育基地，体验多项活动，增强学生的国防观念和爱国情怀
		活动形式	教师讲授、实地参观、实践体验	教师讲授、实地探访、实践体验	教师讲授、实地探访、实践体验
	必修课程八	名称	我是航空工程师	勇士救援	探秘国防科大
		活动目的	通过体验乘机、拼装航空模型，感悟航空技术发展的速度	进行投掷手榴弹等军事训练，学习军人良好生活作风，增强身心素质	通过参观校史馆，让学生们了解国防科技领域的艰辛和成就
		活动形式	教师讲授、实地参观、实践体验	教师讲授、实地探访、实践体验	教师讲授、实地探访、实践体验

维度或要素			小学高年级段	初中段	高中段
研学课程	必修课程九	名称	海军之父肖劲光	国防有我	缅怀先烈　致敬英雄
		活动目的	致敬肖劲光司令为人民海军建设贡献毕生心血的崇高精神	参观国防科大校史馆，学习国防知识，了解国防是保卫国家的重要力量	让学生们深入地了解先烈们的奋斗历程和牺牲精神，树立正确的国家观念
		活动形式	教师讲授、实地参观、实践体验	教师讲授、实地探访、实践体验	教师讲授、实地探访、实践体验
	必修课程十	名称	致敬　深蓝的大海	请党放心　强国有我	我的中国心
		活动目的	深切体会肖劲光的豪情壮志，了解航海技术的发展对国防的重要性	了解长沙会战、衡阳保卫战相关知识，学习战地救护知识，树立责任与担当意识	学习了解峥嵘岁月里中国共产党人艰苦卓绝的奋斗精神，增强爱国主义情感
		活动形式	教师讲授、实地参观、实践体验	教师讲授、实践体验	教师讲授、实地探访、实践体验
	选修课程		1. 红色诗词会 2. 制作红军餐 3. 真人CS体验	1. 红色故事会 2. 红军标语的力量 3. 战地救护	1. 团队浮桥 2. 野外求生 3. 精彩红歌会

维度或要素		小学高年级段	初中段	高中段
研学线路	代表性线路（时长五日）	第一天：长沙营地—国防科大—湖南党史馆—长沙营地；第二天：长沙营地—黄兴故居—长沙营地；第三天：长沙营地—烈士纪念塔—长沙营地；第四天：长沙营地—湖南航空馆—长沙营地；第五天：长沙营地—肖劲光故居—长沙营地国防教育馆	第一天：长沙营地—新民学会—湖南党史馆—长沙营地；第二天：长沙营地—黄兴故居—烈士纪念塔—长沙营地；第三天：长沙营地—受降纪念馆—粟裕纪念馆—长沙营地；第四天：长沙营地—彭德怀故居—中澳蓝鹰—长沙营地；第五天：长沙营地—国防科大—长沙营地国防教育馆	第一天：长沙营地—受降纪念馆—怀化战神—长沙营地；第二天：长沙营地—粟裕纪念馆—湘南起义旧址群—长沙营地国防教育馆；第三天：长沙营地—湖南党史馆—黄兴故居—长沙营地；第四天：长沙营地—中澳蓝鹰—长沙营地；第五天：长沙营地—国防科大—烈士纪念塔—长沙营地
	可选择线路（按天设计，菜单式选择）	1.长沙营地—新民学会—长沙营地；2.长沙营地—刘少奇故居—长沙营地；3.长沙营地—彭德怀故居—长沙营地；4.长沙营地—军魂国防—长沙营地；5.长沙营地—刘少奇故居—长沙营地；6.长沙营地—中澳蓝鹰—长沙营地；7.长沙营地—杨开慧纪念馆—军联国防—长沙营地；8.长沙营地—王震故居—长沙营地	1.长沙营地—湖南航空馆—长沙营地；2.长沙营地—肖劲光故居—长沙营地；3.长沙营地—汝城沙洲景区—宜章湘南暴动旧址—长沙营地；4.长沙营地—军魂国防—长沙营地；5.长沙营地—王震故居—长沙营地；6.长沙营地—刘少奇故居—长沙营地；7.长沙营地—杨开慧纪念馆—长沙营地；8.长沙营地—秋收起义文家市会师纪念馆—长沙营地	1.长沙营地—烈士纪念塔—长沙营地；2.长沙营地—新民学会—长沙营地；3.长沙营地—肖劲光故居—长沙营地；4.长沙营地—光达国防—长沙营地；5.长沙营地—军魂国防—长沙营地；6.长沙营地—王震故居—长沙营地；7.长沙营地—红军营—长沙营地；8.长沙营地—刘少奇故居—长沙营地
	规划线路（按天设计）	1.长沙营地—杨开慧故居—长沙营地；2.长沙营地—李立三故居—左家老屋—耿氏宗祠—长沙营地；3.长沙营地—徐特立故居—陈树湘故居—长沙营地	1.长沙营地—谭震林纪念馆—茶陵县工农兵政府旧址—炎陵县红军标语博物馆—长沙营地；2.长沙营地—6501军事工程—新墙河抗战史实陈列馆—长沙营地；3.长沙营地—永州道县陈树湘烈士纪念园—永州道县何宝珍故居—长沙营地	1.长沙营地—任弼时纪念馆—长沙宁乡花明楼—长沙营地；2.长沙营地—6501军事工程—新墙河抗战史实陈列馆—长沙营地；3.长沙营地—何长工纪念馆—长沙营地；4.长沙营地—雄鹰营地—长沙营地

维度或要素		小学高年级段	初中段	高中段
教学重点难点（以代表性线路教学设计为例，以下同）	教学重点	1.考察国防科大校史馆和湖南党史馆，重温党的光辉历史，感受并传承革命精神 2.参观黄兴故居，聆听革命故事，了解和理解革命先烈的革命精神，引导学生将辛亥革命的关键事件绘制成思维导图 3.通过红色故事会的形式阐述对湖南革命历史和英雄烈士的抗争史的认识 4.了解航空航天的基本常识，理解“制空权”对于一个国家安全的战略价值，根据研学课程要求，设计制作航空相关作品 5.体会肖劲光的豪情壮志，口述航海技术的发展对国防的重要性	1.了解中国共产党的奋斗历程，能总结概括出中国共产党的伟大精神 2.知悉湖湘大地上革命烈士及他们所作出的革命贡献，着重了解三件湖湘重要历史事件 3.通过学习和研究历史，珍惜来之不易的和平：如何在现代生活中辩证地看待历史，更好地面向未来 4.了解彭德怀元帅为新中国成立所作出的贡献，感悟湖南人民与敌人顽强拼搏的精神 5.重点了解目前国防形势及强大国防对国家的重要性，小组讨论如何珍惜现在幸福的生活	1.口述抗日战争时期大事件，领悟伟大的抗日战争精神 2.口述粟裕同志的戎马一生；将湖南近代革命历程以思维导图的形式呈现 3.以图表形式梳理湖南党史发展脉络形式，熟知黄兴的生平经历 4.了解什么是国防，领悟国家安全的重要性，培养学生的国防意识和爱国情感 5.了解国防力量的发展演变历程，了解我国地理位置及周边相邻国家，分析我国的国防安全形势
	教学难点	1.熟悉国防科大的发展史，了解中国共产党在湘区革命斗争的历史经过 2.走进革命事件旧址、纪念堂，了解革命光辉事迹，感受现阶段的和平来之不易 3.采用多样的教学方式，让青少年了解湖湘英烈，并与其舍生取义的革命精神产生共鸣 4.将航空报国、航空强国、忠诚奉献、逐梦蓝天等因素与航空报国责任与担当因素融合 5.了解肖劲光的生平经历，感受其坚守信仰、敢闯敢做的高尚品格	1.熟知湖南在中国革命进程中所作的贡献，感受新时代祖国的强大，增强对“一心向党、一心为党”的革命认识 2.理解黄兴的革命精神内涵，感受先辈革命精神和责任担当 3.多角度探索粟裕将军其军事思想形成的渊源 4.明确红色革命精神是强大的精神财富，对湖湘革命精神形成强烈的认同感 5.掌握战地救护技巧，提高身体素质和团队协作能力，增强国防意识和责任感	1.体验“湘西会战”模拟情景，学习各种野外生存技能 2.多角度地寻找反映粟裕的思想情操、丰功伟绩和历史贡献的事迹，探索其军事思想形成渊源和发展脉络 3.结合黄兴生平事迹和辛亥革命历史背景分析其人物精神，完成研学报告 4.树立投身于国防发展相关职业的志向，小组合力制作简短的视频，宣传国防故事 5.探讨中国未来的国防重点领域；探讨全民族统一战线的含义与现实意义

维度或要素	小学高年级段	初中段	高中段
教学策略	针对小学高年级段学生正处于身心发展的关键期，他们已经具备了一定的自我意识和独立思考能力，他们对于社会、国家的发展历史认知逐渐加深，对国防教育有一定的认知，但是对于个人与国家命运的关联理解还不够深入的学情，基于建构主义教学理论，选取红色教育、航天教育等为主的研学站点，依托相关研学基地中的教学资源，借助丰富的实践体验教学资源和数字化技术，采取讲授法、演示法、情境教学法、体验教学法等教学方法和合作学习等学法，链接生活实际，让学生在自己原有经验的基础上不断建构新的经验知识，感悟祖国命运与个人命运的关联，理解大国力量与百姓尊严的相互促进，培养学生的爱国情怀、革命精神、道德品质，让小学高年级段的学生能够深度参与并在研学实践中学有所得	针对初中学段学生身体和心理认知都得到了一定的发展，思维的独立性和批判性显著发展，但由于还不成熟，容易固执和产生偏激，同时有了一定的历史基础和认知，但逻辑思维体系需要提高，以及独立思考批判能力需要加强，基于人本主义教学理论，选取红色教育、国防教育、国情教育等为主的研学站点，依托相关研学基地中的教学资源，借助丰富的实践体验教学资源和数字化技术，采取讲授法、演示法、情境教学法、体验教学法等教学方法和自主学习法、合作学习、探究学习等学法。注重培养学生的身体素质，强健学生体魄，培养学生的国防观念，引导学生规范身心健康发展，培养学生的新时代爱国主义精神，对学生世界观、人生观、价值观的形成发挥积极的促进作用，让不同基础的初中段学生都能够在研学中学有所悟	针对高中学段学生智力发展趋于成熟，对探索和体验新事物充满热情，具备了道德、法律、社会责任感等方面的基础知识和探究能力与独立思考能力，具有较强团队协作能力，且正处于世界观、人生观、价值观形成的重要阶段，但缺乏具体的实践经验和深入的思考，基于建构主义教学理论、认知主义教学理论，选取红色教育、国防教育、国情教育、人防教育等内容，依托相关研学基地中的教学资源，借助丰富的实践体验教学资源和数字化技术，采取讲授法、演示法、情境教学法、体验教学法等教学方法和自主学习法、合作学习等学法。重点培养学生爱党、爱国、爱军的价值取向，对学生世界观、人生观、价值观的形成发挥积极的促进作用，发挥研学实践活动在促进学生发展中的独特作用

维度或要素				小学高年级段	初中段	高中段
实施方案	入营教育	安全	引导	强调安全的重要性，宣讲各环节注意事项及管理规定，树立安全意识	强调安全的重要意义，带领学生了解安全应急知识，掌握应急救护技能	强调安全的重要意义，熟悉安全自我管理知识，提升安全防护意识
			实训	开展安全知识竞赛，了解工具使用安全、食品安全等知识	通过安全公共课讲解，掌握突发事件处置技能	开展针对住宿、饮食、研学基地、交通等环节的安全应急演练
		应急	引导	学习应急事件处理方法和技巧，培养冷静思考和随机应变的能力	组织视频学习和实操演练，学习海姆立克急救法	强化应急能力培养，掌握应急事件分类、处理方法和技巧
			实训	通过视频讲解，学习扭伤、中暑、崴脚等应急事件处理方法和技巧	观看安全知识科普视频，掌握气道异物梗阻急救处理方法和技巧	通过模拟现场演练的方式，掌握各项应急事件处理方法和技巧
		救助	引导	带领学生学习正确的求助方式，引导学生在遇到危险时保持冷静	通过案例情境，学会寻找和利用各种资源开展自救，增强救助能力	通过教师示范，引导学生关注救助知识和技能的学习
			实训	通过观看救助视频的方式，熟悉各种求助方式	通过老师的示范引领，学会基本的应急救护方法	邀请专业人士讲解，积极参与模拟演练，掌握各项基本的应急救护方法
		自我管理	引导	通过视频案例，引导学生做好情绪管理，培养良好的生活习惯	通过主题班会，引导学生形成自我规范，学会自我约束，实现自我提高	引导学生做好时间管理、情绪管理、学习管理、健康管理
			实训	通过导师讲解，养成早睡早起、每天洗漱的良好生活习惯	采用沉浸式体验方式，进行自我管理，扮演班级管理者角色	自主设计研学活动管理目标和计划，培养自我管理综合素养
		团队协作	引导	引导学生认识团队协作重要性	引导学生体会团队协作发挥的作用，增强学生的团队荣誉感	引导学生发挥团队力量，培养创新意识、合作能力
			实训	分组完成实践体验任务，形成团队合作成果	自主设计小组的组织活动和协调活动	开展团建活动，设定团队研学任务，小组协作，合力完成目标任务

维度或要素		小学高年级段	初中段	高中段
实施方案	导入教学环节	1.任务导入：参观党史馆，重温党的光辉历史，缅怀革命先烈的英雄事迹，感悟红色精神 2.视频导入：通过电影《辛亥革命》片段了解黄兴参与革命历程，明白和平来之不易 3.模拟导入：战争模拟体验，感受战争的残酷与艰辛，体会落后就会挨打的道理 4.情境导入：实地参观航空馆，进行沉浸式体验，了解军用航空的发展历史 5.任务导入：探索肖劲光带领中国海军从无到有、从有到强的过程，学习研究肖劲光的军事思想和革命精神	1.视频导入：观看电视剧《恰同学少年》中有关新民学会的片段，激发学生兴趣 2.图片导入：了解黄兴革命故事，通过湘籍烈士悲壮故事，激发学生致敬英烈的内驱力 3.情境导入：通过模拟长沙会战的战斗情景，学习先辈们艰苦奋斗、不畏艰难的革命精神，深切地感受战士们的艰苦 4.任务导入：探索湖湘大地上的红色历史，继承革命传统，弘扬革命精神 5.任务导入：根据研学任务开展自主讨论，制订活动计划	1.视频导入：组织学生观看《芷江受降》视频片段，引出研学主题“铸就国防力量”的学习任务与学习主题 2.任务导入：发布探究性任务，引导学生关注粟裕的革命精神，调动学生积极性 3.问题导入：询问是否知晓革命故事对应的先烈，发布相关研学任务单，引导学生参观与体验，进行思考与讨论 4.问题导入：通过“什么是国防”这个问题，激发学生的探索欲，引出研学主题 5.情境导入：带领学生进入相关场景，了解我国国防力量的发展历程
	授课教学环节	第一天：入营教育，必修课程一“走进国防科大”、必修课程二“党史馆里的红色记忆” 第二天：必修课程三“辛亥元勋黄兴”、必修课程四“辛亥革命知多少”、选修课程1“红色诗词会” 第三天：必修课程五“致敬三湘魂”、必修课程六“仰望精神丰碑　传颂英烈故事”、选修课程2“制作红军餐” 第四天：必修课程七“航空梦　国防梦”、必修课程八“我是航空工程师” 第五天：必修课程九“海军之父肖劲光”、必修课程十“致敬　深蓝的大海”、选修课程3“真人CS体验”	第一天：入营教育，必修课程一“新民学会　建党先声”、必修课程二“百年党史看湖南” 第二天：必修课程三“革命先驱黄兴”、必修课程四“在精神的丰碑下”、选修课程1“红色故事会” 第三天：必修课程五“走进芷江受降地”、必修课程六“粟裕大将的军事风范”、选修课程2“红军标语的力量” 第四天：必修课程七“横刀立马　彭大将军”、必修课程八“勇士救援” 第五天：必修课程九“国防有我”、必修课程十“请党放心　强国有我”、选修课程3“战地救护”	第一天：入营教育，必修课程一“铭记历史　珍爱和平”、必修课程二“同心筑国防　聚力强军梦” 第二天：必修课程三“开国大将粟裕”、必修课程四“铿锵少年梦　激扬爱国志”、选修课程1“团队浮桥” 第三天：必修课程五“缅怀革命先烈　赓续光辉历程”、必修课程六“黄兴的‘亮剑’精神”、选修课程2“野外求生” 第四天：必修课程七“强国有我”、必修课程八“探秘国防科大” 第五天：必修课程九“缅怀先烈　致敬英雄”、必修课程十“我的中国心”、选修课程3“精彩红歌会”

维度或要素		小学高年级段	初中段	高中段
实施方案	进级教学环节	1.分享交流：参观纪念馆，简述中华民族艰辛的抗战史，让学生领会中华民族生生不息、迎难而上的伟大精神 2.模拟情景：战争模拟体验，感受革命的残酷与艰辛，体会幸福生活的来之不易 3.实地探究：了解湖南烈士纪念塔修建的历史背景，了解纪念塔内国防先锋们的感人故事 4.实地考察：观摩不同时代不同型号的军用飞机，体验飞行模型组装 5.小组讨论：如何在他们自己的生活中实践肖劲光的精神	1.问题探究：新民学会的历史背景是什么，新民学会的成立对于中国革命进程的影响 2.任务探究：以“同盟会三杰”为主题，进行研学活动中的资料搜集，探究黄兴在辛亥革命中的革命历程 3.模拟情景：借助学习到的知识，模拟长沙会战，在路途中设置的关卡中了解长沙会战的历史，学习战争中的相关战术 4.实地探究：参观纪念馆，深入了解彭德怀在中国革命进程中的军事贡献，领略彭德怀元帅的人格魅力 5.任务探究：以“国防有我”为主题，进行研学活动中的资料搜集，按小组进行汇报	1.实地探究：参观湘西会战情景模拟体验区，学习帐篷搭建和野外急救，感受战士们不怕牺牲、甘于奉献的精神 2.问题探究：中国抗日战争对世界反法西斯的胜利作出了什么贡献，如何理解全民族统一战线 3.任务探究：参观湖南党史馆，梳理湖南近代革命历程 4.实地探究：总结科技在国防建设中的应用 5.实地探究：走进国防科技大学，了解科大校史与“忠诚、严格、科学、勤奋、文明”的精神，学习军人良好的军事与生活作风
	巩固教学环节	1.发布探究主题和实践任务，总结提升 2.实践体验，开展趣味性有奖竞答和趣味性总结分享，组织任务驱动学习 3.总结归纳、实践体验，交换彼此对所学的历史知识、革命文化传统的看法，加深理解程度 4.发布任务，以限时抢答和图片展示的形式检验 5.开展主题活动策划，引导学生总结活动收获与感悟	1.开展主题班会，引导学生总结分享自己的收获，结合日常学习生活，总结伟大革命先辈的崇高精神 2.实地探访与沉浸式情景体验相结合，撰写研学报告和心得体会 3.发布任务，引导学生思考责任与担当的意义，树立责任担当意识 4.开展小组讨论，对历史革命先辈、先驱人物的优秀品质进行交流和分享 5.任务驱动：以知识竞赛或演讲比赛的形式，让学生发挥主观能动性，总结收获和感悟	1.引导实践与分享交流相结合，总结分享自己的收获 2.教师带领学生一起总结和回顾，及时解答学生遇到的问题 3.总结性参观，通过播放视频等形式寓教于乐，增强学生对革命历史的直观感受和认识 4.进行针对性训练与实践体验，加深对革命精神的理解和认同，思考更具价值和意义的责任担当课题 5.开展小组合作讨论，总结性参观，发布任务，让学生进一步对近代以来我国国防的发展脉络进行汇总，并总结成思维导图

维度或要素			小学高年级段	初中段	高中段
实施方案	总结教学环节	教学创新	创新课程设计，打破时间、空间的限制，围绕主题展开教学，采用进阶式和巩固式策略，让学生在真实情境中探究和体验实践。同时，加强校内外的教育衔接，串联红色革命文化等知识。这样的课程设计，可以让学生更好地理解和掌握知识，培养他们的综合素质和能力	创新课程主题，注重主题引领、任务驱动、项目学习、学科融合，强调学生主动性，强化实践意识，与校内课程衔接，拓展延伸，内外协同，串联红色革命文化、历史、思想品德等知识。通过这样的设计，培养学生的综合素质和实践能力，促进学生的全面发展	创新教学方式，注重真实情境下的任务驱动，强化深度体验，推动研学过程中的独立思考与团队协作，形成有价值的课题研究，以实践激发学生兴趣，同时串联红色革命文化、历史、思想品德等知识。通过这一方式，提升学生的综合素质和能力，培养他们的创新精神和实践能力
		教学总结	针对小学高年级段教学目标和学生学情，在教学过程中，教师多采用提问式、趣味性的教学方式，培养学生爱党爱国情怀。将社会主义先进文化、革命文化、国家安全、生命安全与健康等重大主题教育有机融入课程，加强课程与学生经验、社会生活的联系	针对初中学段教学目标和学生学情，在教学过程中，教师通过展示学生作品、组织分享感悟、开展团队协作活动等方式，体悟红色文化的丰厚博大，汲取智慧，弘扬社会主义先进文化、革命文化，建立文化自信的培养目标，培养学生的爱国情怀、社会责任感、创新精神和实践能力	针对高中学段教学目标和学生学情，在教学过程中，教师围绕国家认同开展课程设计，设置团队协作活动，采用反馈交流等形式，帮助学生理解课程主题。引导学生自主学习、自我观察社会，在学生自主探索的同时引导学生树立爱党爱国情怀，继承和弘扬革命精神，发展社会主义先进文化
		教学反思	围绕小学高年级段学生学情进行分析，根据学生反馈与课程评价结果，进行教学反思，对教学设计环节进行改进，促使课程与教学得以提升，梳理实施过程中出现的问题，思考解决问题路径与策略，形成解决方案，调整和优化教学设计，为以后的研学活动提供参考	围绕初中段学生学情进行分析，根据学生反馈与课程评价结果，进行教学反思，对教学设计环节进行改进，促使课程与教学得以提升，梳理实施过程中出现的问题，思考解决问题路径与策略，形成解决方案，调整和优化教学设计，拓宽教学思路，提高教学水平	围绕高中段学生学情进行分析，根据学生反馈与课程评价结果，进行教学反思，对教学设计环节进行改进，促使课程与教学得以提升，思考解决问题路径与策略，在此基础上不断地改善、推陈出新，形成自己独特的教学风格

维度或要素				小学高年级段	初中段	高中段
实施方案	评价教学环节	教学水平评价	自我评价	教师根据评价反馈进行自我反思，深入了解课程实施的效果，不断调整、优化教学方法	教师基于教学目标、教学设计、安全管理、活动组织等方面进行总结，反思活动实施过程中存在的问题，明确改进方向与策略	教师基于教学目标、教学设计、教学策略等方面进行深入反思，发现问题与不足，找到改进措施与路径，做好改进计划，明确下一步实施策略
			学生评价	学生就教师的组织与教学、课程讨论参与度、课程氛围活跃度、学生积极性等方面进行不同维度的评价	学生就教师的组织与教学、教学设计能力、课程氛围活跃、课程中学生的话题参与度等方面进行不同维度的评价	学生就教师的组织与教学、教师的认知、语言文字表达能力、课程的教学设计能力、课程的教育意义及创新性等方面进行不同维度的评价
			同行评价	带队教师和教学管理人员对教师的教学设计、实施策略、实施效果等方面进行评价，基于证据、数据，采取交流、问卷等形式开展，取长补短，相互借鉴，实现共同进步	带队教师和教学管理人员基于随队观摩、听课、教学文件审阅、访谈、交流、问卷等形式，对教师的教学设计、实施策略、实施效果等进行评价	带队教师和教学管理人员通过充分利用信息技术，邀请知名专家随队观摩、听课、教学文件审阅、访谈、交流、问卷等形式，对教师的教学设计、实施策略、实施效果等进行评价
			培训和考核	基于教师师德师风、劳动教育、审美教育、学生管理等进行线上线下结合的专项培训和考核，通过考核结果评价教师的教学水平	定期对营地教师进行师德师风、科学教育、劳动教育、生涯规划、学生管理等方面的教学培训和考核，通过考核结果评价教师的教学水平	定期对营地教师进行师德师风、劳动教育、生涯规划、心理学、学生管理等方面的教学培训和考核，通过考核结果评价教师的教学水平
			教学成果展示	通过采用研究报告、主题会议、图文作品、视频影像等形式展示研学实践教学成果	通过采用设计作品、研学报告、作品分享、参与教学比赛等形式展示研学实践教学成果	通过作品展示、调查报告、研学报告、推介会等方式，并定期举行教师教学成果展示，组织实践教育专家对教学研究论文进行评选，促进教师水平提升，实现教学创新

维度或要素				小学高年级段	初中段	高中段
实施方案	评价教学环节	学业评价	形成性评价	针对学生在研学活动中的参与度、合作度、兴趣度、完成度等采取自评、小组互评，结合加盖“研学站点能力印章”的方式进行评价	针对学生在活动中的探究方法、合作能力、问题解决、创新意识、情感表达等方面，采取自评、互评的方式，加盖相应的“研学能力印章”，完成过程性评价	针对学生的探究能力、价值观养成、团队协作等内容，采取“能力印章”“研学档案”等方式进行评价，结合学段特点，及时调整教学计划和教学方式，增强对学生探究深度和方式方法的指导
			总结性评价	通过“印章”数量汇总、知识考核、成果展示等形式，对学生参与完成成果的过程、活动中的行为纪律、呈现出的情感态度进行整体客观评价，以判断教学效果，便于灵活调整教学形式	以研学课程目的为基准，通过技能闯关、成果展示、演讲汇报、“印章数量汇总”等形式，对参加研学实践活动学生的知识获取、技能掌握、分工合作、信息处理的能力进行评价，根据评价结果，判断教学目的实现程度，调整教学活动形式	通过“能力印章”汇总、“研学档案”审核、辩论、布展、演说等方式，对学生在整体研学过程中表现的探究能力、思辨能力、创新能力和责任担当意识等因素进行整体评价，促进学生提高研学探究水平
			教师评价	采取日常记录、问题简答、教学反馈或口头表达、加盖教师印章的形式，对学生在“行前准备阶段、现场教学阶段、汇报交流阶段”三阶段的活动准备、参与过程、行为纪律、情感认知、作品完成等进行评价	采取日常记录、交流讨论、调查问卷、教学反馈或口头表达的形式，对学生在“行前准备阶段、现场教学阶段、汇报交流阶段”三阶段知识获取、行为管理、情感认同、团队协作等进行评价，为学生提供个性化建议和反馈，加深对知识和技能的理解和运用	采取日常记录、调查问卷、问题解决、教学口头反馈、加盖教师印章等方式，对学生在“行前准备阶段、现场教学阶段、汇报交流阶段”三阶段的知识和技能掌握程度、研究能力、思辨能力、团队协作、素质素养、测验结果进行评价，发现实施中的问题
		项目评价		评估研学项目与社会各界的合作情况，包括与政府部门、非营利组织、企业等的合作关系，以及合作效果和成果；撰写社会影响评估报告，详细记录研学项目对社会的影响和贡献，向社会各界展示项目的社会效益和价值	进行社会影响跟踪调查，定期收集数据和信息，评估研学项目对社会的长期影响和变化，为项目的持续改进提供依据；统计社会各界对研学项目的参与度和支持度，分析参与者的特征和反馈意见，为项目的社会互动和推广提供参考	进行社会口碑调查，了解社会对研学项目的口碑和评价，收集社会各界的意见和建议，为项目的品牌建设和推广提供参考；撰写社会效益报告，详细记录研学项目带来的社会效益和价值，向社会各界展示项目的社会责任和贡献

4.14 教学计划与策略列表：研学教育立德树人 红色文化培根铸魂

<table>
<tr><td colspan="3">营地名称</td><td>桂林市中小学生示范性综合实践教育中心（简称“桂林营地”）</td><td>命名机构</td><td>教育部</td><td>识别码</td><td>Y145452002</td></tr>
<tr><td colspan="3">从业资质（摘要）</td><td>综合实践教育、研学旅行教育和劳动教育</td><td>单位属性</td><td>公益一类</td><td>法定代表人</td><td>刘树亮</td></tr>
<tr><td colspan="3">研学主题</td><td>研学教育立德树人 红色文化培根铸魂</td><td colspan="2">主要目的指向</td><td colspan="2">责任与担当教育</td></tr>
<tr><td rowspan="7">营地（枢纽）及周边主要优质研学资源</td><td colspan="2">基地层级</td><td colspan="5">研学站点（基地）名称</td></tr>
<tr><td rowspan="2">教育部命名基地</td><td>已列入教学计划</td><td colspan="5">一、与本主题相关列入教学计划的基地8个
1. 红军长征湘江战役纪念园（简称“湘江战役纪念园”）；2. 红军长征突破湘江烈士纪念碑园（简称“湘江纪念碑园”）；3. 广西壮族自治区中国科学院桂林植物园（简称“植物园”）；4. 桂林理工大学地质博物馆（简称“地质博物馆”）；5. 桂林会仙喀斯特国际重要湿地（简称“会仙湿地”）；6. 玉林市中小学生示范性综合实践基地（简称“玉林营地”）；7. 广西五彩田园中农富玉科普研学和劳动实践基地（简称“中农富玉基地”）；8. 玉林市容县示范性综合实践基地（简称“容县基地”）
二、与本主题关联不大但列入本营地教学计划的基地5个
1. 广西桂林花坪国家级自然保护区（简称“花坪”）；2. 柳州城市职业学院（简称“柳州职院”）；3. 长沙市中小学素质教育实践基地岳麓营地（长沙市示范性综合实践基地）（简称“长沙营地”）；4. 湘潭市示范性综合实践基地（简称“湘潭营地”）；5. 贵阳市学生健康发展中心（贵阳市示范性综合实践基地）（简称“贵阳营地”）</td></tr>
<tr><td>待列入教学计划</td><td colspan="5">无</td></tr>
<tr><td colspan="2">其他部委命名基地</td><td colspan="5">1. 湘江战役新圩阻击战酒海井红军纪念园（简称“新圩纪念馆”）；2. 桂林福达股份有限公司（简称“福达”）；3 恭城文武庙中小学生研学实践教育基地（简称“文武庙”）；4. 独秀峰王城研学基地（简称“王城”）；5. 众联生态庄园研学基地（简称“众联生态”）；6. 玉林市“高山古村清湾田园”研学实践教育基地（简称“高山村”）</td></tr>
<tr><td colspan="2">地方命名基地</td><td colspan="5">1. 桂林博物馆；2. 兴安县印象老山界红色文化研学基地（简称“老山界”）；3. 桂林甑皮岩遗址博物馆（简称“甑皮岩”）；4. 灌阳神农稻博园（简称“稻博园”）；5. 桂林两新党建红色教育学院（简称“红色教育学院”）；6. 灌阳县唐景崧故居（简称“唐景崧故居”）；7. 灵川县江头村景区（简称“江头村”）；8. 燕京漓泉绿色生产研学基地（简称“漓泉”）；9. 桂林市气象科普研学基地（简称“气象基地”）</td></tr>
<tr><td colspan="2">本营地资源</td><td colspan="5">1. 国防教育中心；2. 无线电科普（研学）教育基地；3. 交通安全宣传教育实践基地；4. 素质拓展中心；5. 法治教育馆</td></tr>
<tr><td colspan="2">其他资源</td><td colspan="5"></td></tr>
</table>

维度或要素	小学高年级段	初中段	高中段
校内教育基础（与校内教育的衔接）	对照2022年版义务教育课程标准，小学高年级段责任意识主要表现为：主人翁意识、担当精神和有序参与。目标内容为：重点在于认识到自己对所在集体归属感和主人身份，认识到个人所属角色应承担的责任，并敢于承担。本研学主题必修课程与校内教育的衔接内容主要如下：1.部编版道德与法治四年级上册第一单元第2课“我们的班规我们订”、第二单元第6课“我的家庭贡献与责任”，五年级上册第二单元第4课“选举产生班委会”，五年级下册第二单元第5课“建立良好的公共秩序”，六年级上册第一单元第1课“感受生活中的法律”，六年级下册第四单元第10课“我们爱和平”；2.部编版语文五年级下册第四单元第11课“军神”，六年级上册第二单元第5课“七律·长征”；3.粤教版科学五年级下册第一单元第6课“设计与制作：我的小桥”；4.人教版音乐五年级下册第三单元“母亲河”，六年级上册第一单元“我的祖国”	对照2022年版义务教育课程标准，培养初中段学生责任与担当的目标任务为：注重个人在社会和国家层面的责任担当、奉献精神和负责任的行动，在对相关道德规范和法律要求了解的基础上，有序参与社会生活和国家生活。本研学主题必修课程与校内教育的衔接内容主要如下：1.部编版道德与法治八年级上册第三单元第6课“责任与角色同在”，八年级下册第四单元第8课“维护公平正义”，九年级下册第三单元第5课“少年的担当”；2.部编版语文七年级下册第二单元第6课“老山界”，九年级下册第一单元第1课“祖国啊，我亲爱的祖国”；3.人教版音乐七年级下册第三单元第1课“十送红军”；4.苏教版劳动与技术七年级下册第三单元第1课“走进蔬菜世界”，第2课“无土栽培樱桃番茄”；5.人教版九年级美术上册第四单元第2课“民俗文化”，第五单元第3课“我国少数民族的美术文化”等	对照教育部普通高中思想政治课程标准（2023年版），培养高中段学生的责任与担当的目标任务为：致力于培养学生的国家意识、法治意识、文化自信和全球视野。本研学主题必修课程与校内教育的衔接内容主要如下：1.思想政治选择性必修一第2课“只有社会主义才能救中国”、第3课“只有中国特色社会主义才能发展中国”；2.思想政治选择性必修三第一单元第3课“坚持和加强党的全面领导”，第三单元第9课“全面依法治国的基本要求”；3.思想政治选择性必修四“继承发展中华优秀传统文化”；4.部编版语文必修上册第二单元第4课“喜看稻菽千重浪——记首届国家最高科技奖获得者袁隆平”，下册第三单元第8课“中国建筑的特征”；5.苏教版通用技术必修一第三章第1课“发现问题”，第2课“明确问题”；6.人教版历史必修三第一单元第2课“中华文化的世界意义”，第六单元第14课“文化传承的多种载体及其发展”等

维度或要素			小学高年级段	初中段	高中段
研学课程	必修课程一	名称	基础安全知识	安全知识	公共安全知识
		活动目的	掌握火灾逃生、地震避难等知识，理解并遵守公共空间的基本行为规则	掌握结绳、宠物咬伤处理等实操技巧，培养自立精神，形成集体思想、组织观念	掌握各类自然灾害、交通安全、消防的相关知识，培养社会责任感和担当精神
		活动形式	教师讲授、实地参观、实践体验	教师讲授、实地探访、公共安全体验活动等相结合	讲解指导、制作简易的可用于预防各类安全的道具或者方案等相结合
	必修课程二	名称	走进红色家乡	弘扬长征精神	战地医疗救护
		活动目的	通过参观湘江战役纪念园，激发学生的家乡自豪感和爱国情感	通过实地走访、体验行军，培养迎难而上、独立自主的长征精神	通过了解党史国情，学会科学理性分析问题，培养迎难而上、紧密团结的长征精神
		活动形式	教师讲授、实地参观、经验分享相结合	教师讲授、实地探访、编织草鞋等相结合	实地探访、小组合作、学习应急救护基本操作等相结合
	必修课程三	名称	传承红色基因	争当红色传人	血战新圩
		活动目的	通过参观湘江纪念碑园，增强学生做红色文化传播者和红色基因传承人的行动自觉	通过参加新圩纪念馆实践活动，增强学生做时代少年的行动自觉	通过探访革命遗址，培养爱国情怀和社会责任感，增强做时代青年的行动自觉
		活动形式	教师讲授、纸锅煮蛋实践活动、经验分享相结合	教师讲授、实地探访、现场搭灶台、熬小米粥等相结合	实地探访、小组合作、开展趣味红色运动会相结合
	必修课程四	名称	勇攀老山界	光华铺阻击战	苦难铸辉煌
		活动目的	通过对翻越老山界等重要事件的探索，培养学生勇于探索、吃苦耐劳的精神	通过了解兴安县红军长征时期的历史，深刻领悟长征精神的内涵	通过追寻铁军足迹，增强民族认同感，培养艰苦奋斗和乐观主义精神
		活动形式	教师讲授、实地参观、绘制线路图、完成老山界折纸作品等相结合	讲解指导、小组合作、徒步5公里长征路等相结合	讲解指导、徒步10公里长征路、完成老山界山体模型制作等相结合

维度或要素			小学高年级段	初中段	高中段
研学课程	必修课程五	名称	烽火绿洲	文化抗战	桂林保护战
		活动目的	通过了解抗战时期桂林的救国救亡行动，激发学生爱党爱国情怀	通过抗战文化的熏陶与学习，形成尊重历史、自强不息、传播革命精神的责任心	通过整合史料资源，以史育人，引导学生投身中华民族的伟大复兴
		活动形式	教师讲授、实地参观、制作和平鸽折纸等相结合	讲解指导、实地探访、完成人物访谈、配音演绎等相结合	讲解指导、实地探访、摩斯密码破译、制作电子和平鸽等相结合
	必修课程六	名称	模拟原始狩猎	走进考古发掘	模拟考古发掘
		活动目的	通过参观甑皮岩，了解家乡历史和文化，培养家乡自豪感	通过走访遗址、参加实践活动，培养探究精神	通过模拟考古发掘，培养探究精神和创新实践能力
		活动形式	教师讲授、实地参观、实践体验相结合	教师讲授、实地探访、小组交流相结合	教师讲授、实地探访、实践体验相结合
	必修课程七	名称	一碗米饭的由来	种植和收割	中华“粮”心
		活动目的	了解袁隆平的水稻人生，通过参与水稻种植，感受劳动创造的价值	通过农业劳动促进学生德智体美劳全面发展，践行社会主义核心价值观	通过走访中农富玉基地，感受乡村振兴成果，弘扬科学精神，坚定“四个自信”
		活动形式	讲解指导、实地参观、实践体验相结合	讲解指导、小组合作、学会使用一种农耕工具等相结合	讲解指导、小组合作、实践体验相结合
	必修课程八	名称	初探工业机器人	走进现代工业车间	探究锻造工艺流程
		活动目的	通过参观福达，自主探索科技改变生活的各种例子	通过参观高精密生产车间，感受“大国工匠”精神	通过工艺流程图呈现科技制作、模拟生产，培养逻辑思维能力，感受现代工业魅力
		活动形式	实地参观、讲解指导、完成机器人组装等相结合	实地探访、讲解指导、规范使用游标卡尺等相结合	实地探访、讲解指导、绘制流程图等相结合

维度或要素	小学高年级段	初中段	高中段
研学课程 必修课程九 名称	我是读书郎	家风	成人礼
研学课程 必修课程九 活动目的	通过感受古代游学生活，传承中华优秀传统文化，增强文化认同感	参观唐景崧故居，了解传统家风到新时代家风演变，增强家庭责任感和社会责任感	学习传统礼仪，感悟责任与担当，做勇于担当民族复兴大任的时代新人
研学课程 必修课程九 活动形式	教师讲授、实地探访、摩崖石刻作品设计等相结合	教师讲授、实地探访、小组交流相结合	教师讲授、实地探访、实践体验相结合
研学课程 必修课程十 名称	环保教育	法治教育	国防教育
研学课程 必修课程十 活动目的	通过参观植物园，了解自然环境与人类发展的关系，培养人与自然和谐发展理念	通过参观桂林营地，体验少年法庭，掌握法律常识，树立法治观念	通过参加军事拓展项目，培养吃苦耐劳、敢于挑战困难的品质，提高社会责任感
研学课程 必修课程十 活动形式	讲解指导、实地参观、植物嫁接等相结合	讲解指导、实地参观、实践体验相结合	讲解指导、小组合作、实践体验相结合
研学课程 选修课程	1. 制作红军餐 2. 古法制作农家豆腐 3. 植物科普秀 4. 影视欣赏：《刘三姐》	1. 瓦当拓印师 2. 走进百年古村，传承桂北文化 3. 争做非遗米粉小达人 4. 影视欣赏：《黄大年》	1. 抗战文化城主题课程（三选一）：旧籍修复技艺、版画及古籍装订、木刻版画体验 2. 探索古村建筑与环境保护 3. 直播带货桂林米粉 4. 影视欣赏：《我和我的父辈》 5. 党的二十大精神主题宣讲

维度或要素		小学高年级段	初中段	高中段
研学线路	代表性线路（时长五日）	第一天：桂林营地—素质拓展中心—湘江战役纪念园—桂林营地；第二天：桂林营地—湘江纪念碑园—老山界—桂林营地；第三天：桂林营地—红色教育学院—甑皮岩—桂林营地；第四天：桂林营地—稻博园—福达—桂林营地；第五天：桂林营地—王城—植物园—桂林营地	第一天：桂林营地—交通安全宣传教育实践基地—湘江战役纪念园—桂林营地；第二天：桂林营地—新圩纪念馆—老山界—桂林营地；第三天：桂林营地—红色教育学院—甑皮岩—桂林营地；第四天：桂林营地—稻博园—福达—桂林营地；第五天：桂林营地—唐景崧故居—法治教育馆—桂林营地	第一天：桂林营地—无线电科普（研学）教育基地—湘江战役纪念园—桂林营地；第二天：桂林营地—新圩纪念馆—老山界—桂林营地；第三天：桂林营地—红色教育学院—桂林博物馆—桂林营地；第四天：桂林营地—中农富玉基地—玉林营地；第五天：玉林营地—福达—江头村—国防教育中心—桂林营地
	可选择线路（按天设计，菜单式选择）	1.桂林营地—交通安全宣传教育实践基地—新圩纪念馆—桂林营地；2.桂林营地—湘江纪念碑园—老山界—桂林营地；3.桂林营地—地质博物馆—王城—桂林营地；4.桂林营地—众联生态—漓泉—桂林营地；5.桂林营地—会仙湿地—桂林营地	1.桂林营地—素质拓展中心—湘江纪念碑园—桂林营地；2.桂林营地—湘江战役纪念园—桂林营地；3.桂林营地—王城—桂林博物馆—桂林营地；4.桂林营地—众联生态—漓泉—桂林营地；5.桂林营地—文武庙—法治教育馆—桂林营地	1.桂林营地—国防教育中心—湘江纪念碑园—桂林营地；2.桂林营地—老山界—新圩纪念馆—桂林营地；3.桂林营地—王城—地质博物馆—桂林营地；4.桂林营地—高山村—容县营地；5.容县营地—会仙湿地—气象基地—桂林营地
	规划线路（按天设计）	1.桂林营地—国防教育中心—湘江纪念碑园—桂林营地；2.桂林营地—老山界—桂林营地；3.桂林营地—甑皮岩—王城—桂林营地；4.桂林营地—气象基地—福达—桂林营地；5.桂林营地—花坪—桂林营地	1.桂林营地—国防教育中心—老山界—桂林营地；2.桂林营地—湘江纪念碑园—桂林营地；3.桂林营地—福达—柳州职院；4.柳州职院—众联生态—漓泉—桂林营地；5.桂林营地—花坪—法治教育馆—桂林营地	1.桂林营地—国防教育中心—湘江战役纪念园—桂林营地；2.桂林营地—福达—柳州职院—桂林营地；3.桂林营地—长沙基地—湘潭营地；4.湘潭营地—贵阳营地；5.贵阳营地—花坪—桂林营地

维度或要素		小学高年级段	初中段	高中段
教学重点难点（以代表性线路教学设计为例，以下同）	教学重点	1.严守安全规定和措施。活动前必须让每个学生充分了解注意事项，在具备一定的体力和心理承受能力后方可参加拓展活动；2.了解桂林的历史和革命英雄人物，并能讲述；3.通过陶艺、折纸、剪纸等艺术形式传播红色文化；4.军体拳学习、勇士越野障碍跑技巧及耐力训练；掌握射击、手雷投掷技术；5.学会遵守高精密生产车间纪律和安全要求，掌握工业机器人手工制作基本步骤，完成机器人组装；6.理解环保的概念和内容，学会垃圾分类和手工DIY	1.感悟中国制造智慧，能规范使用游标卡尺；2.掌握湘江战役的历史意义，体验先烈不畏牺牲、向死而生的精神；掌握一定的野外生存技巧，能利用简易材料设计制作红军鞋等实用的生活物品；3.学习水稻、蔬菜、果树等农作物的种植技术，体验乡村特产的制作工艺，感受乡村振兴成果；4.感受家风文化；5.开展国防知识竞赛，了解近现代国防建设与军事改革情况	1.掌握基本国情，深入理解中国革命史，掌握桂林在中国革命史中的重要地位，树牢“听党话，跟党走”的坚定信念；2.国防理论教学和军事技能训练；3.学习版画、木刻等传统工艺，以及现代发酵工艺和锻造工艺流程；4.了解玉林的发展，与桂林进行横向对比，探索振兴桂林乡村的有效路径；5.在研学实践活动中感受多元文化交汇融合，传承中华优秀传统文化，铸牢社会主义核心价值观
	教学难点	1.理解并遵守公共空间的基本行为规则，掌握一定的自救知识；2.理解湘江战役的历史地位和红军浴血奋战的光辉历程，并能引起共鸣；3.明白“红色文化”“红色精神”的内涵深意，实现精神成长；4.学会定向搜寻、查找、整理并陈述资料信息；5.能自主探索科技改变生活的各种例子；6.了解当前世界面临的环境问题，提升生态文明意识	1.了解祖国的发展历程，掌握基本国情，全面理解中国共产党的历史地位；2.掌握红军发展历史上的重大事件，绘制红军长征时期在桂林的路线图；3.探究桂林城乡经济发展的优势和劣势；4.明白科技创新的重要性和必要性，培养为国制造的工匠精神；5.掌握传统家风到新时代家风的演变，培养家国情怀	1.了解我国国防建设成就、国防方针政策和国防领导体制；2.掌握生态环境与经济发展相关领域的课题知识，理解生态文明的重要性，在环保问题上形成自己的见解，形成相关报告；3.用恰当的语言和文字参与交流，学会借助生活、发挥想象来表达情思；4.体悟文艺、文化作品蕴含的思想情感和审美情趣，提高审美鉴赏和表达交流能力；5.全面理解当今时代的主题，争做有担当的时代新人

维度或要素	小学高年级段	初中段	高中段
教学策略	小学高年级学生进入向青少年过渡的儿童期后期阶段，学生自主自律能力增强，对学习和集体的责任感进一步提高，学会独立进行逻辑论证，出现抽象道德观念，但思维活动仍具有很大成分的具体形象色彩。针对学生实际，依托各级研学营（基）地和周边资源，通过参观爱国主义教育基地和开展系列实践活动，融合多个学科，采取情境式教学，引导学生知史明耻，培养爱家乡和爱国家的情怀，学会合作完成任务，锻炼团队协作能力和沟通能力，在解决问题的过程中明辨是非，学会承担，对自己、对家庭、对他人和集体践行责任。同时，在教学过程中根据学生反馈进行动态调整，确保小学高年级段的学生能够深度参与研学实践并有具体收获	初中段学生自觉性和独立性逐渐形成，心理表现出依赖性、独立性、幼稚性和自觉性等矛盾特征；思维活跃，易受环境影响，社会意识逐步增强，具备一定的是非辨别能力，但是人生观、道德观、世界观还处于逐步认识并付诸行动阶段。针对学生实际，依托各级研学营（基）地和周边资源，采取实地情境式教学，学生进行体验式和跨学科项目式学习，使学习探究向纵深发展，增强国防观念，厚植国家利益至上的爱国主义情怀，学会在实际生活中对人对事、对社会对国家践行责任。同时，在教学过程中根据学生反馈进行动态调整，确保接受能力不同的学生能够在研学中有发现、有收获、有感悟	高中段学生身心各方面的发展趋于成熟，抽象思维、逻辑推理、言语理解与表达、动手操作能力等也有了高度发展；思维活跃，已经形成较独立的个性，求知欲旺盛，对知识的深度广度均有更高的要求。针对学生实际，依托各级研学营（基）地和周边资源，侧重国情教育认同区、革命传统文化传承区、自然生态保护区、国防科工体验区，优选“互联网+”和“研学+”项目，采取多学科情境式教学，培养学生综合运用知识分析问题、用科学方法开展研究、解决实际问题的能力。同时，在教学过程中根据学生反馈进行动态调整，确保参训学生在个人感兴趣的领域开展广泛的实践探索，增强社会责任意识和法治观念，形成主动服务他人、服务社会的情怀，并且具备一定的社会服务能力，身体力行践行中华民族伟大复兴的中国梦

维度或要素				小学高年级段	初中段	高中段
实施方案	入营教育	安全	引导	通过营地安全通道、安全标识学习，开展入营安全教育，签订研学安全协议	开展入营安全教育，签订研学安全协议	开展入营安全教育，签订研学安全协议
			实训	桂林营地安全教育公共课	桂林营地安全教育公共课	桂林营地安全教育公共课
		应急	引导	掌握应急事件处理方法和技巧，学会冷静思考，培养随机应变的能力	通过公共安全体验活动，理解并遵守公共空间的基本行为规则	了解各类自然灾害、交通安全、消防的相关知识
			实训	实操学习包扎方法和中暑、崴脚等应急处置方法	掌握火灾逃生、地震避难等知识；掌握结绳实操、宠物咬伤处理等技巧	制作简易的可用于预防、应对各类安全事故的方案和道具
		救助	引导	情景模拟突发或不可预见性事件，需要救助的紧急情况	模拟教学楼火灾现场，人员被困教室场景	模拟地震现场，部分建筑物倒塌的情景
			实训	学习110、119和120拨打流程，掌握急救现场的基本应对方法	学会止血、包扎、固定、搬运等急救技能	学会冷静应对，有序疏散，开展应急救护实操，掌握三种包扎技法
		自我管理	引导	组织学生制定自我管理的考核评价方案	心理测试和互动游戏	心理测试和讲座
			实训	学生主导、营地教师协助进行考核	开展“我和我对话”活动，引导学生掌握疏解负面情绪的途径和技巧	开展“我的情绪我做主”情绪管理主题活动
		团队协作	引导	在集体食宿和团建时各项事务分工明确、责任到人	户外拓展活动	户外团建活动
			实训	通过趣味运动项目，培养团队意识	通过军事训练、越野赛等拓展训练项目，培养团队意识	通过小组合作拓展训练项目，打造互助高效团队

维度或要素		小学高年级段	初中段	高中段
实施方案	导入教学环节	1.问题导入：你对“危险”的了解有多少；2.实景导入：参观湘江纪念碑园，引导学生认识红色城市桂林，走进血染湘江的战争年代；3.活动导入：“我了解的桂林”快问快答；4.激情导入：袁隆平院士曾经在我们脚下这片土地，开展超级稻栽培实验，取得了一亩产粮一吨半的广西最高纪录，今天我们一起来追寻一碗米饭的前世今生；5.情境导入：重温开笔礼	1.场景导入：突如其来的大火包围了教学楼，你和同学被困在教室，这时候最先要做的三件事是什么；2.视频导入：播放《血战湘江》片段，直观感受红军的生死存亡之战、决定长征前途的命运之战；3.问题导入：红军当年为什么一定要强渡湘江；引导学生思考桂林在中国革命史中的重要地位；4.视频导入：通过展示一万年前的桂林，引发学生对桂林人先祖“甑皮岩人”的探究兴趣；5.故事导入：学生讲述自己的家风故事	1.活动导入：小组合作完成无线电测向，通过集科技、体育、趣味性于一体的竞赛活动，探究“无线电能做什么”，体验科技的力量；2.视频导入：通过桂林老红军访谈录，激发学生爱国热情和担当精神；3.活动导入：党史国情知识快问快答；4.任务导入：对比桂林和玉林的发展现状，探索振兴桂林乡村的有效路径；5.任务导入：生态环境与经济发展如何相互促进，完成一份旅游城市如何实现高质量发展的调研报告
	授课教学环节	第一天：入营教育，必修课程一“基础安全知识”、必修课程二“走进红色家乡”；第二天：必修课程三“传承红色基因”、必修课程四“勇攀老山界”，选修课程1“制作红军餐”；第三天：必修课程五“烽火绿洲”、必修课程六“模拟原始狩猎”；第四天：必修课程七“一碗米饭的由来”、必修课程八“初探工业机器人”，选修课程2“古法制作农家豆腐”；第五天：必修课程九“我是读书郎”、必修课程十“环保教育”，选修课程3“植物科普秀”、选修课程4“影视欣赏：《刘三姐》”	第一天：入营教育，必修课程一“安全知识”、必修课程二“弘扬长征精神”；第二天：必修课程三“争当红色传人”、必修课程四“光华铺阻击战”；第三天：必修课程五“文化抗战”、必修课程六“走进考古发掘”，选修课程1“瓦当拓印师”；第四天：必修课程七“种植和收割”、必修课程八“走进现代工业车间”，选修课程2“走进百年古村，传承桂北文化”；第五天：必修课程九“家风”、必修课程十“法治教育”，选修课程3“争做非遗米粉小达人”、选修课程4“影视欣赏：《黄大年》”	第一天：入营教育，必修课程一“公共安全知识”、必修课程二“战地医疗救护”；第二天：必修课程三“血战新圩”、必修课程四“苦难铸辉煌”，选修课程1“抗战文化城主题课程（三选一）：旧籍修复技艺、版画及古籍装订、木刻版画体验”；第三天：必修课程五“桂林保护战”、必修课程六“模拟考古发掘”，选修课程2“探索古村建筑与环境保护”；第四天：必修课程七“中华‘粮’心”，选修课程3“直播带货桂林米粉”；第五天：必修课程八“探究锻造工艺流程”、必修课程九“成人礼”、必修课程十“国防教育”，选修课程4“影视欣赏：《我和我的父辈》”、选修课程5“党的二十大精神主题宣讲”

维度或要素		小学高年级段	初中段	高中段
实施方案	进级教学环节	1. 实践："我的秘密"情景剧展演 2. 讨论：如何面对成长过程中的困惑和迷茫 3. 体认：正确认识"自我"，正确处理个人和集体的关系，探索生活法则和处世之道	1. 实践：以"共享单车是低碳环保还是资源浪费"为辩题开展辩论赛活动 2. 讨论：2021年4月25日，习近平总书记在视察漓江生态环境保护时说："甲天下就是指生态好，天生丽质，绿水青山。你们在这里工作，最重要的是要呵护好这里的美丽山水，这是大自然赐予中华民族的一块宝地，一定要保护好，这是第一位的。"你是怎么理解这段话的 3. 体认：生态文明建设的重要性和紧迫性	1. 实践：举办社会热点沙龙 2. 讨论：2023年9月，国务院批复实施《桂林世界级旅游城市建设发展规划》。桂林将坚持世界眼光、国际标准、中国风范、广西特色、桂林经典，加快建设山水甲天下的旅游名城、人与自然和谐共生的生态名城、世界文明交流互鉴的开放名城和宜业宜居宜乐宜游的品质生活名城。你怎么理解"世界眼光、国际标准、中国风范、广西特色、桂林经典" 3. 体认：坚持国际视野，认真学习，锻炼本领，心怀"民族复兴，强国有我"的责任担当意识，为强国复兴贡献力量
	巩固教学环节	1. 回顾：师生回顾和总结研学中遇到的问题和收获 2. 活动：小组编撰"我的家乡"绘本 3. 应用：我为家乡发展建言献策	1. 回顾：师生回顾和总结研学中遇到的问题和收获，学生互相解惑 2. 作业：了解本次研学所涉及的不同县域的地方经济特点 3. 思考：传统文化对推动乡村振兴的重要作用 4. 应用：模拟举行新闻发布会	1. 回顾：小组汇报研学中遇到的问题和收获 2. 思考：新能源车的发展是依靠政府引导还是市场引导 3. 作业：小组合作完成相关调研报告 4. 应用：召开成果交流会

维度或要素			小学高年级段	初中段	高中段
实施方案	总结教学环节	教学创新	基于学生的年龄特点，开展CS枪战，通过模拟战场的形式，进行综合素质对抗，深化学生对军强则国强的认知	基于学生的年龄特点，开展主题文创作品创作，融入多学科学习	基于学生的年龄特点，强化“大思政”理念，以小组形式开展学习研讨，引导学生关注当前热点新闻，用好用活思政教材
		教学总结	1. 回顾和总结研学中遇到的问题和收获 2. 及时收集学生、带队教师和其他相关人员的反馈，了解教学环节的优点和不足，整理研学活动的教学资料 3. 学生填报《研学手册》	1. 师生回顾和总结研学中遇到的问题和收获，学生互相解惑 2. 师生整理研学活动的教学资料和过程性资料，培养学生的创新精神和实践能力 3. 学生填报《研学手册》	1. 学生分组进行总结，回顾整个活动过程、梳理知识点，总结活动感悟 2. 研学教师鼓励学生积极思考、合作探究、创新个性、勇于表达意见 3. 学生填报《研学手册》
		教学反思	1. 反思研学学生是否能有课堂之外的收获 2. 根据教学反馈和评估结果，对教学环节进行调整和优化，梳理教学环节的设计、实施和效果，提炼经验教训，为下一次研学活动提供参考	1. 反思是否实现“五育并举”的目标 2. 反思本次研学方案和细则是否能进一步优化	1. 反思是否实现从“研学游”到“研学优”的跨越 2. 反思在研学活动中能否尝试新的教学方法和策略

维度或要素				小学高年级段	初中段	高中段
实施方案	评价教学环节	教学水平评价	自我评价	学生对研学是否有浓厚的兴趣，是否有具体收获	是否实现了“五育并举”，是否鼓励学生发挥创造力，是否达成研学课程目标	是否在“大思政课”理念下落实立德树人根本任务，是否全面提升学生的政治认同、家国情怀、道德修养、法治意识和文化修养
			学生评价	针对课程兴趣程度和课堂气氛活跃度等方面进行评价，完成满意度调查问卷	针对教师和学生之间的互动是否充分，研学课程师生对话深入程度，学生能否积极参与课堂学习，课堂气氛是否活跃等方面进行评价，完成满意度调查问卷	小组合作，从线路设计是否科学、课程设计是否有趣、课堂气氛是否活跃等方面进行评价，完成满意度调查问卷
			同行评价	由带队教师和教学管理人员对营地教师的教学进行评价	对研学教师的导入环节、教学能力、专业知识、创意物化、课堂管理、学生互动情况等方面进行评价	从学生立场出发，既关注全体学生要达成的共同目标，也关注每个学生的个性化目标。由营地教师、校方教师和教学管理人员对教学进行评价
			培训和考核	采用实地参观、聆听报告、视频会议等方式定期开展培训和考核，督促教学行为的达成与优化	定期对营地教师进行研学实践课程资源开发与实施的培训并考核，通过考核提升教师的研学教学水平	通过政治素养、教学水平、教学态度、教学成果等多维度对教师进行综合考核与评价，并根据考核结果对教师进行分类管理，实行个性化的培训方案，全方位保障教学效果
			教学成果展示	课本剧表演，手工泥塑、剪纸等艺术作品展示，学生口头汇报	剧本展演，文创设计与制作，举办“少年法庭”	主题宣讲和演讲比赛、学生调研报告、成果交流会

维度或要素				小学高年级段	初中段	高中段
实施方案	评价教学环节	学业评价	形成性评价	通过观察、记录和反馈学生研学过程中的学习情况，以及活动中的表现，给予评价	通过观察、记录和反馈学生研学过程中的参与程度、探索深度和交流表达等表现，及时进行评价；注重个性的发挥和团队精神的培养	观察小组合作中协作情况，及时调整探究任务、人员组成，并对学生研学观察、记录、讨论和反思及时进行评价；注重对学生科研精神的培养
			总结性评价	以责任与担当指向为主的学习目标为基准，通过观察、测验、展示等形式，激发学习兴趣，对学生实践能力、跨学科学习能力、团队合作能力进行评价，注重培养社会责任感与公民意识	以责任与担当指向为主的学习目标为基准，通过测验、报告、展示等形式，对学生知识学习与实践应用相结合的能力、独立思考与解决问题的能力、交流沟通与团队协作的能力进行评价，注重拓宽视野与培养社会责任感	以责任与担当指向为主的学习目标为基准，对学生深化理论与实践结合的能力、培养批判性思维与创新能力、增强社会适应和人际交往能力、拓宽国际视野与跨文化交流能力进行评价，注重培养担当民族复兴大任的行动自觉
			教师评价	由教师根据学生在研学活动中的表现和成果，根据学生的参与度、作业质量、测试成绩等，对学生的学业进行评价	对知识生成、能力提升、情感认同，以及小组合作、互动情况等方面进行综合评价；通过观察和问卷调查方式，对研学创新点、实践能力水平和探究解决问题切入点、方式方法等方面进行评价	通过观察、访谈和调查问卷等方式对学生获取研学知识、探究能力和研学态度进行评价；对探究报告呈现方式、探究深度、问题解决方案进行评价；对研学中合作意识、情绪管理、意志品质等进行评价
		项目评价		对学校教师、参与学生和学生家长进行访谈或调查问卷，及时发现问题并加以改进	设计二维码，学校教师、参与学生和学生家长可以选择扫码评价或者调查问卷评价，及时发现问题并加以改进，持续完善研学实践项目	设计二维码进行网络评价，由学校教师、参与学生和学生家长进行匿名评价，及时发现问题并加以改进，持续完善研学实践项目

4.15 教学计划与策略列表：训练国防军事技能 树立学子责任担当

<table>
<tr><td colspan="3">营地名称</td><td>重庆市万州区中小学实践学校（简称“万州营地”）</td><td>命名机构</td><td>教育部</td><td>识别码</td><td>Y145502001</td></tr>
<tr><td colspan="3">从业资质（摘要）</td><td>实施校外教育和综合实践教育</td><td>单位属性</td><td>公益一类</td><td>法定代表人</td><td>周少白</td></tr>
<tr><td colspan="3">研学主题</td><td>训练国防军事技能 树立学子责任担当</td><td colspan="2">主要目的指向</td><td colspan="2">责任与担当教育</td></tr>
<tr><td rowspan="7">营地（枢纽）及周边主要优质研学资源</td><td colspan="2">基地层级</td><td colspan="5">研学站点（基地）名称</td></tr>
<tr><td rowspan="2">教育部命名基地</td><td>已列入教学计划</td><td colspan="5">一、与本主题相关列入教学计划的基地11个
1.重庆张飞古道中小学社会实践教育基地（简称“张飞古道基地”）；2.重庆三峡移民纪念馆；3.重庆红岩革命历史博物馆；4.邓小平故居；5.“5·12”汶川特大地震纪念馆；6.北川三秒应急安全体验中心；7.四川博物院；8.中国两弹城；9.“5·12”汶川特大地震映秀震中纪念馆；10.中国工农红军强渡大渡河纪念馆；11.川陕苏区纪念馆（川陕革命根据地红军烈士陵园管理局）
二、与本主题关联不大但列入营地教学计划的基地9个
1.重庆自然博物馆；2.重庆科技馆；3.三峡医药高等专科学校中医药和生命科技馆；4.长江三峡旅游区；5.屈原故里文化旅游区；6.剑门关；7.唐家河自然保护区；8.重庆中国三峡博物馆；9.长江三峡集团</td></tr>
<tr><td>未列入教学计划</td><td colspan="5">1.重庆南川金佛山景区（第二课堂科技营地）；2.国家技术标准创新基地重庆师范大学研究中心；3.重庆科技学院科技探索体验中心；4.重庆白鹤梁水下博物馆；5.重庆仙女山国家森林公园（重庆市武隆区仙女山国家森林公园管理处）；6.重庆红蜻蜓油脂有限责任公司；7.重庆邮电大学；8.重庆抗战遗址博物馆；9.重庆市乐和乐都旅游有限公司；10.重庆市乐其农业发展有限公司；11.友军青少年综合实践科普教育基地（重庆品有农业发展有限公司）；12.华蓥山旅游区</td></tr>
<tr><td colspan="2">其他部委命名基地</td><td colspan="5">1.万州烈士陵园；2.刘伯承同志纪念馆</td></tr>
<tr><td colspan="2">地方命名基地</td><td colspan="5">1.万州下川东革命烈士陈列馆；2.红色西山研学基地</td></tr>
<tr><td colspan="2">本营地资源</td><td colspan="5">万州国防军事训练营</td></tr>
<tr><td colspan="2">其他资源</td><td colspan="5">1.库里申科烈士墓园；2.万州龙城国防教育基地</td></tr>
</table>

维度或要素	小学高年级段	初中段	高中段
校内教育基础（与校内教育的衔接）	对照课标，小学高年级段在责任与担当教育方面提出“将社会主义先进文化、革命文化、中华优秀传统文化、国家安全、生命安全与健康等重大主题教育有机融入课程”“加强课程与学生经验、社会生活的联系”。本研学主题必修课程与校内教育的衔接内容主要如下：1.人教统编版道德与法治四年级上册第二单元第1课“少让父母为我操心”、第2课“这些事我来做”、第3课“我的家庭贡献与责任”；2.人教统编版道德与法治五年级上册第三单元第6课“我们神圣的国土”、第7课“中华民族一家亲”；3.人教统编版道德与法治五年级下册第三单元第7课“不甘屈辱　奋勇抗争”、第8课“推翻帝制　民族觉醒”、第9课“中国有了共产党”、第10课“夺取抗日战争和人民解放战争的胜利”、第11课“屹立在世界的东方”、第12课“富起来到强起来”等	对照课标，初中段在责任与担当教育方面提出“将社会主义先进文化、革命文化、中华优秀传统文化、国家安全、生命安全与健康等重大主题教育有机融入课程”“倡导‘做中学’‘用中学’‘创中学’”“培养学生的爱国情怀、社会责任感、创新精神和实践能力”，培养“有理想、有本领、有担当的时代新人”。本研学主题必修课程与校内教育的衔接内容主要如下：1.人教版道德与法治八年级上册第四单元第8课“国家利益至上”、第9课“树立总体国家安全观”、第10课“建设美好祖国”；2.人教版道德与法治八年级下册第二单元第3课“公民权利”、第4课“公民义务”；3.人教版道德与法治九年级下册第三单元第5课“少年的担当”；4.人教版历史七年级下册第三单元第18课“统一多民族国家的巩固和发展”；5.人教版历史八年级上册第六单元第18课“从九·一八事变到西安事变”、第19课“七七事变与全民族抗战”、第22课“抗日战争的胜利”；6.人教版历史八年级下册第三单元第10课“建设中国特色社会主义”、第11课“为实现中国梦而努力奋斗”等	对照课标，高中段在责任与担当教育方面提出“继承和弘扬中华优秀传统文化、革命文化，发展社会主义先进文化，加强法治意识、国家安全、民族团结、生态文明和海洋权益等方面的教育”“学校要系统规划校内外课程资源的使用”“因地制宜，科学安排综合实践活动”“为学生提供丰富、便利的实践体验机会”“发挥综合实践活动在促进学生发展中的独特作用”。本研学主题必修课程与校内教育人教版教材的衔接内容主要如下：1.人教版思想政治高一下册必修二第二单元综合探究“践行社会责任　促进社会进步”；2.人教版思想政治高二必修四第二单元第6课“实现人生的价值”“价值与价值观”“价值判断与价值选择”“价值的创造和实现”；3.人教版思想政治高一下册必修二第三单元第7课“继承发展中华优秀传统文化”“弘扬中华优秀传统文化与民族精神”；4.人教版历史高一下册必修二第二单元第24课“全民族浴血奋战与抗日战争的胜利”等

维度或要素			小学高年级段	初中段	高中段
研学课程	必修课程一	名称	步枪战斗射击	野外急救之担架制作和包扎	雷区取水
		活动目的	通过训练，使学生学会95式步枪基本动作规范，锻炼能力，提高身体协调性	通过模拟救护、消毒与包扎练习，掌握野外急救知识，提升学生的自救互救的能力	激发学生的责任担当意识，明白计划的重要性，提高团队的组织、协调、沟通能力
		活动形式	教师讲解、教师示范、实践体验、总结评价	教师讲解、图片展示、教师示范、小组探讨、实践体验、总结评价	教师讲解规则，学生以小组为单位进行挑战
	必修课程二	名称	无线电通信	军事素质大比拼	防暴恐演练
		活动目的	通过训练，让学生了解战术手语的重要地位和基本内容，学会使用战术手语	通过沙场比武活动，掌握基本军事技能，增强自信，培养艰苦奋斗精神	通过训练使学员提高应急处理突发事件的能力，树立正确的战术理念及意识
		活动形式	教师讲授、实践体验、总结评价	教师讲解、教师示范、小组PK、实践体验、总结评价	教师讲解防暴队形，学生分组进行模拟体验
	必修课程三	名称	速度与激情	丛林大探险	实景实兵对抗
		活动目的	体验速度与激情活动，培养学生的奉献意识、团队意识和大局意识	通过体验丛林大探险活动，锻炼学生的身体协调能力、沟通能力和合作能力	通过模拟战场对抗，挖掘团队的创造能力，培养团队合作精神、提升凝聚力
		活动形式	教师讲授、实践体验、总结评价	教师讲解、实践体验、总结评价	教师讲解规则，学生分小组进行模拟实景实兵对抗训练
	必修课程四	名称	丛林大探险	真人CS	战地救护
		活动目的	体验丛林大探险活动，培养学生乐于付出、牺牲小我、成就大我的精神品质	通过体验野战运动活动，提升学生的身体素质，锻炼学生的执行能力、沟通能力	通过训练使学员了解战争的残酷性，明白对伤员的进一步治疗有十分重要的意义
		活动形式	教师讲授、实践体验、总结评价	教师讲解、实践体验、总结评价	教师进行理论讲解，学生实地演示并分组作业

维度或要素			小学高年级段	初中段	高中段
研学课程	必修课程五	名称	激光打靶	团队云梯	逃生墙
		活动目的	体验激光打靶活动，培养学生专心、细心和耐心的做事品质，增强学生的军事素养	在项目体验中打破隔阂，体会团队的配合，同伴的支持，学会信任	提高学生危急时刻的生存技能。增强安全意识和保护意识。提高团队内部的凝聚力
		活动形式	教师讲授、实践体验结合、总结评价	教师讲解、教师示范、实践体验、总结评价	教师讲解要求，学生合作进行挑战
	必修课程六	名称	鼓舞飞扬	三峡移民	星光夜话
		活动目的	通过体验，培养学生的集体荣誉感和责任感，激发学生的团结合作意识	通过了解三峡移民工程和三峡移民的相关知识，感受爱国、奉献的三峡移民精神	通过活动，培养学生的职业规划意识，增加学生的自信、自尊、自爱的自我价值
		活动形式	教师讲授、实践体验、总结评价	观摩法、情境教学法、分组合作教学法、演练教学法	教师讲解关于露营的知识，学生尝试搭建帐篷
	必修课程七	名称	净水实验	天文探索	追逐梦想
		活动目的	培养热爱家乡、热爱自然、珍惜资源、保护资源的意识；提升野外生存能力	通过体验活动，培养学生的科学意识，激发学生不断探索天文天象奥秘的兴趣	通过体验活动，培养学生为了共同的目标而相互鼓励、相互照顾的团队意识
		活动形式	教师讲授、实践体验、总结评价	观看视频、教师讲解、小组探讨、实践体验、总结评价	教师讲解指南针的使用方法，学生认识点标旗，制订行动路线，并完成行动
	必修课程八	名称	民防教育	驿站传书	生命的呼吸
		活动目的	通过活动让学生学习民防知识，防空警报声的分辨、防护服的穿戴、认识民防标识	通过体验活动，树立学生的个人责任感和集体荣誉感。学习信息传递的不同方式	通过体验活动，缓解学生心理压力，提升学生的观察能力、专注力
		活动形式	教师讲授、实践体验、总结评价	教师讲解、小组PK、实践体验、总结评价	教师讲解冥想的方法，学生体验冥想活动

维度或要素			小学高年级段	初中段	高中段
研学课程	必修课程九	名称	野外生存之帐篷搭建	勇攀高峰	冲出雷阵
		活动目的	通过体验活动，培养学生的团结互助意识和集体荣誉感；训练学生的野外生存技能	通过体验勇攀高峰活动，锻炼学生的身体协调能力、沟通能力和分工协作能力	通过体验冲出雷阵活动，树立学生勇于创新、敢于担当的开拓精神
		活动形式	教师讲授、实践体验、总结评价	教师讲解、小组PK、实践体验、总结评价	教师讲解挑战规则，讲述重庆万州的抗战背景，学生完成挑战
	必修课程十	名称	大脚板	百变自我	团队大拼图
		活动目的	通过体验活动，提高学生的身体素质、培养团队协作能力、促进创造力发展	通过体验活动，培养学生的创新创造意识和乐于分享的精神	通过体验团队大拼图活动，培养学生的职业素养、顾全大局的意识和团队合作精神
		活动形式	教师讲授、实践体验、总结评价	教师讲解、小组PK、实践体验、总结评价	教师讲解规则，学生分组分角色进行体验
	选修课程		1. 携手前行 2. 变废为宝 3. 天天向上 4. 解手链	1. 铁甲战车 2. 挑战 No.1 3. 步枪精准度射击 4. 战争沙盘推演	1. 探访空巢老人 2. 拓展训练：孤岛求生 3. 拓展训练：众志成城

维度或要素		小学高年级段	初中段	高中段
研学线路	代表性线路（时长五日）	第一天：万州营地—万州国防军事训练营—万州营地；第二天：万州营地—万州国防军事训练营—万州营地；第三天：万州营地—万州国防军事训练营—万州营地；第四天：万州营地—万州国防军事训练营—万州营地；第五天：万州营地—万州国防军事训练营—万州营地	第一天：万州营地—万州国防军事训练营—万州营地；第二天：万州营地—万州国防军事训练营—万州营地；第三天：万州营地—重庆三峡移民纪念馆—万州营地；第四天：万州营地—万州龙城国防教育基地—万州营地；第五天：万州营地—张飞古道基地—万州营地	第一天：万州营地—万州国防军事训练营—万州营地；第二天：万州营地—万州龙城国防教育基地—万州营地；第三天：万州营地—万州国防军事训练营—万州营地；第四天：万州营地—张飞古道基地—万州营地；第五天：万州营地—万州国防军事训练营—万州营地
	可选择线路（按天设计，菜单式选择）	1.万州营地—万州国防军事训练营—万州营地；2.万州营地—万州国防军事训练营—万州营地；3.万州营地—万州国防军事训练营—万州营地；4.万州营地—万州国防军事训练营—万州营地；5.万州营地—万州国防军事训练营—万州营地	1.万州营地—万州国防军事训练营—万州营地；2.万州营地—万州龙城国防教育基地—万州营地；3.万州营地—万州国防军事训练营—万州营地；4.万州营地—万州龙城国防教育基地—万州营地；5.万州营地—万州国防军事训练营—万州营地	1.万州营地—万州龙城国防教育基地—万州营地；2.万州营地—万州国防军事训练营—万州营地；3.万州营地—万州龙城国防教育基地—万州营地；4.万州营地—万州国防军事训练营—万州营地；5.万州营地—万州龙城国防教育基地—万州营地
	规划线路（按天设计）	1.万州营地—重庆三峡移民纪念馆—万州营地；2.万州营地—万州下川东革命烈士陈列馆—万州营地；3.万州营地—万州烈士陵园—万州营地；4.万州营地—重庆红岩革命历史博物馆—万州营地；5.万州营地—重庆中国三峡博物馆—万州营地	1.万州营地—重庆抗战遗址博物馆—万州营地；2.万州营地—张飞古道基地—万州营地；3.万州营地—邓小平故居—万州营地；4.万州营地—“5·12”汶川特大地震纪念馆—万州营地；5.万州营地—北川三秒应急安全体验中心—万州营地	1.万州营地—四川博物院—万州营地；2.万州营地—中国两弹城—万州营地；3.万州营地—“5·12”汶川特大地震映秀震中纪念馆—万州营地；4.万州营地—中国工农红军强渡大渡河纪念馆—万州营地；5.万州营地—川陕苏区纪念馆（川陕革命根据地红军烈士陵园管理局）—万州营地

备注：本表中重复线路开展的研学内容不同。

维度或要素		小学高年级段	初中段	高中段
教学重点难点（以代表性线路教学设计为例，以下同）	教学重点	1. 体验净水实验；培养学生野外生存能力 2. 学习民防必备知识，比如防空警报声的分辨、防护服的穿戴、民防标识的识别等 3. 通过了解枪支安全操作，练习基础射击动作，培养学生实践能力，增强军事素养，提升综合素质 4. 培养奉献意识、团队意识和大局意识 5. 培养团队协作能力、促进创造力发展	1. 挑战勇攀高峰活动，锻炼学生的身体协调能力、沟通能力和分工协作能力 2. 体验百变走姿和创意摆拍，提升学生的自律性，锻炼学生的想象力和合作能力 3. 开展军事素质比拼，锻炼学生坚毅的精神品质 4. 开展丛林穿越体验活动，增强学生肢体协调能力 5. 了解三峡移民相关知识，感悟三峡移民的伟大精神	1. 培养学生创新创造、责任担当的品质 2. 培养学生的大局观 3. 训练学生应对突发事件的能力 4. 挖掘团队的创造能力，培养团队合作精神、提升团队的凝聚力 5. 提高学生在面对紧急情况时的生存技能，增强安全意识和自我保护意识
	教学难点	1. 对现场安全的把控 2. 激发学生的爱国情怀，以及认识学习民防知识的重要性 3. 如何有效引导学生树立热爱自然、珍惜资源、保护资源的意识 4. 培养团结、合作、友爱的精神以及吃苦耐劳的品质，增强团队凝聚力 5. 提升学生的国防知识水平	1. 体验勇攀高峰活动，树立学生的集体荣誉感和使命感，培养学生乐于为集体奉献智慧和敢于拼搏向上的精神品质 2. 体验百变自我活动，培养学生的创新创造意识和乐于分享的精神 3. 户外活动时对现场安全的把控 4. 有效引导课堂秩序 5. 培养创新创造意识和乐于分享的精神	1. 有效引导学生认真参与 2. 对各组任务完成情况快速而准确地确认 3. 组织多种军事体验活动，提升学生的国防素养 4. 有效引导学生维护团队关系，增强团队凝聚力 5. 对活动场地的安全把控

维度或要素	小学高年级段	初中段	高中段
教学策略	针对小学高年级段学生对周围世界拥有强烈的好奇心和探究欲望、乐于动手操作具体形象的物体等学情实际，课程内容设置需贴近小学生的生活，强调用符合小学生年龄特点的方式学习，基于杜威的教育思想“儿童中心论”理论，以学生为主体，选取丰富多彩的体验内容，依托教师、研学方案等资源，采取讲授法、情境教学法、案例教学法、任务驱动法等教法和自主学习、合作学习、实践体验等学法，开展情境式爱国主义活动，达到爱国主义早期教育和责任意识早期培养的目的	针对初中学生活泼好动、思维活跃，对新生事物好奇心较强，有强烈的求知欲和上进心，勇于表现自我，渴望得到别人的尊重和认可，自尊心较强等特点，基于杜威“从做中学”理论，选取丰富多彩的体验内容，依托教师、研学方案、研学基地等资源，采取自主学习法、探究合作法、情境教学法等教法和探究学习法、合作学习法、情境体验法等学法，开展“勇攀高峰”“百变自我”等挑战活动，达到树立团队意识、强化责任担当，深入感受“人心齐，泰山移”合作精神的目的	针对高中学生学习上可能存在两极分化的学情，基于建构主义理论，选取多姿多彩的体验式研学内容，依托教师、研学方案、研学基地等资源，采取讲授教学、情境教学法、分组合作教学法、任务驱动型教学法等教法和合作学习、问题解决与实践探究等学法，开展多种亲身实践体验活动，让学生明白担当是最珍贵的品质，但勇于担当不是一时兴起，需要坚定的理想信念和坚持不懈地追求

维度或要素				小学高年级段	初中段	高中段
实施方案	入营教育	安全	引导	开展入营安全主题教育，进行安全宣誓，对照挂图查找不安全行为	开展入营安全主题教育，学习营地场馆、食宿、户外场地安全须知	开展入营安全主题教育，签订安全承诺书，自我查找不安全行为
			实训	认识教室和宿舍的安全标志，知晓疏散路线，开展疏散演练	通过营地指导员的指导，学习《安全手册》，组织开展疏散演练	学习掌握教室和宿舍的安全标志，制定疏散路线图，开展疏散演练
		应急	引导	了解地震、火灾、踩踏事故发生的原因和破坏力，掌握应急技巧	通过视频了解避震、反恐等案例，掌握应急事件处理方法和技巧重要性	探究地震、火灾、踩踏事故的应对技巧，熟练掌握应急举措
			实训	通过模拟体验，学会报警和求助方法，初步养成避险逃生的意识	通过实践体验，熟练掌握地震、火灾、踩踏的应急技能	通过实践体验，学会合作使用消火栓、灭火器，掌握灾难发生时的逃生技巧
		救助	引导	通过模拟情境，激发救助他人的意向	模拟真实情境，增强自我防范保护意识，针对出血、骨折、搬运做适当引导	模拟真实情境，针对踩踏、触电等开展主题引导，提高应对措施和应变能力
			实训	通过模拟演练，学会拨打急救电话、向他人求助，了解一些简单的救助工作	利用应急急救包开展模拟训练，基本学会止血、包扎、固定、搬运等急救技能	开展心肺复苏、包扎、简易担架制作等应急技能培训，提升学生的应对能力
		自我管理	引导	通过案例学习，激发学生自我管理意识	通过营地的六项自我管理原则，指导学生学习实施并督促延续	通过军训、内务、心理等课程，深化学生的纪律意识和秩序意识
			实训	开展队列训练、内务整理等活动	通过拓展训练、集体生活等项目，促进自我认知，培养自我管理能力	通过队列训练、团队文化建设等活动，提升自我管理能力
		团队协作	引导	通过“我们是最棒的团队”活动，引导学生认识团队协作重要性	通过拓展训练，引导学生强化团队协作意识	通过团队活动，培养学生对团队的归属感，打造互助高效团队
			实训	通过“大脚板”等团队合作课程，提高合作效率，培养无私奉献精神	通过“南水北调”团队合作课程，提升团队意识，提高合作效率	通过“同心绳”等团队合作课程，培养无私奉献精神

维度或要素		小学高年级段	初中段	高中段
实施方案	导入教学环节	1. 情境导入：我们在出行中，为了保证水分的正常补充，需要携带淡水。在野外，饮用水喝完，如何在自然界中获得能饮用的水呢？2. 情境导入：川东游击纵队战士在战斗中经常要穿越密林，今天我们一起来体验一次丛林穿越；3. 活动导入：齐唱《打靶归来》；4. 情境导入：侦察战士野外生存；5. 故事引入：历史已过去，今天我们将一起重温那段过往，去认识那些革命先辈，看看他们在为中华人民共和国的建设过程中留下了哪些英勇事迹	1. 情境导入：游击队员战斗中负伤，需要紧急包扎治疗；2. 情境导入：我们穿越到抗战战场，与敌人进行战斗；3. 故事导入：30多年前，为了支持三峡工程建设，三峡移民含泪奔赴他乡；4. 视频导入：播放视频《中国天眼》；5. 问题导入：你是谁？你对自己有什么认识	1. 情境导入：日本731部队将病毒放在地雷阵中，小分队必须取出病毒；2. 情境导入：游击队员战斗中负伤，需要紧急包扎治疗；3. 故事导入：逃生墙的故事；4. 活动导入：学生齐唱《超越梦想》；5. 故事导入：用生命担当使命的新时代英雄战士杜富国
	授课教学环节	第一天：入营教育，必修课程一“步枪战斗射击”、必修课程二“无线电通信”；第二天：必修课程三“速度与激情”、必修课程四“丛林大探险”、选修课程1“携手前行”；第三天：必修课程五“激光打靶”、必修课程六“鼓舞飞扬”、选修课程2“变废为宝”；第四天：必修课程七“净水实验”、必修课程八“民防教育”、选修课程3“天天向上”；第五天：必修课程九“野外生存之帐篷搭建”、必修课程十“大脚板”、选修课程4“解手链”	第一天：入营教育，必修课程一“野外急救之担架制作和包扎”、必修课程二“军事素质大比拼”；第二天：必修课程三“丛林大探险”、必修课程四“真人CS”、选修课程1“铁甲战车”；第三天：必修课程五“团队云梯”、必修课程六“三峡移民”、选修课程2“挑战No.1”；第四天：必修课程七“天文探索”、必修课程八“驿站传书”、选修课程3“步枪精准度射击”；第五天：必修课程九“勇攀高峰”、必修课程十“百变自我”、选修课程4“战争沙盘推演”	第一天：入营教育，必修课程一“雷区取水”、必修课程二“防暴恐演练”；第二天：必修课程三“实景实兵对抗”、必修课程四“战地救护”、选修课程1“探访空巢老人”；第三天：必修课程五“逃生墙”、必修课程六“星光夜话”、选修课程2“拓展训练：孤岛求生”；第四天：必修课程七“追逐梦想”、必修课程八“生命的呼吸”、选修课程3“拓展训练：众志成城”；第五天：必修课程九“冲出雷阵”、必修课程十“团队大拼图”

维度或要素		小学高年级段	初中段	高中段
实施方案	进级教学环节	1.实践：利用所学的知识为边远山区困难群众做一个净水器 2.讨论：学到了哪些军事技能 3.体认：体验军人的优秀品质	1.实践：战争沙盘微电影制作 2.思考：在活动过程中，我们的团队精神有哪些体现 3.探究：地球运动与二十四节气的关系 4.体认：个人与团队成功的关系	1.拓展：画出团队中职业分工的思维导图 2.思考：在活动中为了解决问题，用到了哪些思维方法 3.应用：应急救护技能展示 4.体认：一个优秀团队的要素
	巩固教学环节	1.回顾反思：回顾研学过程中学生的收获与感悟，反思自己的不足以及改进的方法 2.巩固引领：总结五天的活动内容，进行民防科普知识竞赛 3.演讲：责任担当　强国有我	1.回顾反思：回顾研学过程中学生的收获与感悟，反思自己的不足以及改进的方法 2.巩固引领：总结五天的活动内容，利用实习法对责任与担当板块内容进行巩固。教师组织学生利用iPad、多媒体等现代化设备，多渠道搜集相关素材，完成《我的责任与担当》研学报告	1.回顾反思：回顾研学过程中学生的收获与感悟，反思自己的不足，并寻找改进的方法 2.巩固引领：总结五天的活动内容，通过写研学感悟，将活动过程具体化，研学活动成果实物化 3.作业：以“我们是最棒的团队”为题写一篇文章

维度或要素			小学高年级段	初中段	高中段
实施方案	总结教学环节	教学创新	在研学实践中，注重引导学生在军事训练中提高政治觉悟，激发爱国热情，发扬革命英雄主义精神，增强国防观念，培养学生保家卫国的责任担当	创新教学方法：使月多媒体教学、合作学习、探究式学习等教学方法，提高学生的主动参与度和学习兴趣 创设情境：通过创造真实的场景和情境，激发学生的学习兴趣和动力 教学资源的创新利月：充分利用数字化资源、网络资源等教学资源，丰富教学内容，提升教学效果	探索性学习：引导学生主动探索和研究问题，培养独立思考和创新意识 项目式学习：组织学生参与具体项目，培养解决问题的能力和跨学科的综合素养 教育技术应用：运用教育技术工具和资源，创造多元化的学习环境，提高学生的学习效果和兴趣
		教学总结	回顾研学过程，及时收集学生研学心得、感悟、调查报告等资料，收集学生、家长和其他人员的反馈，总结研学的优点和不足，建立研学档案	总结学生在研学实践活动中是否达到预期的学习目标，分析学生的优点和不足；总结所采用的教学方法的有效性，明确哪些方法对学生的学习起到了积极的促进作用；总结教学资源的利用情况，评估其对学生学习的支持程度和质量	总结学生在研学实践活动中取得的学习成果，包括知识、技能和态度的培养；评估所采用的教学方法的有效性和适用性，反思哪些方法对学生的学习起到了积极的促进作用；评估教学资源的利用程度，分析资源对学生学习的支持程度和质量
		教学反思	根据研学反馈和评估结果，对研学设计进行调整优化，进一步梳理研学与学校课程的融合程度、研学中发展学生核心素养的成效、研学中五育融合的实效，总结经验教训，为下一步工作提供参考	反思研学过程中遇到的问题，如学生的困难、教学环境等，提出改进措施；反思学生的学习效果，分析学生在研学实践活动中的成长和进步，提出进一步改进的意见；反思教师在教学活动中的角色定位和表现，评估在教学中的优点和不足	反思教学过程中采用的策略，包括组织形式、教学活动设计等，提出改进和优化的建议；反思学生的学习情况和表现，分析学生的学习困难和需求，提出个性化的辅导和支持；反思教师在研学实践活动中的角色表现，评估自己的教学能力和专业素养，提出进一步的发展目标和计划

维度或要素				小学高年级段	初中段	高中段
实施方案	评价教学环节	教学水平评价	自我评价	教师对研学设计、目标落实、实施效果、安全管理、学生参与等进行评价反思	教师对研学设计、目标落实、实施效果、安全管理、学生参与等进行评价反思	教师对研学设计、目标落实、实施效果、安全管理、学生参与等进行评价反思
			学生评价	学生从是否有趣、是否激发积极性、是否启发思考、是否鼓励表达交流、引导学生树立正确价值观等方面进行评价	学生可以提供具体的反馈和建议，例如：老师在课堂上能够生动有趣地讲解，能够激发学生的兴趣和参与度；老师对学生的问题解答及时准确	学生对研学教师的教学表现和指导进行评价，评价应当客观公正，注重给予教师积极的鼓励和建设性的指导
			同行评价	带队教师、本校教师、基地营地教师对教师的教学设计、实施策略、实施效果进行评价	带队教师、本校教师、基地营地教师对教师的教学设计、实施策略、实施效果进行评价	其他教师、专业人士或同行教师对研学教师的教学表现进行评价和反馈
			培训和考核	定期对营地教师进行课程资源、路线开发、课程实施培训和考核	组织相关的培训课程和考核任务，如教学案例分析、教学演示等，评估教师在教学设计、教学实施、学生引导等方面的能力	组织相关的培训课程和考核任务，如教学案例分析、教学演示等，评估教师在教学设计、教学实施、学生引导等方面的能力
			教学成果展示	用美篇、微信公众号等方式对研学开展情况进行展示；用研究报告、作品展示等形式展示研学成果；撰写研学实践课程案例	用美篇、微信公众号等方式对研学开展情况进行展示；用研究报告、作品展示等形式展示研学成果；撰写研学实践课程案例	组织展示活动，包括教学案例分享、教学演示、教学成果展板等形式，让教师展示自己在教学过程中的创新实践、教学成果和教学成长，并分享教学心得和体会

维度或要素				小学高年级段	初中段	高中段
实施方案	评价教学环节	学业评价	形成性评价	随时观察学生活动中的参与度和兴趣度，根据学生的实际表现作出评价	对学生日常学习过程中的表现、所取得的成绩以及所反映出的情感态度、策略等方面的发展作出评价	对高中学生的探究能力、价值观培养、团队协作等，采取持续观察、记录、反思的方式进行评价
			总结性评价	对学生研学态度、习惯和纪律性、安全意识、自理自立等进行整体性评价；评价方式可以采用考核和口头评价等	以预先设定的以责任与担当指向为主的学习目标为基准，通过测验、报告、展示等形式，对学生达成目标的程度作出评价；对学生实验的结果、达到的目标、完成水平和完成度进行评价	对学生在研学过程中表现的探究问题的能力、思辨能力和责任担当意识表现等因素进行整体评价，对研学报告、展示项目、作品等研学成果进行评价，促进学生提高研学探究水平
			教师评价	分段记录学生阶段性表现，针对研学前、研学中和研学后的研学准备、研学实践、研学参与度、作业完成情况进行评价；对学生知识和技能掌握程度、合作意识、素质素养进行评价	研学教师通过日常记录、问题测验、教学反思等方式，及时掌握学生的学习效果和发展情况，根据学生的学习态度、过程表现、结果呈现等作出整体性评价	采取日常记录、教学反思或口头表达的形式，对学生知识和技能掌握程度、研究能力、团队协作、素质素养进行评价
		项目评价		行政主管部门、参与学校、学生、家长通过问卷、访谈等形式，对研学项目的安全管理、研学资源、方案设计、组织实施、学生成长的有效性、规范性、整体性进行评价，以便持续完善研学实践教育	行政主管部门、参与学校、学生、家长及社会各界通过问卷、访谈等形式，对安全管理、研学资源、课程衔接、进度组织、教学策略、教学环节、课程意义、学生成长等方面进行评价，以便持续完善研学实践教育	行政主管部门、参与学校、学生、家长及社会各界通过问卷、访谈等形式，对安全管理、研学资源、课程衔接、活动组织、多方协同、教学策略、课程深度、学生成长、项目规范等进行评价，以便持续完善研学实践教育

4.16　教学计划与策略列表：起航红色研学之旅　扬帆前行强国有我

<table>
<tr><td colspan="3">营地名称</td><td>重庆市铜梁区青少年综合实践基地服务中心（简称“铜梁营地”）</td><td>命名机构</td><td>教育部</td><td>识别码</td><td>Y145503002</td></tr>
<tr><td colspan="3">从业资质（摘要）</td><td>为青少年实践活动提供保障，组织青少年进行探究性学习、社会服务与社会实践，课外拓展训练，对青少年进行安全、国防、科技、爱国主义教育</td><td>单位属性</td><td>公益二类</td><td>法定代表人</td><td>逯丽平</td></tr>
<tr><td colspan="3">研学主题</td><td>起航红色研学之旅　扬帆前行强国有我</td><td>主要目的指向</td><td colspan="3">责任与担当教育</td></tr>
<tr><td rowspan="7">营地（枢纽）及周边主要优质研学资源</td><td colspan="2">基地层级</td><td colspan="5">研学站点（基地）名称</td></tr>
<tr><td rowspan="2">教育部命名基地</td><td>已列入教学计划</td><td colspan="5">一、与本主题相关列入教学计划的基地10个
1. 重庆红岩革命纪念馆；2. 重庆抗战遗址博物馆；3. 重庆中国三峡博物馆；4. 四川广汉三星堆博物馆；5. 邓小平故居；6. 中国两弹城；7. 四渡赤水纪念馆；8. 遵义会议纪念馆；9. 中国天眼景区；10. 朱德故居
二、与本主题关联不大但列入本营地教学计划的基地12个
1. 重庆科技馆；2. 重庆市万州区中小学综合实践基地（简称“万州营地”）；3. 泸州市教育实践基地（简称“万州营地”）；4. 眉山市青少年综合实践基地（简称“眉山营地”）；5. 重庆三峡移民纪念馆；6. 重庆白鹤梁水下博物馆；7. 重庆张飞古道中小学社会实践教育基地（简称“张飞古道基地”）；8. 华蓥山旅游区；9. 重庆自然博物馆；10. 贵阳市学生健康发展中心（贵阳市示范性综合实践基地）（简称“贵阳营地”）；11. 广元市示范性综合实践基地（简称“广元营地”）；12. 遵义会议旧址</td></tr>
<tr><td>待列入教学计划</td><td colspan="5">1. 重庆南川金佛山景区（第二课堂科技营地）；2. 国家技术标准创新基地重庆师范大学研究中心；3. 重庆科技学院科技探索体验中心；4. 重庆仙女山国家森林公园（重庆市武隆区仙女山国家森林公园管理处）；5. 重庆邮电大学；6. 重庆市乐和乐都旅游有限公司</td></tr>
<tr><td colspan="2">其他部委命名基地</td><td colspan="5">1. 邱少云烈士纪念馆；2. 聂荣臻元帅陈列馆；3. 杨闇公旧居和陵园；4. 綦江王良故居及纪念馆；5. 新华日报总馆；6. 军神广场；7. 娄山关景区；8. 苍溪红军渡纪念馆；9. 周公馆；10. 八路军驻重庆办事处旧址；11. 刘伯承故居；12. 三苏博物馆；13. 泸定桥景区；14. 刘伯承同志纪念馆；15. 白公馆；16. 渣滓洞</td></tr>
<tr><td colspan="2">地方命名基地</td><td colspan="5">1. 陈独秀旧居；2. 饶国模故居；3. 重庆建川博物馆；4. 重庆大轰炸惨案遗址；5. 铜梁博物馆；6. 泸顺起义陈列馆；7. 眉山抗战将士纪念馆；8. 金梅印象青少年综合实践基地；9. 邱少云故居；10. 1949大剧院；11. 孝泉师范学院；12. 泸州起义纪念碑；13. 东坡区烈士陵园；14. 重庆歌乐山烈士陵园；15. 开州博物馆；16. 重庆自然博物馆；17. 綦江博物馆；18. 綦江石壕红军烈士墓；19. 红一军团司令部旧址；20. 红色西山研学基地；21. 旺苍红军城</td></tr>
<tr><td colspan="2">本营地资源</td><td colspan="5">1. 龙文化馆；2. 联合馆；3. 禁毒教育馆；4. 人防馆；5. 防震演练馆；6. 消防逃生馆</td></tr>
<tr><td colspan="2">其他资源</td><td colspan="5">1. 铜梁龙景区；2. 六赢山莲文化劳动研学基地；3. 安居古城</td></tr>
</table>

维度或要素	小学高年级段	初中段	高中段
校内教育基础（与校内教育的衔接）	对照课标，小学高年级段在学习传承红色文化方面提出努力学习社会主义核心价值观和革命文化。红色文化在激发学生民族自豪感方面发挥重要作用，真正感受红色精神具备的内涵，强化学生承担红色文化传承的使命感。本研学主题必修课程与校内教育衔接内容主要如下：1.部编版语文六年级上册第9课“我的战友邱少云”；2.西师大版语文四年级上册第29课“聂元帅和日本小姑娘”；3.部编版语文五年级下册第11课“军神”；4.西师大版语文五年级下册第27课“江姐”；5.人教版语文四年级上册第22课“为中华之崛起而读书”；6.部编版道德与法治四年级下册第三单元第7课“我们的衣食之源”；7.部编版道德与法治五年级下册第三单元第7课“不甘屈辱奋勇抗战”、第9课“中国有了共产党”、第10课“夺取抗日战争和人民解放战争的胜利”	对照课标，初中段在责任与担当方面提出认识中华文化丰厚博大，汲取智慧，弘扬社会主义先进文化、革命文化、中华优秀传统文化，建立文化自信的培养目标。本研学主题必修课程与校内教育衔接内容主要如下：1.人教版历史八年级上册第四单元第17课“内战烽火”；2.部编版历史八年级上册第23课“内战爆发”；3.部编版语文七年级下册第1课“邓稼先”；4.人教版历史七年级上册第5课“灿烂的青铜文明”；5.部编版历史七年级上册第二单元第5课“青铜器与甲骨文”；6.人教版美术八年级下册第18课“三星堆青铜面具”；7.人教部编版道德与法治八年级上册第四单元第8课“坚持国家利益至上”；8.教科版道德与法治九年级上册第3课“天下兴亡匹夫有责”	对照课标，高中段在责任与担当方面提出热爱中华文化，继承和弘扬中华优秀传统文化、革命文化、社会主义先进文化，关注和参与当代文化生活，了解和借鉴人类文明优秀成果，具有比较开阔的文化视野和一定的文化底蕴的培养目标。本研学主题必修课程与校内教育衔接内容主要如下：1.人教版高中语文必修二第四单元第12课“我有一个梦想”；2.人教版高中语文必修三第三单元第9课“劝学”；3.人教版高中语文必修四第三单元第10课“人是一根能思想的苇草”“信条”；4.人教版高中历史必修一第四单元第15课“国共的十年对峙”、第16课“抗日战争”；5.人教版高中思想政治必修二第四单元第9课“维护世界和平，促进共同发展”；6.人教版高中思想政治必修三第三单元第7课“我们的民族精神”

维度或要素			小学高年级段	初中段	高中段
研学课程	必修课程一	名称	烈火中的永生	致敬小萝卜头	为了和平　收藏战争
		活动目的	参观邱少云烈士纪念馆，感受邱少云“对党忠诚、严守纪律、顾全大局、勇于担当”的精神	了解“小萝卜头”的英勇事迹，学习“小萝卜头”刻苦学习的精神，致敬英雄	了解重庆建川博物馆里的民族记忆，重温峥嵘岁月里的故事，致敬英雄
		活动形式	教师讲授、实地参观、实践体验相结合	教师讲授、实地探访、情景演绎相结合	教师讲授、实地探访、实践体验相结合
	必修课程二	名称	千秋风流——元戎	《红岩》小说蓝本——渣滓洞	追溯红岩记忆
		活动目的	通过参观聂荣臻元帅陈列馆，了解聂荣臻元帅重要事迹，使学生感受聂荣臻元帅身上的责任与担当	了解以“江姐”为代表的革命先烈在解放战争时期，为争取民族独立和人民民主斗争中所做的努力	深入认识抗日战争时期和解放初期，中国共产党人在争取民族解放和人民民主斗争中的优秀品质
		活动形式	教师讲授、实地参观、实践体验相结合	教师讲授、实地探访、实践体验相结合	教师讲授、实地探访、实践体验相结合
	必修课程三	名称	看《觉醒年代》　游陈独秀旧居	悠悠歌乐山　云雾绕英魂	烈士精神永传承
		活动目的	通过参观陈独秀旧居，了解陈独秀生平事迹，激发学生探寻陈独秀开辟新文化运动的历史背景及意义	通过参与献花、默哀等祭奠仪式，重温入团誓词，树立铭记历史、好好学习、肩负使命、砥砺前行的理想信念	体会并践行王良将军勤俭朴素、刻苦学习、抛头颅洒热血的精神品质
		活动形式	教师讲授、实地参观、实践体验相结合	教师讲授、实地探访、实践体验相结合	教师讲授、实地探访、实践体验相结合
	必修课程四	名称	巾帼英雄饶国模	观红色历史剧目《重庆·1949》	刘帅故里话初心
		活动目的	通过参观大有农场，激发学生寻找饶国模实业救国的事迹和体会她创办大有农场的意义	了解重庆解放前夕的历史背景及社会风貌，领略那段满含悲壮而又令人肃然起敬的历史	了解刘伯承少时勤耕苦读、立志“拯民于水火”的成长轨迹，寄托缅怀之情
		活动形式	教师讲授、实地参观、实践体验相结合	教师讲授、实地探访、实践和体验结合	教师讲授、实地探访、实践体验相结合

维度或要素			小学高年级段	初中段	高中段
研学课程	必修课程五	名称	永葆革命初心	峡江风月　馆藏历史	铁骨钢筋铸军魂
		活动目的	通过参观八路军驻重庆办事处旧址，了解当时革命先辈浴血奋战的光辉历史，培养学生的爱国主义情怀	参观重庆中国三峡博物馆，领悟重庆人民在抗日战争和世界反法西斯战争中所作出的贡献和牺牲	深入学习刘伯承元帅坚韧、忠诚的品格和为党为革命为人民拼搏奉献的精神
		活动形式	教师讲授、实地参观、实践体验相结合	教师讲授、实地探访、实践和体验结合	教师讲授、实地探访、实践体验相结合
	必修课程六	名称	“愈炸愈强”的抗战精神	险夷不变应胆尝　道义争担敢息肩	军神热血
		活动目的	通过参观重庆大轰炸惨案遗址、重庆十八梯大隧道遗址，了解重庆大轰炸的历史背景，厚植“愈炸愈强”的城市抗战精神	感悟生活战斗在周公馆的革命先辈们为了民族解放团结奋斗、用生命吹响斗争的号角，立志“拯民于水火”的凛然大义	感受刘伯承元帅一生戎马、身经百战、战功赫赫的“军神风骨”和坚韧谦虚的高尚品格以及心系天下的家国情怀
		活动形式	教师讲授、实地参观、实践体验相结合	教师讲授、实地探访、实践和体验结合	教师讲授、实地探访、实践体验相结合
	必修课程七	名称	勿忘历史　吾辈自强	党的又一“方面军”——新华日报馆	红色记忆　光辉历程
		活动目的	通过了解先辈故事，加深对重庆抗战革命资源的认知和理解	了解《新华日报》刊名的由来及其在抗日战争时期和解放战争初期的“喉舌”作用	参观泸顺起义陈列馆，了解刘伯承、朱德领导的泸顺起义，认识泸顺起义在北伐战争中的重要性
		活动形式	教师讲授、实地参观、实践体验相结合	教师讲授、实地探访、实践和体验结合	讲解指导、实地探访和学习讨论相结合
	必修课程八	名称	感受科技魅力	南山上的清静幽雅	锋芒初试燃星火
		活动目的	通过参观重庆科技馆，了解科学知识，掌握科学方法，激发学生探索科学的热情	了解重庆抗战博物馆的建筑布局及丰富的人文资源、自然资源，通过参观抗战文物，重温峥嵘岁月里的故事，致敬英雄	瞻仰泸州起义中老一辈无产阶级革命家朱德、刘伯承的英姿，了解刘伯承同志当年的丰功伟绩
		活动形式	教师讲授、实地参观、实践体验相结合	教师讲授、实地探访、实践体验结合	讲解指导、实地探访和瞻仰纪念碑相结合

维度或要素			小学高年级段	初中段	高中段
研学课程	必修课程九	名称	红岩精神永不褪色	走进三星堆　梦回古蜀国	重温抗战革命岁月
		活动目的	通过参观重庆红岩革命纪念馆，全面了解红岩故事，领悟重庆红岩精神	通过对四川广汉三星堆文物的认识，了解古蜀文明，感受“三星堆文化”的魅力	通过参观眉山抗战纪念馆，了解眉山人民抗日战争的历史，感受先烈们高尚的爱国情怀和革命理想高于天的大无畏精神
		活动形式	教师讲授、实地参观、实践体验相结合	讲解指导、实践体验、分享交流	讲解指导和实地探访相结合
	必修课程十	名称	意志如钢的“军神”	传承红色基因　弘扬两弹精神	杜鹃花开　英雄永驻
		活动目的	通过参观位于重庆铜梁安居的刘伯承故居，引领学生牢记革命历史，传承红色基因，增强民族荣誉感、使命感和责任感	通过探访四川绵阳两弹城，领悟“两弹一星”精神，弘扬爱国主义、集体主义、社会主义精神和科学精神	通过参观眉山市烈士事迹陈列馆，了解在眉山发生过的重大革命事件、重要革命史实和重要革命人物
		活动形式	教师讲授、实地参观、实践体验相结合	教师讲授、实地探访、感悟反思	讲解指导、实地探访、小组学习相结合
	选修课程		1. 开营第一课（一） 2. 国旗下的讲话 3. 百年只不过是考验，初心从未有改变 4. 沉浸红岩红，燃情中国红 5. 闭营仪式（一）	1. 开营第一课（二） 2. 化身红领巾讲解员 3. 吟诵红岩精神 4. 神话王国，古蜀圣殿 5. 闭营仪式（二）	1. 开营第一课（三） 2. 国旗下的讲话 3. 化身红色讲解员 4. 刘帅精神永相传 5. 闭营仪式（三）

维度或要素		小学高年级段	初中段	高中段
研学线路	代表性线路（时长五日）	第一天：铜梁营地—邱少云烈士纪念馆—邱少云故居—铜梁营地 第二天：铜梁营地—聂荣臻元帅陈列馆—陈独秀旧居—铜梁营地 第三天：铜梁营地—饶国模故居—八路军驻重庆办事处旧址—铜梁营地 第四天：铜梁营地—重庆大轰炸惨案遗址—重庆科技馆—铜梁营地 第五天：铜梁营地—重庆红岩革命纪念馆—刘伯承故居—铜梁营地	第一天：铜梁营地—白公馆—渣滓洞—铜梁营地 第二天：铜梁营地—重庆歌乐山烈士陵园—重庆中国三峡博物馆—1949大剧院—铜梁营地 第三天：铜梁营地—周公馆—新华日报总馆—重庆抗战遗址博物馆—铜梁营地 第四天：铜梁营地—中国两弹城—孝泉师范学院 第五天：孝泉师范学院—四川广汉三星堆博物馆—铜梁营地	第一天：铜梁营地—重庆建川博物馆—重庆红岩革命纪念馆—铜梁营地 第二天：铜梁营地—綦江王良故居及纪念馆—铜梁营地 第三天：铜梁营地—刘伯承故居—刘伯承同志纪念馆—军神广场—铜梁营地 第四天：铜梁营地—泸州营地—泸顺起义陈列馆—泸州起义纪念碑—铜梁营地 第五天：铜梁营地—眉山营地—眉山抗战将士纪念馆—东坡区烈士陵园—铜梁营地
	可选择线路（按天设计，菜单式选择）	1.铜梁营地—铜梁规划馆—铜梁营地；2.铜梁营地—邱少云烈士纪念馆—铜梁营地；3.铜梁营地—金梅印象青少年综合实践基地—铜梁营地；4.铜梁营地—铜梁龙景区—铜梁营地；5.铜梁营地—六赢山莲文化劳动研学基地—铜梁营地；6.铜梁营地—张飞古道基地—邓小平故居—铜梁营地；7.铜梁营地—万州营地—开州博物馆—铜梁营地；8.铜梁营地—华蓥山旅游区—铜梁营地	1.铜梁营地—贵阳营地—四渡赤水纪念馆—铜梁营地；2.铜梁营地—贵阳营地—遵义会议纪念馆—铜梁营地；3.铜梁营地—贵阳营地—娄山关景区—铜梁营地；4.铜梁营地—贵阳营地—中国天眼景区—铜梁营地；5.铜梁营地—重庆科技馆—铜梁营地；6.铜梁营地—广元营地—苍溪红军渡纪念馆—铜梁营地；7.铜梁营地—重庆自然博物馆—铜梁营地；8.铜梁营地—重庆白鹤梁水下博物馆—铜梁营地	1.铜梁营地—铜梁博物馆—铜梁营地；2.铜梁营地—眉山营地—三苏博物馆—铜梁营地；3.铜梁营地—綦江博物馆—铜梁营地；4.铜梁营地—綦江石壕红军烈士墓—红一军团司令部旧址—铜梁营地；5.铜梁营地—朱德故居—铜梁营地；6.铜梁营地—泸州营地—泸定桥景区—铜梁营地；7.铜梁营地—眉山营地—红色西山研学基地—铜梁营地；8.铜梁营地—广元营地—旺苍红军城—铜梁营地
	规划线路（按天设计）	1.铜梁营地—重庆白鹤梁水下博物馆—铜梁营地；2.铜梁营地—重庆中国三峡博物馆—铜梁营地；3.铜梁营地—重庆南川金佛山景区（第二课堂科技营地）—铜梁营地；4.铜梁营地—重庆仙女山国家森林公园（重庆市武隆区仙女山国家森林公园管理处）—铜梁营地	1.铜梁营地—国家技术标准创新基地重庆师范大学研究中心—铜梁营地；2.铜梁营地—重庆仙女山国家森林公园—铜梁营地；3.铜梁营地—重庆邮电大学—铜梁营地；4.铜梁营地—重庆市乐和乐都旅游有限公司—铜梁营地	1.铜梁营地—重庆南川金佛山—铜梁营地；2.铜梁营地—重庆科技学院科技探索体验中心—铜梁营地；3.铜梁营地—重庆白鹤梁水下博物馆—铜梁营地；4.铜梁营地—重庆仙女山国家森林公园（重庆市武隆区仙女山国家森林公园管理处）—铜梁营地；5.铜梁营地—重庆中国三峡博物馆—铜梁营地

维度或要素		小学高年级段	初中段	高中段
教学重点难点（以代表性线路教学设计为例，以下同）	教学重点	1.了解邱少云在烈火中永生的革命意志 2.了解聂荣臻元帅一生的重要事迹，感受他的责任与担当精神 3.了解革命先辈浴血奋战的光辉历史 4.了解先辈故事，加深对重庆抗战革命资源的认知和理解 5.了解科学知识，掌握科学方法，激发学生探索科学的热情	1.了解在抗战时期以江姐、小萝卜头为代表的英雄人物为革命事业英勇牺牲的事迹 2.领悟重庆人民在抗日战争和世界反法西斯战争中所作出的贡献和牺牲 3.了解两弹一星的研发历程，传承“两弹一星”精神 4.引导学生牢固树立爱国爱党爱人民意识，铭记历史，砥砺前行 5.了解古蜀文明，领略“三星堆文化”的魅力	1.探究重庆建川博物馆和红岩革命纪念馆里的民族记忆，厚植爱国主义情怀 2.深入感受王良将军的成长历程以及在黄洋界保卫战、龙岩战斗等战役中的英勇事迹 3.学习感悟刘伯承少时勤耕苦读、立志“拯民于水火”的成长轨迹 4.掌握泸顺起义的根本原因及刘伯承、杨闇公等人在起义中扮演的重要角色 5.从眉山抗战将士纪念馆中体会眉山抗战将士的风采
	教学难点	1.了解陈独秀生平事迹，探寻新文化运动的意义 2.了解饶国模创办的大有农场，探寻大有农场在抗战时期对中国共产党的守护 3.了解重庆大轰炸惨案遗址、重庆十八梯大隧道遗址，厚植“愈炸愈强”的城市抗战精神 4.领悟永垂不朽的“红岩精神”的内涵 5.引领学生牢记革命历史，传承红色基因，增强民族荣誉感、使命感和责任感	1.了解重庆抗战史，探寻红岩精神，传承红色基因 2.深入理解重庆人民在抗日战争和世界反法西斯战争中所作出的贡献和牺牲的意义 3.进一步探讨三星堆文物的历史价值，更好地了解古代人类社会的历史和文化，为人类文明的发展作出持久的贡献 4.深刻感受中国科学家为核武器研发所付出的艰辛，进而感受中华民族从贫穷落后走向繁荣昌盛的艰辛与坚韧	1.深入认识抗战时期和解放初期中国共产党在争取民族解放和人民民主的斗争中的优秀品质，深刻理解红色文化的重要意义，当好新时代的红色精神传承人 2.探寻王良将军勤俭朴素、刻苦学习、抛头颅洒热血的精神 3.感受刘伯承元帅一生戎马、身经百战、战功赫赫的“军神风骨”和坚韧谦虚的高尚品格以及心系天下的家国情怀 4.探寻泸顺起义陈列馆的场馆理念，感悟中国共产党人的信仰，厚植社会主义核心价值观 5.了解眉山抗战将士纪念馆的修建初衷，树立捍卫人类和平的意识

维度或要素	小学高年级段	初中段	高中段
教学策略	针对小学高年级段学生内心世界比较丰富，具有一定的认知水平和学习能力，除了注意事物外表的形式之外，更注意对事物的分析和主观体会，对很多问题都可以做出自己的回答，但是动手实践能力不足，对传统文化的系统认知不足的学情，基于多元智力理论，以“课程育人、学生立场、系统思维、积极运用”教育理念，从学生视角出发，用趣味点亮课堂，立足学生生活实际，唤醒学生主体自觉，激发学生创作活力，强化情感体验，培养良好品德，用情境催生同理式情感，以跨界带动综合性学习，依托多媒体软件、地方乡土资源，采取情境教学、案例讲解和实景体验相结合的教法，使用讨论、自主学习、总结分享、合作学习、探究式学习等学法，引导学生主动思考，拓宽开放性课堂，开展红色研学实践活动，培养学生的爱国精神	针对初中段学生正是从儿童期向成年期转变的关键时期，这一阶段的学生享受着自由、好奇、热情的冲击，具有叛逆、情绪偏激、易激动暴躁、情绪波动大等特点，但同时也具有独立性强、思维活跃、可塑性强、探索精神强烈等优点的学情，基于实用主义、建构主义、发现学习理论，以全方位发展的理念，推动每位学生在德智体美劳全方位发展与不断完善，以造就全方位发展的优秀人才为己任，强调以人为本，把注重人、理解人、重视人、爱惜人、提高人、发展人的精神贯穿于教育的整个过程，以学生传承红色文化为目标，选取白公馆、渣滓洞、三星堆等研学点作为载体，应用讨论法、归纳法、自主学习法、直观演示法、合作学习法、任务驱动法等学法，依托《研学手册》、教学设备、研学实践教育基地等基础设施的教学资源，使用启发式教学、自主学习等策略，开展红色主题研学实践活动	针对高中段学生心智发展迅速，兴趣广泛，创新意识较强，能够在教师的指导下通过自主学习、合作探究等方式开展学习，但是对如何处理好传统和现代、守正和创新的关系没有形成深度系统认知的学情，基于多元智力、实用主义、建构主义、发现学习理论等，以提高学生对中华优秀传统文化的传承创新意识和能力、弘扬传统文化精神的价值观和责任感培养为目标，选取红岩文化、革命文化、抗战文化等内容，运用问答法、任务探究法、情境教学法、案例教学法等教法和讨论法、归纳法、自主学习法、直观演示法、合作学习法、任务驱动法等学法，依托《研学手册》、教学设备及研学实践教育基地等教学资源，使用混合教学、情境教学、跨学科教学、合作学习、基于探究的学习、基于问题的学习等策略进行总体设计，开展历史文明、传统文化等研学实践活动，并在实际教学过程中根据教学进度、学生学习情况进行相应的调整

维度或要素				小学高年级段	初中段	高中段
实施方案	入营教育	安全	引导	通过营地安全通道、安全标识的学习，进行入营安全教育	组织学习详细的《安全手册》，了解安全应急知识，掌握应急救护技能	开展入营安全主题教育，熟悉自我安全管理知识，提升安全防护意识
			实训	为学生提供一份详细的《安全手册》，列出可能的风险、预防措施和应急处理方法	开展安全应急演练，掌握突发事件处置技能	组织学生针对住宿、饮食、研学、交通等环节开展安全应急演练
		应急	引导	通过视频学习，掌握突发事件应急处理的方法和技巧，培养冷静思考和随机应变的能力	观看安全知识科普视频，了解应急事件处理方法和技巧，培养随机应变的能力	探究自然灾害或人为不当引起的突发事件应急处理办法和技巧，培养面对突发事件随机应变能力
			实训	开展地震、消防等安全应急演练，强化学生安全避险意识	开展安全救护技能实践操作，提升应急救护能力	组织学生开展地震、消防等安全应急演练，强化安全避险意识
		救助	引导	通过案例情境，引导学生在需要求助时，会主动寻找和利用各种资源	通过老师的示范教学，让学生掌握基本的救助方式	通过教学示范，教会学生心肺复苏的操作方法
			实训	实施案例分析、角色体验、团队合作等活动，帮助学生熟悉和掌握方法	小组合作，学习止血、搬运、人工呼吸等技能	利用模拟人模拟训练，掌握心肺复苏的救助方法和技巧
		自我管理	引导	通过情绪管理的培训和指导，帮助学生掌握应对压力和困难的方法	通过创设情境，让学生亲身感受并掌握克服压力和困难的方法	通过自主管理问题引导，让学生掌握科学合理管理自我的能力和技巧
			实训	开展案例分析、团队合作、角色扮演等活动，帮助学生熟悉和掌握自身情感	通过角色扮演、案例分析，进行自我管理培训，提升自我管理能力	通过问题解决、技能测试、互动交流等方式，让学生熟练掌握自我管理技能
		团队协作	引导	每个小组负责一个具体的任务或项目，鼓励学生在小组内分工合作	引导建立协作小组，制定团队配合规划	通过小组合作、任务驱动的方式，培养团队意识和协助精神
			实训	学生自主设计小组活动，组织和协调活动，鼓励学生自主规划活动内容、时间安排、资源调配等	通过团队小游戏，磨合团队的默契，培养团队协作能力	通过组织毕业墙、盲人障碍等素质拓展游戏，培养学生的团队协作能力

维度或要素		小学高年级段	初中段	高中段
实施方案	导入教学环节	1. 问题导入：讨论红岩革命纪念馆因什么而得名？说一说什么是红岩精神 2. 任务导入：体验革命先辈浴血奋战的抗争史，探究红岩精神的深远影响 3. 故事导入：讲述聂荣臻元帅一生的重要事迹，感受他的责任与担当精神 4. 问题导入：设置问题“饶国模创办大有农场的意义是什么？”，让学生带着问题进入学习，寻找答案 5. 视频导入：观看重庆大轰炸视频，激发学生爱国热情和学习兴趣	1. 视频导入：观看电影《烈火中永生》片段，了解“小萝卜头”在白公馆监狱的生活，学习他顽强的品质 2. 任务导入：发布探究型任务，让学生自主思考、总结 3. 问题导入：分析周公馆在革命年代地理位置的特殊性 4. 视频导入：观看重庆中国三峡博物馆宣传片，激发学生对参观场馆的兴趣，对展馆形成初步了解 5. 任务导入：发布研究型任务，让学生自行参观，完成任务单	1. 故事导入：讲述川军抗战故事，调动学生探究的积极性，激发学生的学习兴趣 2. 任务导入：发布“学习王良精神”任务单，调动学生的学习积极性和主观能动性 3. 问题导入：“刘伯承元帅为共产党作出了哪些贡献？”让学生带着问题进入学习，寻找答案 4. 任务导入：发布探究型任务，让学生自主思考、总结 5. 问题导入：眉山市涌现出了哪些重要革命人物
	授课教学环节	第一天：入营教育必修课程一“烈火中的永生”，选修课程1“开营第一课（一）”、选修课程2“国旗下的讲话”；第二天：必修课程二“千秋风流——元戎”、必修课程三“看《觉醒年代》游陈独秀旧居”；第三天：必修课程四“巾帼英雄饶国模”、必修课程五“永葆革命初心”；第四天：必修课程六“‘愈炸愈强’的抗战精神”、必修课程七“勿忘历史　吾辈自强”、必修课程八“感受科技魅力”；第五天：必修课程九“红岩精神永不褪色”、必修课程十“意志如钢的‘军神’”，选修课程3“百年只不过是考验，初心从未有改变”、选修课程4“沉浸红岩红，燃情中国红”、选修课程5“闭营仪式（一）”	第一天：入营教育必修课程一“致敬小萝卜头”、必修课程二“《红岩》小说蓝本——渣滓洞”，选修课程1“开营第一课（二）”；第二天：必修课程三“悠悠歌乐山　云雾绕英魂”、必修课程四“观红色历史剧目《重庆·1949》”、必修课程五“峡江风月　馆藏历史”，选修课程2“化身红领巾讲解员”；第三天：必修课程六“险夷不变应胆尝　道义争担敢息肩”、必修课程七“党的又一‘方面军’——新华日报馆”、必修课程八“南山上的清静幽雅”，选修课程3“吟诵红岩精神”；第四天：必修课程九“走进三星堆　梦回古蜀国”，选修课程4“神话王国，古蜀圣殿”；第五天：必修课程十“传承红色基因　弘扬两弹精神”，选修课程5“闭营仪式（二）”	第一天：入营教育必修课程一“为了和平　收藏战争”、必修课程二“追溯红岩记忆”，选修课程1“开营第一课（三）”、选修课程2“国旗下的讲话”；第二天：必修课程三“烈士精神永传承”，选修课程3“化身红色讲解员”；第三天：必修课程四“刘帅故里话初心”、必修课程五“铁骨钢筋铸军魂”、必修课程六“军神热血”，选修课程4“刘帅精神永相传”；第四天：必修课程七“红色记忆　光辉历程”、必修课程八“锋芒初试燃星火”；第五天：必修课程九“重温抗战革命岁月”、必修课程十“杜鹃花开　英雄永驻”，选修课程5“闭营仪式（三）”

维度或要素		小学高年级段	初中段	高中段
实施方案	进级教学环节	1. 实地参观，沉浸式体验 2. 讨论革命烈士的事迹在抗日战争中产生了怎样的影响 3. 感悟红岩精神对青少年世界观、人生观和价值观产生的影响	1. 设计抗日战争胜利或者世界反法西斯战争胜利的纪念章 2. 了解红岩精神的内涵 3. 熟悉古蜀国文明发展的历程 4. 深入了解两弹城，明白科教兴国对国防事业的重要意义 5. 坚定文化自信，传承文博精神	1. 实地探究；角色扮演；拍摄视频；创作红色主题歌曲或舞蹈 2. 思考红岩精神的时代价值；新一代年轻人如何传承革命先烈的爱国精神；从刘伯承元帅身上学到了什么精神 3. 探究伟大斗争，牢记使命担当 4. 讨论如何培养爱国主义情怀；讨论应该为强国建设、民族复兴新征程做怎样的准备 5. 爱国主义教育对国家发展的重大作用；爱国主义教育在新时代的重要地位
	巩固教学环节	1. 研学教师带领学生一起总结和回顾，及时解答学生遇到的问题 2. 通过讲故事、做手抄报等多种活动加深对革命历史的认识 3. 开展争做聂荣臻元帅陈列馆“小小讲解员”活动 4. 感悟重庆大轰炸下“愈炸愈强”的城市抗战精神	1. 引入红色革命故事，绘制故事发展脉络图，促进学生的知识迁移 2. 利用情境体验法，沉浸式展现红色革命故事，通过角色扮演的方式，让学生直观深入地呈现研学实践成果，引导学生了解党的光辉历史，争做革命事业的接班人 3. 通过革命烈士的故事分析，进一步认识革命精神，提升民族自豪感 4. 实地探访与分享交流相结合，总结分享自己的收获，发表对古蜀文明的认识和理解	1. 研学教师带领学生一起总结和回顾，及时解答学生遇到的问题 2. 通过讲解指导、实地探究和小组讨论的形式，加深对抗战历史的认识；通过研学任务单、报告、日记等方式，理解和感受革命先烈的爱国主义精神和奉献精神 3. 开展红色教育主题演讲 4. 理解重庆抗战的重要性和意义，利用报告、演讲的形式进行分享；探究中国共产党成功的秘诀

维度或要素			小学高年级段	初中段	高中段
实施方案	总结教学环节	教学创新	从学情实际出发，以游戏与情境模拟的导入方式，通过个人发言与小组讨论的形式，激发学生自主探究学习的兴趣；基于多元智力理论，设计内容丰富、形式多样、难度适宜的研学实践体验活动	在研学课程实施中，充分发挥学生的主观能动性，让学生沉浸在实践中，并能在实践中解决实际问题，让学生有主动实践的意识，能在实践过程中形成独立见解，提升创新能力	在研学课程实施中，根据学情实际，丰富活动形式，通过小组合作讨论的方式，完成研学实践课程任务，撰写研究报告，培养学生探究意识
		教学总结	通过总结与分享的形式，回顾研学实践的内容和技能，引导学生加深对责任与担当的理解，厚植爱国主义精神；结合学生、随队教师、家长在导入、实施等环节中的反应和反馈，完成必要的教学评价；建立教学档案，留下过程性资料	通过研学复盘的方式，回顾研学过程遇到的问题，及时收集学生、家长、随队教师和其他相关人员的反馈，改进研学环节中的不足，建立研学档案，以备查验	引导学生归纳和总结研学实践活动课程的内容和技能，通过小组探究、分享讨论等方式，培养学生责任与担当的意识和能力；通过撰写研学报告，完善《研学手册》，结合报告和手册完成教学评价
		教学反思	通过复盘研学实践全过程，反思研学授课过程中安全保障工作是否到位，是否还存在安全隐患，是否将责任与担当意识融合到研学实践，是否加深学生对知识的理解和掌握，学生能否将课堂上所学的知识运用到实际当中	根据教学计划，与实际实施情况进行对比，对教学目标、课程设计、线路设计、组织实施等内容进行反思，梳理研学活动中出现的问题，及时进行整改，提炼经验，为下一次研学活动提供参考	研学活动为学生提供了丰富的学习形式，学生能够在真实情境下学习，激发学生的学习兴趣，加深印象；学生进一步将课堂上所学的知识运用到实际当中，加深对知识的理解和掌握；反思研学过程中学生的个体差异和教学评估等因素，为下一次研学活动提供参考

维度或要素				小学高年级段	初中段	高中段
实施方案	评价教学环节	教学水平评价	自我评价	研学课程是否引导学生积极参与，课程是否符合小学高年级段特点，并且根据学生反应进行调整	教师围绕教学质量、教学过程、安全管理、活动组织等方面进行回顾总结，反思研学活动实施中存在的问题，不断改进教学方法与策略	坚持可行性原则，紧扣责任与担当的目标，针对不同课程不同场地环境和学生差异，采用个案分析法、因材施教法，围绕教学内容、授课方式等，形成自我评价报告，运用评价结果改进教学
			学生评价	研学课程感受是否深刻，对研学站点所呈现的资源是否感兴趣	运用问卷调查和满意度测评的方式，让学生针对教学活动进行评价，及时建立反馈机制，帮助教师进一步改进教学方式，提升教学质量	运用新媒体、问卷调查和座谈相结合的方式，学生针对教师的教学态度、教学技巧、表达能力、教学组织能力以及沟通协调能力等填写调查问卷，通过抽样座谈调查、研学内容和活动环节征求建议和意见，形成综合报告，全面提升活动评价效果
			同行评价	对研学课程内容与实施进行评价，对研学过程中教学机制和解决问题能力进行评价，对研学教师的研学组织和节奏把控进行评价	由营地教师、随队教师和教学管理人员对教师的教学质量、教学过程、安全管理、活动组织等方面进行评价	由营地教师、随队教师和教学管理人员通过随队观摩、听课、开展教研活动等方式对教师的教学设计、实施效果等方面进行评价
			培训和考核	每学期对研学开展情况进行考核；对研学教师师德师风进行考核；进行研学安全培训；邀请讲师对教师素养和综合能力进行培训	定期进行研学安全培训，对研学线路、课程开发、研学活动开展情况进行考核，把学生满意度、家长和社会认可度作为重要考核标准	每学期制订培训计划，定期组织团队、聘请讲师对教师素养和综合能力进行培训；面向学生、家长、社会公众进行满意度调查测评
			教学成果展示	手抄报、画图、绘画展、小剧场、引导谈话等	根据本学段课程特点，采取研学分享、情境再现、作品展示等方式，提升学生的动手动脑能力，并展示研学课程中的物化成果	定期举行教学成果展示，组织研学实践教育专家对教学成果进行点评，督促教师提升

维度或要素				小学高年级段	初中段	高中段
实施方案	评价教学环节	学业评价	形成性评价	研学过程中随时观察记录学生的参与度和兴趣度，适时调整研学方式方法，针对学生的年龄特点，及时调整研学课程难度、深度，根据学生的实际表现完成评价	对学生日常学习过程中的表现、所取得的成绩以及表现出的情感态度、策略等方面的发展作出评价，根据评价结果，结合学生学段特点，采用合适的教学方式，及时修改或调整活动计划，以获得更理想的效果	对高中学生的探究能力、价值观培养、团队协作等，采取持续观察、记录、反思的方式进行评价，结合学段特点，及时调整教学计划和教学方式，增强对学生探究深度和方式方法的指导
			总结性评价	通过分享、展示、表演、考核等形式，对学生研学态度、习惯和纪律表现、安全意识、自理自立等方面进行评价，判断教学目标的达成程度，调整教学活动形式	以预先设定的研学目标为基准，通过成果展示、测验，对学生研学实践活动过程中的表现、知识掌握程度、价值观培养等方面进行综合评价，根据评价结果，判断学生对教学内容的掌握程度，从而更好地优化调整教学设计	以研学课程目标为基准，通过分享、展示、汇报、考核等形式，对参与研学实践活动学生的知识获取、探究能力、责任意识等方面进行评价，根据评价结果，判断教学目的实现程度，优化调整教学活动形式
			教师评价	分段记录学生阶段性成果，针对研学前、研学中和研学后的研学准备、研学实践、研学参与度、作业完成情况进行评价，对学生知识和技能掌握程度、合作意识、素质素养进行评价	研学教师通过日常记录、问题测验、教学反思等方式，及时掌握学生的学习效果和发展情况，发现学生学习需求和问题，完成相应评价，并及时调整教学策略，帮助学生更好地发展	采取日常记录、教学反思或口头表达的形式，对学生知识和技能掌握程度、研究能力、团队协作、素质素养进行评价，发现研学实施中的问题，优化教学设计
		项目评价		行政主管部门通过问卷、寻访、问答等形式征集意见建议，参与学校、学生、家长对研学项目的安全管理、研学资源、方案设计、组织实施、学生成长的有效性、规范性、整体性进行评价，以便持续完善研学实践	行政主管部门、参与学校、学生、家长、社会各界采取问卷调查的形式，对教学目标设定、教学设计、教学策略、活动组织、课程资源、研学路线规划、学生成长等方面进行评价，评价项目实施的整体效益及风险，进一步优化项目	行政主管部门、参与学校、学生、家长、社会各界通过新媒体和公众号展示、调查问卷等形式，对教学目标设定、教学设计、课程资源、教学策略、活动组织、协同管理、研学线路规划、学生成长、执行规范等方面进行评价，评价项目实施对学生的价值和意义，进一步优化项目

4.17　教学计划与策略列表：传承红色基因　赓续红色血脉

<table>
<tr><td colspan="3">营地名称</td><td>广元市示范性综合实践基地管理中心（简称“广元营地”）</td><td>命名机构</td><td>教育部</td><td>识别码</td><td>Y145510001</td></tr>
<tr><td colspan="3">从业资质（摘要）</td><td>组织开展校外综合实践教育、青少年思想道德建设、基础教育课程改革、青少年社会实践与创新能力提升等</td><td>单位属性</td><td>公益一类</td><td>法定代表人</td><td>郭永昌</td></tr>
<tr><td colspan="3">研学主题</td><td>传承红色基因　赓续红色血脉</td><td colspan="2">主要目的指向</td><td colspan="2">责任与担当教育</td></tr>
<tr><td rowspan="7">营地（枢纽）及周边主要优质研学资源</td><td colspan="2">基地层级</td><td colspan="5">研学站点（基地）名称</td></tr>
<tr><td rowspan="2">教育部命名基地</td><td>已列入教学计划</td><td colspan="5">一、与本主题相关列入教学计划的基地11个
1.“5·12”汶川特大地震纪念馆；2.中国两弹城；3.中国工农红军强渡大渡河纪念馆；4.眉山市青少年综合实践基地（简称“眉山营地”）；5.邓小平故居；6.北川三秒应急安全体验中心；7.“5·12”汶川特大地震映秀震中纪念馆；8.朱德故居管理局；9.川陕苏区纪念馆（川陕革命根据地红军烈士陵园管理局）；10.四川博物院；11.成昆精神教育基地
二、与本主题关联不大但列入本营地教学计划的基地0个</td></tr>
<tr><td>待列入教学计划</td><td colspan="5">1.陕西延安中央社会部旧址；2.全国青少年延安革命传统教育基地；3.延安革命纪念馆；4.富平县爱国主义教育基地；5.渭华起义教育基地管理办公室；6.重庆红岩革命历史博物馆；7.重庆抗战遗址博物馆；8.会宁红军长征胜利纪念馆；9.兰州市地震博物馆；10.南梁革命纪念馆；11.兰州市中小学综合实践基地（简称“兰州营地”）；12.重庆市万州区中小学综合实践基地（简称“万州营地”）；13.西安市中小学校外综合实践活动基地（简称“西安营地”）；14.渭南市示范性综合实践基地（简称“渭南营地”）；15.中国兵器工业试验测试研究院研学部；16.陕西历史博物馆；17.安吴青年训练班纪念馆；18.补浪河女子民兵治沙连中小学生研学实践教育基地（榆林市榆阳区大漠军旅文化园管理有限责任公司）</td></tr>
<tr><td colspan="2">其他部委命名基地</td><td colspan="5">1.苍溪红军渡；2.木门会议旧址</td></tr>
<tr><td colspan="2">地方命名基地</td><td colspan="5">1.青川东河口地震遗址公园；2.中国红军城；3.成都市建川博物馆聚落（简称“建川博物馆”）；4.青神县红色西山研学基地（简称“红色西山”）；5.成都战役纪念馆；6.成都市烈士陵园；7.宝山村研学基地；8.四川青川地震遗迹国家地质公园博物馆（简称“青川地震博物馆”）；9.广元市博物馆；10.广元市红星公园；11.广元市烈士陵园；12.战旗村研学基地</td></tr>
<tr><td colspan="2">本营地资源</td><td colspan="5">1.红十字馆；2.生命健康馆；3.人民防空馆</td></tr>
<tr><td colspan="2">其他资源</td><td colspan="5"></td></tr>
</table>

维度或要素	小学高年级段	初中段	高中段
校内教育基础（与校内教育的衔接）	对照《义务教育课程方案和课程标准（2022年版）》，小学高年级段在责任与担当方面提出“将社会主义先进文化、革命文化、中华优秀传统文化、国家安全、生命安全与健康等重大主题教育有机融入课程”“加强课程与学生经验、社会生活的联系”的培养目标。该主题课程在设计上与校内教育课程衔接的有关内容如下： 1.人教版道德与法治四年级下册第四单元第11课“多姿多彩的民间艺术”；2.人教版道德与法治五年级上册第三单元“我们的国土　我们的家园”；3.人教版道德与法治五年级下册第三单元“百年追梦　复兴中华”；4.人教版语文五年级上册第四单元第13课“少年中国说”；5.人教版语文五年级下册第四单元第11课“军神”、第12课“清贫”；6.人教版道德与法治六年级下册第四单元第10课“我们爱和平”；7.人教版语文四年级上册第四单元第22课“为中华之崛起而读书”	对照《义务教育课程方案和课程标准（2022年版）》，初中段在责任与担当教育方面提出“将社会主义先进文化、革命文化、中华优秀传统文化、国家安全、生命安全与健康等重大主题教育有机融入课程”“倡导‘做中学’‘用中学’‘创中学’”“培养学生的爱国情怀、社会责任感、创新精神和实践能力，培养‘有理想、有本领、有担当的时代新人’”的培养目标。该主题课程在设计上与校内教育课程衔接的有关内容如下： 1.人教版道德与法治七年级上册第四单元“生命的思考”；2.人教版道德与法治八年级上册第三单元“勇担社会责任”、第四单元“维护国家利益”；3.人教版历史八年级上册第四单元第14课“中国共产党诞生”、第五单元第17课“中国工农红军长征”、第六单元“中华民族的抗日战争”、第七单元“解放战争”；4.人教版语文八年级上册第一单元第1课“消息二则”、第5课“国行公祭，为佑世界和平”；5.人教版地理八年级上册第二单元第4节“自然灾害”；6.人教版道德与法治九年级上册第四单元“和谐与梦想”	对照《普通高中课程方案和语文等学科课程标准（2017年版2020年修订）》，高中段在责任与担当教育方面提出“继承和弘扬中华优秀传统文化、革命文化，发展社会主义先进文化，加强法治意识、国家安全、民族团结、生态文明和海洋权益等方面的教育”“学校要系统规划校内外课程资源的使用”“为学生提供丰富、便利的实践体验机会”的培养目标。该主题课程在设计上与校内教育课程衔接的有关内容如下： 1.人教版高一历史必修一第四单元第14课“新民主主义革命的崛起”、第15课“国共的十年对峙”、第16课“抗日战争”、第17课“解放战争”；2.人教版高一思想政治必修一第2课“只有社会主义才能救中国”、第4课“只有坚持和发展中国特色社会主义才能实现中华民族伟大复兴”；3.人教版高一思想政治必修三第一单元“中国共产党的领导”；4.人教版高二语文选择性必修上册第一单元第1课“中国人民站起来了”、第2课“长征胜利万岁”

维度或要素			小学高年级段	初中段	高中段
研学课程	必修课程一	名称	应急救护体验	走进两弹城	川军精神
		活动目的	通过了解应急救护相关知识，使学生能在遇到紧急情况时作出正确判断	通过了解两弹发展历程和“两弹一星”内涵，树立远大目标理想	通过学习“川军精神”，使学生深刻感悟“天下兴亡，匹夫有责”的内涵底蕴
		活动形式	讲解指导、实践体验、分享交流	实地探访、实践体验、分享交流	实地探究、小组合作、交流感悟
	必修课程二	名称	防空演练	万众一心　山川永纪	模拟投掷
		活动目的	通过了解防空知识，进行防空演练，增强心理承受能力和自我保护意识	通过地震体验，明白生命的脆弱与珍贵，学习并弘扬伟大的抗震救灾精神	通过实践体验，让学生的体能得到充分锻炼，激发爱国奉献情怀
		活动形式	教师讲授、情境体验、分享交流	实地探访、祭奠缅怀、分享交流	实地探究、小组合作、实践体验，分享交流
	必修课程三	名称	烽火足迹	川人之魂	革命精神绽光芒
		活动目的	通过走进红色基地，学习革命先辈的斗争精神和奉献精神，激发爱国情怀	通过了解川军的抗战历史，用英雄的革命主义精神激励学生，让英雄精神薪火相传	在教师的带领下，重走红军路，感受革命先烈不怕困难和牺牲的革命精神
		活动形式	参观游览、祭奠缅怀	实地探访、影视赏析、分享交流	实地探究、小组合作、分享交流
	必修课程四	名称	国家安全	擒敌我先行	唱响红军精神
		活动目的	通过教师讲解，了解国家安全知识，增强学生国防观念	通过学习擒敌操，深刻感悟革命先辈不怕牺牲、敢于奉献的精神	通过歌声感受红军的英雄气概，展现中华民族不屈不挠、自强不息的精神风貌
		活动形式	实地参观、主题宣讲、交流分享	实地探访、实践体验、分享交流	实地探究、小组合作、实践体验、分享交流

维度或要素			小学高年级段	初中段	高中段
研学课程	必修课程五	名称	走进博物馆	模拟射击	重走长征路
		活动目的	通过聆听讲解，培养文化自信，增强民族自豪感	通过进行实战射击，提升沉着、冷静、稳定的心理素质	通过探访长征路线，深刻感悟长征精神，传承与发扬优良革命传统
		活动形式	参观游览、分享交流	实地探访、实践体验、分享交流	实地探究、影视赏析、交流分享
	必修课程六	名称	我是小小战士	追寻先烈足迹	强渡大渡河
		活动目的	通过角色扮演，激发学生的责任担当意识，把传承红色基因转化为自觉的行动	通过感受革命斗争精神和爱国情怀，坚定学生为伟大复兴的中国梦而奋斗的信心和决心	通过拓展活动，感悟红色精神、传承红色基因，增强学生奋勇向前的力量
		活动形式	实地参观、情景演绎、分享交流	实地探访、缅怀纪念、感悟分享	实地探究、小组合作、实践体验、交流分享
	必修课程七	名称	冲锋到战场	手编草鞋	不忘初心　勇担使命
		活动目的	通过体验战争岁月的艰难，感受抗战人民的艰苦和智慧	通过编织草鞋，培养艰苦朴素的优良传统和顽强拼搏的意志力	通过实地探访，明白为了国家富强和民族复兴，必须贡献自己的力量
		活动形式	实地参观、拓展体验、分享交流	实地探访、实践体验、分享交流	实地探究、实践体验、分享交流
	必修课程八	名称	丰衣足食	强渡大渡河	永远跟党走
		活动目的	通过感受当年的艰苦生活，理解“自己动手、丰衣足食”的内涵	通过了解红军强渡大渡河，激发学生不怕艰险、勇于进取的信念	通过实地探访，深刻体会革命先烈为了党和人民的事业奋力前行的精神
		活动形式	实地参观、实践体验、分享交流	实地探访、实践体验、分享交流	实地探究、实践体验、分享交流

维度或要素			小学高年级段	初中段	高中段
研学课程	必修课程九	名称	剪纸——我爱我的国	国防教育	奋勇支前
		活动目的	通过实践体验，理解和传承抗震救灾精神，厚植学生的爱国主义情怀	通过丰富的军事拓展项目，培养吃苦耐劳、敢于挑战困难的品质，提高社会责任感	通过实践体验，了解“支前精神”，感悟爱党拥军的深刻含义
		活动形式	实地参观、实践体验、分享交流	实地探访、小组合作、实践体验、分享交流	实地探究、实践体验、分享交流
	必修课程十	名称	防灾减灾　避震逃生	战地救护　守护红星（一）	战地救护　守护红星（二）
		活动目的	通过了解地震的知识，学会如何保护自己，学会珍爱生命	通过讲解学习，初步掌握应急救护基本常识，培养关爱和保护生命的意识	通过模拟演练，学会应急救护常识和专业技能，为生命保驾护航
		活动形式	实地参观、情景演练、分享交流	讲解指导、技能培训、分享交流	小组合作、模拟演练、学习交流
	选修课程		1. 红色故事 2. 缝红军包　忆革命情 3. 草鞋编织 4. 责任担当教育大讲堂：少年志　国富强	1. 两弹一星 2. CS枪战　勇夺红星 3. 抗战历史 4. 责任与担当：国防教育大讲堂	1. 影视赏析：《正者无敌》 2. 打靶归来 3. 战备演练 4. 责任与担当：和平与发展　时代的主题

维度或要素		小学高年级段	初中段	高中段
研学线路	代表性线路（时长五日）	第一天：广元营地—红十字馆—人民防空馆—广元营地 第二天：广元营地—广元市红星公园—广元烈士陵园—广元营地 第三天：广元营地—广元市博物馆—苍溪红军渡—广元营地 第四天：广元营地—木门会议旧址—中国红军城—广元营地 第五天：广元营地—青川东河口地震遗址公园—青川地震博物馆—广元营地	第一天：广元营地—中国两弹城—“5·12”汶川特大地震纪念馆—广元营地 第二天：广元营地—建川博物馆—眉山营地 第三天：眉山营地—成都战役纪念馆—成都市烈士陵园—眉山营地 第四天：眉山营地—中国工农红军强渡大渡河纪念馆—眉山营地 第五天：眉山营地—红色西山—广元营地	第一天：广元营地—建川博物馆—眉山营地 第二天：眉山营地—成都战役纪念馆—成都市烈士陵园—眉山营地 第三天：眉山营地—强渡大渡河纪念馆—眉山营地 第四天：眉山营地—战旗村研学基地—宝山村研学基地—眉山营地 第五天：眉山营地—红色西山—广元营地
	可选择线路（按天设计，菜单式选择）	1.广元营地—中国两弹城—广元营地；2.广元营地—“5·12”汶川特大地震纪念馆—广元营地；3.广元营地—建川博物馆—眉山营地；4.广元营地—邓小平故居—广元营地；5.广元营地—朱德故居管理局—广元营地；6.广元营地—川陕苏区纪念馆—广元营地；7.广元营地—四川博物院—眉山营地；8.眉山营地—成昆精神教育基地—广元营地	1.广元营地—木门会议旧址—中国红军城—广元营地；2.广元营地—青川东河口地震遗址公园—青川地震博物馆—广元营地；3.广元营地—朱德故居管理局—广元营地；4.广元营地—川陕苏区纪念馆—广元营地；5.广元营地—北川三秒应急安全体验中心—广元营地；6.广元营地—“5·12”汶川特大地震映秀震中纪念馆—广元营地；7.广元营地—四川博物院—眉山营地；8.眉山营地—成昆精神教育基地—广元营地	1.广元营地—木门会议旧址—中国红军城—广元营地；2.广元营地—青川东河口地震遗址公园—青川地震博物馆—广元营地；3.广元营地—邓小平故居—广元营地；4.广元营地—中国两弹城—广元营地；5.广元营地—“5·12”汶川特大地震纪念馆—广元营地；6.广元营地—朱德故居管理局—广元营地；7.广元营地—四川博物院—眉山营地；8.眉山营地—成昆精神教育基地—广元营地
	规划线路（按天设计）	1.广元营地—陕西延安中央社会部旧址—西安营地；2.广元营地—延安革命纪念馆—西安营地；3.广元营地—富平县爱国主义教育基地—渭南营地；4.广元营地—全国青少年延安革命传统教育基地；5.广元营地—重庆红岩革命历史博物馆—万州营地	1.广元营地—全国青少年延安革命传统教育基地—西安营地；2.广元营地—渭华起义教育基地管理办公室—渭南营地；3.广元营地—富平县爱国主义教育基地—渭南营地；4.广元营地—全国青少年延安革命传统教育基地；5.广元营地—重庆抗战遗址博物馆—万州营地	1.广元营地—全国青少年延安革命传统教育基地—西安营地；2.广元营地—渭华起义教育基地管理办公室—渭南营地；3.广元营地—会宁红军长征胜利纪念馆—兰州营地；4.广元营地—兰州市地震博物馆—兰州营地；5.广元营地—南梁革命纪念馆—兰州营地

维度或要素		小学高年级段	初中段	高中段
教学重点难点（以代表性线路教学设计为例，以下同）	教学重点	1.激发学生对生命的热爱，知道自己是独一无二的，学会对自己负责 2.缅怀先烈，懂得幸福生活的来之不易，更加珍惜现在的生活 3.理解“祖国”的深刻含义，培养对祖国的热爱之情，并为身为中国人而感到自豪 4.让学生对战争年代的生活有初步了解，激发学生对革命先烈的崇高敬意 5.让学生对大自然有敬畏之心，懂得保护生态环境	1.了解两弹发展历程和“两弹一星”内涵，树立远大发展目标 2.让学生深刻体会到顽强的川军精神，培养艰苦朴素的优良传统和顽强拼搏的意志力 3.缅怀先烈，懂得幸福生活的来之不易，更加珍惜现在的生活 4.近距离感受红军的艰苦岁月，深刻体会党的“自力更生、艰苦奋斗的革命精神” 5.让学生对战争年代的生活有进一步了解，使学生把传承红色基因转化为自觉的行动	1.让学生了解“川军精神”，理解“川军精神”的深刻含义 2.让学生深刻感悟红军精神，培养艰苦朴素的优良传统和顽强拼搏的意志力 3.让学生近距离感受红军的艰苦岁月，深刻体会党的“自力更生、艰苦奋斗的革命精神” 4.了解国家实施乡村振兴战略的深刻含义，分享自己对于新农村新面貌的感悟 5.增强学生自我保护意识，形成尊重生命、爱惜健康的态度，进而尊重和关怀自己及他人的生命与健康
	教学难点	1.了解应急救护知识，做到在遇到紧急情况时沉着冷静不慌张 2.明白“红色文化”“红色精神”的内涵深意 3.能总结并列举革命先辈信仰坚定、热爱人民的优良品格 4.学会用恰当的形式准确生动地表达自己的观点和意见 5.明白生命的珍贵，要学会珍惜生命、珍爱生命，保护好自己的人身安全	1.让学生明白人类在自然面前虽然渺小，但是却有着不屈不挠的精神，理解“多难兴邦”的深刻含义 2.让学生了解川军抗战的历史，感悟“死字旗”背后的深刻含义 3.近距离感受红军的艰苦岁月，深刻体会党的“自力更生、艰苦奋斗”的革命精神 4.让学生深刻感悟不怕困难、不怕牺牲的红军精神，培养艰苦朴素的优良传统和顽强拼搏的意志力 5.让学生对战争年代的生活有进一步了解，使学生把传承红色基因转化为自觉的行动	1.让学生感知川军在抗战中的重要作用，理解“天下兴亡，匹夫有责”的深刻内涵 2.让学生深刻感悟红军精神，培养艰苦朴素的优良传统和顽强拼搏的意志力 3.让学生近距离感受红军的艰苦岁月，深刻体会党的“自力更生、艰苦奋斗”的革命精神 4.了解国家实施乡村振兴战略的深刻含义，分享自己对于新农村新面貌的感悟 5.增强学生自我保护意识，形成尊重生命、爱惜健康的态度，进而尊重和关怀自己及他人的生命与健康

维度或要素	小学高年级段	初中段	高中段
教学策略	针对小学高年级段正处于由儿童期向青春期过渡的关键时期，属于心理发展的骤变期。由于生理上的变化，抽象思维能力进一步发展，自我意识、独立意识随之迅速发展，开始从对自己表面行为的认识、评价转向对自己内心世界更深入的评价。喜欢尝试从个性品质、人际关系、自我价值等方面的特点来描述自我的学情分析 基于多元智能理论，以培养爱国主义情怀和生命保护意识为目标，选取红色教育、国防教育、生命教育等内容，运用讲授、演示、练习等教学方法和自主学习、小组合作，依托项目化研学课程教材、《研学手册》、教学设备、教学耗材及基地基础设施等教学资源，在教学环节中设置游戏、情境、跨学科融合、实训操练等活动，同时将巩固提升、多元化评价等纳入总体设计，不断激发学生学习积极性和参与性，并在实际教学过程中根据学生反馈进行动态调整，确保学生能够深度参与并在研学实践中学有所得	针对初中段学生更加注重个性的发扬以及自己在解决实际问题中的主导地位，对于生活或者学习都有自己的主观看法，因而很容易与学校、家长的束缚和管制形成鲜明的对立，发生冲突。在思维方面存在一定的独立性和批判性，对别人的观点敏感、好奇，凸显自己的个性，很容易针对别人的观点产生冲突的学情分析 基于实用主义、建构主义和发现学习理论，以培养对责任与担当的正确认知为目标，选取红色教育、国防教育、生命教育等内容，运用讲授、演示、实验、练习等教学方法，采用自主学习、探究学习、合作学习等学习方法，依托项目化研学课程教材、《研学手册》、教学设备、教学耗材及基地基础设施等资源，采用情境教学、跨学科教学、项目驱动学习、问题探究学习等多种方式进行总体设计，开发设计长征精神、抗战精神、抗震救灾精神、“两弹一星”精神等主要课程内容，力求达到预定的教学活动目的	针对高中段学生生理发展迅速走向成熟，心理发展相对滞后，生理与心理、心理与社会关系的发展具有较大不平衡性。他们缺乏理智、易冲动，在情感方面，很脆弱，害怕挫折，意志薄弱，易感情用事的学情分析 基于多元智能、实用主义、建构主义、发现学习理论，以关心社会发展、关注社会问题、关切社会生活、践行社会公德为培养目标，选取红色教育、国防教育、乡村振兴等内容，运用讲授、讨论、演示、练习、实验、实训等教法和自主学习、探究学习、合作学习等学法，依托项目化研学课程教材《研学手册》、教学设备、教学耗材及基地基础设施等教学资源，使用混合教学、游戏、情境教学、跨学科教学、合作学习、基于探究的学习、基于问题的学习等方式，以长征精神、抗战精神、脱贫攻坚精神等为主要课程内容，各学校依据不同的教学内容、教学进度组合成不同的教学课程，使学生在探究学习和实践活动过程中有效达成目标

维度或要素				小学高年级段	初中段	高中段
实施方案	入营教育	安全	引导	利用《安全手册》组织学习，强化吃、住、行、学重要环节的行为管理	开展入营安全主题教育，签订研学安全协议，寻找安全隐患并进行汇报	强调研学基地周边以及活动安全注意事项
			实训	安全知识竞赛，设施设备操作训练	学习《安全手册》，讨论制订疏散方案并组织疏散演练，提升自我保护技能	形成文明、安全意识，引导学生文明研学、安全研学
		应急	引导	利用紧急情况疏散线路图、紧急情况应急处理办法引导学生学习	通过视频了解地震、火灾等案例，认识掌握应急事件处理方法和技巧重要性	结合案例讲解应急处置方法和逃生注意事项
			实训	开展紧急疏散、避险等应急演练	熟练使用灭火器，懂得地震、火灾的应急逃生技能，掌握应急事件处理方法	开展地震、消防逃生演练
		救助	引导	播放救助案例视频和PPT演示稿，教授正确的救助方式	教师进行示范教学，讲解常用的应急救护方法	通过模拟演练，引导学生在遇到危险时能保持冷静和自身安全
			实训	观看视频、演示稿，学会常用求助方法	小组合作，练习止血、包扎、搬运的方法	实操学习心肺应急救急技能以及AED等急救工具的使用
		自我管理	引导	针对自我管理方法的培训，形成基本自律意识	对学生自我管理进行培训，提升自我管理能力	通过自主管理问题引导，让学生掌握科学的管理方法
			实训	聆听讲座，小组交流自我管理心得，制定自我约法内容	沉浸式体验，制定自我管理办法	问题讨论、互动交流、制定自我管理监测办法
		团队协作	引导	以小组任务驱动，引导学生形成团队意识	引导学生制订团队合作计划、目标和任务	通过团建课程，培养学生对于团队归属感和打造互助高效团队的深入认识
			实训	小组合作、活动体验，初步形成团队意识	活动、游戏，信任度训练，制订计划	通过高空项目、团建游戏等拓展训练项目和心理建设活动，打造互助高效团队

维度或要素		小学高年级段	初中段	高中段
实施方案	导入教学环节	1.情境导入：带领学生进入相关场景 2.事例导入：让学生充分感受到广元浓厚的红色文化 3.视频导入：播放相关视频，激发学生学习兴趣，更好地进入学习 4.图片导入：出示相关历史事件、历史人物等图片 5.任务导入：发布探究性任务，调动学生积极性与主观能动性	1.体验式导入：体验“娱乐风洞”、地震模拟振动台等设备 2.事例导入：讲述“死字旗”背后的故事 3.歌曲导入：共唱红色歌曲，以情感共鸣的方式唤起学生对祖国的热爱之情，抱着热爱、怀着激动开启研学之旅 4.问题导入：设置问题，让学生带着问题进入学习，寻找答案 5.任务导入：发布探究性任务，调动学生积极性与主观能动性	1.问题导入：设置问题，让学生带着问题进入学习，寻找答案 2.视频导入：观看红色影片，激发学生积极兴趣，更好地进入学习状态 3.视频导入：观看相关影片，了解红军精神，感悟幸福生活来之不易 4.任务导入：发布探究性任务，调动学生积极性与主观能动性 5.情境导入：学习入党誓词、三大纪律八项注意等，引导学生坚定理想信念、勇于担当尽责，唤起学生情感上的共鸣
	授课教学环节	第一天：必修课程一“应急救护体验”、必修课程二“防空演练”；第二天：必修课程三“烽火足迹”、必修课程四“国家安全”，选修课程1“红色故事”；第三天：必修课程五“走进博物馆”、必修课程六“我是小小战士”，选修课程2“缝红军包　忆革命情”；第四天：必修课程七“冲锋到战场”、必修课程八“丰衣足食”，选修课程3“草鞋编织”；第五天：必修课程九“剪纸——我爱我的国”、必修课程十“防灾减灾　避震逃生”，选修课程4“责任担当教育大讲堂：少年志　国富强”	第一天：必修课程一“走进两弹城”、必修课程二“万众一心　山川永纪”，选修课程1“两弹一星”；第二天：必修课程三“川人之魂”、必修课程四“擒敌我先行”，选修课程2“CS枪战　勇夺红星”；第三天：必修课程五“模拟射击”、必修课程六“追寻先烈足迹”，选修课程3“抗战历史”；第四天：必修课程七“手编草鞋”、必修课程八“强渡大渡河”；第五天：必修课程九“国防教育”、必修课程十“战地救护　守护红星（一）”，选修课程4“责任与担当：国防教育大讲堂”	第一天：必修课程一“川军精神”、必修课程二“模拟投掷”，选修课程1“影视赏析：《正者无敌》”；第二天：必修课程三“革命精神绽光芒”、必修课程四“唱响红军精神”，选修课程2“打靶归来”；第三天：必修课程五“重走长征路”、必修课程六“强渡大渡河”，选修课程3“战备演练”；第四天：必修课程七“不忘初心　勇担使命”、必修课程八“永远跟党走”，选修课程4“责任与担当：和平与发展　时代的主题”；第五天：必修课程九“奋勇支前”、必修课程十“战地救护　守护红星（二）”

维度或要素		小学高年级段	初中段	高中段
实施方案	进级教学环节	1.小组探究：对于生命的理解 2.小组讨论：分享自己知道的英雄故事 3.小组讨论：介绍一下自己家乡的红色文化 4.小小讲解员：讲一讲在研学过程中，让自己印象深刻的英雄人物或者历史故事 5.小组讨论：通过学习，作为新时代青少年我们应该怎么做	1.小组讨论："两弹一星"精神在当今社会的体现 2.小组探究：对于军民鱼水情的初步理解与感悟 3.知识竞赛：解放战争知识 4.小组讨论：红军精神在日常生活中的体现 5.情境表演：《十送红军》	1.小组探究：对于军民鱼水情的深刻理解与感悟 2.知识竞赛：红色革命知识 3.小组讨论：我国军事力量发展历程 4.小组探究：对于新农村建设的建议 5.总结反思：总结自己在活动中的不足之处
	巩固教学环节	1.发布探究主题和实践任务，总结提升 2.开展研学知识问答赛、小组汇报等环节，帮助学生对当天所学研学内容进行巩固 3.通过前期调查、视频学习、设计制作等活动加深对革命历史的认识 4.通过讲故事、新闻采访、情境再现等多种活动加深对革命历史的认识 5.通过分角色扮演，小组排练《抗日根据地儿童团》微话剧并进行展示，加深学生的体验	1.引导实践与分享交流相结合，总结分享自己的收获，发表对"两弹一星"精神、抗震救灾精神的感想 2.实地探访与沉浸式情境体验相结合，加深对红色文化的理解和认同感，思考更具价值和意义的责任与担当课题 3.引入历史典故；总结故事发展脉络图；发布任务引导学生总结分析，促进知识迁移 4.通过合作学习法，学生分成小组，选择感兴趣的红军相关主题，将红军史与政治、音乐、艺术等进行跨学科整合，让学生在综合性的学习中更好地体悟红军史的重要性和意义 5.通过情境模拟与革命先烈对话，加深对艰苦奋斗、顽强不屈革命精神的理解	1.研学教师带领学生一起对研学实践进行总结和回顾，及时解答学生遇到的问题 2.通过情境再现、问题解答等方式加深对革命历史的认知 3.小组探究、实践体验、实地探访、总结分享相结合，加深对长征精神的理解 4.实地探访与沉浸式情境体验相结合，加深对红色文化的理解和认同感，思考更具价值和意义的责任与担当课题 5.利用情境体验法，沉浸式体验红色革命故事，让学生选取感兴趣的革命故事，通过角色扮演的方式，让学生直观深入地呈现学习实践成果，引导学生掌握党的光辉历史，争做革命事业的接班人

维度或要素			小学高年级段	初中段	高中段
实施方案	总结教学环节	教学创新	在研学活动开展过程中，根据学生具体的年龄、学习情况、活动开展情况等，及时调整课程结构，创新课程内容，充分发挥学生的主体地位，初步形成在生活中发现问题、思考问题、解决问题的意识和能力，培养创新意识和实践能力	在研学课程实施中，充分发挥学生的主观能动性，主动提出问题、解决问题，将课堂上所学到的知识和现实生活中存在的问题相结合，进行深入探索、思考和讨论，提升学生解决实际问题的能力，形成良好的学习习惯	在研学课程实施中，深度对接课标和教材，注重因材施教，让学生主动参与研学方案制订、活动开展、总结评价等，在切身体验中培养学生兴趣，提升独立思考与周密计划的能力，增强创新精神和实践能力
		教学总结	采用分享交流、分组讨论、教师点评等方式，对学生在活动中的具体表现进行总结，充分利用《研学手册》的填写，重点考查学生的学习习惯、知识的储备与融合、方法创新、自我总结反思等方面的内容，使学生在活动中能充分发挥自己的潜能、才能，提升核心素养	回顾研学过程，通过研学活动复盘的方式，就学生的学习过程进行全面总结，以学生自主总结为主，教师总结为辅的方式，充分发挥学生主观能动性，发现研学活动实施中的优点与不足，明确实施方案优化方向，同时强化学生的总结意识，根植核心素养	在研学导师的指导下，主动进行实践与创新、考察与研究、管理与发展、成果与运用等方面的总结，撰写研学报告，让学生在学习中发现问题、解决问题，初步形成研究课题的思维模式，同时重点考量学生的社会责任感、实践能力和创新意识，体现社会责任与担当
		教学反思	根据活动反馈和评价结果，对研学活动进行复盘，重点反思是否将责任与担当意识融合到研学活动中，并对教学环节进行调整与优化，及时发现问题并解决问题，特别注重教学目标的达成、教学方法的优化	根据教学计划与教学实际情况进行对比分析，重点对话学生，让学生根据自己的学习情况提出研学课程实施过程中存在的问题，充分发挥学生对教师课程设计的反思作用，进一步优化课程，提炼经验，为下一次研学活动提供参考	采用问卷法、对话法等方式进行教学反思，找出存在的问题，并结合实际情况，对教学方法提出改进措施，教师及时撰写反思日志。重点考量能否对学生世界观、人生观、价值观产生较为深刻的影响，能否为提升学生的责任担当意识发挥积极的促进作用

维度或要素				小学高年级段	初中段	高中段
实施方案	评价教学环节	教学水平评价	自我评价	坚持个性化发展原则，利用视频记录教学过程，课后仔细对比分析教学内容、方法和教学目标达成情况，进行自我评价，并形成书面教学反思，建立教学水平档案	围绕业务水平、师德师风、教学质量、教学过程，采用个体反思总结法回顾教学过程，进行自我评价，按阶段形成工作总结，不断改进教学方法	坚持个性化和实践性原则，紧扣责任与担当目标，针对不同课程实施场地环境和条件差异，采用个案分析法，对课程设计、实施情况、学生参与度等进行评价，形成评价报告
			学生评价	运用调查问卷与谈话相结合的方法，结合教学效果和意见反馈两方面，以学生的活动参与度、活动任务完成情况、《研学手册》完成情况等为评价维度，收集学生对教师的看法和建议，综合评价教师教学质量和水平	制定满意度测评表，学生匿名填写测评表，根据教师的教学态度、课程内容、教学取得的成效以及对活动的满意程度等方面对教师进行评价，帮助教师及时了解学生意见，发现问题，改进教学方式，提升教学质量	运用问卷调查和座谈相结合的方式，针对教师的教学态度、教学技巧、表达能力、教学组织能力以及沟通协调能力等方面提出相应的意见，形成评价反馈体系，形成综合报告，全面提升活动效果
			同行评价	由营地教师和教学管理人员通过教学文件审阅、问卷调查等方式对教师的教学设计、教学策略、学生物化成果等方面进行评价	由营地教师、学校教师和教学管理人员等通过随队观摩、听课、教学文件审阅等方式对教师的教学设计、教学策略、实施效果等方面进行评价	由营地教师、学校教师和教学管理人员等通过随队观摩、听课、教学文件审阅、问卷调查等方式对教师的教学设计、教学策略、实施效果等方面进行评价
			培训和考核	建立培训和考核制度，定期对营地教师进行线上线下相结合的研学实践课程开发与实施的培训和考核，并形成教师个人档案	建立并完善教师考核制度，定期组织教师参加专业能力提升培训，组织教学课堂大赛和优秀教学案例成果展示大赛，提升教师教学水平	制订培训计划与方案，对教师进行项目化培训，并定期组织团队对教师素养和学习内容转化运用情况等进行考核
			教学成果展示	教师用图文、音像等资料记录学生的研学实践表现；学生用作品分享、研学总结汇报等展示实践成果	积累过程性资料，建立教学案例和教学设计资料库，参与教学比赛或案例评选，展示并推广自己在教学方面的创新和成果	定期举行教师教学成果展示，组织研学实践教育专家对教学设计、教学研究论文、科研报告等进行点评，督促教师提升

维度或要素				小学高年级段	初中段	高中段
实施方案	评价教学环节	学业评价	形成性评价	围绕学生的参与程度、情感体验和探究等内容，采取观察、记录、反思等方式进行评价，根据评价结果，结合学情分析，及时调整课程深度和教学方法，提高学生体验感	围绕学生的学习态度、知识获取程度、探索深度、团队协作等内容，采取观察、记录、反思的方式进行评价，根据评价结果，及时调整教学计划和教学方式，重点关注学生知识获取程度、创新意识和实践能力的培养	围绕学生的思考探究能力、价值观培养、方法习得等内容，采取观察、记录、反思的方式进行评价，结合学段特点，及时调整教学计划，优化教学方法，增强对学生探究深度和方式方法的指导
			总结性评价	以研学课程目的为基准，通过考核、展示等形式，围绕价值体认、责任担当、问题解决、创意物化教学目标，对参与研学实践活动学生进行评价，根据评价结果，判断教学目标实现程度，调整教学活动形式	以研学课程目的为基准，通过测验、考核、展示等形式，围绕价值体认、责任担当、问题解决、创意物化教学目标，对参与研学实践活动学生的知识获取和技能掌握程度、价值观培养等方面进行评价，根据评价结果，判断教学目的实现程度，调整教学活动形式	以研学课程目的为基准，通过测验、考核、展示、汇报等形式，围绕价值体认、责任担当、问题解决、创意物化教学目标，对参与研学实践活动学生的探究能力、责任意识等方面进行评价，根据评价结果，判断教学目的实现程度，调整教学活动形式
			教师评价	由教师根据学生的研学参与过程、行为纪律、情感认知和教学深度等方面，采取日常记录、问题简答、教学反馈或口头表达的形式，对学生进行评价，优化教学方式，提高教学质量	由教师根据学生的知识获取程度、过程行为管理、情感认同、价值培养等方面，采取交流讨论、调查问卷、教学反馈的形式进行评价，为学生提供个性化建议和反馈，加深对知识和技能的理解和运用	教师通过采取日常记录、调查问卷、问题解决、教学反馈或口头表达的方式，对学生的知识和技能掌握程度、研究能力、团队协作、素质素养、测验结果进行评价，发现实施中的问题，进一步加深学生对知识和技能的理解与运用
		项目评价		以行政主管部门和参与学校为主体，学生、学生家长、社会公众为辅助，采取问卷调查形式，对教学目标实现度、教学设计、教学策略有效性等方面进行评价，评价项目实施的整体风险和效益，进一步优化项目	以行政主管部门和参与学校为主体，学生、学生家长、社会公众为辅助，采取问卷调查、满意度测评等方式，对教学目标设定、教学设计、教学策略、活动组织、线路规划、成长过程等方面进行评价，进一步优化项目设计	以行政主管部门和参与学校为主体，学生、学生家长、社会公众为辅助，充分利用信息技术，对教学目标设定、教学设计、课程资源、教学策略、活动组织、协同管理、研学线路规划、学生成长、执行规范等方面进行评价，评价项目风险和效益

4.18 教学计划与策略列表：传承西南联大精神　砥砺强国有我之志

<table>
<tr><td colspan="3">营地名称</td><td>红河州中小学示范性综合实践基地（简称“红河营地”）</td><td>命名机构</td><td>教育部</td><td>识别码</td><td>Y145532001</td></tr>
<tr><td colspan="3">从业资质（摘要）</td><td>推进全州中小学素质教育，培养和提高青少年实践能力和创新精神，组织开展综合实践活动和研学实践活动</td><td>单位属性</td><td>公益一类</td><td>法定代表人</td><td>杨黎</td></tr>
<tr><td colspan="3">研学主题</td><td>传承西南联大精神　砥砺强国有我之志</td><td colspan="2">主要目的指向</td><td colspan="2">责任与担当教育</td></tr>
<tr><td rowspan="7">营地（枢纽）及周边主要优质研学资源</td><td colspan="2">基地层级</td><td colspan="5">研学站点（基地）名称</td></tr>
<tr><td rowspan="2">教育部命名基地</td><td>已列入教学计划</td><td colspan="5">一、与本主题相关列入教学计划的基地3个
1. 云南省红河州蒙自市青少年活动中心（简称“蒙自活动中心”）；2. 石屏县青少年校外活动中心（简称“石屏活动中心”）；3. 昆明铁路局云南铁路博物馆（简称“云南铁路博物馆”）
二、与本主题关联不大但列入本营地教学计划的基地0个</td></tr>
<tr><td>待列入教学计划</td><td colspan="5">1. 泸州市教育实践基地；2. 贵阳市学生健康发展中心（贵阳市示范性综合实践基地）；3. 中国科学院西双版纳热带植物园（简称“西双版纳植物园”）；4. 丽江市古城区青少年学生校外活动中心（简称“丽江活动中心”）；5. 云南野生动物园；6. 石林彝族自治县青少年活动中心（简称“石林活动中心”）；7. 盈江县青少年学生校外活动中心（简称“盈江活动中心”）；8. 祥云县青少年学生校外活动中心（简称“祥云活动中心”）；9. 麻栗坡县青少年校外活动中心（简称“麻栗坡活动中心”）；10. 马龙区青少年学生校外活动管理中心（简称“马龙活动中心”）；11. 思茅区青少年校外活动中心（简称“思茅活动中心”）；12. 澄江化石地自然博物馆；13. 中国医学科学院药用植物研究所云南分所（简称“南药所”）</td></tr>
<tr><td colspan="2">其他部委命名基地</td><td colspan="5">1. 蒙自市查尼皮“省一大”会议管理处（简称“查尼皮”）；2. 可邑小镇；3. 世界遗产哈尼梯田管理委员会·阿者科传统村落（简称“阿者科村”）；4. 蒙自碧色寨滇越铁路历史文化公园（简称“碧色寨”）</td></tr>
<tr><td colspan="2">地方命名基地</td><td colspan="5">1. 红河展览馆；2. 红河州博物馆；3. 西南联大博物馆；4. 国立西南联合大学蒙自分校纪念馆（简称“联大蒙自分校”）；5. 红河革命军事馆（简称“军事馆”）；6. 石屏县异龙镇大水村委会仁寿古村落研学基地（简称“仁寿村”）；7. 河口瑶族自治县博物馆（简称“河口博物馆”）；8. 哈尼梯田历史文化博物馆（简称“梯田博物馆”）</td></tr>
<tr><td colspan="2">本营地资源</td><td colspan="5">1. 应急救护训练室；2. 军事体育训练场；3. 防震减灾训练馆；4. 国防教育馆</td></tr>
<tr><td colspan="2">其他资源</td><td colspan="5"></td></tr>
</table>

维度或要素	小学高年级段	初中段	高中段
校内教育基础（与校内教育的衔接）	根据课标要求，小学高年级段的学生，责任与担当方面主要培养学生的道德情感、责任意识，引导学生遵守公共规则，形成深厚的爱国情感。在责任与担当的国情教育中，了解我国发展所取得的伟大成就，明确中国特色社会主义道路是指引中国发展繁荣的正确道路。本研学主题必修课程与校内教育人教版教材的衔接内容主要如下：1.人教版道德与法治五年级上册第三单元第6课“我们神圣的国土”；2.人教版道德与法治五年级上册第三单元第7课“中华民族一家亲”；3.人教版道德与法治五年级下册第三单元第7课“不甘屈辱　奋勇抗争”；4.人教版道德与法治五年级下册第三单元第8课“中国有了共产党”；5.人教版道德与法治五年级下册第三单元第10课“夺取抗日战争和人民解放战争的胜利”；6.人教版道德与法治五年级下册第三单元第12课“富起来到强起来”；7.人教版语文六年级上册第六单元第20课“青山不老”；8.人教版语文六年级下册第四单元第12课“为人民服务”；9.人教版语文六年级下册第四单元第13课“董存瑞舍身炸暗堡”等	根据课标要求，初中段的学生，责任与担当方面主要了解国家发展和世界发展的趋势，增强社会责任感和担当意识，立志做社会主义建设者和接班人。学生要能够认识中国特色社会主义的伟大建设成就，理解中国共产党在建设中国特色社会主义过程中的领导作用，铸牢中华民族共同体意识，坚定对伟大祖国、中华民族、中国共产党的高度认同。本研学主题必修课程与校内教育人教版教材的衔接内容主要如下：1.人教版中国历史八年级上册第四单元第14课“中国共产党的诞生”；2.人教版中国历史八年级下册第四单元第12课“民族大团结”；3.人教版道德与法治八年级上册第四单元第10课“建设美好祖国”；4.人教版语文八年级上册第四单元第14课“背影”；5.人教版语文八年级下册第四单元第13课“最后一次讲演”等	根据课标要求，高中段的学生，责任与担当方面要热爱祖国，热爱人民，关怀祖国命运，增强民族自尊心、自信心和自豪感，弘扬中华民族精神，树立为实现中华民族伟大复兴而奋斗的志向。通过历史学习，进一步了解中国国情，喜欢和继承中华优秀传统文化，弘扬和培育民族精神，激发对祖国历史与文化的骄傲感，逐步形成对国家、民族的历史使命感和社会责任感，培养爱国主义精神。本研学主题必修课程与校内教育人教版教材的衔接内容主要如下：1.人教版思想政治必修三第一单元第1课“历史和人民的选择”；2.人教版思想政治必修三第一单元第3课“坚持和加强党的全面领导”；3.人教版历史选择性必修一第四单元第13课“当代中国的民族政策”；4.人教版历史选择性必修二第五单元第13课“现代交通运输的新变化”；5.人教版地理必修二第四章第2节“交通运输布局对区域发展的影响”；6.人教版语文必修上册第七单元第14课“荷塘月色”等

维度或要素			小学高年级段	初中段	高中段
研学课程	必修课程一	名称	探秘古老红河	寻迹滇越铁路	探究红河非遗文化
		活动目的	了解红河这片红土地上人类起源、繁衍以及文明的兴起和进步所留下的历史遗迹	走进滇越铁路，增强学生的民族凝聚力，培养学生的创新精神和实践能力	通过了解家乡文化，坚定文化自觉和文化自信，培养民族自信心，增强民族自豪感
		活动形式	教师讲授、实地寻访、实践体验相结合	教师讲授、小组合作、实践体验相结合	教师讲授、即兴演讲、实践体验相结合
	必修课程二	名称	烽火学涯长歌行（一）	烽火学涯长歌行（二）	教育救国　刚毅坚卓
		活动目的	通过亲身感受西南联大学子的坚毅求学精神，增强学生“为国学习”的社会责任感	通过参观西南联大旧址，培养学生为党，为国家学习的理想，弘扬刚毅坚卓的西南联大精神	了解战时前辈在艰苦条件下负重前行的精神，培养学生的爱国情怀、拓宽视野、丰富知识
		活动形式	教师讲授、实地寻访、实践体验相结合	唱爱国歌曲、实践体验相结合	教师讲授、实地探访、实践体验相结合
	必修课程三	名称	无问西东觅芳华	红色基因代代传	探究滇越铁路工程奇迹
		活动目的	参观碧色寨及滇越铁路，学习滇越铁路历史，增强学生的历史责任感和时代使命感	观看革命影片，参观中共云南一大会址，培养良好习惯，赓续红色血脉，厚植爱国情怀	深入了解中国西南第一条铁路，明确滇越铁路是各民族经济文化交流的大动脉
		活动形式	教师讲授、实地寻访、实践体验相结合	视频教学、实地探访、集体宣誓相结合	实地探访、画全省铁路图相结合
	必修课程四	名称	“行走的传奇”——马帮	“南湖红船”模型制作（一）	观看《永远的西南联大》
		活动目的	了解马帮文化与蒙自的历史渊源，增强民族自豪感	通过动手制作“南湖红船”模型，增强学生的爱党爱国热情	通过观看《永远的西南联大》纪录片，增强学生的历史责任感和时代使命感
		活动形式	教师讲授、实地寻访、实践体验相结合	教师讲授、视频教学、设计制作、合作探究	教师讲授、视频教学、设计制作

维度或要素			小学高年级段	初中段	高中段
研学课程	必修课程五	名称	敬乡土　爱自然	苦旅新生　嘉荫长留	战火中的青春
		活动目的	拓展学生对少数民族的了解，让学生树立保护和传承哈尼梯田世界文化遗产的信念	了解战火中联大学子南迁历史。深入感受文化气息和精神风貌，传承西南联大精神	研学西南联大博物馆，了解“文军长征”历史，培养为国学习的精神和国际视野
		活动形式	教师讲授、实地寻访、实践体验相结合	教师讲授、实地探访、实践体验相结合	教师讲授、实地探访、实践体验相结合
	必修课程六	名称	奇异的建筑体验——哈尼蘑菇房（一）	云南交通的百年演变	话百年滇越变迁
		活动目的	哈尼古村落阿者科村研学，体验哈尼村庄风貌风情，树立学生保护传统文化的意识	研学云南铁路博物馆，了解铁路百年历程，展示高铁建设的高水平，增强道路自信	云南铁路博物馆研学，讲述这段历史中发生的故事和传奇，培养学生的家国情怀
		活动形式	教师讲授、实地寻访、分享交流相结合	教师讲授、实地探访、故事分享相结合	教师讲授、实地探访、实践体验相结合
	必修课程七	名称	脱贫攻坚——可邑小镇	美丽乡村振兴——探访仁寿村（二）	强军成就筑国防
		活动目的	通过调研可邑小镇，体会党的“精准扶贫”决策的英明伟大，激发学生爱党、爱国情怀	研学仁寿村，了解中国特色社会主义建设成就，埋下为乡村振兴出一份力的种子	参观军事馆，传承红色基因，担当强军重任，普及国防教育
		活动形式	教师讲授、实地寻访、分享交流相结合	教师讲授、实地探访、研究报告相结合	教师讲授、实地探访、国防体验相结合
	必修课程八	名称	月光下的“嘎斯比”	“美丽家园”模型制作（二）	正军姿　铸军魂
		活动目的	走进阿细部落，参加篝火晚会，培养学生对多民族文化的包容性和认同感	制作“美丽家园”模型，感受各族儿女建设美好家园的磅礴力量，提升民族自豪感	通过军事训练，培养良好精神风貌和纪律观念。引导学生热爱祖国和树立规则意识
		活动形式	教师教授、亲身体验相结合	实地探访、设计制作、合作探究相结合	教师讲授、实践体验、军事训练相结合

维度或要素			小学高年级段	初中段	高中段
研学课程	必修课程九	名称	美丽乡村振兴——探访仁寿村（一）	敬乡土　爱自然	云南革命的摇篮——查尼皮
		活动目的	研学仁寿村，感受乡村振兴战略下仁寿村的变化，培养为国家建设勇担重任的思想	拓展学生对少数民族文化知识的了解，自觉保护生态环境	参观革命遗址、聆听红色故事。自觉肩负起民族复兴、国家发展的时代重任
		活动形式	教师讲授、实地寻访、分享交流相结合	实地探访、环境保护实践相结合	教师讲授、实地探访、演讲相结合
	必修课程十	名称	“美丽家园”模型制作（一）	奇异的建筑体验——哈尼蘑菇房（二）	“南湖红船”模型制作（二）
		活动目的	深入了解红河州，在动手制作模型的过程中感受红河州悠久的历史底蕴和独特的文化魅力	了解乡村脱贫攻坚和乡村振兴的伟大创举，激发学生服务乡村，改变乡村的意识	学习党的历史，动手制作“南湖红船”模型，增强学生的爱党爱国热情
		活动形式	教师讲授、实地寻访、模型制作相结合	教师讲授、实地探访、实践体验相结合	教师讲授、视频教学、设计制作相结合
	选修课程		1. 消防、交通、防震减灾科普 2. 农业实践活动 3. 学唱红色歌曲	1. 应急救护知识 2. 传统文化——皮影戏 3. 观看“爱国主义”影片（一）	1. 应急救护知识 2. 茶艺体验 3. 观看“爱国主义”影片（二）

维度或要素		小学高年级段	初中段	高中段
研学线路	代表性线路（时长五日）	第一天：红河营地—红河州博物馆—联大蒙自分校—红河营地 第二天：红河营地—碧色寨—红河营地 第三天：红河营地—梯田博物馆—阿者科村—红河营地 第四天：红河营地—可邑小镇—红河营地 第五天：红河营地—仁寿村—红河营地	第一天：红河营地—碧色寨—联大蒙自分校—红河营地 第二天：红河营地—查尼皮—红河营地 第三天：红河营地—西南联大博物馆—云南铁路博物馆—红河营地 第四天：红河营地—仁寿村—红河营地 第五天：红河营地—梯田博物馆—阿者科村—红河营地	第一天：红河营地—红河州博物馆—联大蒙自分校—红河营地 第二天：红河营地—碧色寨—红河营地 第三天：红河营地—西南联大博物馆—云南铁路博物馆—红河营地 第四天：红河营地—军事馆—红河营地 第五天：红河营地—查尼皮—红河营地
	可选择线路（按天设计，菜单式选择）	1.红河营地—户外素质拓展训练区—红河营地；2.红河营地—蒙自活动中心—红河营地；3.红河营地—红河展览馆—红河营地；4.红河营地—红河革命军事馆—红河营地；5.红河营地—碧色寨—红河营地；6.红河营地—可邑小镇—红河营地；7.红河营地—红河州博物馆—红河营地；8.红河营地—联大蒙自分校—红河营地	1.红河营地—蒙自活动中心—红河州红十字会青少年应急救护科普教育基地—红河营地；2.红河营地—石屏活动中心—红河营地；3.红河营地—碧色寨—红河营地；4.红河营地—查尼皮—红河营地；5.红河营地—联大蒙自分校—红河营地；6.红河营地—阿者科村—红河营地；7.红河营地—云南铁路博物馆—红河营地；8.红河营地—可邑小镇—红河营地	1.红河营地—防震减灾训练中心—红河营地；2.红河营地—云南铁路博物馆—红河营地；3.红河营地—红河州博物馆—红河营地；4.红河营地—西南联大博物馆—红河营地；5.红河营地—梯田博物馆—红河营地；6.红河营地—石屏活动中心—仁寿村—红河营地；7.红河营地—红河革命军事馆—红河营地；8.红河营地—河口博物馆—红河营地
	规划线路（按天设计）	1.红河营地—麻栗坡活动中心—红河营地 2.红河营地—澄江化石地自然博物馆—红河营地 3.红河营地—石林活动中心—红河营地	1.红河营地—麻栗坡活动中心—红河营地 2.红河营地—澄江化石地自然博物馆—红河营地 3.红河营地—石林活动中心—红河营地 4.红河营地—云南野生动物园—红河营地	1.红河营地—麻栗坡活动中心—红河营地 2.红河营地—红河州博物馆—澄江化石地自然博物馆—红河营地 3.红河营地—石林活动中心—红河营地 4.红河营地—云南野生动物园—红河营地

维度或要素		小学高年级段	初中段	高中段
教学重点难点（以代表性线路教学设计为例，以下同）	教学重点	1. 认识红河州，探秘红河州“三千四百年”靓丽名片 2. 了解碧色寨与滇越铁路的历史，探索马帮文化与铁路的交汇 3. 了解哈尼梯田的耕作方式，弘扬人与自然和谐共生的理念 4. 深刻理解国家“脱贫攻坚”“精准扶贫”等政策对可邑小镇发展的现实意义，在发展的同时保留传统文化，掌握草编的技法 5. 参观村落、走访村民，感受仁寿村在乡村振兴政策下带来的建设成果	1. 学习西南联大“刚毅坚卓”的精神，具有“为国学习”的社会责任感 2. 学习党的历史，以党的革命精神勉励自我，培养良好的学习习惯，增强爱党爱国热情 3. 掌握云南铁路百年风雨历程，讲述从历史深处驶来向时代远方奔去的故事 4. 参观村落、走访村民，感受仁寿村乡村振兴战略下的建设成果，探究村民幸福指数 5. 认识保留最完整的哈尼古村落阿者科村，掌握村民与村庄、森林、梯田、水系之间的关系	1. 了解红河州传统文化、非遗技艺，寻找“红河三绝” 2. 探寻滇越铁路和碧色寨车站建设发展历程故事，增强学生的历史责任感和爱国热情 3. 掌握西南联大在战火中南迁的艰难历史，了解那个时代自强不息的文化气息和刚毅坚卓的精神风貌 4. 参观革命军事馆，聆听红色故事，传承红色基因，担当强军重任 5. 掌握中国共产党的发展历史及抗战英雄的人物事迹，引导学生崇尚英雄、学习英雄
	教学难点	1. 将“三千四百年”的靓丽名片融入红河州发展的历程中 2. 探究红河州百年来交通方式的变迁，从单一的船运、马帮或铁路到如今的米轨、寸轨、动车和高铁四条铁路的交汇 3. 了解红河哈尼梯田的历史文化、地理构造、耕作方式、劳作农具、农时活动 4. 学会草编技法，并能通过非遗技艺传承人的指导，运用草、棕榈叶等编制草编作品 5. 乡村振兴战略对仁寿村的意义	1. 深刻理解“刚毅坚卓”的西南联大精神，把该内容内化于心，外化于行 2. 了解查尼皮的地理位置，认识查尼皮在中共云南一大的历史地位 3. 掌握中国西南地区第一条铁路对云南发展的历史意义，增强国家认同感和民族自信 4. 以仁寿村为例，探究乡村振兴模式与不同村落的适配度 5. 了解哈尼梯田的申遗历程，掌握哈尼梯田“四素同构”“刻木分水”等哈尼人民智慧的结晶	1. 深入认识红河州的家乡宝藏，培养学生爱家乡、爱祖国的品质 2. 掌握滇越铁路百年沧桑巨变的历史，通过学习铁路上的故事增强学生的民族凝聚力 3. 掌握革命先辈为了保留文化的火种，不畏艰险行程数千里而来的“文军长征”历史，明白少年强则国强的道理 4. 掌握红河州戍边固防的历史，引导学生热爱祖国和树立规则意识 5. 实景体验中共云南一大时革命先辈的艰苦环境，培养学生不畏艰苦的精神

维度或要素	小学高年级段	初中段	高中段
教学策略	针对小学高年级学生对生动、具体、新颖的事物充满好奇，具有强烈的探索欲望，自我意识不断增强，身心发展和知识技能尚未成熟等情况。基于全面发展的教育观和多元智力发展理念、实践教育理念及兴趣观等现代教育理论。选取红色教育、地方特色教育，传统村落为主要研学内容，依托研学基地、研学导师、《研学手册》等研学资源，培养学生自理自立能力，爱党爱国的观念，以初步树立正确的个人与集体生活价值观为目标。采取参观教学法、情境式教学法和自主学习法。通过集体活动和地方文化熏陶，采用设计制作、参观体验、情境体验等教学策略来进行活动设计，开展动手实践、参观、体验等多种形式的活动。确保学生在参与研学实践活动中达到激发兴趣，养成良好的行为习惯，增强自理能力，主动学习和探索的目的	针对初中段学生身心发展速度较快，进入青春期发展出现差异性和不平衡性，思维的独立性和批判性显著发展，认知水平提升及知识储备增加等情况。基于全面发展观和五育并举的教育理念，以学生为中心的多元智力发展理念等现代教育理念，选取红色教育、基本国情、传统村落、美丽乡村等研学内容，依托研学基地、研学导师、《研学手册》等研学资源，让学生的思想观念得到进一步提升。正确引导学生明确家国情怀，以对国家、文化、社会主义核心价值观有良好的认同感为培养目标。采取参观教学法、情境式教学法和讨论法、合作探究学习法。借助集体活动和地方文化熏陶，以爱党教育和启发性为原则来开展以情景代入、实践体验，交流分享，合作探究等多种形式的研学活动，并在实际活动中达到增长知识、提高解决问题的能力、能够独立思考和探索、身心得到全面发展的目的	针对高中段学生智力发展趋向成熟，知识储备丰富。自我意识明显增强，表现出强烈的自主性，独立思考和处理问题的能力显著发展。其社会意识接近成熟，处于世界观、人生观和价值观形成的关键阶段等情况，以建构主义理论、人的全面发展学说、认知主义教育理论为指导思想，基于学生主体，以人为本、互动体验、问题理念和反思理念等现代教育理论，选取红色教育、国防教育、改革开放成就和基本国情等为主的研学站点，依托研学基地、研学导师、《研学手册》等研学资源，采取讲授法、参观教学法、情境式教学法和情感陶冶法、自主学习法、合作探究学习法。开展以设计制作，情景代入、参观体验、合作探究、交流分享为主的研学活动，确保高中段学生深入了解国情及地方特色，增进民族自豪感，强化学生的责任与担当，达到对国家、文化、社会主义核心价值观有良好的认同感，在形成正确的世界观、人生观、价值观方面起到积极促进作用，促使高中段学生成长为有理想、有担当的青少年

维度或要素				小学高年级段	初中段	高中段
实施方案	入营教育	安全	引导	通过视频学习、列出可能的风险、预防措施和应急处理方法，进行入营安全教育	进行遵守规则、个人物品保管等安全教育，介绍安全设施和紧急出口	通过营地纪律规范、宿舍安全通道、营地自助自救的学习进行入营地安全教育
			实训	进行地震体验，实践体验消防馆、学习消防知识	学习安全装备使用方法，如灭火器、消防栓	进行安全逃生演练，学习应急救护基本包扎方法
		应急	引导	通过视频学习《研学手册》安全教育，培养学生冷静思考和随机应变的能力	通过视频学习，讲解应急情况下的应对方法，如火灾、地震等	通过视频学习逃生演练的方式，掌握应急逃生和自助自救的方式方法
			实训	开展应急逃生演练，学习应急救护相关知识和实操，提高学生应急处理能力	组织模拟应急演练，让学生实践应对紧急情况的技能	通过实践体验，学会火灾、地震的逃生方式，掌握正确的止血和包扎方法
		救助	引导	通过案例情境，告知学生如遇特殊情况时，主动寻找和利用各种资源	通过讲解示范，教授基本的急救知识，如伤口处理、扭伤处理等	通过案例情境，培养学生遇到需要求助时，掌握信息获取和资源整合的能力
			实训	通过救护课程的实际操作与讲解，帮助学生掌握自救互救的方法和技能	培训学生正确进行心肺复苏和止血等急救操作	进行常见急症的科普，进行外伤包扎、骨折固定与搬运等课程的实操教学
		自我管理	引导	进行团队建设，引导学生实现自我管理	创设情境，培养时间和任务管理能力，鼓励制定个人目标，提供指导和反馈	指导学生如何进行自我管理，包括制定目标、约束自己、控制情绪等
			实训	分组分宿舍管理，责任到人，建立内部考核竞争机制，开展“班会”“舍务会”	给予学生一定的时间和任务，让他们自行安排并展示成果	开展“舍务会”“班会”等实践活动，帮助学生提升自我管理的能力
		团队协作	引导	开展团队竞技活动，通过奖罚机制，培养学生小组之间的团队协作能力	通过团队建设，组织团队合作任务，培养学生的沟通和协作能力	通过团队竞技课程的体验，探究团队协作的方式和技巧
			实训	自主规划成员任务，制队旗、定口号、设目标，培养与人合作，沟通交流等能力	开展团队合作游戏，如搭建高塔、接力比赛等	通过开展冰海沉船、动力圈类项目，激发学生“不抛弃、不放弃”的合作理念

维度或要素		小学高年级段	初中段	高中段
实施方案	导入教学环节	1.问题导入：红河州“三千四百年”具体指什么？其背后发生的故事是什么；2.故事导入：教师讲述中法战争后签订的不平等条约，回忆百年滇越铁路的历史；3.视频导入：借助申遗短片《云上梯田，梦想红河》让学生直观感受祖国的壮丽河山；4.体验式导入：体验彝族阿细人的寨门迎宾礼，感受南疆少数民族的热情；5.多媒体导入：通过电子多媒体展示仁寿村在乡村振兴战略下的改变，以图片与视频的形式让学生直观感受党的政策的实效	1.情境导入：带领学生进入西南联大师生迁移与学习的情景，重温西南联大“刚毅坚卓”精神；2.歌曲导入：学唱红色歌曲《没有共产党就没有新中国》，引导学生回忆党的伟大征程，产生情感共鸣；3.情境导入：带领学生乘坐四个系列动车机车，回顾云南铁路百年风雨历程；4.任务导入：发布探访仁寿村研学任务书，调动学生积极探索乡村振兴战略下仁寿村的变化；5.故事导入：讲述哈尼蘑菇房的由来，感受千年哈尼人的劳动智慧及蘑菇房和梯田形成的牢不可破的和谐关系	1.任务导入：发布研学任务书“寻找红河三绝”，激发学生进入红河州博物馆探索的欲望；2.情境导入：换穿民国服装进行情境体验，行走在碧色寨及滇越铁路，探寻其建设发展的历程故事；3.视频导入：通过观看《永远的西南联大》影片，讲述抗日战争时期三校联合办学的故事；4.案例导入：讲述“金平十姊妹”在自卫反击战中的典型案例，深刻感受红河州军民团结，戍边为国的事迹，传承红色基因，激发爱国热情；5.游戏导入：通过游戏《重走长征路》，感受党的发展过程中的艰险历程，激发爱党、爱国情怀
	授课教学环节	第一天：入营教育，“团队建设”、必修课程一“探秘古老红河”、必修课程二“烽火学涯长歌行（一）”、选修课程1“消防、交通、防震减灾科普” 第二天：必修课程三“无问西东觅芳华”、必修课程四“‘行走的传奇’——马帮” 第三天：必修课程五“敬乡土、爱自然”、必修课程六“奇异的建筑体验——哈尼蘑菇房（一）” 第四天：必修课程七“脱贫攻坚——可邑小镇”、必修课程八“月光下的‘嘎斯比’” 第五天：必修课程九“美丽乡村振兴——探访仁寿村（一）”、必修课程十“‘美丽家园’模型制作（一）”、选修课程2“农业实践活动”	第一天：入营教育，“团队建设”、必修课程一“寻迹滇越铁路”、必修课程二“烽火学涯长歌行（二）”、选修课程1“应急救护知识” 第二天：必修课程三“红色基因代代传”、必修课程四“‘南湖红船’模型制作”、选修课程3“观看‘爱国主义’影片（一）” 第三天：必修课程五“苦旅新生　嘉荫长留”、必修课程六“云南交通的百年演变” 第四天：必修课程七“美丽乡村振兴——探访仁寿村（二）”、必修课程八“‘美丽家园’模型制作（二）” 第五天：必修课程九“敬乡土　爱自然”、必修课程十“奇异的建筑体验——哈尼蘑菇房（二）”	第一天：入营教育，“团队建设”、必修课程一“探究红河非遗文化”、必修课程二“教育救国　刚毅坚卓”、选修课程1“应急救护知识” 第二天：必修课程三“探究滇越铁路工程奇迹”、必修课程四“观看《永远的西南联大》” 第三天：必修课程五“战火中的青春”、必修课程六“话百年滇越变迁” 第四天：必修课程七“强军成就筑国防”、必修课程八“正军姿　铸军魂”、选修课程3“观看‘爱国主义’影片（二）” 第五天：必修课程九“云南革命的摇篮——查尼皮”、必修课程十“‘南湖红船’模型制作（二）”

维度或要素		小学高年级段	初中段	高中段
实施方案	进级教学环节	1.思考表达：探寻“三千四百年”具体是指什么 2.小组讨论：滇越铁路的历史意义及其带来的影响有哪些 3.思考表达：乡村振兴战略实施的意义是什么 4.分享交流：做好美丽乡村建设，你有什么好的意见或建议 5.设计制作：制作“美丽家园”模型	1.考察探究：西南联大师生是如何从长沙抵达云南昆明的 2.小组讨论：中共云南一大的历史意义 3.考察探究：云南的百年交通演变都经历了哪些过程 4.考察探究：乡村振兴战略实施的意义是什么 5.小组讨论：为什么说哈尼梯田“山有多高，水有多高”	1.考察探究：红河州非遗技艺“红河三绝”具体是指什么 2.分享交流：通过了解滇越铁路的故事，明白了什么道理；作为新时代的学生，你应该怎么做 3.分享交流：看完西南联大师生的校舍，作为新时代的中学生，在学习生活中应该如何做 4.小组讨论：军事力量对国家的重要性 5.考察探究：金平“十姊妹”的英勇事迹
	巩固教学环节	1.知识问答：教师利用想象法让学生形成画面，把自己的家乡通过制作海报的方式呈现出来 2.故事讲解：追忆滇越铁路的沧桑岁月 3.形象再现：再现哈尼古村落蘑菇房等建筑特点，探究古村落建筑与生产生活之间的联系 4.实践体验：学习非遗草编后独自完成草编作品 5.复习总结：总结仁寿村的乡村振兴模式，探究仁寿村的变化对村民的影响	1.运用问答：教师提问西南联大的历史、精神、名人趣事等，巩固所学知识 2.情景演绎：编排中共云南一大会议的情景剧，再现革命前辈艰苦奋斗的情景，回顾中国共产党与中国戍边固防的历史 3.小组讨论：探讨交通的发展对云南省人民文化、经济等方面的重大影响 4.复习总结：总结乡村振兴模式，探究乡村振兴模式与不同村落之间的适配度 5.情景再现：再现哈尼古村落蘑菇房等建筑特点，探究古村落与生产生活之间的联系	1.知识问答：教师利用想象法让学生形成画面，把自己的家乡通过制作海报的方式呈现 2.故事讲解：追忆滇越铁路的沧桑岁月 3.情境体验：学生扮演西南联大学子角色，进行文学讨论 4.实践体验：通过队列训练，强化国防意识，增强国防观念 5.情景演绎：编排中共云南一大会议的情景剧，再现革命前辈艰苦奋斗的情景，回顾中国共产党与中国戍边固防的历史

维度或要素			小学高年级段	初中段	高中段
实施方案	总结教学环节	教学创新	1.合作研学创新：通过小组合作完成团队项目等方式，培养学生的合作精神和沟通能力 2.主题创新：设计新颖有趣的研学主题，吸引学生兴趣 3.课程融合创新：将研学实践与学校课程相结合，让学生在实践中深化对知识的理解	1.活动形式创新：采用多样化的活动形式，如实地考察、任务探究、角色扮演、设计制作等，让学生在实践中学习，培养学生的实践能力和解决问题的能力 2.课程融合创新：将研学实践与学校课程相结合，让学生在实践中深化对知识的理解	1.评价方式创新：采用多元化的评价方式，如作品评价、过程性评价、自我评价、小组互评等全面评估学生的研学成果 2.课程融合创新：将研学实践与学校课程相结合，让学生在实践中深化对知识的理解，如研学云南铁路博物馆与高中历史学科课程“现代交通运输的新变化”相融合
		教学总结	1.研学实践活动回顾，分析活动成果，如学生的收获、能力的提升，在实践中深入理解责任与担当的重要性 2.收集研学参与教师与学生的活动反馈意见表，学生家长的满意度测评报表，总结活动是否达到预期目标，改进不足之处	1.总结研学实践活动，分析活动成果，如学生的收获、能力的提升，引导学生在实践中深入理解责任与担当的重要性 2.收集研学参与教师与学生的活动反馈意见表，学生家长的满意度测评报表，查看学生《研学手册》完成情况，总结活动是否达到预期目标，改进不足之处	1.组织学生思考活动的收获与活动中掌握的知识与技能，在实践中深入理解责任与担当的重要性 2.收集研学参与教师与学生的活动反馈意见表，学生家长的满意度测评报表，查看学生《研学手册》完成情况，开展主题班会，总结活动是否达到预期目标，改进不足之处
		教学反思	1.反思安全管理措施是否到位，是否存在安全隐患，是否对学生进行了充分的安全教育 2.反思学生在实践活动过程中是否积极主动，是否有团队合作精神，是否将责任与担当体现到生活中	1.反思研学实践活动与学校课程融合的适配度 2.反思本次研学实践目标是否达成，学生是否在研学实践中获得预期的知识、技能和体验，是否达到培养责任与担当的教学目标	1.反思学生是否对本研学主题有了更深入的理解，是否提高了相关的能力和素养 2.反思资源的利用效率，是否充分利用研学场地、设备、人力资源 3.收集学生与教师对本次研学实践的反馈和评价，了解他们的意见和建议，以便改进和完善今后的研学活动

维度或要素				小学高年级段	初中段	高中段
实施方案	评价教学环节	教学水平评价	自我评价	学生是否明确学习目的，教学活动开展是否围绕教学目的，教学过程中气氛是否活跃，课堂效果是否达到预期目标	学生是否明确学习目的，教学活动开展是否围绕教学目的，教学过程中气氛是否活跃，课堂效果是否达到预期目标，是否引发学生不一样的思考	学生是否明确学习目的，教学活动开展是否围绕教学目的，教学过程中气氛是否活跃，课堂效果是否达到预期目标，是否引发学生不一样的思考，学生能否受到良好的思想教育
			学生评价	学生针对教师和学生之间的互动是否充分，教师举止是否文明，语言是否规范，学生能否积极参加到课堂教学中进行评价	学生针对教师和学生之间的互动是否充分，教师的举止是否文明，语言是否规范，研学课程师生对话参与度，学生能否积极参加到课堂教学中，教师教育思想是否端正进行评价	学生针对教师和学生之间的互动是否充分，教师举止是否文明，语言是否规范，研学课程师生对话参与度，学生能否积极参加到课堂教学中，教师教育思想是否端正，是否面向全体学生进行评价
			同行评价	课程是否符合学生实际，是否突出教学重点，教案、教具、场地是否准备充分	课程是否符合学生实际，是否突出教学重点，教案、教具、场地是否准备充分。组织过程是否得当、灵活，教学思路是否清晰	课程是否符合学生实际，是否突出教学重点，教案、教具、场地是否准备充分。组织过程是否得当、灵活，教学思路是否清晰。学生分享收获如何
			培训和考核	定期对营地教师进行教学培训和考核，通过培训提升教师的专业能力，通过教师座谈会反馈意见并及时作出线路优化和教学整改	定期对营地教师进行教学培训和考核，通过培训提升教师的专业能力，引进新思想，开发新课程，通过教师座谈会反馈意见并及时作出线路优化和教学整改	定期对营地教师进行教学培训和考核，通过培训提升教师的专业能力，引进新思想，开发新课程，应用新理念，通过教师座谈会反馈意见并及时作出线路优化和教学整改
			教学成果展示	通过学生的创新作品、农业劳作、手工、分享发言等情况来评价教师的教学水平	通过学生的创新作品、皮影制作、舞蹈掌握、分享发言等情况来评价教师的教学水平	通过学生的创新作品、串珠、刻纸、模型制作、分享发言等情况来评价教师的教学水平

维度或要素				小学高年级段	初中段	高中段
实施方案	评价教学环节	学业评价	形成性评价	观察学生在活动中的自觉性即是否积极主动地参与教学活动，评价教学活动是否充分发挥学生在教学活动中的主体性作用	通过课程教学对学生知识与技能、过程与方法、情感态度与价值观进行培养，考查学生的知识掌握情况与思维创新能力的提升，教师在教学活动中是否进行激励、赏识教育	课程中有无提高学生学习的自觉性，是否尊重学生，让学生积极主动地参与教学活动；是否充分发挥学生在教学活动中的主体性；在教学活动中是否进行激励、赏识教育，在教学活动中是否引导学生树立正确的人生价值观
			总结性评价	引导学生主动展示活动成果，及时收集学生和其他相关人员的反馈，教师对学生的作品完成情况、语言表达情况进行客观评价	引导学生主动分享活动感受，对学生在活动中的表现进行分析并进行综合性的评价和总结，总结学生在活动中的优点、特长、待改进的问题等	对学生的学习过程和学习成果作出评价，引导学生积极分享活动感受，展示活动成果，评价学生的分享及展示是否新颖有创意，小组讨论及分享语言表达是否清晰，有无自己的见解等
			教师评价	对学生在活动中的纪律意识、学习态度、团队意识、文明礼仪、生活能力、作品完成情况等进行评价，如是否遵守纪律，学习态度是否端正，是否按时完成《研学手册》的填写等	对学生在活动中的纪律意识、安全意识、参与意识、合作意识、实践能力、探究精神、学习达成等方面进行评价，如是否积极参与小组活动分享，形成活动小报、学习记录等	对学生在活动中的探究能力、探究成果、团队精神、合作态度、品行修养、时间观念、创新意识等方面进行评价，如是否主动参与小组研究项目，与同伴一起设计研究方案，形成研究报告
		项目评价		教育主管部门、教育工作者、学生、家长积极参与评价过程，通过问卷、座谈会、公众号等形式对研学项目进行完整性及反馈性评价，及时发现问题并加以改进	教育主管部门、教育工作者、学生、家长积极参与评价过程，通过问卷、座谈会、公众号等形式对研学项目的安全管理、活动组织方式、研学课程、实施方案、学生成长中的责任与担当等方面进行评价，及时发现问题并加以改进	教育主管部门、教育工作者、学生、家长积极参与评价过程，通过问卷、座谈会、公众号等形式对研学项目的安全管理、活动组织方式、研学课程、实施方案、课程融合、课程深度、学生成长过程中形成的人生观、价值观等方面进行评价，及时发现问题并加以改进

4.19　教学计划与策略列表：责任在心　担当在行

<table>
<tr><td colspan="3">营地名称</td><td>陕西省西安市中小学校外综合实践活动基地（简称“西安营地”）</td><td>命名机构</td><td>教育部</td><td>识别码</td><td>Y145610001</td></tr>
<tr><td colspan="3">从业资质（摘要）</td><td>中小学校外教育及社会综合实践教育</td><td>单位属性</td><td>公益一类</td><td>法定代表人</td><td>张伟</td></tr>
<tr><td colspan="3">研学主题</td><td>责任在心　担当在行</td><td colspan="2">主要目的指向</td><td colspan="2">责任与担当教育</td></tr>
<tr><td rowspan="7">营地（枢纽）及周边主要优质研学资源</td><td colspan="2">基地层级</td><td colspan="5">研学站点（基地）名称</td></tr>
<tr><td rowspan="2">教育部命名基地</td><td>已列入教学计划</td><td colspan="5">一、与本主题相关列入教学计划的基地5个
1.陕西历史博物馆；2.延安革命纪念馆；3.富平县爱国主义教育基地（简称“富平爱国基地”）；4.补浪河女子民兵治沙连中小学生研学实践教育基地（简称“补浪河女子民兵治沙连”）；5.中国兵器工业试验测试研究院研学部（简称“兵工院”）
二、与本主题关联不大但列入本营地教学计划的基地19个
1.西安半坡博物馆；2.秦岭国家植物园；3.陕西华清宫文化旅游有限公司；4.陕西省党家村景区管理委员会；5.陕西省西咸新区泾河新城城市综合服务有限公司；6.渭华起义教育基地管理办公室（简称“渭华起义基地”）；7.延川县文安驿镇梁家河行政村村民委员会；8.安吴青年训练班纪念馆（简称“青年班纪念馆”）；9.西安碑林博物馆；10.汉中秦巴民俗村有限责任公司；11.汉阴县三沈纪念馆；12.安康盛丰源研学实践教育基地（平利县盛丰源食品有限公司）；13.北川三秒应急安全体验中心；14.陕西延安中央社会部旧址；15.西安汉城湖景区；16.渭南市气象局；17.陕西牛背梁国家级自然保护区；18.全国青少年延安革命传统教育基地；19.文物局大明宫遗址</td></tr>
<tr><td>待列入教学计划</td><td colspan="5">无</td></tr>
<tr><td colspan="2">其他部委命名基地</td><td colspan="5">无</td></tr>
<tr><td colspan="2">地方命名基地</td><td colspan="5">1.延安鲁艺文化园区培训基地（简称“鲁艺基地”）；2.川陕革命根据地纪念馆（简称“川陕纪念馆”）；3.扶眉战役纪念馆（简称“扶眉纪念馆”）；4.中共中央西北局纪念馆（简称“西北局纪念馆”）；5.西安交通大学西迁博物馆（简称“西迁博物馆”）；6.八路军西安办事处纪念馆（简称“八办”）；7.红碱淖中小学生研学实践教育基地；8.西北工业大学三航科技研学实践教育基地</td></tr>
<tr><td colspan="2">本营地资源</td><td colspan="5">1.安全教育馆；2.生命教育馆；3.国防教育馆；4.拓展训练</td></tr>
<tr><td colspan="2">其他资源</td><td colspan="5">1.安康科技馆；2.榆林“一馆一台”长城研学实践教育基地；3.圣地河谷·金延安红色教育实践基地（简称“金延安”）</td></tr>
</table>

维度或要素	小学高年级段	初中段	高中段
校内教育基础（与校内教育的衔接）	对照课标，小学高年级段在责任与担当教育方面提出“将社会主义先进文化、革命文化、中华优秀传统文化、国家安全、生命安全与健康等重大主题教育有机融入课程”“加强课程与学生经验、社会生活的联系”。本研学主题必修课程与校内教育的衔接内容主要如下：1.人教版四年级语文“飞船上的特殊乘客”“蝙蝠和雷达”“大自然的启示”“两个铁球同时着地”；2.人教版五年级科学“太空‘清洁工’”“电子计算机与多媒体”“我有一个强大的祖国”；3.人教版六年级科学“只有一个地球”“我最好的老师”；4.人教版四年级科学“美丽的月球”“神奇的电磁铁”；5.人教版五年级科学“物质的变化”“不平静的地球”；6.人教版六年级科学“无限宇宙”	对照课标，初中段在责任与担当教育方面提出“将社会主义先进文化、革命文化、中华优秀传统文化、国家安全、生命安全与健康等重大主题教育有机融入课程”“倡导‘做中学’‘用中学’‘创中学’”“培养学生的爱国情怀、社会责任感、创新精神和实践能力”，培养“有理想、有本领、有担当的时代新人”。本研学主题必修课程与校内教育的衔接内容主要如下：1.西迁精神编入的地方教材；2.朗诵诗《祖国啊，我亲爱的祖国》；3.人教版七年级历史“19世纪中后期的近代中国”；4.人教版九年级历史“社会主义的发展与挫折”；5.人教版七年级语文“综合学习——家国天下”；6.人教版九年级道德与法治“走向未来的少年——少年的担当”；7.人教版八年级历史与社会“19世纪中后期的中国”；8.人教版道德与法治八年级“勇担社会责任”；9.人教版道德与法治九年级“少年的担当”	对照课标，高中段在责任与担当教育方面提出“责任担当核心素养是现如今人才所必须具备的基本素养，道德与法治教师应该加强对责任担当核心素养内涵的了解，准确把握其与道德与法治课之间的关系，并认识到在教学中实施学生责任，担当核心素养培育的重要性，以此对教学活动进行合理的创新与改革，从而更好地落实学生责任与担当核心素养的培育工作”；本研学主题必修课与校内教育的衔接内容如下：1.人教版高中语文必修一“飞向太空的航程”；人教版高中历史必修一“抗日战争”“解放战争”；2.人教版高一英语必修一“地震”；3.人教版高中思想政治必修一“面对经济全球化”；4.人教版高中思想政治必修二“政治权利和义务”；5.人教版高中思想政治必修二“历史和人民的选择”；6.人教版高中思想政治必修三“文化的继承”；7.人教版高中思想政治必修三“永恒的中华民族精神”；8.人教版高中思想政治必修三“弘扬中华民族精神”；9.人教版高中思想政治必修三“建设社会主义精神文明”；10.人教版高中思想政治必修四“创造是民族进步的灵魂”

维度或要素			小学高年级段	初中段	高中段
研学课程	必修课程一	名称	红色足迹	延安追寻	传承红色精神
		活动目的	了解中国共产党在陕北和延安生活战斗的十三年峥嵘岁月	教育学生将学习延安精神与生活实际相结合，增强学生的社会责任感和爱国情	看展览，听讲解，在对革命文物的了解和对革命先烈的追忆中激发民族自豪感
		活动形式	教师讲授、实地参观、实践体验相结合	合作探究、自主学习、实践体验相结合	自主学习、合作探究、创新实践相结合
	必修课程二	名称	寻访红色足迹	做红色传承人	赓续红色血脉
		活动目的	通过近距离聆听红色故事，感受革命精神，增强学生的历史使命感和民族责任心	激发学生的责任担当意识，把传承红色基因转化为自觉的行动	学习革命精神，继承先辈传统，当好红色传人，厚植爱党、爱国、爱人民、爱社会主义的情怀
		活动形式	教师讲授、实地参观、实践体验相结合	合作探究、自主学习、实践体验相结合	自主学习、合作探究、创新实践相结合
	必修课程三	名称	缅怀先烈	体验接收电报	继承先辈理想
		活动目的	领悟先烈的革命精神内涵，接受爱国主义精神教育，立志努力学习	帮助学生树立正确的世界观、人生观和价值观，增强学生的历史使命感和社会责任感	引导学生继承先辈理想，为实现中华民族伟大复兴的中国梦而努力学习
		活动形式	教师讲授、实地参观、实践体验相结合	合作探究、自主学习、实践体验相结合	自主学习、合作探究、创新实践相结合
	必修课程四	名称	学习革命文化	铭记奋斗历程	强化责任担当
		活动目的	学习革命文化，教育学生努力学习，坚定理想信念，珍惜现在的幸福生活	缅怀老一辈无产阶级革命家在安吴开展革命教育活动的光辉历程与先进事迹	将先烈们的精神与自己的生活实际结合，增强自己的责任感和使命感
		活动形式	教师讲授、实地参观、实践体验相结合	合作探究、自主学习、实践体验相结合	自主学习、合作探究、创新实践相结合

维度或要素			小学高年级段	初中段	高中段
研学课程	必修课程五	名称	立志报国	保家卫国	强国有我
		活动目的	通过实地观察火炮、坦克、体验射击等活动，激发学生立志报国、潜心学习的热情	实地参观火炮、坦克、航空炸弹，使学生了解常规兵器的结构、性能及发展	亲自体验现代兵器的操作，模拟战地急救，激发学生保家卫国的责任感和使命感
		活动形式	教师讲授、实地参观、实践体验相结合	合作探究、自主学习、实践体验相结合	自主学习、合作探究、创新实践相结合
	必修课程六	名称	信仰之火不熄	红色基因永续	激发红色精神
		活动目的	感受扶眉战役所取得的辉煌成就和产生的重大影响	依托川陕纪念馆旧址及其丰富的革命历史资源，对学生进行爱国主义教育	传承红色基因，弘扬革命精神，赓续中华文脉
		活动形式	教师讲授、实地参观、实践体验相结合	合作探究、自主学习、实践体验相结合	自主学习、合作探究、创新实践相结合
	必修课程七	名称	宣传红色文化	红色精神伴我行	重走红色线路
		活动目的	让学生在历史遗址中感悟伟大革命精神，做红色文化和革命文化的宣传者	让学生在历史遗址中感悟伟大革命精神，做红色文化和革命文化的宣传者	切实领悟到艰苦奋斗时期的精神凝结，在历史遗址中感悟伟大革命精神
		活动形式	教师讲授、实地参观、实践体验相结合	合作探究、自主学习、实践体验相结合	自主学习、合作探究、创新实践相结合
	必修课程八	名称	革命精神代代传	做好接班人	继承先烈意志
		活动目的	走进兵工院，了解国防科工发展历程，感受祖国的发展	走进渭华起义基地，感受革命先烈的奉献精神和乐观主义精神	走进渭华起义基地，感受革命先烈的奉献精神和乐观主义精神
		活动形式	教师讲授、实地参观、实践体验相结合	合作探究、自主学习、实践体验相结合	自主学习、合作探究、创新实践相结合

维度或要素			小学高年级段	初中段	高中段
研学课程	必修课程九	名称	延安精神薪火相传	勇担时代重任	强化使命感
		活动目的	通过系列活动，感受延安精神，做延安精神的传播者	通过系列活动，将延安精神与自己的生活实际联系起来，内化于心，增强使命感	通过系列活动，将革命精神与自己的生活实际联系起来，内化于心，增强使命感
		活动形式	教师讲授、实地参观、实践体验相结合	合作探究、自主学习、实践体验相结合	自主学习、合作探究、创新实践相结合
	必修课程十	名称	树立远大理想	了解智能飞行器	到祖国最需要的地方去
		活动目的	通过丰富的新科技体验活动，激发学生爱科学的热情，增强民族自豪感和使命感	参观高端实验室，了解智能飞行器，鼓舞学生努力学习，奋力逐梦，实现人生之鸿志	通过系列活动，教育学生坚定理想信念，勇担时代使命，让青春之花绽放在祖国最需要的地方
		活动形式	教师讲授、实地参观、实践体验相结合	合作探究、自主学习、实践体验相结合	自主学习、合作探究、创新实践相结合
	选修课程		1. 入营安全及纪律教育（一） 2. 陶艺制作（一） 3. 救生知识学习及生命安全教育（一） 4. 拓展训练活动（一）	1. 入营安全及纪律教育（二） 2. 陶艺制作（二） 3. 救生知识学习及生命安全教育（二） 4. 拓展训练活动（二）	1. 入营安全及纪律教育（三） 2. 陶艺制作（三） 3. 救生知识学习及生命安全教育（三） 4. 拓展训练活动（三）

维度或要素		小学高年级段	初中段	高中段
研学线路	代表性线路（时长五日）	第一天：西安营地—延安革命纪念馆—西安营地；第二天：金延安基地—鲁艺基地—西安营地；第三天：西安营地—扶眉纪念馆—八办—西安营地；第四天：西安营地—兵工院—西安营地；第五天：西安营地—西迁博物馆—西安营地	第一天：西安营地—延安革命纪念馆—西安营地；第二天：金延安基地—鲁艺基地—西安营地；第三天：西安营地—川陕纪念馆—八办—西安营地；第四天：西安营地—渭华起义基地—青年班纪念馆—西安营地；第五天：西安营地—兵工院—西迁博物馆—西安营地	第一天：西安营地—延安革命纪念馆—西安营地；第二天：金延安基地—鲁艺基地—西安营地；第三天：西安营地—富平爱国基地—八办—西安营地；第四天：西安营地—渭华起义基地—青年班纪念馆—西安营地；第五天：西安营地—兵工院—西迁博物馆—西安营地
	可选择线路（按天设计，菜单式选择）	1. 西安营地—富平爱国基地—西安营地；2. 西安营地—陕西历史博物馆—西安营地；3. 西安营地—西北工业大学三航科技研学实践教育基地—西安营地；4. 西安营地—陕西历史博物馆—西安营地；5. 西安营地—渭华起义基地—西安营地	1. 西安营地—富平爱国基地—西安营地；西安营地—西迁博物馆—西安营地；2. 西安营地—扶眉纪念馆—八办—西安营地；3. 西安营地—兵工院—西安营地；4. 西安营地—延川县文安驿镇梁家河行政村村民委员会—西安营地；5. 西安营地—安吴青年训练班纪念馆—西安营地	1. 西安营地—西北局纪念馆—西安营地；2. 西安营地—西迁博物馆—西安营地；3. 西安营地—扶眉纪念馆—八办—西安营地；4. 西安营地—兵工院—西安营地；5. 西安营地—西迁博物馆—西安营地；6. 西安营地—补浪河女子民兵治沙连—西安营地
	规划线路（按天设计）	1. 西安营地—红碱淖中小学生研学实践教育基地—西安营地；2. 西安营地—安康科技馆中小学生研学实践教育基地—西安营地；3. 西安营地—陕西延安中央社会部旧址—西安营地	1. 西安营地—榆林“一馆一台”长城研学实践教育基地—西安营地；2. 西安营地—红碱淖中小学生研学实践教育基地—西安营地；3. 西安营地—安康科技馆中小学生研学实践教育基地—西安营地；4. 西安营地—西北工业大学三航科技研学实践教育基地—西安营地	1. 西安营地—榆林“一馆一台”长城研学实践教育基地—西安营地；2. 西安营地红碱淖中小学生研学实践教育基地—西安营地；3. 西安营地—安康科技馆中小学生研学实践教育基地—西安营地；4. 西安营地—西北工业大学三航科技研学实践教育基地—西安营地；5. 西安营地—全国青少年延安革命传统教育基地—西安营地

维度或要素		小学高年级段	初中段	高中段
教学重点难点（以代表性线路教学设计为例，以下同）	教学重点	1. 了解中国共产党在陕北和延安生活战斗的十三年峥嵘岁月，感悟延安精神 2. 激发学生为实现中华民族伟大复兴的中国梦而努力学习、立志成才的远大抱负 3. 了解中国现代海、陆、空及导弹部队发展现状与国际军事力量对比 4. 实地观察火炮坦克，体验射击等活动，激发学生立志报国、潜心学习的热情 5. 感悟西迁精神，激励学生奋进前行，增强使命担当意识与主人翁精神	1. 追寻延安精神，教育学生将学习延安精神与生活实际相结合，用自己的行动将延安精神发扬光大，进一步增强学生的社会责任感和爱国情感 2. 感受延安精神 3. 依托延安鲁艺文学院旧址及其丰富的革命历史资源，对学生进行爱国主义教育 4. 亲自体验高射炮的操作，激发学生保家卫国的责任感和使命感 5. 感悟西迁精神，激励学生奋进前行，增强使命担当意识与主人翁情怀	1. 在对革命文物的了解和对革命先烈的追忆中激发民族自豪感 2. 将延安精神渗透在自己的生活中，增强历史使命感与社会责任感 3. 了解枪支的构造和射击原理，体验拆解与组装的乐趣 4. 亲自体验现代兵器的操作，模拟战地急救，激发学生保家卫国的责任感和使命感 5. 感悟西迁精神，激励学生奋进前行，建设美丽祖国的雄心壮志
	教学难点	1. 了解祖国的发展历程，了解什么是基本国情 2. 了解八路军全面抗战历史 3. 明白“红色文化”“红色精神”的内涵深意，能总结并列举革命先辈信仰坚定、热爱人民的优良品格 4. 学会定向搜寻、查找、整理并陈述资料信息 5. 学会用恰当的形式准确生动地表达自己的观点和意见	1. 理解中国战场是世界反法西斯战争的东方主战场 2. 全面理解当今时代的主题 3. 重温中国共产党在延安领导中国革命取得一次又一次胜利，让中国人民从此站起来的丰功伟绩 4. 全面理解“中国共产党是全民族团结抗战的中流砥柱”的核心内涵 5. 深刻理解西迁精神对建设祖国的巨大推进作用	1. 理解造成人民苦难的根本原因以及革命斗争的矛盾与抉择 2. 体悟文艺、文化作品蕴含的思想情感和审美情趣，提高审美鉴赏和表达交流能力 3. 体悟文人和革命志士的爱国情怀，激发学生对家国的热爱之情，实现精神成长 4. 用恰当的语言和文字参与交流，学会借助生活、发挥想象来表达情思 5. 立志将自己的青春和活力奉献给祖国，到祖国最需要的地方去

维度或要素	小学高年级段	初中段	高中段
教学策略	针对小学高年级段学生求知欲和好奇心都有所增强，学习兴趣更为广泛，学习的实践能力和思考能力都有所提高，也有了明确的责任心，知道自己的事情自己做，部分学生在学习中能够根据需要查找相关资料并进行整理归纳，具备了初步探究能力，也能和同学进行合作交流，对事情有自己的思考，并能清楚表达自己的想法。因此，研学实践教育过程中尊重学生已有认知水平，立足生活实际，通过话题式教学法、情境教学法、体验式教学法引导学生合作学习，在实践活动和主题教育活动中，与同学合作完成任务，锻炼团队协作能力和沟通能力，展示自己的才能和技能，增强自信心和勇气	针对初中段的学生正处在青春初期，独立思考能力和判断能力都显著增强，可塑性强。学生以形象思维能力与抽象思维能力并存的思维模式进行思考与解决问题。学生能够很好地进行合作交流，具有很强的合作意识，创新水平也得到很大提高。因此确定的教学理念为：以学生为中心，通过爱国主义教学实践育人，实现红色文化立德树人、培根铸魂。结合现场教学法、合作学习等方法开展理论教育、实践教育，使学生通过探究学习法、合作学习法、情境体验法等，学习中国共产党的光辉历程和博大精深的中华文化，培养他们的社会责任感和奉献精神，增强对祖国的自豪感和归属感。引导他们能主动运用所学知识理解与解决问题，并做出基于证据的解释，形成基本符合规范的研究报告或其他形式的研究成果	针对高中阶段学生认知发展水平及学习能力水平较高，创新意识较强，同时具备自主学习、合作探究的能力。能够在自然教育中探索新发现，解决新问题。本阶段注重培养学生的动手实践能力，思维探究能力，实操应用能力，助推学生核心素养的达成。教学理念为引导学生正确认识国家过去，激发爱国热情，增强使命担当意识与主人翁情怀。通过讲授教学法、情境教学法、演示教学法、合作探究法、体验教学法等，使学生了解革命历史和英雄人物，激发爱国主义情感和民族自豪感，培养人文素养和社会责任感。能在个人感兴趣的领域开展广泛的实践探索，提出具有一定新意和深度的问题，综合运用知识分析问题，用科学方法开展研究。同时引导学生积极动手参与操作实践，熟练掌握多种操作技能，综合运用技能解决生活中的复杂问题，形成在实践操作中学习的意识，提高综合解决问题的能力。能够综合运用知识分析问题，用科学方法开展研究，强化解决实际问题能力，并能够形成较为规范的研究报告

维度或要素				小学高年级段	初中段	高中段
实施方案	入营教育	安全	引导	进行入营安全主题教育，签定研学安全协议	进行入营安全主题教育，熟悉安全环境	进行入营安全主题教育，熟读安全教育读本
			实训	学习《安全手册》，绘制营地疏散图	学习《安全手册》，绘制营地疏散图，进行疏散安全演练	学习《安全手册》，绘制营地疏散图，强化安全意识，进行疏散安全演练
		应急	引导	通过视频学习，掌握应急事件处理的方法和技巧	学习急救常识，通过视频学习，掌握应急事件中自救和互救原则	学习急救常识，通过视频学习，掌握应急事件处理的方法和技巧
			实训	熟练使用灭火器，会报警	熟练使用灭火器，会报警，懂得火灾、地震应急处理方法，进行疏散演练	熟练使用灭火器，会报警，懂得火灾、地震应急处理方法，进行简单防护和救护训练
		救助	引导	模拟真实环境，进行救助主题如触电、晕倒、磕碰伤等主题培训	进行救助主题如触电、晕倒、磕碰伤等主题培训，培养应对措施和应变能力	进行救助主题如触电、晕倒、磕碰伤等主题培训，懂得救助别人的正确方法
			实训	进行特殊情况下自救的技能培训	进行心肺复苏、包扎等应急技能培训，帮助学生熟悉和掌握救助的方法和技巧	进行心肺复苏、包扎等应急技能培训，培训学生正确制作担架
		自我管理	引导	通过团建课程、建设团队，培养主动适应环境和他人的能力	帮助学生缓解恐惧感，培养坚强的心理承受能力	让学生明白在面临生命危险的紧要关头，如何做出正确的选择
			实训	进行“摩天大楼”“队伍建设”“勇往直前”等项目团建	进行“低空五连环”“罗汉塔”“低空跨越”等项目团建	进行“高空五连环”“高空跨越”“塔罗牌”等项目团建
		团队协作	引导	通过案例培训、团建活动等方式，学会表达自己的观点	通过案例培训，团建活动等方式，有效处理团队冲突和分歧	通过案例培训、团建活动等方式，学会团队合作
			实训	进行“信任背摔”“模拟障碍物”“穿越火墙”等项目团建	进行“低空五连环”“携手并进”“接力传递”等项目团建	进行“团队击鼓”“蒙眼传递”“齐头并进”等项目团建

维度或要素		小学高年级段	初中段	高中段
实施方案	导入教学环节	1.游戏导入：在学生中进行游戏模拟，激发学生学习兴趣；2.图片导入：展示战争时期的图片和革命先烈浴血奋战的图片，让学生感受革命先烈为建设伟大祖国所做的巨大奉献；3.视频导入：播放爱国主义教育影片，激发学生爱国情怀；4.任务导入：学生提前分组，选定组长及做好组内分工，提前对任务卡内容进行了解；5.情境导入：模拟战争环境下的生活环境，让学生感受战争的残酷和革命的不易	1.视频导入：以观看纪录片的方式，帮助学生深入了解红色革命的历史背景、组织结构、战斗策略；2.问题导入：针对本次活动，给学生提出“祖国的强大源自哪里”等问题，让学生带问题研学；3.音乐导入：通过唱红歌活动，激发学生热爱祖国、建设祖国的情怀；4.问题导入：在研学活动前，对研学地进行资料收集，由班主任组织班会进行交流分享；5.探究导入：让学生提前收集相关资料，思考延安革命根据地对中国革命的巨大贡献	1.视频导入：播放红色影片，再现革命先辈在延安的奋斗史，激发学生兴趣，以使更好进入学习状态；2.案例导入：结合学生历史及思想政治课本，介绍中国革命所走过的艰辛历程；3.任务导入：结合“研学任务单”，让学生利用所学的知识，回答上面的问题，培育热爱祖国的思想感情；4.探究导入：让学生思考在新形势下，如何继承和发扬革命精神，传播革命精神；5.探究导入：让学生思考在抗日战争及解放战争中，延安人民对中国革命的巨大贡献
	授课教学环节	第一天：必修课程一“红色足迹”、必修课程二“寻访红色足迹”、选修课程1“入营安全及纪律教育（一）”；第二天：必修课程三“缅怀先烈”、必修课程四“学习革命文化”、选修课程2“陶艺制作（一）”；第三天：必修课程五“立志报国”、必修课程六“信仰之火不熄”、选修课程3“救生知识学习及生命安全教育（一）”；第四天：必修课程七“宣传红色文化”、必修课程八“革命精神代代传”、选修课程4“拓展训练活动（一）”；第五天：必修课程九“延安精神薪火相传”、必修课程十“树立远大理想”	第一天：必修课程一“延安追寻”、必修课程二“做红色传承人”、选修课程1“入营安全及纪律教育（二）”；第二天：必修课程三“体验接收电报”、必修课程四“铭记奋斗历程”、选修课程2“陶艺制作（二）”；第三天：必修课程五“保家卫国”、必修课程六“让红色基因永续”、选修课程3“救生知识学习及生命安全教育（二）”；第四天：必修课程七“红色精神伴我行”、必修课程八“做好接班人”、选修课程4“拓展训练活动（二）”；第五天：必修课程九“勇担时代重任”、必修课程十“了解智能飞行器”	第一天：必修课程一“传承红色精神”、必修课程二“赓续红色血脉”、选修课程1“入营安全及纪律教育（三）”；第二天：必修课程三“继承先辈理想”、必修课程四“强化责任担当”、选修课程2“陶艺制作（三）”；第三天：必修课程五“强国有我”、必修课程六“激发红色精神”、选修课程3“救生知识学习及生命安全教育（三）”；第四天：必修课程七“重走红色线路”、必修课程八“继承先烈意志”、选修课程4“拓展训练活动（三）”；第五天：必修课程九“强化使命感”、必修课程十“到祖国最需要的地方去”

维度或要素		小学高年级段	初中段	高中段
实施方案	进级教学环节	1.思考：研学教师围绕“和平与发展是时代的主题”进行提问 2.感悟：选择学生代表进行感悟发言，帮助学生对所学知识和技能进行梳理，提升自身责任与担当意识 3.展示：学生学习剪纸，并展示 4.展示：唱陕北民歌，歌唱伟大的毛主席，歌唱伟大的共产党	1.辩论：以“人类通过竞争/合作取得成功”为辩题开展辩论赛活动 2.分享：撰写并分享倡议卡：和平与发展倡议宣言。“我是一名中国青少年。我期待的世界是……，我倡议……”，引导学生在比较各国制度的基础上阐明我国制度的优越性 3.展示：学生用不同的方言进行交流或唱歌，体悟家乡本土文化韵味 4.提升：唱陕北民歌并进行评比	1.实践：以大讲堂形式开展普及性国防教育科普讲座；引导学生认真学习、锻炼本领，心怀“民族复兴，强国有我”的责任担当意识，为祖国复兴贡献力量 2.探究：利用复述式巩固法、问答式巩固法，对近现代国防建设与军事改革等相关国防教育知识进行巩固。在班级活动中，班主任教师积极组织国防教育宣讲活动，加强国防知识的普及、宣传 3.提升：通过主题演讲，积极引导学生树立“强国有我”的决心，把准青春航向，涵养青春底气，积蓄青春力量，在全面推进强国建设、民族复兴伟业中奋勇争先
	巩固教学环节	1.重温：让学生将自己研学实践过程中的所见所闻进行复述，并将了解的内容介绍给同学 2.思考：提出“你重新认识的革命先烈有哪些”等问题，引发学生思考 3.应用：利用情境教学法，学生在已有知识的基础上，创设情境剧，将自己抽象的认知具象化，将责任与担当意识内化于心、外化于行，并对周围的同学起到示范引领作用	1.思考：通过发散联想法、探究学习法，引导学生将红军史与当代社会问题联系起来，讨论总结红军的精神和价值对当代青少年的启示以及如何传承红军精神 2.探究：通过合作学习法，学生分成小组，选择感兴趣的红军相关主题，将红军史与政治、音乐、艺术等进行跨学科整合，深入研究，并以报告、演讲或展示的形式分享他们的观点和成果	1.探究：利用实习法对责任与担当板块内容进行巩固。教师组织学生利用iPad、多媒体等现代化设备，多渠道搜集相关素材，完成《我的责任与担当》的研学报告 2.展示：学生按照类别区分，自动组为小组，运用文艺汇演、主题演讲、情境演绎等形式，真正从内心深处增强责任感和使命感，以实际行动为党的事业作出贡献

维度或要素			小学高年级段	初中段	高中段
实施方案	总结教学环节	教学创新	1.注重因材施教，有机衔接，课程全面覆盖、类型丰富、层次递进 2.在言传身教中引导学生培养民族自信心和自豪感，激励他们争做新时代的好少年	1.设置符合学生实际又具有教育意义的问题，在活动开始前，将学生带入任务中，提升活动效果 2.通过让学生亲临革命圣地，感受革命先烈浴血奋战，建设伟大祖国的精神，激发学生热爱祖国的情感	1.在革命主义教育中，没有生搬硬套课本知识，而是通过聆听讲解和观看实物，获得精神的传承 2.采用实践教学法，让学生将书本上的知识带到现实生活中，提高学生辨别是非能力，强化爱国主义教育 3.通过多种途径激发学生的自学兴趣，提高学习效果
		教学总结	1.学生在实践活动中充分发挥自己的潜能、才能，展开小组学习、独立学习、互助学习 2.收集整理研学活动材料，做好“总结报告”的撰写 3.结合本次活动，思考学生接受能力并提出改进意见	1.收集学生“研学任务单”，并根据任务单的完成情况，了解学生研学过程中的不足和优点 2.完善研学活动流程管理，总结活动过程中出现的问题，进行深刻反思 3.召开研学活动参与人员讨论会，形成总结报告	1.反思学生通过本次活动，是否达到了培养学生爱党、爱祖国的情操和勇于探索、锲而不舍的精神的目的 2.组织学生进行活动后的探究，并让学生结合实际思考如何报效祖国 3.召开研学活动参与人员讨论会，形成总结报告，提出改进意见
		教学反思	1.反思游戏环节是否达到了预期效果 2.反思课程进行过程中，学生是否全程参与并积极参加活动 3.反思针对小学低年级学生更加有效的组织方式 4.反思研学活动中存在的安全隐患	1.反思导入活动是否达到了预期效果 2.反思研学课程与学生学习能力和接受能力是否吻合，是否需要调整 3.反思针对初中学生如何才能够更好地激发学习兴趣，提高参与度 4.反思研学活动中如何保护学生安全	1.反思如何才能更好更快地将学生引入课程环节 2.反思学生如何才能将自己研学过程中的收获转化为努力学习的兴趣 3.反思高中学生感兴趣的部分，提出行之有效的建议 4.反思研学活动是否达到预期目标

维度或要素				小学高年级段	初中段	高中段
实施方案	评价教学环节	教学水平评价	自我评价	通过学生活动过程及结果的反馈，反思线路设计及课程设计的适切性，是否完成了线路及课程预设的目标	通过提问学生等方式，了解学生对活动的参与度，反思如何才能将学生的关注点和研学基地的课程相结合	通过观察、记录和反馈学生研学过程中的学习情况，以及他们在活动中的表现给予评价
			学生评价	学生的关注点和体验点聚焦在真正的研学内容和主题上，而不是“有趣”或“好玩”上	通过填写“研学任务单”，对研学活动中的课程进行评价，并对活动过程的组织管理程序进行评价	通过“满意度调查表”，对研学过程管理、研学辅导员业务能力、研学安全员履职能力及研学基地课程合理性进行评价
			同行评价	研学基地导师、营地教师、学校学科教师、其他营地教师等对于线路及课程的多维度评价，用于及时反馈初设目标	研学基地导师、营地教师、学校学科教师、其他营地教师等对于线路及课程的多维度评价，建立合理评价体系	研学基地导师、营地教师、学校学科教师、其他营地教师等对于线路及课程的多维度评价，提高活动参与人员的积极性和业务能力
			培训和考核	建立研学实践活动参与人员培训制度；通过政治素养、教学水平、教学态度、教学成果等多维度对教师进行综合考核与评价，鼓励辅导员等人员进行个人综合能力的提升	完善研学实践活动参与人员培训体系；通过政治素养、教学水平、教学态度、教学成果等多维度对教师进行综合考核与评价，建立合理评价体系，提高活动效果	形成研学实践参与人员定期培训模式；通过政治素养、教学水平、教学态度、教学成果等多维度对教师进行综合考核与评价，并根据考核结果对教师进行分类管理，实行个性化的培训方案，全方位保障教学效果
			教学成果展示	通过故事大会、制作手抄报等形式，展示自己的研学成果	通过召开主题班会、设计黑板报、召开集体研讨会、制作美篇等形式展示研学成果	通过制作宣传视频、召开主题辩论会、制作宣传画报等形式展示研学成果

维度或要素				小学高年级段	初中段	高中段
实施方案	评价教学环节	学业评价	形成性评价	通过学生自述、团队契约、学生自评、小组互评、导师评价等多元评价方式，形成过程性跟踪评价资料，帮助学生检测学习效果，反思学习过程	通过学生自评、小组互评、导师评价等多元评价方式，形成过程性跟踪评价资料，探究更适合学生的课程实施项目	通过学生自评、小组互评、导师评价等多元评价方式，形成过程性跟踪评价资料；对活动过程中学生参与度进行评价，完善活动项目的实施
			总结性评价	通过学生的汇报交流、团队契约呈现等形式，直观了解学生在研学实践活动中的学习效果，形成科学的总结性评价结果	研学实践活动结束后，通过对活动过程的探索，对学生活动参与度的分析，对学生是否完成课程内容，有没有达到预期目标进行评价，为今后的活动组织提供依据	研学实践活动结束后，通过成果展示、撰写活动评价报告等形式，对活动进行过程性评价的基础上，进行归纳总结，提升活动效果
			教师评价	教师根据学生在研学实践活动中的过程性跟踪反馈资料以及研学成果展示等内容，对学生进行智力和非智力两个方面的综合性评价	教师根据学生在研学实践活动中的过程性跟踪反馈资料以及研学成果展示等内容，对学生进行智力和非智力两个方面的综合性评价	教师根据学生在研学实践活动中的过程性跟踪反馈资料以及研学成果展示等内容，对学生进行智力和非智力两个方面的综合性评价
		项目评价		呼吁学校学科教师、家长、学生以及相关社会群体等多主体对项目涉及的线路、课程、安全等实施效果进行协同评价，确保项目的实施效果	呼吁学校学科教师、家长、学生以及相关社会群体等多主体对项目涉及的线路、课程、安全等实施效果进行协同评价，并及时反馈项目评价报告	呼吁学校学科教师、家长、学生以及相关社会群体等多主体对项目涉及的线路、课程、安全等实施效果进行协同评价，形成评价报告并应用于后续的活动中

4.20 教学计划与策略列表：厚植家国情怀 践行初心使命

<table>
<tr><td colspan="3">营地名称</td><td>渭南市示范性综合实践基地管理中心（简称“渭南营地”）</td><td>命名机构</td><td>教育部</td><td>识别码</td><td>Y145610002</td></tr>
<tr><td colspan="3">从业资质（摘要）</td><td>综合实践教育；劳动教育；体能拓展竞赛</td><td>单位属性</td><td>公益一类</td><td>法定代表人</td><td>梁勇</td></tr>
<tr><td colspan="3">研学主题</td><td>厚植家国情怀 践行初心使命</td><td colspan="2">主要目的指向</td><td colspan="2">责任与担当教育</td></tr>
<tr><td rowspan="7">营地（枢纽）及周边主要优质研学资源</td><td colspan="2">基地层级</td><td colspan="5">研学站点（基地）名称</td></tr>
<tr><td rowspan="2">教育部命名基地</td><td>已列入教学计划</td><td colspan="5">一、与本主题相关列入教学计划的基地5个
1.渭华起义教育基地管理办公室（简称“渭华起义基地”）；2.中国兵器工业试验测试研究院研学部（简称“兵工院”）；3.金延安红色教育研学基地；4.延安革命纪念馆；5.安吴青年训练班纪念馆
二、与本主题关联不大但列入本营地教学计划的基地11个
1.西安市中小学校外综合实践活动基地；2.汉中市中小学综合实践基地；3.运城市示范性综合实践基地；4.陕西延安中央社会部旧址；5.陕西历史博物馆；6.西安半坡博物馆；7.富平县爱国主义教育基地；8.西安汉城湖景区（西安汉城湖实业有限公司）；9.渭南市气象局；10.陕西牛背梁国家级自然保护区（陕西牛背梁国家级自然保护区管理局）；11.大明宫遗址</td></tr>
<tr><td>待列入教学计划</td><td colspan="5">无</td></tr>
<tr><td colspan="2">其他部委命名基地</td><td colspan="5">无</td></tr>
<tr><td colspan="2">地方命名基地</td><td colspan="5">1.延安凤凰山革命旧址；2.西安交通大学西迁博物馆；3.陕甘边革命根据地照金纪念馆（简称“照金纪念馆”）；4.圣地大剧院；5.扶眉战役纪念馆；6.长乐塬抗战工业遗址；7.永丰革命烈士陵园；8.壶梯山爱国主义教育基地；9.八路军东渡黄河出师抗日纪念园；10.延安枣园革命、杨家岭革命旧址中小学生研学实践教育基地</td></tr>
<tr><td colspan="2">本营地资源</td><td colspan="5">1.国防教育馆；2.赤水职业校史馆</td></tr>
<tr><td colspan="2">其他资源</td><td colspan="5">1.全国青少年延安革命传统教育基地；2.红碱淖中小学生研学实践教育基地</td></tr>
</table>

维度或要素	小学高年级段	初中段	高中段
校内教育基础（与校内教育的衔接）	对照课标，小学高年级阶段在责任与担当教育方面要突出将中国优秀的革命文化和历史文化、发展成就相结合，了解中国共产党带领人民走过的辉煌历程的同时，将革命教育、国防教育、生命安全教育贯穿始终。本研学主题必修课程与校内教育的衔接内容主要如下：1.人教版小学高年级习近平新时代中国特色社会主义思想学生读本第十一讲第2课“维护国家安全人人都是主角”；2.人教版道德与法治五年级上册第三单元第6课“我们神圣的国土”；3.人教版道德与法治五年级下册第三单元第10课“夺取抗日战争和人民解放战争的胜利”；4.人教版道德与法治六年级下册第四单元第10课“我们爱和平”；5.人教版语文五年级下册第四单元第11课“军神”；6.人教版语文六年级上册第二单元第6课“狼牙山五壮士”；7.人教版语文六年级上册第二单元第9课“我的战友邱少云”；8.人教版语文六年级下册第四单元第13课“董存瑞舍身炸暗堡”；9.人教版音乐六年级上册第一单元第1课“我的中国心”；10.统编版语文五年级上册第四单元第13课“少年中国说（节选）”等	对照《义务教育课程方案和课程标准（2022年版）》，初中段充分“发挥义务教育课程培根铸魂、启智润心的作用”，为现代社会培养出思想敏锐，富有探索精神和创新能力，对自然、历史、社会和人生具有更深刻的思考和认识的创新型人才。本研学主题必修课程与人教版校内教育教材的衔接内容主要如下：1.八年级历史下册第一章第4课“新中国工业化的起步和人民代表大会制度的确立”；2.第11课“北伐战争”，第13课“红军不怕远征难”，活动课二模拟导游——重走长征路；3.八年级历史下册第四单元第14课“难忘九・一八”，第15课“宁为战死鬼，不做亡国奴”，第16课“血肉筑长城”；4.八年级语文下册第一章第2课“回延安”；5.八年级语文上册第三单元名著导读“红星照耀中国”；6.七年级道德与法治上册第一章第1课“中学时代”；七年级道德与法治上册第四章第8课“探问生命”，第9课“珍视生命”，第10课“绽放生命之花”等	对照课标，高中段在责任与担当教育方面提出“传承中华优秀传统文化和革命文化”“树立主人翁意识”“民族团结”“地形分布、人口迁移”“为学生提供实践体验场所和机会”“发挥研学实践教育和综合实践活动的育人功能”。本研学主题必修课程与校内教育人教版教材的衔接内容主要如下：1.高一历史必修第四单元第14课“新民主主义革命的崛起”；2.高一历史必修一第四单元第16课“抗日战争”；3.高一历史必修一第四单元第17课“解放战争”；4.高一历史必修第八单元第24课“全民族浴血奋战与抗日战争的胜利”；5.高一政治必修第一单元第1课“生活在人民当家作主的国家”；6.高一政治必修一第二单元第3课“我国政府是人民的政府”；7.高二思想政治选择性必修一第二单元第4课“和平与发展”；8.高一思想政治必修一第四单元第2课“实现中华民族伟大复兴中国梦”；9.高中地理必修二第一章第2节“人口迁移”；10.高中地理选修第一章第3节“中国地形”；11.高一语文必修上册第一单元第1课“沁园春・雪”等

维度或要素			小学高年级段	初中段	高中段
研学课程	必修课程一	名称	渭华起义精神	国防教育	国防意识
		活动目的	了解渭华起义的发生、经过和它重要的历史意义	参观国防教育馆，了解兵器发展史，学习相关军事知识，熟悉军事名人	感受革命先辈不畏艰难、勇往直前的精神，了解中国兵器发展历史
		活动形式	以小组为单位参观学习、进行故事分享和交流；在渭华起义纪念碑前为烈士敬献鲜花	在序厅超大屏幕前观看极具震撼的胜利大阅兵，激发学生们强烈的民族自豪感	在渭南营地开展研学活动，在讲解员的带领下参观渭南营地
	必修课程二	名称	铭记英雄	讲解之星	传颂经典
		活动目的	通过学习老一辈革命家的光荣传统和优良作风，体悟到现在美好生活的来之不易	通过在校史馆内的体验、探究，传承革命前辈坚定的信念和百折不挠的英雄气概	通过学唱红色经典革命歌曲，进行生动的爱国主义、集体主义、社会主义教育
		活动形式	实地探访、分组交流学习、手绘红色主题文化衫	小组式参观学习，聆听辅导员讲解；每小组到对应的单元进行学习和探究	聆听讲解，了解歌曲的创作背景和歌曲内涵，学习并一起颂唱歌曲
	必修课程三	名称	国防宣讲	“西迁人”奋斗历程	革命圣地
		活动目的	学习国防、国情教育，了解作为新时代青少年，应承担的责任和肩负起的时代使命	通过在西迁博物馆的研学，为我们新时代的中学生提供丰富的精神食粮	学习历史知识，重温经典战役，体会红军生活的艰辛，学习红军吃苦耐劳的精神
		活动形式	教师围绕“责任与担当”主题选择讲授内容	各组根据任务卡提示，分别在序厅、溯源、西迁和致远四个厅进行探究学习	参观革命纪念馆，体验鸡毛传帖等研学活动
	必修课程四	名称	编织草鞋	追寻红色足迹	重走红军路
		活动目的	通过让学生亲手编草鞋、穿草鞋，来体悟和继承先辈们英勇奋斗的精神	研学“抗日青年的旗帜、革命青年的熔炉”，以此激励学生以实际行动践行初心使命	让学生们在活动当中体会到当年红军严明的纪律及红军战士们乐观向上的战斗精神
		活动形式	动手实践，体验学习	参观学习，聆听辅导员讲解，感悟交流	参观学习，体验学习，聆听老红军讲述历史故事

维度或要素			小学高年级段	初中段	高中段
研学课程	必修课程五	名称	红色闪耀	国防精神	陵园祭扫
		活动目的	学习革命历史，接受党史教育，培养爱国情怀，争做新时代好少年	了解兵器发展史，熟悉军事名人，提高军事素养，激发爱国主义精神	近距离接触聆听红色革命故事，实地感受伟大的革命斗争精神和强烈爱国精神
		活动形式	选择具有代表性的红歌进行演唱，集体朗诵《少年中国说》节选	接受国防教育知识培训，体验式操作火炮和坦克	游览参观、缅怀先烈
	必修课程六	名称	红蓝对抗	回望延安	爱我家园
		活动目的	学习基础的单兵与分组的战术、战斗要领，教育学生勿忘历史、珍爱和平	通过参观学习和体验活动，以实际行动将优秀革命传统精神发扬光大	聆听讲解，了解老一辈革命家顽强的革命斗志，增强青少年爱党爱国的深厚情感
		活动形式	讲解基本战斗知识，模拟对抗	教师讲解，探究式体验草鞋编织	教师讲解，交流分享
	必修课程七	名称	劳动大生产	重走中共七大会址	我讲你答
		活动目的	通过纺线、织布，激发学生珍惜美好生活，感悟自力更生、艰苦奋斗的延安精神	通过对杨家岭革命旧址的参观，了解中共七大在历史进程中的重大意义	重温峥嵘岁月，赓续红色血脉，体悟先辈们踔厉奋发、艰苦卓绝的红色精神
		活动形式	教师讲解，分组体验纺线、织布	参观学习，教师讲解，感悟交流	教师讲解，互动交流
	必修课程八	名称	红色传人	一心向党	东渡黄河
		活动目的	学习医学包扎、做担架知识，感受革命家的艰辛路途，激励学生传承“赶考”精神	通过枣园革命旧址的研学活动，了解老一辈无产阶级革命家在革命岁月中的生活	带领学生了解八路军为什么要东渡黄河，激发学生砥砺前行的意志
		活动形式	教师讲解，分组体验，交流心得	参观学习，教师讲解，感悟交流	参观学习，分享交流，户外体验

维度或要素			小学高年级段	初中段	高中段
研学课程	必修课程九	名称	劳动大生产——纺线	延安精神	实践出真知
		活动目的	通过纺线、织布、制衣，激发学生珍惜现在的美好生活	在这里接受党史教育，培养学生的爱党敬党情怀，做拥护祖国的小卫士	实践出真知，认识和传承中华优秀传统文化
		活动形式	教师讲解，分组体验纺线、织布	参观学习，集体宣誓	实际操作，学习技艺
	必修课程十	名称	红色传人	舐犊亲情	红军两万五千里
		活动目的	感受老一辈革命家的艰辛路途，激励学生们继续传承“赶考”精神	让学生在实景表演的感染下走进战争年代，感悟革命战士的舐犊亲情	在老师的指导下制作红军草鞋，体会英勇奋斗、坚持革命理想等长征精神
		活动形式	教师讲解，分组体验，交流心得	观看实景表演，交流分享	沉浸式体验
	选修课程		1. 体验安塞腰鼓，感悟军民鱼水情 2. 大生产运动——忆苦饭 3. 缝红军包　忆革命情 4. VR 体验第一课　重走长征路	1.“军歌嘹亮” 2. 寻照金红色记忆　访老区美好生活 3. 大国自信　强国有我 4. 电子打靶	1. 重温入团誓词 2. 国防教育大讲堂 3. 团结之声——齐唱《黄河大合唱》 4. 聆听红色故事　照亮成长之路

维度或要素		小学高年级段	初中段	高中段
研学线路	代表性线路（时长五日）	第一天：渭南营地—渭华起义基地—渭南营地；第二天：渭南营地—安吴青年训练班纪念馆—金延安红色教育研学基地；第三天：金延安红色教育研学基地—延安革命纪念馆—金延安红色教育研学基地；第四天：金延安红色教育研学基地—杨家岭革命旧址—枣园革命旧址—渭南营地；第五天：渭南营地—兵工院—渭南营地	第一天：渭南营地—西安交通大学西迁博物馆—安吴青年训练班纪念馆—渭南营地；第二天：渭南营地—兵工院—渭南营地；第三天：渭南营地—渭华起义基地—金延安红色教育研学基地；第四天：金延安红色教育研学基地—延安枣园革命旧址—杨家岭革命旧址—延安革命纪念馆—金延安红色教育研学基地；第五天：金延安红色教育研学基地—渭南营地	第一天：渭南营地—渭华起义基地—渭南营地；第二天：渭南营地—照金纪念馆—安吴青年训练班纪念馆—渭南营地；第三天：渭南营地—延安革命纪念馆—金延安红色教育研学基地；第四天：金延安红色教育研学基地—延安枣园革命旧址—杨家岭革命旧址—渭南营地；第五天：渭南营地—兵工院—渭南营地
	可选择线路（按天设计，菜单式选择）	1.渭南营地—西安交通大学西迁博物馆—渭南营地；2.渭南营地—照金纪念馆—渭南营地；3.渭南营地—长乐塬抗战工业遗址—渭南营地；4.渭南营地—扶眉战役纪念馆—渭南营地；5.渭南营地—八路军东渡黄河出师抗日纪念园—渭南营地；6.渭南营地—永丰革命烈士陵园—壶梯山爱国主义教育基地—渭南营地；7.渭南营地—安吴青年训练班纪念馆—渭南营地；8.渭南营地—陕西C80拓展训练基地—渭南营地	1.渭南营地—渭华起义基地—渭南营地；2.渭南营地—富平县爱国主义教育基地—渭南营地；3.渭南营地—扶眉战役纪念馆—渭南营地；4.渭南营地—西安交通大学西迁博物馆—渭南营地；5.渭南营地—照金纪念馆—渭南营地；6.渭南营地—兵工院—渭南营地；7.渭南营地—金延安红色教育研学基地；8.金延安红色教育研学基地—延安枣园革命旧址—杨家岭革命旧址—延安革命纪念馆—渭南营地	1.渭南营地—西安交通大学西迁博物馆—安吴青年训练班纪念馆—渭南营地；2.渭南营地—西安交通大学西迁博物馆—陕西历史博物馆—渭南营地：3.渭南营地—西安半坡博物馆—西安交通大学西迁博物馆—渭南营地；4.渭南营地—陕西历史博物馆—西安半坡博物馆—渭南营地；5.渭南营地—兵工院—渭南营地；6.渭南营地—陕西牛背梁国家级自然保护区—渭南营地；7.渭南营地—金延安红色教育研学基地；8.金延安红色教育研学基地—延安枣园革命旧址—杨家岭革命旧址—延安革命纪念馆—金延安红色教育研学基地；9.金延安红色教育研学基地—渭南营地
	规划线路（按天设计）	1.渭南营地—渭南红色地下交通站—渭南营地；2.渭南营地—八路军东渡黄河出师抗日纪念地—渭南营地；3.渭南营地—壶梯山爱国主义教育基地—渭南营地；4.渭南营地—兵工院—渭南营地	1.渭南营地—渭南市气象局—渭南营地；2.渭南营地—西安汉城湖景区（西安汉城湖实业有限公司）—渭南营地；3.渭南营地—陕西牛背梁国家级自然保护区（陕西牛背梁国家级自然保护区管理局）—渭南营地	1.渭南营地—西安市中小学校外综合实践活动基地—大明宫遗址—渭南营地；2.渭南营地—富平县爱国主义教育基地—渭南营地；3.渭南营地—运城市示范性综合实践基地—渭南营地

维度或要素		小学高年级段	初中段	高中段
教学重点难点（以代表性线路教学设计为例，以下同）	教学重点	1. 让学生了解渭华起义的起因、经过和历史意义并且认识和分享渭华起义中的革命英雄 2. 在参观学习中引导学生将陈列物品、图片以及讲解员讲述的历史故事和所学知识进行关联 3. 了解延安在革命年代的重要性，以及对中国革命所作出的巨大贡献 4. 认识纺织工具，学会操作纺织机 5. 能够学会简单的医学包扎和制作担架知识	1. 了解西迁精神的由来及内涵 2. 被誉为“抗日青年的旗帜、革命青年的熔炉、中国青运史上的丰碑”对于当代青年的积极影响 3. 了解我国兵器发展史，树立强国有我的远大抱负并为之而奋斗 4. 通过体验，让学生接受党史教育，体会延安精神的内涵，增强学生的社会责任感，引导学生树立报效祖国的远大理想 5. 感悟革命战士的舐犊亲情和大爱情怀	1. 了解渭华起义的背景、原因和意义，培养爱国主义精神和革命精神 2. 沉浸式聆听革命故事，了解革命根据地的艰难历程 3. 了解革命先烈的事迹和牺牲精神，学习先烈的英雄事迹和革命精神 4. 深入了解感受革命的氛围，理解十四年抗战胜利在中华民族伟大复兴中的历史意义 5. 感悟“西迁精神”，听党指挥跟党走，同呼吸、共命运；培养学生的动手能力、创新思维和安全意识，提高审美能力和艺术素养
	教学难点	1. 在研学过程中引导学生真正将所学所知所感的革命精神，转换为内在的精神教育 2. 采用多种教学方式，让学生对革命事件、革命人物以及革命精神形成长久性的研学效益 3. 学会定向搜寻、查找、整理并准确陈述历史资料信息 4. 通过活动体验、主题展览、纪念馆参观等方式，将延安革命精神和渭华起义精神融入中国梦的具体行动中 5. 提高学生动手能力和小组合作能力	1. 理解吸收西迁精神内涵并能够对日常的学习生活有所指导 2. 符合实际情况的战略战术对于战争所起的积极作用 3. 中共七大召开的历史意义 4. 让学生感受勇敢和正义品格的重要意义 5. 深刻体会当今来之不易的幸福生活，调整心态，积极面对未来的学习生活	1. 学生理解渭华起义在党史上的地位和影响，培养学生的革命精神和对党的忠诚意识 2. 引导学生树立正确的世界观、人生观和价值观，增强学生的历史责任感和使命感 3. 了解革命先烈的事迹和牺牲精神，培养学生的爱国主义情感 4. 理解抗日民族统一战线的历史意义和重要作用，以及革命斗争的矛盾与抉择 5. 在生动有趣的交流中，借助生活经验和想象来表达自己的情感和思考。感悟艺术品中的思想情感，提高鉴赏和交流能力

维度或要素	小学高年级段	初中段	高中段
教学策略	针对小学高年级学段注重学校生活规则在学生内心的内生性生成，学生初步养成了良好的生活习惯和学习习惯，积极向上、健康学习。针对本阶段学龄段心智发展规律，学生道德品质基础知识掌握较好，但明显存在语言表达能力较薄弱等问题，依然在判断、辨别事物是非方面缺乏社会经验。需要着重结合学生生活实际，主要培养学生把知识运用于生活的能力的学情，基于多元智能理论，包括语言智能、数学逻辑智能、空间智能、身体运动智能、音乐智能、人际交往智能、自我认知智能等，选取红色教育、革命传统教育、劳动教育为重点的内容，依托研学营地、《研学手册》、研学教师等资源，采取情境教学法、讲授法、演示法等教法，小组研究合作学习、自主学习的学法，开展参观、体验、制作的活动，达到弘扬爱国主义精神，传承和发扬无产阶级在革命斗争中形成的革命精神，强化学生的历史责任感和使命感，明确当代青少年责任与担当的目的	初中生正处在青春初期，身心发展成长过程中，其情绪、情感、思维、意志、能力及性格还极不稳定和成熟，具有很大的可塑性和易变性。以学生的体验感悟为核心，通过选取红色革命遗址、纪念馆、红色教育基地等，了解先烈们英勇奋斗的历史背景和伟大事迹。可以通过亲身体验、观摩展览、听取讲解等方式，帮助我们更加深入地理解、感受和铭记红色历史的重要性，并从中汲取力量，铭记先辈的奉献精神，践行社会主义核心价值观，继承和发扬优秀革命传统	针对高中学段学生的特点，其知识技能储备较为丰富，对社会具备了基本认知，且正处于意识形态和精神世界成型的关键时期。基于建构主义理论、发现学习理论和多元智能理论的指导思想，结合主体理念、互动理念、发展理念、问题理念、反思理念以及多元理念等现代教学理念，选取传统教育、红色教育等主题的研学站点。依托研学基地、《研学手册》和研学教师等丰富的研学资源，在教学授课环节，采取讲授法、演示法、讨论法等教法，同时鼓励学生采用自主学习、合作学习、探究学习和验证法等学法。利用实践体验教学资源和数字化技术，设计一系列学习策略，包括体验式、情境式、合作学习、服务学习、探究学习、问题解决等。通过实践体验、交流反思、实验验证等活动，让学生在真实的环境中学习和成长，并且根据学生的反馈进行动态调整，确保研学实践活动能对学生的世界观、人生观、价值观的形成发挥积极的促进作用，通过这样的教学策略，期望能够培养出既有知识技能，又有社会责任感的高中生

维度或要素				小学高年级段	初中段	高中段
实施方案	入营教育	安全	引导	在入营前，对学生进行安全教育，包括交通安全、食品安全、消防安全等	在入营前，利用《安全手册》《研学手册》等进行安全应急知识教育	对学生进行安全教育，寻找安全隐患，提前做好安全工作
			实训	宣读安全规则条例，提升安全意识	学习《安全手册》与《研学手册》，组织安全知识问答，讨论交流	宣读安全规则条例，学生树立安全意识，确保自身和他人的安全
		应急	引导	通过应急知识的培训和演示，了解基本的自救和互救技能	在入营教育中，让学生了解基本的自救和互救技能，增强他们的安全意识	对学生进行应急知识的培训，了解基本的自救和互救技能，增强安全意识
			实训	学习应急预案、进行应急知识培训、组织紧急疏散演练	组织应急知识培训，组织紧急疏散演练、实践操作训练、止血包扎等	制订应急预案，进行应急培训，组织学生应急演练，让学生掌握应急处理流程
		救助	引导	模拟场景，提高自救能力和应对能力	向学生传授基本的自救知识，包括如何应对突发疾病、意外伤害等	向学生传授基本的救助知识，模拟场景，学会处理突发疾病、意外伤害等
			实训	模拟突发事件的场景，亲身体验自救和互救的过程	组织学生进行场景模拟演练，让学生体验自救和互救的过程	掌握基本包扎、心肺复苏、寻求救助等基本医疗救助知识
		自我管理	引导	通过视频宣传方式，提高学生的自我意识和自我管理能力	在入营前，应让学生建立完善的自我管理机制，包括自我评估、时间管理等	课程引导，让学生基本建立自我管理机制，包括自我评估、时间管理等
			实训	建立规范合理的研学考核评价机制，进行优秀团队、优秀个人评选等	根据制定的机制，评选优秀团队、优秀个人等	进行优秀个人、团队评选等方式，引导学生建立规范合理的自我管理机制
		团队协作	引导	通过研学教师引导的方式，促进学生在团队内部的交流与合作	在入营教育中，引导学生制订团队合作计划、目标和任务	通过在课程中的引导，助力学生建立有效的团队沟通机制
			实训	通过破冰游戏等项目，培养学生合作互助的意识	根据前期的团队意见，将任务进行合理分配，引导学生通过协作完成任务	将团队活动进行合理分配，让学生进行团队建设，形成团队意识

维度或要素		小学高年级段	初中段	高中段
实施方案	导入教学环节	1. 故事导入：讲述渭华起义的历史意义以及延安精神的核心内涵；2. 故事导入：教师讲述抗日英雄以及事迹，引导学生带入情境；3. 视频导入：播放杨家岭会议纪录片，了解延安在革命年代的重要性，以及对中国革命所作出的巨大贡献；4. 任务导入：以“少年中国说”为题，引导学生化身宣讲员；5. 情境导入：如果在抗战前线，衣物等资源缺乏，你会怎么办	1. 情境导入：共读《少年中国说》，用情感共鸣的方式唤起当代青年的使命感和责任感，激励学生对祖国的热爱之情，抱着热爱，怀着激动开启研学之旅；2. 对学生进行国防教育知识的普及，培养学生家国情怀；3. 以图片导入与红色故事知多少两者结合的形式，引导学生对本次研学点的历史事件提前了解，使学生在红色文化教育中的主体地位得到充分彰显，并加深学生本次的研学感受；4. 以所学的课本知识对第四天研学行程中的研学点的历史背景、历史意义，对中国革命的贡献等方面的知识进行导入；5. 共读“延安颂”，呼唤学生深度了解历史上延安这座城市对于我们现在美好生活的重要意义的意识	1. 视频导入：观看红色影片《渭华起义》可以引导学生深入了解革命先烈们的英勇事迹和国防事业的重要性；2. 运用情境导入，带领学生一起诵读入团誓词，让学生感受其中的庄严和神圣，教师还可以讲解入团誓词的含义和历史背景，引导学生深入理解其中所蕴含的革命精神和爱国主义情怀；3. 用音频导入法，播放《歌唱祖国》，通过唱红歌，可以激发学生的爱国情感和国防意识，让他们更加深入地了解革命历史和国防事业的重要性；4. 通过布置任务，分组、分工让学生模拟军事行动，在体验参与中了解国防事业的重要性和相关历史事件；5. 故事导入：讲述西迁精神的历史故事，了解西迁精神的核心内涵

维度或要素		小学高年级段	初中段	高中段
实施方案	授课教学环节	第一天：必修课程一“渭华起义精神”；第二天：必修课程二：“铭记英雄”；第三天：必修课程三“国防宣讲”、必修课程四“编织草鞋”；第四天：必修课程五“红色闪耀”、必修课程六“红蓝对抗”，选修课程1“体验安塞腰鼓，感悟军民鱼水情”；第五天：必修课程七“劳动大生产”、必修课程八“红色传人”、选修课程2“大生产运动—忆苦饭”	第一天：必修课程三“‘西迁人’奋斗历程”、必修课程四“追寻红色足迹”；第二天：必修课程一“国防教育”、必修课程二“讲解之星”、必修课程五“国防精神”；第三天：选修课程4“电子打靶”，必修课程六“回望延安”；第四天：必修课程七“重走中共七大会址”、必修课程八“一心向党”、必修课程九“延安精神”；第五天：必修课程十“舐犊亲情”	第一天：必修课程一“国防意识”、必修课程二“传颂经典”；第二天：必修课程三“革命圣地”、必修课程四“重走红军路”；第三天：必修课程五“陵园祭扫”、必修课程六“爱我家园”；第四天：必修课程七“我讲你答”、必修课程八“东渡黄河”，选修课程1“重温入团誓词”；第五天：必修课程九“实践出真知”、必修课程十“红军两万五千里”，选修课程2“国防教育大讲堂”
	进级教学环节	VR体验第一课——重走长征路 1.通过高科技VR体验式教学、中国4D剧目的环绕立体教学，开展红军长征VR高科技现场讲解课、科技创新比赛活动；2.通过理论加实践相结合的学习，让学生通过VR直观学习长征的路线和长征路上激动人心的故事；3.通过本次活动体验让学生接受理想信念教育和革命传统教育，传承红色基因	电子打靶 1.通过体验电子打靶活动，培育学生坚毅、勇敢的优秀品质；2.通过体验电子打靶活动，锻炼学生的注意力、专注力和控制力	聆听红色故事　照亮成长之路 邀请革命老前辈，以“互动式”课堂让红色基因、红色精神入脑入心，教育学生在赓续红色血脉中汲取奋进力量，筑牢“信仰之基”，补足“精神之钙”，努力成长为堪当民族复兴大任的时代青年，让革命薪火代代相传
	巩固教学环节	利用情境教学法，学生在已有知识的基础上，创设情景剧，将自己抽象的认知具象化，将责任与担当意识内化于心、外化于行，并对周围的同学起到示范引领作用	通过发散联想法、探究学习法，引导学生将“西迁精神”和“延安精神”与日常生活联系起来，讨论总结如何指导我们更好地学习和生活	教师组织学生对责任与担当板块内容进行巩固，利用手机、多媒体、网络等现代化设备，多渠道搜集相关素材，完成《我的责任与担当》的研学报告

维度或要素			小学高年级段	初中段	高中段
实施方案	总结教学环节	教学创新	每个学生都有不同的兴趣和特点，因此需要采用个性化的教学方式，可以根据学生的兴趣和特点，为他们定制个性化的学习计划和任务，红色传统革命教育研学活动注重实践性和体验性，因此需要注重实践教学，让学生在实践中学习和感受革命精神，提高他们的实践能力和综合素质	1. 根据学生不同的兴趣和爱好特点，采用个性化的教学方式，为他们定制个性化的学习计划和任务 2. 责任担当类研学活动注重实地的体验与感受为主，因此需要采取情境交融的方式，让学生在实践中学习和感受革命精神，提高他们的实践能力和综合素质	1. 与现代教育理念相结合，以学生为中心的教学理念、情境教学、项目式教学，激发学生的学习兴趣和主动性，提高教学效果 2. 利用电影、电视、网络等多媒体手段，通过影像、声音等形象化的教学方式，让学生们更加生动地了解历史事件和人物，更加深刻地领悟文化的内涵和价值
		教学总结	采用多种教学方法，包括讲解、参观、实践操作等，以激发学生的学习兴趣和主动性。注重实践教学，让学生在实践中学习和感受红色文化的魅力，深入了解红色文化的内涵和价值，同时增强学生爱国主义情感和民族自豪感并提高学生的实践能力和综合素质	1. 责任担当类适合采取多种教学方法，以讲解、参观、实践操作为主，激发学生学习的主动性和热情 2. 通过该主题的研学让学生在实践中学习和感受红色文化的魅力，深入了解红色文化的内涵和价值，同时增强学生爱国主义情感和民族自豪感	在教师引导下，与学校合作助力学生完成研学档案，通过红色教育，让学生更加深入地了解中国革命史和革命精神，更加深刻地认识到祖国的伟大和民族的优秀，从而增强他们的爱国情感，责任与担当意识
		教学反思	部分学生对红色文化历史的理解不够深入；部分实践活动的设计不够完善等，针对这些问题，我们需要进一步完善教学内容和方法，提高教学效果	1. 每个学生知识积累的层次以及深度不同，所以在责任与担当主题研学过程中，同学们的感受均有些许不同。为了让学生有所感，有所获，研学开展前针对课程的准备工作继续深入完善 2. 实践活动的个别环节设计不够完善，针对这些问题，我们需要进一步完善教学内容和方法，提高教学效果	1. 是否将学生的个性与研学相结合，能否促进树立责任与担当意识 2. 根据研学结果，反思研学设计是否完善，如何进一步提升教学效果

维度或要素				小学高年级段	初中段	高中段
实施方案	评价教学环节	教学水平评价	自我评价	在自我评价的基础上，教师需要制订具体的改进计划，包括改进教学内容和方法、加强与学生的沟通和互动、提高自己的教学能力和素质等方面	在自我评价时采用个体反思总结法回顾教学过程，进行自我评估，分阶段形成工作总结	采用案例分析、小组讨论和角色扮演等多种教学方法，激发学生的学习兴趣和积极性，提升学生参与度，以进行教学内容、方法、效果等考核与评价
			学生评价	学生评价不仅要看教师的教学效果，还要注重学生的参与度，学生是否积极参与课堂讨论、是否能够主动思考和提问等都是评价的重要指标	为公平起见，制定满意度调查表，采取匿名方式填写，获取最真实的评价结果，以便在后续的教学过程中，不断改进教学方法、内容和策略	以个人、小组、班级分别为单位进行参与度、课堂讨论、思考提问等多方面评价
			同行评价	同行评价需要注重评价内容，包括教师的教学态度、教学方法、教学效果等方面。同行需要对教师的教学内容、教学方法、课堂氛围等方面进行评价	坚持全面发展性原则，在注重评价内容的基础上，更加注重对教师的教学态度、教学方法、教学效果等方面进行评价	对教师的教学态度、教学方法、教学效果等方面进行评价，同时注重与相关研学资源的融合评价
			培训和考核	根据培训目标，确定需要培训的内容，包括教学方法、教学资源开发、学生评价方法等，确保培训内容与教学实际需求相匹配，采用多种考核方式，如活动观察、学生评价、成果展示等，以全面评估教师的教学水平	根据培训目标，从教学方法、教学资源开发、学生评价方法等，确保培训内容与教学实际需求相匹配，采用多种考核方式，如活动观察、学生评价、成果展示、匿名式的三方满意度调查表等，全面评估教师的教学水平	根据研学目标，定期对研学线路、教学方法、学生评价方法等进行培训，确保培训内容与教学实际需求相匹配，采用多种考核方式，与学校、家长、学生进行沟通以全面评估教学水平
			教学成果展示	包括对教师的教学计划、教学视频、教学反思，学生的学习成果、作品、报告等进行展示，确保展示内容真实、全面地反映教学成果	教师的教学计划、教学视频、教学反思，学生的活动成果、作品、报告等均可作为展示材料，全面地反映教学成果	将研学视频、图片等多种记录，以及学生的学习成果、作品、报告等展示，真实、全面地反映教学成果

维度或要素				小学高年级段	初中段	高中段
实施方案	评价教学环节	学业评价	形成性评价	教师通过观察学生在研学实践过程中的表现，包括他们的参与程度、认真程度、合作能力、创新思维等，对学生及时进行反馈和指导，让学生提交一些作品，如考察报告、学习笔记等，以评价他们的学习成果和表达能力	教师通过对学生在研学过程中的观察，组织学生提交一些作品，如考察报告、学习笔记等，以评价他们的学习成果和表达能力，包括他们的参与程度、认真程度、合作能力、创新思维等，对学生进行及时的反馈和指导	通过观察学生在研学过程中的表现，识别他们的学习困难和需求，以及评估教学方法的有效性。收集和分析学生在学习过程中的数据，及时进行评价，调整教学策略，提高研学效果
			总结性评价	通过测试的方式，对学生的知识掌握程度、应用能力和综合素质进行全面评估，包括理论知识、实践操作、问题解决等方面，以展示他们在红色传统教育研学实践课程中的学习成果和收获，可以帮助学生相互学习和交流，同时也可以作为评价学生的一种方式	以本次研学目的为基准，通过测试、展示的方式，对学生的知识掌握程度、应用能力和综合素质进行全面评估，展示出他们在责任与担当类研学中的学习成果和收获，判断研学目的实现的程度，以便对课程做出适时地调整	通过测验、项目等多种形式，涵盖学生的知识、技能、态度、情感等多个方面，注重学生的实践能力、创新思维等其他方面的能力，制定科学合理的评价标准，避免评价内容过于依赖教材或评价标准单一的问题
			教师评价	教师评价可以采用多种评价方式，如观察评价、作品评价、小组讨论和个人反思等，这些评价方式可以相互补充，更全面地评估学生的学习情况和成果	教师评价可以采用多种评价方式，如观察评价、作品评价、小组讨论和个人反思等，这些评价方式可以相互补充，更全面地评估学生的学习情况和成果。为学生提供个性化建议和反馈，加深对知识和技能的理解和运用	通过观察评价、作品评价、小组讨论和个人反思等方法，全面、客观地评估学生在研学过程中的知识获取、探究能力、研学态度以及其他相关技能，为后续的研学提供有针对性的反馈和改进建议
		项目评价		教师通过观察学生在研学实践过程中的表现，包括他们的参与程度、认真程度、合作能力、创新思维等，对学生及时进行反馈和指导，让学生提交一些作品，如考察报告、学习笔记等，以评价他们的学习成果和表达能力	以行政主管部门和参与学校为主体，结合学生、家长、社会公众三方，采取问卷调查、意见搜集等方式，对教学目标设定、课程资源、教学策略、活动组织环节、协同管理、线路规划、成长过程等方面进行评价，进一步优化项目设计研学实践教育	收集与项目相关的资料，包括项目计划、实施过程、成果展示等，这些资料可以作为评价的依据，帮助评价者全面了解项目的实施情况和效果，分析项目实施过程中的优点和不足

4.21 教学计划与策略列表：寻访红色陇原 赓续革命精神

<table>
<tr><td colspan="3">营地名称</td><td>兰州市中小学生综合实践教育学校（简称“兰州营地”）</td><td>命名机构</td><td>教育部</td><td>识别码</td><td>Y145620001</td></tr>
<tr><td colspan="3">从业资质（摘要）</td><td>中小学生综合实践活动组织和管理</td><td>单位属性</td><td>公益一类</td><td>法定代表人</td><td>刘文斌</td></tr>
<tr><td colspan="3">研学主题</td><td>寻访红色陇原　赓续革命精神</td><td colspan="2">主要目的指向</td><td colspan="2">责任与担当教育</td></tr>
<tr><td rowspan="7">营地（枢纽）及周边主要优质研学资源</td><td colspan="2">基地层级</td><td colspan="5">研学站点（基地）名称</td></tr>
<tr><td rowspan="2">教育部命名基地</td><td>已列入教学计划</td><td colspan="5">一、与本主题相关列入教学计划的基地9个
1.会宁县青少年学生校外活动中心；2.八路军兰州办事处纪念馆；3.会宁县红军会宁会师旧址；4.中共中央政治局榜罗会议纪念馆；5.榜罗镇会议旧址；6.南梁革命纪念馆；7.西峰区青少年校外活动中心；8.白银市中小学生综合实践基地；9.会宁红军长征胜利纪念馆
二、与本主题关联不大但列入本营地教学计划的基地6个
1.甘肃地质博物馆；2.甘肃省博物馆；3.张掖湿地博物馆；4.民勤防沙治沙纪念馆；5.天水市博物馆；6.兰州市地震博物馆</td></tr>
<tr><td>待列入教学计划</td><td colspan="5">1.固原市青少年示范性综合实践基地管理中心；2.永昌县青少年活动中心；3.临夏市青少年校外活动中心；4.和政县大中小学劳动教育综合实践基地服务中心；5.中国工农红军西路军纪念馆；6.哈达铺红军长征纪念馆；7.两当兵变纪念馆；8.腊子口战役遗址；9.高台烈士陵园；10.张掖市示范性综合实践基地</td></tr>
<tr><td colspan="2">其他部委命名基地</td><td colspan="5">兰州战役纪念馆</td></tr>
<tr><td colspan="2">地方命名基地</td><td colspan="5">1.张一悟纪念馆；2.兴隆山革命烈士陵园；3.界石铺红军长征毛泽东旧居纪念馆；4.兰州市规划展览馆；5.甘肃省经济社会发展展览馆</td></tr>
<tr><td colspan="2">本营地资源</td><td colspan="5">1.红色基因传承馆；2.国家安全教育馆；3.禁毒教育馆；4.法治教育馆；5.国防教育馆</td></tr>
<tr><td colspan="2">其他资源</td><td colspan="5">1.中共甘肃工委纪念馆；2.中共皋榆工委纪念馆；3.兰州市烈士陵园；4.读者博物馆</td></tr>
</table>

维度或要素	小学高年级段	初中段	高中段
校内教育基础（与校内教育的衔接）	对照课标，小学高年级段在责任与担当教育方面提出“要继承和弘扬中华优秀传统文化、革命文化、社会主义先进文化，建立文化自信。”“要培育政治认同感，简要了解中国共产党的历史和革命传统，热爱中国共产党，坚定共产主义远大理想。”本研学主题必修课程与校内教育的衔接内容主要如下：1.人教版五年级道德与法治下册第三单元“百年追梦　复兴中华”；2.人教版五年级语文下册第四单元“青山处处埋忠骨”；3.人教版五至六年级体育与健康第3节“轻度损伤的自我处理”；4.人教版五年级科学上册第四单元第3节“彩虹”；5.人教版六年级道德与法治上册第二单元第2节“公民的基本权利和义务”；6.人教版六年级科学上册第四单元第4节“自然资源的开发与保护”；7.人教版六年级道德与法治下册第四单元第4节“我们爱和平”；8.人教版六年级科学下册第二单元第1节“地表流水的力量”；9.人教版六年级数学下册第3节“圆柱与圆锥”；10.人教版六年级语文上册第二单元第5课“七律·长征”等	对照课标，初中段在责任与担当教育方面提出“要让学生参与科技馆、博物馆、纪念馆、植物园、动物园、流浪动物救助站等公共空间和社会机构的服务性劳动，担任讲解员、特定活动志愿者等。同时了解中国共产党带领中国人民进行革命的历史性成就，坚定道路自信，培育民族气节和爱国主义情怀。”本研学主题必修课程与校内教育的衔接内容主要如下：1.人教版七年级语文下册第二单元第2节“老山界”；2.人教版七年级人文地理上册第一单元“我的家在哪里”；3.人教版八年级历史上册第五单元第3节“中国工农红军长征”；4.人教版八年级地理上册第一章第3节“民族”；5.苏教版七年级生物下册第九章第3节“膳食指南与食品消化”；6.北师大版七年级数学上册第一章第2节“展开与折叠”；7.北师大版八年级物理上册第四章第4节“声现象在科技中的应用”；8.北师大版九年级化学第十五章第2节“广播与电视”；9.人教版九年级语文第一章第3节“我爱这土地”；10.鲁教版九年级音乐上册第一单元选唱“中国军魂”等	对标课标，高中段在责任与担当教育方面提出“更深入地理解和感受到中国共产党的奋斗历程和革命精神，树立正确的人生观和价值观，增强对中国特色社会主义道路的认同感。通过参观革命遗址、了解革命先烈的事迹，体会个人与社会的关系，认识到作为新时代青年应该承担的社会责任。”本研学主题必修课程与校内教育的衔接内容主要如下：高中生开展红色研学课程通常与多个学科课程有关联，具体包括但不限于：1.人教版历史选择性必修二第五单元第1节“水路交通的变化”；2.人教版高一历史必修中外历史纲要第八单元第3节“人民解放战争”；3.人教版高一思想政治第四单元第9课“社会主义市场经济”；4.苏教版高一通用技术第六章第3节“探究木工工艺”；5.人教版高一思想政治第三章第1节“伟大的改革开放”；6.北师大版语文课程现代文学单元阅读和分析与革命相关的文学作品，如“毛泽东诗词”“红岩”等；7.人教版高中地理选修2第二章第1节“区域发展的自然资源基础”；8.人教版高中地理必修一第六章第4节“地理信息技术在防灾减震中的应用”等

维度或要素			小学高年级段	初中段	高中段
研学课程	必修课程一	名称	决胜兰州	重温烽火岁月	接力英雄精神
		活动目的	通过了解兰州战役，加强学生爱国主义教育和革命传统教育	通过探寻兰州战役硝烟背后的生死对决，铭记革命先辈的英雄事迹	通过学习兰州战役，了解革命先辈的英勇事迹，培养爱国情怀和社会责任感
		活动形式	参观聆听，探究兰州战役的发生背景、经过和结果，填写兰州战役作战图	根据体验探究表，讲述本小组选择的英雄人物故事	以小组为单位体验探究，完成“活动成果记录表”
	必修课程二	名称	闪闪的红星	传承红色基因　争做时代新人（一）	传承红色基因　争做时代新人（二）
		活动目的	体会中国共产党带领中国人民创造幸福生活的拼搏精神，传承伟大建党精神	学习中国共产党百年伟大成就，明白没有共产党就没有新中国的深刻道理	聆听馆内展板中的图文讲解，感受中国共产党伟大的发展历程和中国精神
		活动形式	参观红色场馆，体验红色记忆结的制作，集体朗诵梁启超先生的《少年中国说》	参观红色场馆，探究“为什么习近平主席说要把红色江山世世代代传下去”	聆听馆内讲解，各组分别根据小组学习单，探究中国共产党伟大的发展历程
	必修课程三	名称	烽火“八办”	革命的接待站　战斗的指挥所	追忆峥嵘岁月　传承“八办”精神
		活动目的	交流分享烽火中兰州“八办”的峥嵘岁月，感受革命先辈坚定的革命信念	探究兰州“八办”的由来和所处的社会环境，厚植爱国情怀，锤炼品德修养	探寻兰州“八办”的战斗历程，领会“革命的接待站——战斗的指挥所”的内涵
		活动形式	诵读续范亭的《绝命诗》；体验讲解员角色，为参观游客讲解本组选择的红色故事	参观兰州“八办”，举办“‘八办’精神”研讨会、小小讲解员等活动	参观兰州“八办”，举办“‘八办’精神”研讨会、兰州“八办”小拍客三项活动
	必修课程四	名称	红星耀陇原	革命精神激励我成长（一）	革命精神激励我成长（二）
		活动目的	聆听张一悟以及其他革命先烈的英勇事迹，培养对国家和民族的热爱之情	深入感受张一悟等革命先驱的精神风貌，增强政治意识和历史责任感	体悟中国共产党的历史和中国革命的艰辛历程，明白今天幸福生活的来之不易
		活动形式	以班级为单位参观张一悟纪念馆，认真聆听馆内讲解员的讲解	参观张一悟纪念馆，对“张一悟生平事迹展”展开深度探究	在行前课程已经对张一悟了解的基础上，在张一悟纪念馆深度探究交流

维度或要素			小学高年级段	初中段	高中段
研学课程	必修课程五	名称	红军不怕远征难	星火燎原长征路（一）	星火燎原长征路（二）
		活动目的	探访界石铺，感受红军战士艰苦奋斗的精神，启发爱国情感	体验重走长征路线，感悟革命先辈不屈不挠的长征精神和艰苦奋斗的优秀品质	学习红军长征的历史背景、重要事件及其深远影响，培养历史责任感和使命感
		活动形式	参观长征纪念碑，探究革命知识，现场进行长征诗词分享会	参加长征路线绘制及长征诗词竞赛，完成“红军故事我来讲”的任务	参观长征纪念馆，开展长征诗词分享大会，进行“红军电影我来演”的拍摄
	必修课程六	名称	走进红色圣地——界石铺	探访红色界石　传承长征精神	寻访界石铺　践行长征魂
		活动目的	寻访老红军的长征故事，感受红军不屈不挠、视死如归的伟大精神	真切感受长征的艰辛与不易，进一步认识红军长征的重大意义和伟大精神	学习党的光辉革命历程，更深入地理解中国共产党的发展历程和精神内涵
		活动形式	了解陈设的红军长征时用过的石碾、长矛、炊具，穿过的草鞋等革命文物	体验“重走一次长征路、观看一场红色电影、体味一次红军餐”活动	参观研讨，进行“红色界石铺”主题拍摄，现场主题宣讲
	必修课程七	名称	走进红色榜罗	寻迹榜罗红帜	追寻红色榜样　传承长征精神
		活动目的	诵读“七律·长征”，分享榜罗镇会议的故事，感悟工农红军伟大的长征精神	学习榜罗镇会议在长征中取得最终胜利的重要意义，传承伟大的长征精神	体验中国革命的艰辛历程，传承革命先烈的爱国情怀和献身精神
		活动形式	诵读毛泽东的长征代表诗词《七律·长征》，体悟红军伟大的长征精神	自选榜罗会议内容进行讲解，以此感受榜罗会议在长征中取得胜利的重要影响	通过活动探究的形式传承革命先烈的爱国情怀和献身精神
	必修课程八	名称	南梁小分队出发啦	南梁，南梁	追寻红色足迹　弘扬南梁精神
		活动目的	参观聆听革命故事，感受陕甘边区苏维埃政府创建的艰辛	访问老一辈无产阶级革命家，分享扎根南梁、建立政权、救民爱民的光辉革命历史	认同红色南梁“两点一存”的重要历史地位和伟大“南梁精神”的丰富文化内涵
		活动形式	挖掘南梁的红色革命故事，用自己的语言组织提炼，讲述给他人聆听	寻访南梁革命根据地革命先辈的后人，聆听他们心中革命先辈的故事	开展现场专题讲座（以南梁红色革命文化为主要内容）

维度或要素			小学高年级段	初中段	高中段
研学课程	必修课程九	名称	红西路军精神永传承	祁连战歌	祁连山的红色记忆
		活动目的	探讨“西路军”名字的由来及具体内容，能说出红西路军的历史背景	绘制红西路军行进路线图，学习这段最为艰巨、最为卓绝、最为悲壮的历史	搜集红西路军故事，拍摄故事短片，感悟红西路军英勇顽强、浴血奋战的革命精神
		活动形式	通过参观聆听讲解，观看红色短片，感悟红西路军精神	通过参观革命文物，重温中国共产党历史	通过实地观摩血战高台场景复原区，了解红西路军血战高台的悲壮历史
	必修课程十	名称	兰州不止一座桥	我脚下的这座城	纵观兰州变迁　品味金城韵味
		活动目的	参观兰州市城市规划展览馆，关注兰州的现代桥梁建设及背后故事	参观展览馆，关注故乡发展历程，制订一份适合外地游客的兰州旅游计划	参观展览馆，开展小课题研究，制作一段记录小课题研究短视频
		活动形式	通过参观兰州市城市规划展览馆，学习兰州的现代桥梁	通过参观兰州市城市规划展览馆，探究兰州这座城市在不同时期的发展历程	通过参观兰州市城市规划展览馆，聆听讲解，探究兰州的建设历程
	选修课程		1.瞻仰烈士陵园 2.红色皮影戏 3.革命故事 4.“桥”见兰州	1.拍摄宣传片 2.伟大长征精神 3.南梁精神我知道 4.绘制行军路线图	1.麦秆编制 2.粮食画 3.时代楷模 4.一封家书

维度或要素		小学高年级段	初中段	高中段
研学线路	代表性线路（时长五日）	第一天：兰州营地—兰州战役纪念馆—红色基因传承馆—兰州营地；第二天：兰州营地—八路军兰州办事处纪念馆—兰州营地；第三天：兰州营地—张一悟纪念馆—兴隆山革命烈士陵园—兰州营地；第四天：兰州营地—会宁县青少年学生校外活动中心—会宁红军会师旧址—会宁红军长征胜利纪念馆—白银市中小学生综合实践基地—兰州营地；第五天：兰州营地—界石铺红军长征毛泽东旧居纪念馆—兰州营地	第一天：兰州营地—红色基因传承馆—兰州营地；第二天：兰州营地—会宁县青少年学生校外活动中心—会宁红军会师旧址—会宁红军长征胜利纪念馆—白银市中小学生综合实践基地—兰州营地；第三天：兰州营地—榜罗镇会议旧址—中共中央政治局榜罗镇会议纪念馆—兰州营地；第四天：兰州营地—界石铺红军长征毛泽东旧居纪念馆—兰州营地；第五天：兰州营地—西峰区青少年校外活动中心—南梁革命纪念馆—兰州营地	第一天：兰州营地—红色基因传承馆—兰州营地；第二天：兰州营地—会宁县青少年学生校外活动中心—会宁红军会师旧址—会宁红军长征胜利纪念馆—白银市中小学生综合实践基地—兰州营地；第三天：兰州营地—榜罗镇会议旧址—中共中央政治局榜罗镇会议纪念馆—兰州营地；第四天：兰州营地—界石铺红军长征毛泽东旧居纪念馆—兰州营地；第五天：兰州营地—西峰区青少年校外活动中心—南梁革命纪念馆—兰州营地
	可选择线路（按天设计，菜单式选择）	1.兰州营地—法治教育馆—国防教育馆—兰州营地；2.兰州营地—甘肃省经济社会发展展览馆—兰州营地；3.兰州营地—兰州市规划展览馆—兰州营地；4.兰州营地—兰州市地震博物馆—兰州营地；5.兰州营地—甘肃地质博物馆—兰州营地；6.兰州营地—甘肃省博物馆—兰州营地；7.兰州营地—民勤防沙治沙纪念馆—兰州营地；8.兰州营地—读者博物馆—兰州营地	1.兰州营地—国防教育馆—国家安全教育馆—兰州营地；2.兰州营地—兰州市地震博物馆—兰州营地；3.兰州营地—兰州战役纪念馆—兰州营地；4.兰州营地—八路军兰州办事处纪念馆—兰州营地；5.兰州营地—张一悟纪念馆—兰州营地；6.兰州营地—甘肃地质博物馆—兰州营地；7.兰州营地—兰州市地震博物馆—兰州营地；8.兰州营地—甘肃省博物馆—兰州营地	1.兰州营地—国家安全教育馆—国防教育馆—兰州营地；2.兰州营地—兰州市地震博物馆—兰州营地；3.兰州营地—兰州战役纪念馆—兰州营地；4.兰州营地—八路军兰州办事处纪念馆—兰州营地；5.兰州营地—张一悟纪念馆—兰州营地；6.兰州营地—甘肃地质博物馆—兰州营地；7.兰州营地—兰州市地震博物馆—兰州营地；8.兰州营地—甘肃省博物馆—兰州营地
	规划线路（按天设计）	1.兰州营地—兴隆山烈士陵园—兰州营地；2.兰州营地—兰州市烈士陵园—兰州营地；3.兰州营地—中共皋榆工委纪念馆—兰州营地；4.兰州营地—中共甘肃工委纪念馆—兰州营地	1.兰州营地—兰州市规划展览馆—兰州营地；2.兰州营地—甘肃省经济社会发展展览馆—兰州营地；3.兰州营地—民勤防沙治沙纪念馆—兰州营地；4.兰州营地—中共甘肃工委纪念馆—兰州营地；5.兰州营地—兴隆山烈士陵园—兰州营地	1.兰州营地—甘肃省经济社会发展展览馆—兰州营地；2.兰州营地—中共甘肃工委纪念馆—兰州营地；3.兰州营地—兴隆山烈士陵园—兰州营地；4.兰州营地—兰州市规划展览馆—兰州营地；5.兰州营地—民勤防沙治沙纪念馆—兰州营地

维度或要素		小学高年级段	初中段	高中段
教学重点难点（以代表性线路教学设计为例，以下同）	教学重点	1.学习兰州战役及“一战定四省”战役的影响 2.了解兰州“八办”在抗战中发挥的作用，体验讲解员角色 3.说出革命先烈张一悟对中国共产党所作出的贡献 4.寻找会宁会师过程中先辈们艰苦奋斗的英雄事迹 5.参观、寻找界石铺的革命文物和背后的红色故事	1.列举中国共产党百年伟大成就及重要历史事件 2.学习长征路线，感受革命先辈不屈不挠的长征精神和艰苦奋斗的优秀品质 3.说明榜罗镇会议在长征取得最终胜利的重要意义 4.聆听鲜为人知的红军故事，真切感受长征的艰辛与不易 5.分享南梁的革命历程，共同追忆峥嵘岁月，深切缅怀革命先烈	1.列举新中国成立以来在中国共产党的领导下我国取得的举世瞩目的成就 2.说明为什么长征精神是中华民族意志的体现 3.说明榜罗镇会议在长征取得最终胜利的重要意义，体验中国革命的艰辛历程 4.交流分享党的光辉革命历程，真切感受长征的艰辛与不易 5.认同红色南梁“两点一存”的重要历史地位和伟大“南梁精神”的丰富文化内涵
	教学难点	1.引导学生学习兰州战役“一战定四省”战役影响，树立继承和发扬革命先辈光荣传统的意识，树立爱党爱国的理想信念；2.以小组探究的形式探究兰州“八办”在抗战中发挥的作用，感受、认同并继承革命先辈坚定的革命信念、艰苦奋斗的精神；3.学习张一悟的生平事迹，增强学生尊敬崇尚革命先烈、爱党爱国的深厚情怀；4.聆听长征故事，感受红军不屈不挠、视死如归的伟大长征精神；5.感受界石铺老红军不屈不挠，视死如归的伟大长征精神，继承、弘扬革命先辈的优良传统	1.理解伟大抗战精神是中国精神的生动诠释，增强国家意识和国情观念；2.认识长征行进路线及“红军故事我来讲”短视频拍摄；3.学习榜罗镇会议在长征取得胜利的重要意义；4.走进界石铺，探访伟人旧居，认同伟大长征精神；5.根据南梁革命根据地革命先辈后人寻访结果，完成小组探究简报	1.引导学生感受伟大抗战精神在新时代中的精神引领，增强做社会主义接班人和建设者的思想意识；2.认同、传承革命先辈不屈不挠的长征精神和艰苦奋斗的优秀品质；3.感受长征的艰辛与不易，进一步认识红军长征的重大意义和伟大的长征精神；4.感受中国革命的艰辛历程，传承革命先烈的爱国情怀和献身精神；5.学习南梁的革命历程，感悟革命先烈的艰辛与不易，传承红色基因，弘扬南梁精神

维度或要素	小学高年级段	初中段	高中段
教学策略	针对小学高年级段学生已具备一定的学习能力、学习经验及知识储备等情况，基于多元智力理论，从真实的生活经验出发，抛出研讨话题，让学生在真实的实践体验中，厚植爱国主义情怀，整合学校及周边红色文化资源，选取红色文化特征明显且具有教育启示意义的场馆、纪念馆、遗迹、旧址等，依托研学营地、研学课程、《研学手册》、研学导师等，采取讲授法、情境设置法、讨论法、任务驱动法等教法和体验式学习、小组合作学习、自主探究式学习等学法，开展参观、体验、探究、讲述等多种形式的活动，在活动的全过程关注学生动态，包括心理动态和行为动态，及时反馈调整，根据学生接受度弹性调整，确保不同学生在活动参与过程中对感兴趣的点深度挖掘和体验	针对初中段学生精力充沛、好奇心强、独立性增强、具有一定的逻辑思维能力等情况，基于多元智力理论，让学生在了解基本红色知识的基础上传承红色文化，强化情感培育，传承好红色基因，让红色江山不变色，整合学校及周边红色文化资源，选取红色文化特征明显且具有教育启示意义的场馆、纪念馆、遗迹、旧址等，依托研学营地、研学课程、《研学手册》、研学导师等，采取讲授法、实践指导法、讨论法、任务驱动法等教法和体验式学习、小组合作学习、自主探究式学习等学法，借助丰富的实践体验教学资源和数字化技术，使用体验式、情境式、合作学习、跨学科、项目式、相互教学等学习策略来进行总体设计，开展实践体验、合作探究、视频拍摄、交流分享等活动，在活动的全过程关注学生动态并及时跟进反馈，根据学生表现和反馈弹性调整，确保不同学生在不同活动中形成责任与担当意识，研有所得，学有所悟	针对高中段学生心智较成熟，兴趣爱好广泛，创新意识较强，具有丰富的知识储备，并且掌握了丰富的理论知识，能够将理论与实践结合起来，善于表达个人观点等年龄特征，基于多元智力、实用主义、建构主义、发现学习理论思想，以区域红色资源为依托，通过理论学习和实践经验相结合，让红色研学成为阐释新时代中国特色社会主义思想的精神实质，选取红色文化特征明显且具有教育启示意义的场馆、纪念馆、遗迹、旧址等，依托研学营地、研学课程、《研学手册》、研学导师等，采取讲授法、实践指导法、讨论法、任务驱动法等教法和体验式学习、小组合作学习、自主探究式学习等学法，借助丰富的实践体验教学资源和数字化技术，使用体验式、情境式、合作学习、跨学科、项目式、相互教学、服务学习、探究学习、问题解决等教学策略来进行总体设计，建立“研究小组”，开展实践体验、合作探究、视频拍摄、专题讲座、现场宣讲等活动，在活动的全过程关注学生动态并及时跟进反馈，确保研学实践活动能对高中段学生责任与担当价值观念的形成发挥积极作用

维度或要素				小学高年级段	初中段	高中段
实施方案	入营教育	安全	引导	组织研学对接会，通过营地安全通道、安全标识进行入营安全教育	组织研学对接会，学生签署安全协议，开展安全主题教育活动	通过研学对接会，学生签署安全协议，开展探寻营地安全隐患的教育活动
			实训	每人提供一份营地《安全手册》，上课转场及课前渗透，掌握安全知识	学习《安全手册》，讨论并组织实施安全疏散演练，提升自身安全意识	绘制逃生路线图，并进行逃生演练，掌握各项急救技能及自我保护技能
		应急	引导	开展消防安全课程，学生掌握校内、场馆消防点、安全通道等	开展消防安全课程，掌握处理应急事件的基本方法和技能	探究突发性灾难和事故原因，提升安全预防意识及正确处理应急事件能力
			实训	结合急救知识，参加校内消防安全应急演练	正确使用各类消防救援器材，掌握处置应急事件的技能	熟练使用逃生救援设备，掌握各项逃生技能，学会自我救护
		救助	引导	通过视频案例教学，培养学生应急处突的能力和意识	开展《急救小卫士》急救课程，培养学生的团队合作意识及应急反应能力	开展《黄金四分钟》急救课程，培养学生的合作意识、应急反应能力和意识
			实训	能够根据创设情境，在老师的指导下掌握人工呼吸等基础救助方法	根据创设的情境，正确判断并掌握相对应的包扎技能	根据创设的情境，能够熟练掌握海姆立克法、心肺复苏等急救技能
		自我管理	引导	通过现场演示及小游戏，化解学生的消极情绪思想	通过心理健康教育课程中的有效案例，激发学生对财务、情绪等内容的管理	通过心理健康教育主题课程实施，引导学生建立正确的自我管理意识
			实训	床铺整理演练，填写《研学手册》，引导学生初步建立起自我管理的方法	进行团建和拓展演练，让学生从多角度学会自我管理	学习心理健康教育课程，提升自我管理的能力
		团队协作	引导	通过参与集体活动，引导学生认识到团队协作的重要性	通过团队熔炼项目，激发学生对团队协作的参与度	通过组织实施团队及主题课程，培养学生的团队意识和协作能力
			实训	通过破冰游戏，培养学生团队合作意识	通过拓展训练、团队活动等项目，培养学生的团队协作意识	通过团队熔炼和主题教育课程渗透指导，提高学生团结协作的能力和意识

维度或要素		小学高年级段	初中段	高中段
实施方案	导入教学环节	1.红歌导入：听唱红歌《大豆谣》，与课程构建知识链接；2.视频导入：播放中国共产党成立的历史背景相关视频；3.诗词导入：了解、诵读续范亭的《绝命诗》；4.情境导入：实地参观张一悟纪念馆，参观界石铺的革命文物，聆听界石铺的红色故事；5.故事导入：会宁会师过程中先辈们艰苦奋斗的英雄事迹	1.故事导入：了解兰州战役英雄团队和英模人物的事迹；2.视频导入：观看长征相关视频，了解红军长征路上遇到的困难；3.任务导入：参观榜罗镇会议纪念馆，完成主题拍摄任务；4.情境导入：实地参观界石铺红军长征毛泽东旧居纪念馆；5.故事导入：参观南梁革命纪念馆，了解陇原红色故事、缅怀先烈	1.情境导入：参加向人民英雄纪念碑敬献花篮仪式；2.问题导入：长征精神是一种什么样的精神；3.任务导入：参观榜罗镇会议纪念馆，完成现场主题宣讲任务；4.任务导入：参观界石铺红军长征毛泽东旧居纪念馆、完成“长征精神”研讨会、“红色界石铺”主题拍摄等任务；5.任务导入：参观南梁革命纪念馆，开展现场专题讲座（以南梁红色革命文化为主要内容）
	授课教学环节	第一天：入营教育，必修课程一“决胜兰州”、必修课程二“闪闪的红星”，必修课程十“兰州不止一座桥”，选修课程4“‘桥’见兰州”；第二天：必修课程三“烽火‘八办’”，必修课程九“红西路军精神永传承”，选修课程1“瞻仰烈士陵园”；第三天：必修课程四“红星耀陇原”，选修课程3“革命故事”；第四天：必修课程五“红军不怕远征难”；第五天：必修课程六“走进红色圣地——界石铺”，必修课程七“走进红色榜罗”，必修课程八“南梁小分队出发啦”，选修课程2“红色皮影戏”	第一天：入营教育，必修课程一“重温烽火岁月”，必修课程二“传承红色基因　争做时代新人（一）”，必修课程三“革命的接待站　战斗的指挥所”，必修课程四“革命精神激励我成长（一）”，必修课程九“祁连战歌”，必修课程十“我脚下的这座城”，选修课程1“拍摄宣传片”；第二天：必修课程五“星火燎原长征路（一）”，选修课程4“绘制行军路线图”；第三天：必修课程七“寻迹榜罗红帜”，选修课程1“拍摄宣传片”；第四天：必修课程六“探访红色界石　传承长征精神”，选修课程2“伟大长征精神”；第五天：必修课程八“南梁，南梁”，选修课程3“南梁精神我知道”	第一天：入营教育，必修课程一“接力英雄精神”，必修课程二“传承红色基因　争做时代新人（二）”，必修课程三“追忆峥嵘岁月，传承‘八办’精神”，必修课程四“革命精神激励我成长（二）”，必修课程九“祁连山的红色记忆”，必修课程十“纵观兰州变迁　品味金城韵味”，选修课程4“一封家书”；第二天：必修课程五“星火燎原长征路（二）”，选修课程2“粮食画”；第三天：必修课程七“追寻红色榜样　传承长征精神”，选修课程1“麦秆编制”；第四天：必修课程六“寻访界石铺　践行长征魂”，选修课程3“时代楷模”；第五天：必修课程八“追寻红色足迹　弘扬南梁精神”

维度或要素		小学高年级段	初中段	高中段
实施方案	进级教学环节	1.实践：参观兰州战役纪念馆、红色基因传承馆、兰州八路军办事处。参加向人民英雄敬献花篮仪式 2.讨论：聆听战歌《沈家岭战斗》，集体诵读《沈家岭战斗》歌词，谈谈歌词中描述着什么样的情境，表达了什么样的情感 3.体认：感悟革命英雄不怕牺牲，奋勇向前、保家卫国的大无畏精神	1.实践：参观张一悟纪念馆、兴隆山烈士陵园，并进行献祭活动 2.讨论：革命先烈张一悟对中国共产党作出了哪些贡献 3.思考：学习先烈张一悟优秀的革命品质，谈谈作为新时代的红色基因传承者，能做哪些力所能及的事情 4.表达：为张一悟写一张卡片寄语，表达自己的真情实感 5.体认：认识到作为新时代青少年的我们应该具备哪些优秀的品格	1.实践：参观榜罗镇会议旧址、榜罗镇会议纪念馆、南梁革命纪念馆，并向革命烈士献花 2.表达：赓续红色血脉，传承红色基因。根据研学收获，各班组织红色宣讲团进行宣讲活动，并制作宣讲视频，利用网络，传播红色文化 3.体认：红色革命精神对新时代青少年在世界观、人生观、价值观上的正确引领作用
	巩固教学环节	1.回顾：教师带领学生进行回顾和总结，以启发诱导的形式鼓励学生畅所欲言，分享个人的研学感悟 2.作业：完成《研学手册》内容 3.应用：研学成果以学生分享个人感悟的方式进行呈现	1.回顾：教师带领学生进行回顾和总结，以启发诱导的形式鼓励学生畅所欲言，分享个人感悟 2.作业：通过交流展示等多种方式加深对红色革命历史知识的记忆 3.应用：通过学唱红歌、情景剧展演等多种方式，加深学生对红色知识的掌握	1.回顾：教师带领学生进行回顾和总结，以启发诱导的形式鼓励学生畅所欲言，分享个人的研学感悟 2.展示：通过故事讲述、角色扮演，感悟人民英雄可歌可泣的革命事迹和大无畏的革命精神 3.作业：与博物馆讲解员进行座谈会，通过提问题的方式巩固课程知识 4.应用：通过角色扮演与革命先辈对话，加强学生学好红色知识，传承好红色基因的决心和信心

维度或要素			小学高年级段	初中段	高中段
实施方案	总结教学环节	教学创新	1.情境导入，结合课程主题，引发学生兴趣 2.设计内容丰富、形式多样的体验活动	1.基于发现学习理论，在研学实践过程中，通过场景转换和实践体验，强化学生的问题解决能力 2.基于学生的逻辑思维能力和自主学习能力以及合作能力，设计内容丰富的实践活动，培养学生的动手能力和表达能力，以及协作能力	1.通过小组合作探究的方式，将研学实践课程任务分解，培养学生探究意识和自主学习能力 2.通过自主学习、独立探究以及小组合作等多种形式，强化学生的责任担当意识和团结协作意识
		教学总结	1.回顾研学内容，结合学生表现，在导入、实施等环节中适当给予反馈，完善教学评价 2.整理过程性资料，完善研学档案	1.师生共同分享研学实践的内容和技能，通过研学实践加深对责任与担当的理解 2.收集多方反馈，全方位，多角度地完善教学评价 3.整理好研学资料，完善研学档案	1.引导学生总结归纳研学实践的内容和技能，通过小组研讨、分享交流等，强化责任与担当的意识和能力 2.在研学教师的指导下，撰写研究报告，完善《研学手册》，结合报告和《研学手册》完成教学评价 3.完善研学档案
		教学反思	1.反思研学过程中，环节设置和节奏把控是否合理，影响教学效果的主要因素有哪些 2.复盘研学实践过程中的安全保障工作是否到位，还存在哪些安全隐患	1.反思研学资源所涉及的各学科的知识融合和教育因素开发是否合理 2.了解研学内容的优点和不足，明确实施方案优化方向	1.再次梳理与学校课程的衔接深度，提炼经验教训，为下一次研学活动提供参考 2.根据研学反馈，对研学方案进行完善和优化，对研学资源进行再次挖掘，完善课程教学设计

维度或要素				小学高年级段	初中段	高中段
实施方案	评价教学环节	教学水平评价	自我评价	研学活动导入的内容是否引起学生的兴趣；研学过程环节是否符合小学高年级段特点等；研学总结学生在活动中的参与度	评价研学活动过程、研学课程设计，是否有更加优化的改进措施；研学带队教师的课程讲解是否通俗易懂，引发学生兴趣；对所设计的探究任务难易程度和可实施性进行评价	对课程内容设计、目标达成情况、实施流畅度，小组协作完成情况等进行评价；对研学课程任务的完成情况进行评价考核
			学生评价	对研学站点的课程内容是否积极参与；对研学课程内容的完成度进行自评、组内评价和教师评价	学生对带队教师是否激发学生的积极性，是否启发学生深度思考，是否鼓励学生表达交流，是否帮助学生树立正确的理想信念进行评价	对各小组合作情况进行评价；对研学任务的分配和实施情况进行评价；对研学带队教师的课程教授和组织能力进行评价
			同行评价	对研学教师的专业技术能力进行评价；在研学过程中对研学教师的处理突发状况能力和敬业精神等进行评价	对研学教师的课程导入、环节衔接、时长把控等方面进行评价；在研学过程中对学生的监管措施进行评价	对教师研学课程的任务设计进行评价；对研学站点课程资源的整合程度评价；对研学课程的育人效果等进行评价
			培训和考核	定期对研学线路、研学站点和研学课程内容进行培训和考核；对研学教师师德师风进行考核；对研学教师的专业技术能力进行培训和考核；定期对研学课程的组织开展情况进行培训和考核	定期对研学线路、研学站点和研学课程内容进行培训和考核；进行研学安全培训；对研学开展情况进行考核；把家长满意度和社会认可度作为考核标准	定期对研学线路、研学站点和研学课程内容进行培训和考核；对研学教师的专业技术能力进行培训和考核；进行研学安全和应急救护技能培训和考核；定期对研学课程的组织开展情况进行培训和考核
			教学成果展示	学生绘画展、画图、谈话等	学生作品展示、故事汇编、讨论交流等	展示研学实践作品、研究报告；撰写课程案例

维度或要素				小学高年级段	初中段	高中段
实施方案	评价教学环节	学业评价	形成性评价	教师在研学过程中通过实时监管学生的活动过程，有针对性地调整研学方式方法；根据学生的任务完成情况，及时调整课程任务环节；学生在研学中根据各项任务完成情况及时完成好各类评价指标	研学过程中及时对学生的活动表现、任务完成情况和小组合作情况等内容进行评价；研学过程中要更加关注学生问题意识和问题解决能力的培养；更加关注学生组内协作的意愿	观察并实时跟进各小组的研学任务完成情况，针对存在的问题及时进行指导和调整；更加关注学生在研学过程中解决问题的能力
			总结性评价	在研学过程中对学生的个人行为习惯、活动参与度和组内合作情况进行整体性评价；评价方式采用自评、组评和教师评价	以研学课程目标为标准，采取多元化的考核方式对学生的任务完成情况进行评价；并对学生的获益程度和思维认知水平进行深度评价	对学生在研学过程中问题意识的建立和解决问题的创新能力进行评价；针对学生的研学成果进行评价
			教师评价	对学生在研学前的课程准备、研学中的活动表现和研学后的目标达成度进行评价；对学生课堂表现力、团队协作等方面进行评价	对学生研学探究水平、问题解决能力和价值观念的提升进行综合评价；通过对学生作品的考核，对学生创新理念和综合实践能力等方面进行评价	通过集中展示分享学生作品成果的方式对学生的知识、能力和情感进行评价；对学生思维认知、自我管理、情绪管理、理想信念等进行评价
		项目评价		通过校内外教育工作者、教育主管部门、学生、家长以及其他相关社会群体对研学中的组织管理、课程资源、活动内容、实施过程、课程影响和育人效果等方面进行评价	行政主管部门、参与学校、学生、家长通过问卷的形式，对研学项目的安全管理、研学资源、方案设计、组织实施、学生成长的整体性进行评价，持续完善研学实践教育	行政主管部门、参与学校、学生、家长通过问卷的形式，对研学项目的安全管理、研学资源、课程衔接、进度组织、教学环节、课程意义、学生成长等方面进行评价，持续完善研学实践教育

4.22 教学计划与策略列表：研学实践淬炼青春 理想信念照亮未来

<table>
<tr><td colspan="3">营地名称</td><td>互助县中小学生社会实践教育中心（简称“青海互助营地”）</td><td>命名机构</td><td>教育部</td><td>识别码</td><td>Y145630001</td></tr>
<tr><td colspan="3">从业资质（摘要）</td><td>加强未成年人校外活动管理工作，开展综合实践、研学实践教育活动，推动校外教育事业发展</td><td>单位属性</td><td>公益一类</td><td>法定代表人</td><td>毛生金</td></tr>
<tr><td colspan="3">研学主题</td><td>研学实践淬炼青春　理想信念照亮未来</td><td>主要目的指向</td><td colspan="3">责任与担当教育</td></tr>
<tr><td rowspan="6">营地（枢纽）及周边主要优质研学资源</td><td colspan="2">基地层级</td><td colspan="5">研学站点（基地）名称</td></tr>
<tr><td rowspan="2">教育部命名基地</td><td>已列入教学计划</td><td colspan="5">一、与本主题相关列入教学计划的基地3个
1. 青海省自然资源博物馆（简称“自然资源博物馆”）；2. 中国科学院青海盐湖研究所（简称“盐湖研究所”）；3. 循化撒拉族自治县查汗都斯乡红光村西路军红军小学（简称“红军小学”）
二、与本主题关联不大但列入本营地教学计划的基地7个
1. 西宁市少年宫；2. 民和回族土族自治县青少年校外活动中心（简称“民和活动中心”）；3. 互助土族自治县青少年校外活动中心（简称“互助活动中心”）；4. 海东市乐都区青少年校外活动中心（简称“乐都活动中心”）；5. 大通回族土族自治县青少年学生校外活动中心（简称“大通活动中心”）；6. 贵德县青少年学生校外活动中心（简称“贵德活动中心”）；7. 海西州德令哈市青少年活动中心（简称“德令哈活动中心”）</td></tr>
<tr><td>待列入教学计划</td><td colspan="5">无</td></tr>
<tr><td colspan="2">其他部委命名基地</td><td colspan="5">1. 互助北山国家森林公园（简称“北山森林公园”）；2. 西宁市西路军纪念馆（简称“西路军纪念馆”）</td></tr>
<tr><td colspan="2">地方命名基地</td><td colspan="5">1.“两弹一星”理想信念教育学院；2. 青海原子城纪念馆（简称“原子城纪念馆”）；3. 青海省博物馆（简称“省博物馆”）；4. 海东市互助县塘川镇双树党建基地（简称“双树党建基地”）；5. 互助县高原特色现代农业示范园区管委会（简称“农业示范园区”）；6. 龙羊峡生态旅游度假景区（简称“龙羊峡营地”）；7. 贵德国家地质公园阿什贡七彩峰丛景区（简称“贵德地质公园”）；8. 青海彩虹部落学生研学实践教育基地（简称“彩虹部落”）；9. 青海省科学技术馆（简称“省科技馆”）；10. 青海云帆未来教育成长中心研学实践教育基地（简称“云帆研学基地”）；11. 西宁城市职业技术学院创新学院（简称“西宁城市学院”）；12. 青海茶卡天空一号文化旅游有限公司（简称“茶卡一号”）；13. 青海日出昆仑实业集团有限公司（简称“日出昆仑”）；14. 班玛县“红军沟”革命遗址（简称“红军沟遗址”）；15. 青海柴达木农垦莫河骆驼场有限公司（简称“莫河驼场”）；16. 将军楼公园；17. 德令哈天文科普馆</td></tr>
<tr><td colspan="2">本营地资源</td><td colspan="5">地理信息馆</td></tr>
<tr><td></td><td colspan="2">其他资源</td><td colspan="5">1. 民和喇家遗址博物馆（简称“喇家遗址”）；2. 互助县五十镇班彦村（简称“班彦村”）；3. 东和乡油嘴湾农耕体验基地（简称“油嘴湾基地”）</td></tr>
</table>

维度或要素	小学高年级段	初中段	高中段
校内教育基础（与校内教育的衔接）	对照课标，小学高年级段在责任与担当教育方面提出“了解中华优秀传统文化的主要代表性成果及其意义，为中华民族创造的文明成就感到自豪；了解中国共产党的历史和革命传统，了解中国共产党带领人民彻底摆脱了被欺负、被压迫、被奴役的命运，成为国家、社会和自己命运的主人。懂得自律，诚实守信，能够得体地与人交往，团结互助，能够平等友好地与他人相处，学会合作”。本研学主题必修课程与校内教育的衔接内容主要如下：1.人教版科学三年级上册“砖瓦和陶器瓷器”“种在哪种土壤里好”；2.人教版音乐六年级下册“保卫黄河”；3.人教版语文六年级“只有一个地球”；4.人教版道德与法治六年级下册第二单元“爱护地球”“共同责任”；5.人教版道德与法治五年级下册第三单元“百年追梦　复兴中华”“屹立在世界的东方”；6.人教版道德与法治六年级下册第四单元“让世界更美好”	对照课标，初中学段在责任与担当教育方面提出“通过自主探究的研究性学习，体会中华文化的源远流长与博大精深；理解中华优秀传统文化的核心思想理念、人文精神和传统美德，弘扬民族精神，具有强烈的中华民族自豪感；学习和理解社会主义先进文化和革命文化，坚定文化自信。了解中国共产党带领中国人民进行革命、建设、改革的历史性成就，认识中国共产党在国家独立、人民解放、国家富强、民族复兴进程中的领导作用”。本研学主题必修课程与校内教育的衔接内容主要如下：1.人教版语文七年级下册“邓稼先”“黄河颂”；2.人教版道德与法治八年级上册“关心国家发展”；3.人教版道德与法治九年级下册第三单元第6课“少年的担当”；4.人教版道德与法治八年级上册第三单元“勇担社会责任”；5.人教版历史九年级下册第六单元第22课“不断发展的现代社会”	对照课标，高中学段在责任与担当教育方面提出“了解中国特色社会主义制度的优越性，能够在生活和学习中自觉维护国家主权、尊严和利益。理解社会主义核心价值观的内涵及其重要意义，在日常生活和社会活动中自觉践行。感知劳动创造的成就感、幸福感，领会劳动对个人和社会的价值，形成诚实劳动、劳动创造美好生活的意识；初步了解职业道德规范，理解法律是实现和维护公平正义的基本途径”。本研学主题必修课程与校内教育的衔接内容主要如下：1.人教版高中物理选择性必修三“核力与结合能”“核裂变与核聚变”；2.人教版高中音乐必修音乐欣赏“黄河大合唱”；3.人教版高中历史必修下第五单元“影响世界的工业革命”；4.人教版高中历史选择性必修二第一单元食物生产与社会生活“现代食物生产、储备与食品安全”；5.人教版高中地理选择性必修二第二章第1节“区域发展的自然环境基础”

维度或要素			小学高年级段	初中段	高中段
研学课程	必修课程一	名称	走进原子城	“两弹一星”精神	核能与和平
		活动目的	近距离感受大国重器，激发热爱祖国的感情	通过了解“两弹一星”的曲折历程，学习核工业科学价值，培养爱国精神	通过多媒体设备学习核科学技术，了解核能和平利用的重要价值，培养爱国精神
		活动形式	参观、讨论、分享、缅怀仪式	讲解、讲座、讨论、分享、缅怀仪式	观影、讲座、讨论、分享、缅怀仪式
	必修课程二	名称	彩陶制作	文明足迹	文明探索
		活动目的	了解青海原始文明，感受艺术成果的魅力，激发民族自豪感，培养爱国精神	通过实物遗迹及考古发现历程，了解青海历史，激发爱国之情	通过分析文物，探索其历史背景与文明，了解历史沿革中的基本国情
		活动形式	专业讲解员讲解、参观学习，实践相结合	专业讲解员讲解、参观学习，实践相结合	讲解员讲解、实践体验、分享交流
	必修课程三	名称	蓝色精灵	奇妙的旗舰物种	地质勘察
		活动目的	通过认识飞禽走兽，掌握动物日常、异常行为知识，增强生态文明观念	认识高原特有的珍稀物种，掌握食物链、食物网知识，树立人与自然和谐共生理念	学习科考光荣事迹，掌握地质勘察发展历程，理解青藏矿产对祖国的重要性
		活动形式	讲解员讲解、多媒体与实践相结合	多媒体互动、实践体验	讲解员讲解、情境体验、分享交流
	必修课程四	名称	红旗指引我们成长	红色是永不磨灭的印记	在党支部坚定理想信念
		活动目的	探访青海省第一个农村党支部，理解红旗的伟大意义，体会革命精神	通过实景课堂理解为共产主义事业而奋斗终身的伟大意义，点燃爱党爱国之情	对比新旧社会变化，理解共产党领导人民实现民族独立，建设新中国的伟大意义
		活动形式	实地参观、实践体验、总结归纳	参观探访、任务驱动、实践体验	参观探访、任务驱动、实践体验

维度或要素			小学高年级段	初中段	高中段
研学课程	必修课程五	名称	营养与健康	流水线上的农产品	现代农业与绿色星球
		活动目的	掌握食材营养价值，认识垃圾食品危害，建立健康饮食的观念	参观现代农业工厂内的基本设施，了解现代农业种植模式，理解科学与生产力的关系	分析现代农业技术对生态环境的影响，掌握科学技术，培养爱国精神
		活动形式	专业讲解、实地参观、任务驱动、实践体验	专业讲解、参观探访、任务驱动、实践体验、合作学习、总结归纳	专业讲解、参观探访、任务驱动、合作体验、总结归纳
	必修课程六	名称	黄河与大国重器	龙羊峡水电站——黄河第一颗明珠	绿色水利能源的作用和影响
		活动目的	实地探访黄河险峻的地貌，感受水电工程的庞大气势，点燃爱党爱国之情	实地探访了解黄河地质地貌，感受建设龙羊峡水电站的艰辛，激发爱国情怀	勘测学习高原大坝建设难度和对社会及生态的影响，树立热爱伟大祖国之情
		活动形式	实地参观、实践体验、总结归纳	参观探访、任务驱动、实践体验、总结归纳	参观探访、任务驱动、实践体验、小组合作学习、总结归纳
	必修课程七	名称	民族团结与民族复兴	改革开放与土族人民的希望	民族工业在改革开放中绽放
		活动目的	了解土族文化、艺术成果、生活方式和各民族团结发展历史，激发爱国情怀	了解土族文化和民族工业发展历程，感受改革开放历史机遇，培养爱国之情	学习青稞酒民族工业体系发展历史，认识民族工业艰苦奋斗的拼搏精神
		活动形式	民俗专家讲解、小组合作学习、归纳总结	专业讲解、任务驱动、小组合作学习	多学科情境式教学、合作式探究学习
	必修课程八	名称	科学的基础是数学	科技创新永无止境	新能源与双碳目标
		活动目的	通过探究各种科普设施，综合运用物理、机械、光学、化学等学科知识，培养学生科学素养	通过体验模块组建、拼装机器人，锻炼实践能力，掌握机械相关的物理知识	通过新能源实物及场景课程，理解我国双碳目标对人类社会的重要影响
		活动形式	模型及多媒体课件、任务驱动、实践体验	模型及多媒体课件、任务驱动、实践体验、小组合作学习、总结归纳	专家讲授、任务驱动、小组合作学习、实践体验相结合

维度或要素			小学高年级段	初中段	高中段
研学课程	必修课程九	名称	致敬红军英雄	红军留下不灭的信仰	培根铸魂立德树人
		活动目的	参观实物实景，感受红军不朽的革命精神，激发爱党爱国情怀	实地探寻红军建设的历史建筑，感受红军伟大的革命精神，激发爱党爱国情怀	踏寻红军足迹，目睹红军遗物，聆听红军故事，树立爱党爱国深厚情怀
		活动形式	专业讲解、实地参观、实践体验、总结归纳	专业讲解、参观探访、任务驱动、实践体验、总结归纳	专业讲解、实地探访、小组合作学习、总结归纳、分享交流
	必修课程十	名称	工匠精神与精益求精	社会主义现代化的职业发展	栖息盐湖的精灵
		活动目的	学习高校职业教育专业项目，引导学生将当前学习与未来职业相联系，树立人生目标	了解各类技术专业和行业发展前景，体验职业劳动快乐，树立改革开放决心，为中华民族伟大复兴努力奋斗	调查盐湖地形地貌、成因及生态系统，掌握多种监测方法，培养科学精神
		活动形式	多学科情境式教学、实践体验、合作式探究学习	多学科情境式教学、任务驱动、实践体验、合作式探究学习	专家讲解、任务驱动、实践体验、小组合作学习、归纳总结
	选修课程		1. 国宝与我的天马行空 2. 探索劳动与人生价值 3. 大国重器与自强不息	1. 五千年芳华中的奋斗精神 2. 遇见职业和专业 3. 时代机遇是我们的责任和重任	1. 传承道路 2. 社会主义现代化 3. 心动一课

维度或要素		小学高年级段	初中段	高中段
研学线路	代表性线路（时长五日）	第一天：青海互助营地—原子城纪念馆—青海互助营地；第二天：青海互助营地—省博物馆—自然资源博物馆—青海互助营地；第三天：青海互助营地—双树党建基地—农业示范园区—青海互助营地；第四天：青海互助营地—龙羊峡营地—青海互助营地；第五天：青海互助营地—班彦村—彩虹部落—青海互助营地	第一天：青海互助营地—“两弹一星”理想信念教育学院—原子城纪念馆—青海互助营地；第二天：青海互助营地—省博物馆—自然资源博物馆—青海互助营地；第三天：青海互助营地—双树党建基地—农业示范园区—青海互助营地；第四天：青海互助营地—地理信息馆—龙羊峡营地—青海互助营地；第五天：青海互助营地—红军小学—青海互助营地	第一天：青海互助营地—“两弹一星”理想信念教育学院—原子城纪念馆—青海互助营地；第二天：青海互助营地—省博物馆—自然资源博物馆—青海互助营地；第三天：青海互助营地—双树党建基地—农业示范园区—青海互助营地；第四天：青海互助营地—地理信息馆—龙羊峡营地—青海互助营地；第五天：青海互助营地—茶卡一号—青海互助营地
	可选择线路（按天设计，菜单式选择）	1.青海互助营地—班彦村—油嘴湾基地—青海互助营地；2.青海互助营地—贵德地质公园—贵德活动中心—青海互助营地；3.青海互助营地—省科技馆—大通活动中心—青海互助营地；4.青海互助营地—云帆研学基地—乐都活动中心—青海互助营地；5.青海互助营地—盐湖研究所—民和活动中心—青海互助营地；6.青海互助营地—红军小学—青海互助营地；7.青海互助营地—西宁城市学院—互助活动中心—青海互助营地；8.青海互助营地—农业示范园区—日出昆仑—青海互助营地	1.青海互助营地—班彦村—双树党建基地—青海互助营地；2.青海互助营地—西路军纪念馆—贵德地质公园—青海互助营地；3.青海互助营地—彩虹部落—油嘴湾基地—青海互助营地；4.青海互助营地—省科技馆—云帆研学基地—青海互助营地；5.青海互助营地—盐湖研究所—青海互助营地；6.青海互助营地—西路军纪念馆—红军小学—青海互助营地；7.青海互助营地—西宁城市学院—西宁市少年宫—青海互助营地；8.青海互助营地—省博物馆—云帆研学基地—青海互助营地	1.青海互助营地—班彦村—双树党建基地—青海互助营地；2.青海互助营地—西路军纪念馆—贵德地质公园—青海互助营地；3.青海互助营地—彩虹部落—油嘴湾基地—青海互助营地；4.青海互助营地—省科技馆—云帆研学基地—青海互助营地；5.青海互助营地—盐湖研究所—青海互助营地；6.青海互助营地—西路军纪念馆—红军小学—青海互助营地；7.青海互助营地—西宁城市学院—西宁市少年宫—青海互助营地；8.青海互助营地—省博物馆—云帆研学基地—青海互助营地；9.青海互助营地—农业示范园区—云帆研学基地—青海互助营地
	规划线路（按天设计）	1.青海互助营地—喇家遗址—青海互助营地；2.青海互助营地—北山森林公园—青海互助营地；3.青海互助营地—红军沟遗址—青海互助营地	1.青海互助营地—红军沟遗址—青海互助营地；2.青海互助营地—莫河驼场—将军楼公园—青海互助营地；3.青海互助营地—德令哈天文科普馆—青海互助营地	1.青海互助营地—红军沟遗址—青海互助营地；2.青海互助营地—莫河驼场—将军楼公园—青海互助营地；3.青海互助营地—德令哈天文科普馆—青海互助营地

维度或要素		小学高年级段	初中段	高中段
教学重点难点（以代表性线路教学设计为例，以下同）	教学重点	1.近距离感受大国重器带来的强烈震撼 2.了解青海原始文明和艺术成果 3.探访青海省第一个农村党支部，理解红旗的伟大意义 4.实地探访黄河险峻的地貌，感受水电工程的庞大气势 5.了解土族文化、艺术成果、生活方式和各民族团结发展历史，激发爱国情怀	1.通过“两弹一星”研究的曲折历程，了解核工业科学原理与价值 2.通过遗迹场景实物及考古发现历程，感受青海历史 3.理解为共产主义事业而奋斗终身的伟大意义 4.实地探访了解黄河地质地貌，感受建设龙羊峡水电站的艰辛 5.参观历史遗迹，了解青海原始文明，感受地质灾害现场，感受母爱的伟大	1.通过多媒体设备，漫谈核技术，明确核能和平利用的重要价值 2.通过分析文物，探索其历史背景与文明，掌握历史沿革中的基本国情 3.通过新旧社会变化，理解共产党领导人民实现民族独立，建设新中国的伟大意义，分析现代农业技术对生态环境的影响 4.勘测学习高原大坝建设难度，思考大坝对社会及生态的影响 5.调查盐湖地形地貌、成因及生态系统，掌握多种监测方法，培养科学精神
	教学难点	1.激发学生热爱祖国的感情 2.激发学生的民族自豪感与自信心 3.了解英雄模范和光荣事迹，培养崇敬之情 4.理解中国梦的内涵，为祖国而骄傲 5.初步感知基本国情，为自己是中国人感到自豪	1.通过革命先辈拼搏奋进的牺牲精神，激励学生立志报效祖国 2.体会中华文化的源远流长与博大精深 3.了解我国发展的历史方位和中国共产党的光辉历程 4.懂得生命的意义和价值，热爱生活，确立正确的人生观 5.感念父母养育之恩、长辈关爱之情，能够为父母分忧解难，尊重师长	1.理解中国梦的内涵，树立为中华民族伟大复兴而奋斗的理想 2.理解中华优秀传统文化的核心思想理念、人文精神和传统美德 3.领悟伟大建党精神的内涵，能够以恰当的方式弘扬爱国主义精神 4.理解个人与社会、国家和世界的关系，积极适应社会发展变化 5.敬畏自然，具有绿色发展理念，初步形成环保意识和生态文明观

维度或要素	小学高年级段	初中段	高中段
教学策略	针对小学高年级学段学生具有基本的规则意识和安全意识，掌握基本的自我保护方法，能够正确认识生命的意义和价值，珍爱生命，热爱生活等学情，基于义务教育科学课程标准（2022年版），选取“两弹一星”精神、中华优秀传统文化、党建引领、现代农业、巨型工程、精准扶贫、改革开放等研学内容，依托红色遗迹、大型博物馆、党建基地、现代农业示范园、大国重器、全国脱贫攻坚楷模单位、民族传统文化非遗场馆等研学教学资源，采取坚定理想信念，厚植爱国主义情怀，增进对伟大祖国、中华优秀传统文化、中国共产党、中国特色社会主义的高度认同的教法，引导学生用理想之光照亮奋斗之路，遵循学生身心发展特点和成长规律，以多样态的方式组织和呈现责任与担当教育主题的活动，从而达到传承中华优秀传统文化，理解社会主义核心价值观，在学习生活中加以践行的目的	针对初中学段学生初步形成道德认知和判断，能够明辨是非善恶，能够建立良好的同伴关系、师生关系和家庭关系，具有团队意识和互助精神，具备积极向上、锐意进取的人生态度等学情，基于义务教育各学科课程标准（2022年版），选取“两弹一星”精神、中华优秀传统文化、党建引领、现代农业、巨型工程、精准扶贫、改革开放等研学内容，依托红色遗迹、大型博物馆、党建基地、现代农业示范园、大国重器、全国脱贫攻坚楷模单位、民族传统文化非遗场馆等研学教学资源，采取坚定理想信念，厚植爱国主义情怀，增进对伟大祖国、中华优秀传统文化、中国共产党、中国特色社会主义的高度认同的教法，引导学生用理想之光照亮奋斗之路、用信仰之力开创美好未来，开展有机整合社会主义先进文化教育、革命文化教育、中华优秀传统文化教育的活动，达到热爱中国共产党，初步了解中国特色社会主义制度的优越性，理解社会主义核心价值观的内涵，在学习生活和集体活动中积极践行的目的	针对高中学段学生能够以实现中华民族伟大复兴为己任，增强做中国人的志气、骨气、底气，不负时代，不负韶华，不负党和人民的殷切期望，关心时事，热爱和平，初步具有国际视野和人类命运共同体意识的学情，基于普通高中课程标准，选取“两弹一星”精神、中华优秀传统文化、党建引领、现代农业、巨型工程、精准扶贫、改革开放等研学内容，依托红色遗迹、大型博物馆、党建基地、现代农业示范园、大国重器、全国脱贫攻坚楷模单位、民族传统文化非遗场馆等研学教学资源，采取坚定理想信念，厚植爱国主义情怀，增进对伟大祖国、中华优秀传统文化、中国共产党、中国特色社会主义的高度认同的教法，引导学生用理想之光照亮奋斗之路、用信仰之力开创美好未来的学法，开展突出学生主体地位，充分考虑学生的生活经验，通过设置议题，创设多样化的学习情境，引导学生开展自主、合作的实践探究和体验的活动，达到理解社会主义核心价值观的内涵及其重要意义，在学习生活和社会活动中自觉践行的目的

维度或要素				小学高年级段	初中段	高中段
实施方案	入营教育	安全	引导	指导使用《安全手册》，教官引导学生了解营地安全避难场所和安全知识	通过开营仪式，强调安全的重要性，培育风险预防能力，掌握逃生方法	通过军事化训练，增强纪律意识，开展安全教育，确保活动安全顺利开展
			实训	结合教学环境，系统讲解安全事故应急处置办法，必要时针对性演练	进行思想意识安全教育，外出研学前对安全保卫员进行救援技能培训	针对研学地点，讲解各类安全事故应急处置办法，必要时进行针对性的演练
		应急	引导	通过入营教育的形式，引导学生开展常见的应急事件处理方法和技巧交流	教官进行常见的应急事件处理方法和技巧学习，演练应急自救技能	引导学生学习《研学实践活动安全须知》，学习并掌握应急自救技能
			实训	结合《安全手册》开展应急教育活动，确保自救有效	开展安全应急演练（防暴恐演练、消防疏散演练等），培养紧急自救能力	观看短片、教官讲解和自主分享相结合，组织学生开展疏散、逃生应急演练
		救助	引导	制作《救助联系人手册》，老师和教官开展引导课程，熟悉求助教育方法技巧	创设情境，求助引导，由持证救护人员，开展简单的救护技能实训	结合“生命救护馆”课程，制作《救助联系人手册》，掌握方法技巧
			实训	学生体验包扎技能，培养团队合作和资源整合能力	角色扮演模拟施救。培养团队合作和资源整合能力	由持证救护人员开展急救课程，开展心肺复苏、割伤、包扎等救护演练
		自我管理	引导	创设情境，引导学生从自我情绪管理和同学社交管理开始引导交流	研学教官、导师按营和宿舍为单位，分别开展内务、卫生、安全教育	团队活动从情绪管理和社交管理开始引导交流
			实训	结合学生年龄和学情特点，掌握情绪管理和社交管理方法技巧	引导学生自我规范，掌握独立自主和友好协作方法技巧	开展团队共建等活动，针对性开展认知自我、协助他人教学活动
		团队协作	引导	自愿组建小组，学会分工分责，合力解决问题	设置队名命名，分工分责，老师和教官，引导各小组协作完成研学任务	分小组，从醒目有激励性的队名命名开始，引导各小组规划活动，分步开展
			实训	分组规划小组活动，设定研学任务，明确分工、协调推进，总结交流	设定研学任务，明确分工、协调推进，培养解决问题的能力	引导学生遵守纪律，以小组为单位，设定研学任务，团结互助，协力共进

维度或要素		小学高年级段	初中段	高中段
实施方案	导入教学环节	1.视频导入：通过播放相关视频，感受大国重器的震撼 2.情境导入：了解青海原始文明和艺术成果 3.故事导入：引出青海省相关历史故事 4.视频导入：感受黄河险峻的地貌和水电工程的庞大气势 5.任务导入：了解土族文化、艺术成果、生活方式和各民族团结发展历史，明确学习任务	1.问题导入：引导学生思考核工业科学原理与价值、“两弹一星”的曲折历程，引入研学任务 2.视频导入：观看了解青海历史沿革 3.任务导入：理解为共产主义事业而奋斗终生的伟大意义，了解现代农业种植模式 4.视频导入：了解黄河地质地貌，感受建设龙羊峡水电站的艰辛 5.故事导入：了解青海原始文明，感受地质灾害现场，感受母爱的伟大	1.情境导入：漫谈核技术，了解核能和平利用的重要价值 2.视频导入：分析文物，探索历史背景与文明生存环境，了解历史沿革中的基本国情 3.视频导入：通过播放视频，引导学生理解共产党领导人民实现民族独立，建设新中国的历程 4.视频导入：高原大坝龙羊峡建设的艰辛过程 5.任务导入：盐湖地形地貌、成因及生态系统
	授课教学环节	第一天：入营教育，必修课程一“走进原子城”、必修课程二“彩陶制作”；第二天：必修课程三“蓝色精灵”、必修课程四“红旗指引我们成长”，选修课程1“国宝与我的天马行空”；第三天：必修课程五“营养与健康”、必修课程六“黄河与大国重器”，选修课程2“探索劳动与人生价值”；第四天：必修课程七“民族团结与民族复兴”、必修课程八“科学的基础是数学”，选修课程3“大国重器与自强不息”；第五天：必修课程九“致敬红军英雄”、必修课程十“工匠精神与精益求精”	第一天：入营教育，必修课程一“‘两弹一星’精神”、必修课程二“文明足迹”；第二天：必修课程三“奇妙的旗舰物种”、必修课程四“红色是永不磨灭的印记”，选修课程1“五千年芳华中的奋斗精神”；第三天：必修课程五“流水线上的农产品”、必修课程六“龙羊峡水电站——黄河第一颗明珠”，选修课程2“遇见职业和专业”；第四天：必修课程七“改革开放与土族人民的希望”、必修课程八“科技创新永无止境”，选修课程3“时代机遇是我们的责任和重任”；第五天：必修课程九“红军留下不灭的信仰”、必修课程十“社会主义现代化的职业发展”	第一天：入营教育，必修课程一“核能与和平”、必修课程二“文明探索”；第二天：必修课程三“地质勘察”、必修课程四“在党支部坚定理想信念”，选修课程1“传承道路”；第三天：必修课程五“现代农业与绿色星球”、必修课程六“绿色水利能源的作用和影响”，选修课程2“社会主义现代化”；第四天：必修课程七“民族工业在改革开放中绽放”、必修课程八“新能源与双碳目标”，选修课程3“心动一课”；第五天：必修课程九“培根铸魂立德树人”、必修课程十“栖息盐湖的精灵”

维度或要素		小学高年级段	初中段	高中段
实施方案	进级教学环节	1.讨论：大国重器的震撼、革命先辈的奋斗历程 2.思考：思考高原地区原始社会自然生态环境 3.体认：回顾中国共产党带领人民革命的奋斗历程，明确为中国人民谋幸福、为中华民族谋复兴的伟大意义 4.探究：黄河险峻的地貌和水电工程之间的联系 5.讨论：土族文化、艺术成果、生活方式和各民族团结发展历史，激发爱国情怀	1.讨论：核工业科学原理与价值 2.探究：青海食物链、食物网知识，树立人与自然和谐共生理念 3.迁移：现代农业种植模式，理解科学与生产力的关系，增强生态文明观念 4.探访：黄河地质地貌，感受建设龙羊峡水电站的艰辛 5.体认：东方齐家文化孕育着伟大的母爱和团结奋斗的精神	1.探究：核能和平利用的重要价值 2.探究：青海历史遗迹场景实物及考古发现历程 3.探究：互助县地区社会主义建设取得的成就样板 4.探究：黄河地质地貌与建设龙羊峡水电站选址的联系 5.调研：盐湖地形地貌成因及生态系统
	巩固教学环节	1.回顾：研学教师带领学生一起总结和回顾，及时解答学生遇到的问题 2.总结：通过小组合作的方式完成研学任务卡和《研学手册》 3.应用：树立为中华民族伟大复兴而奋斗的理想	1.回顾：学生自主总结回顾研学过程，完成《研学手册》 2.总结：小组合作，巩固知识，总结研学实践成果 3.作业：理性认知人与自然、科技创新、建党精神的内涵 4.应用：理解社会主义先进文化和革命文化，树立为中华民族伟大复兴而奋斗的理想	1.回顾：学生自主总结回顾研学过程，完成《研学手册》及研学任务单 2.总结：借助多媒体、实物场景、研究报告等方式，呈现研究成果 3.应用：社会主义先进文化和革命文化主旨演讲 4.探究：中国共产党成功的密码

维度或要素			小学高年级段	初中段	高中段
实施方案	总结教学环节	教学创新	学生能在教师引导下，制订和执行学习计划，引导学生用自己的眼睛观察生活，用自己的心灵感受生活，提升学生综合素养	引领学生走进社会、企业、学校、革命圣地、文化中心。引导学生用自己的眼睛观察生活，用自己的心灵感受生活，对学习过程和结果进行总结与反思，提升学生综合素养，培养学生责任心	将地方资源特色与研学主题相联系，学生能在教师引导下，制订和执行学习计划，引领学生走进社会、企业、学校、革命圣地、文化中心。引导学生用自己的眼睛观察生活，用自己的心灵感受生活，对学习过程和结果进行总结与反思
		教学总结	注意信息反馈，激发学生的兴趣；采用不同方式呈现研学活动的过程与结果，完善研学报告；交流研学过程和结果，并进行教学评价、反思	调动学生的注意力，激发学生的情感；提升学生认知度，树立自信心，坚定理想信念，确定人生目标；采用不同方式呈现研学活动的过程与结果，完善研学报告	关注全体学生，注意信息反馈；提升学生认知度和理解力，树立自信心，坚定理想信念，确定人生目标；采用不同方式呈现研学活动的过程与结果，多维度完善研学报告；交流研学过程和结果，并进行教学评价和反思
		教学反思	围绕记录学生在学习、实践、探究、解决问题等过程中的典型行为和态度特征进行反思；重点发展学生自我监控能力，组织学生运用所学的知识和方法解决真实情境中的问题	围绕学生研学实践课程学习综合性、体验性特点进行反思；重点发展学生自主管理能力，组织学生运用所学的知识和方法解决真实情境中的问题，做到学以致用；对学生的学习情况进行质性分析	围绕学生研学实践课程学习自主性、综合性、实践性特点，注重观察、记录学生在学习、实践、探究、解决问题等过程中的典型行为和态度特征；重点发展学生团队协作能力，组织学生运用所学的知识和方法解决真实情境中的问题；对学生的学习情况进行实质性分析，优化调整

维度或要素				小学高年级段	初中段	高中段
实施方案	评价教学环节	教学水平评价	自我评价	激励每个学生的发展，以课程目标和课程内容为依据，坚持多元、开放、整体的评价，对自己的教学效果进行评价和反思	关注知识技能，更要关注学习观念，以课程目标和课程内容为依据，通过撰写教后记录等方式，对自己的教学效果进行评价和反思	激励每个学生的发展，既要关注知识技能，更要关注学习观念，以课程目标和课程内容为依据，坚持多元、开放、整体的评价，通过撰写教后记等方式，对自己的教学效果进行评价和反思
			学生评价	结合满意度调查问卷、过程互动等方式对课程的设置、教学的组织、教学目标的达成等进行评价	学生记录研学心得，完成《研学手册》，在全班交流分享。结合满意度调查问卷、过程互动等方式对课程的设置、教学的组织、教学目标的达成等进行评价	关注个人技能，更要关注小组提升。学生完成《研学手册》，在全班交流分享研学心得。结合满意度调查问卷、过程互动等方式对课程的设置、教学的组织、教学目标的达成度等评价
			同行评价	既关注全体学生要达成的共同目标，也要关注每个学生的个别化目标，由营地教师、校方教师和教学管理人员对教学进行评价	从每个学生出发，尊重学生的个性特点，由营地教师、校方教师和教学管理人员对教学进行评价	既关注全体学生要达成的共同目标，也要关注每个学生的个别化目标，由营地教师、校方教师和教学管理人员对教学进行评价
			培训和考核	定期开展培训和考核，督促教学行为的达成与优化	采用实地参观方式定期开展培训和考核，督促教学行为的达成与优化	采用实地参观、聆听报告、视频在线等方式定期开展培训和考核，督促教学行为的达成与优化
			教学成果展示	通过学生的《研学手册》、合唱歌曲、手绘作品、总结文章、教师的教学反思等教学成果展示，评价教学水平	通过学生的《研学手册》、研学心得、合唱歌曲、手绘作品、总结文章、教师的教学反思等教学成果展示，评价教学水平	通过学生的《研学手册》、研学心得、作品展示、记录视频、合唱歌曲、手绘作品、总结文章、教师的教学反思等教学成果展示，评价教学水平

维度或要素				小学高年级段	初中段	高中段
实施方案	评价教学环节	学业评价	形成性评价	主要对学生的学习行为进行观察、诊断、反馈、引导和激励，评价课程目标达成度。对教师多元化教学进行有效反馈，促使学生更积极地了解社会	对学生的行为、表现、反应等及时给予评价。主要对学生的学习行为进行评价，确保课程目标达成度。给教师和学生及家长提供及时、多元的有效反馈，促使学生更积极地了解社会	对学生的行为、表现、反应等及时给予评价。主要对学生的学习行为进行观察、诊断、反馈、引导和激励，评价课程目标达成度。给教师和学生及家长提供及时、多元的有效反馈，促使学生更积极主动地了解社会
			总结性评价	研学活动结束后，评价学习过程中表现出的优良习惯及优秀品质。通过召开总结研讨会等方式，结合《研学手册》反馈，发放营员结业证书及优秀证书	总结性评价主要包括，核心素养的提升，综合能力的发展。研学活动结束后，评价学习过程中表现出的优良习惯、优秀品质、个性特征，结合《研学手册》反馈，发放营员结业证书及优秀证书	总结性评价主要包括，核心素养的提升，综合能力的发展。研学活动结束后，评价学习过程中表现出的优秀品质及优秀特征，通过总结研讨会等方式，发放营员结业证书及优秀证书，计入综合素质评价
			教师评价	充分发挥评价的反馈、导向、激励和改进功能，采用口头评价、记录表呈现等不同方式，进行评价。及时将评价结果反馈给学生，帮助学生改进学习	充分发挥评价的反馈、导向、激励和改进功能，结合形成性评价，根据学生知识、技能、情感、态度、价值观的达成情况，进行评价。及时将评价结果反馈给学生，帮助学生改进学习	充分发挥评价的反馈、导向、激励和改进功能，采用口头评价、记录表呈现等不同方式，结合形成性评价，根据学生知识、技能、情感、态度、价值观的达成情况，进行评价。及时将评价结果反馈给学生，帮助学生改进学习
		项目评价		对教师的教学和学生的学习过程进行评价，及时反馈和评估教师的教学和学生的学习情况，准确分析和评价项目活动组织情况，总结收获，反思不足	结合研学参与者、研学需求者、研学营地（基地）及社会各界就过程和结果进行评价，及时反馈和评估教师和学生的教学及学习情况，准确分析和评价项目活动组织情况，总结收获，反思不足	充分利用信息技术跟踪教师和学生的教学和学习过程，结合研学参与者、研学需求者、研学营地（基地）及社会各界就过程和结果进行评价，及时反馈和评估教师和学生的教学及学习情况，准确分析和评价项目活动组织情况，总结收获，反思不足

4.23 教学计划与策略列表：丝路踏歌 赓续前行

<table>
<tr><td colspan="3">营地名称</td><td>乌鲁木齐市青少年综合实践教育中心（简称“乌鲁木齐营地”）</td><td>命名机构</td><td>教育部</td><td>识别码</td><td>Y14565001</td></tr>
<tr><td colspan="3">从业资质（摘要）</td><td>贯彻执行党和国家的教育方针，依据相关教育政策法规和标准，指导和组织开展中小学综合实践教育活动</td><td>单位属性</td><td>公益一类</td><td>法定代表人</td><td>帕尔哈提·努尔买买提</td></tr>
<tr><td colspan="3">研学主题</td><td>丝路踏歌 赓续前行</td><td>主要目的指向</td><td colspan="3">责任与担当教育</td></tr>
<tr><td rowspan="7">营地（枢纽）及周边主要优质研学资源</td><td colspan="2">基地层级</td><td colspan="5">研学站点（基地）名称</td></tr>
<tr><td rowspan="2">教育部命名基地</td><td>已列入教学计划</td><td colspan="5">一、与本主题相关列入教学计划的基地7个
1.新疆维吾尔自治区博物馆（简称“自治区博物馆”）；2.八路军驻新疆办事处纪念馆（简称“八路军办事处”）；3.乌鲁木齐市博物馆；4.新疆科技馆；5.吐鲁番博物馆；6.哈密市伊州区红军西路军进疆纪念园；7.新疆文化出版社
二、与本主题关联不大但列入本营地教学计划的基地1个
中科院新疆生态与地理研究所（简称“新疆自然博物馆”）</td></tr>
<tr><td>待列入教学计划</td><td colspan="5">1.新疆儿童发展中心；2.新疆生产建设兵团第十师一八五团；3.新疆维吾尔自治区经济和信息化委员会；4.温泉县气象局；5.北庭故城遗址（吉木萨尔县北庭学研究院）；6.阿克苏地区博物馆；7.博州温泉县“五馆一中心”</td></tr>
<tr><td colspan="2">其他部委命名基地</td><td colspan="5">1.新疆富蕴可可托海国家地质公园（简称“可可托海地质公园”）；2.石河子周恩来总理纪念馆（简称“周恩来纪念馆”）3.第六师五家渠市军垦博物馆（简称“五家渠军垦博物馆”）</td></tr>
<tr><td colspan="2">地方命名基地</td><td colspan="5">1.69240部队军史馆；2.乌鲁木齐市烈士陵园（简称“烈士陵园”）；3.新疆日报报史馆；4.新疆农业博览园（简称“农博园”）；5.乌鲁木齐市红山公园；6.乌鲁木齐昆仑之约旅游投资有限公司（简称“昆仑之约”）；7.新疆新辉红色记忆博物馆；8.“阜康之星”航天陨石博物馆（简称“阜康陨石馆”）</td></tr>
<tr><td colspan="2">本营地资源</td><td colspan="5">1.微电影工作室；2.法治大讲堂；3.营地践新楼</td></tr>
<tr><td colspan="2">其他资源</td><td colspan="5">1.乌鲁木齐甘泉堡工业园（简称“甘泉堡”）；2.中国工农红军西路军总支队纪念馆（简称“西路军总支队纪念馆”）；3.乌鲁木齐市城市规划展示馆；4.国家能源集团新疆能源有限责任公司活性炭分公司（简称“国能活性炭研发基地”）；5.103兵团知青纪念馆（简称“兵团知青纪念馆”）；6.亮剑团史馆；7.昌吉市清代粮仓遗址博物馆（简称“清代粮仓遗址博物馆”）；8.达坂城风力发电厂</td></tr>
</table>

维度或要素	小学高年级段	初中段	高中段
校内教育基础（与校内教育的衔接）	对照课标，小学高年级段在责任与担当教育方面提出“强化学生道德观念，提升责任意识，能够主动承担力所能及的劳动，在班级、学校、社会服务中不断提高责任担当意识和能力”“在感悟革命先烈的伟大精神的基础上，结合自己的思考，结合时代背景，学会创造性地纪念革命精神”。本研学主题必修课程与校内教育的衔接内容主要如下：1.苏教版五年级劳动上册“生活中的工具——筷子”；2.人教版六年级语文下册“古诗词诵读”；3.人教版六年级语文上册“我的战友邱少云”；4.苏教版五年级语文“中国神话故事”；5.人教版五年级语文上册“二十年后的家乡”；6.部编版小学语文五年级下册“烈士”；7.人教版五年级数学下册“魔方里的数学”；8.人教版五年级科学上册“奇妙的科学”；9.人教版六年级数学下册“数字密码锁”；10.人教版义务教育教科书“水的净化”	对照课标，初中段在责任与担当教育方面提出“加深有积极意义的价值体验，让学生对抗日战争等相关知识有一定知识基础，以及对中国共产党的足迹和精神谱系有一定的认知”“增强学生国防观念，从历史事件中引导学生铭记历史，谨记使命，自强向上，培育天下兴亡，匹夫有责、国家利益至上的爱国主义情怀”。本研学主题必修课程与校内教育的衔接内容主要如下：1.北师大版八年级语文上册“阅读训练‘汉文化与筷子’”；2.人教版九年级化学上册“水的净化”；3.人教版九年级政治上册“艰苦奋斗”；4.川教版八年级下册信息技术“制作文创作品”；5.人教版八年级历史上册“改革开放”；6.人教版道德与法治八年级上册第四单元“维护国家利益”；7.鄂教版数学九年级全一册“汉诺塔问题”；8.人教版九年级美术“微电影的拍摄与制作”；9.人教版九年级物理“无线电广播信号的发射”；10.新教科版八年级下册“水能和风能”	对照课标，高中段在责任与担当教育方面提出“深化学生对近现代历史事件、红色革命文化、科技促进发展的认识和理解”“引导学生从传承优秀文化、科学技术实践探究中形成正确的人生价值观和科学态度，勇担时代使命，争做有为青年”。本研学主题必修课程与校内教育的衔接内容主要如下：1.北师大版高中语文选修中国民俗文化“筷子——文化传承”；2.人教版高中语文必修一第3课“我的故事以及背后的中国梦”；3.人教版高中历史必修一“当代中国的法治与精神文明建设”；4.人教版八年级地理上册“中国的疆域”；5.人教版高中语文必修一第四单元“参与家乡文化建设”；6.苏教版高中语文必修三“烈士的抉择”；7.人教版高中数学必修五“九连环的历史、玩法和它的数学问题”；8.新沪书画版高中美术必修六“现代媒体艺术”；9.人教版高中物理必修2“无线电波的发射和接收”；10.人教版高中化学选修5“高分子材料”

维度或要素			小学高年级段	初中段	高中段
研学课程	必修课程一	名称	中国筷	餐桌礼仪	餐饮文化大论辩
		活动目的	了解筷子的种类和作用，学会正确使用筷子，理解筷子包含的中华优秀传统文化	探究中国餐桌礼仪起源及发展，使用微情景剧的方式演绎在不同场景下的就餐礼仪	辩论如何使筷子文化等中华优秀传统文化创造性转化、创新性发展
		活动形式	教师讲授，实践体验，互相指导等形式	自主探究、小组探究、微情景剧表演等	研究、调查、访问、查找资料等
	必修课程二	名称	唐诗宋词里的植物	科普沙画我创作	印象可可托海
		活动目的	根据农博园参观中的见闻，配诗朗诵形式或录制视频，感受中华优秀传统文化	掌握沙画创作手法，进行多幅画面的创作，拍照并制作电子相册，完成科普短视频制作	以印象可可托海为主题，形成一个不少于5个画面的故事，录制成视频，进行剪辑并展示
		活动形式	任务驱动，实地探访，教师讲授，实践体验相结合	任务驱动，实地探访，教师讲授，实践体验相结合	任务驱动，实地探访，教师讲授，实践体验相结合
	必修课程三	名称	经典法治故事情景剧	探寻法治初心　传承红色基因	追寻红色法治初心　赓续红色法治血脉
		活动目的	了解《新疆日报》发展历程，激发学生对革命领袖、英雄人物的崇敬之情和学习意愿	了解新疆军民的奋斗故事，掌握新疆红色法治故事，体验模拟法庭	了解红色法治精神，增强红色法治意识，感受忘我奉献、艰苦创业、团结拼搏的高尚品质和爱国主义情怀
		活动形式	教师讲授、实地探访、学生情景剧表演、实践体验相结合	教师讲授、实地探访、学生模拟法庭表演、实践体验相结合	小组合作辩论、展示分享、学生模拟法庭表演、总结分享
	必修课程四	名称	昆仑之约	多彩生态文化衫	魅力新疆
		活动目的	观看《昆仑之约》，了解礼乐文化及中华民族“天地和鸣、天下大同”的理念	参观新疆自然博物馆（生地所），懂得保护环境、爱护动物、节约资源	参观新疆维吾尔自治区博物馆，明确新疆发展史，能以实际行动维护民族团结，捍卫国家主权
		活动形式	教师讲授、实地参观	教师讲授、实地体验、小组合作	教师讲授、小组合作、设计宣传

维度或要素			小学高年级段	初中段	高中段
研学课程	必修课程五	名称	家乡的前世今生	家乡变化我探究	美丽家乡我建设
		活动目的	了解所在城市的历史变迁，感受改革开放进程中家乡的巨变	学习所在城市的前世今生，探究家乡在改革开放下如何发展成为今天的样子	感受大美新疆发展潜力，树立“美丽家乡，我来建设”的责任担当意识
		活动形式	教师讲授、实地参观、实践操作	教师讲授、实物展示、小组合作	教师讲授、小组合作、探究报告
	必修课程六	名称	抗日救亡在新疆	不忘来路	强国复兴有我
		活动目的	参观八路军驻新疆办事处纪念馆，了解中国共产党人在新疆进行抗日救亡运动和不屈不挠斗争的历史	参观69240部队军史馆，体验部队官兵与各族人民同呼吸、共命运、心连心的感情	学习为新疆解放、建设、改革、发展、稳定而牺牲的烈士事迹，树立强国有我的责任担当意识
		活动形式	教师讲授、实地参观、唱国歌、实践体验相结合	教师讲授、实地探访、听英雄讲故事、实践体验相结合	教师讲授、实地探访、献花、朗诵相结合
	必修课程七	名称	魔方与华容道	汉诺塔与数独	九连环与孔明锁
		活动目的	锻炼学生的空间想象力与逻辑思维，培养动手能力和钻研精神	把抽象的数学化为具体数字，学会类比推理，归纳推理等数学思想方法	加深对指数函数的理解与数形结合方法的应用；通过孔明锁，锻炼空间想象力，培养耐心和细心品质
		活动形式	教师讲授、自主探究、个人比赛	教师讲授、自主探究、小组竞赛	教师讲授、实物展示、自主探究、小组合作、个人竞赛
	必修课程八	名称	神奇的科学现象	这就是物理	科学微电影创作
		活动目的	了解科技馆里看到的奇特现象，感受科技改变生活	结合物理课上学到的知识，小组合作探讨形成原因	结合物理知识，合作探讨现象成因，作定量说明，以科学微电影的形式呈现
		活动形式	教师讲授、实地参观	教师讲授、实地体验、小组合作	教师讲授、小组合作、实践体验相结合

维度或要素			小学高年级段	初中段	高中段
研学课程	必修课程九	名称	无线电测向初体验	夺宝奇兵	隐秘的守护者
		活动目的	使用和操作相关仪器设备，初步具有获取信息、运用科学方法描述和处理信息并得出结论的能力	对标初中物理课标，了解电磁波的应用及对人类生活和社会发展的影响	体验无线电测向和近代密码学的魅力，认识国家安全及秘密的重要性
		活动形式	教师讲授、实地参观	教师讲授、实地体验、小组合作	教师讲授、小组合作、创新思考
	必修课程十	名称	活性炭的一生	了解风力发电	新材料新未来
		活动目的	参观国能活性炭研发基地，了解活性炭对现代生活的改变	参观达坂城风力发电厂及现代化高效风电叶片生产线，建立保护环境、发展新能源意识	理解负极新材料，深刻感受改革开放后科技的进步对日常生活带来的影响
		活动形式	教师讲授、实地参观	教师讲授、实地体验、小组合作	教师讲授、小组合作、创新思考
	选修课程		1. 开营第一课 2. 爱国主义观影活动（一） 3. 内务整理 4. 宣传家乡非遗文化 5. 闭营总结（一）	1. 开营第一课 2. 叠军被 3. 爱国主义观影活动（二） 4. 国防教育大讲堂（一） 5. 闭营总结（二）	1. 开营第一课 2. 重走长征路 3. 爱国主义观影活动（三） 4. 国防教育大讲堂（二） 5. 闭营总结（三）

维度或要素		小学高年级段	初中段	高中段
研学线路	代表性线路（时长五日）	第一天：乌鲁木齐营地—农博园—八路军驻新疆办事处纪念馆—乌鲁木齐营地；第二天：乌鲁木齐营地—国能活性炭研发基地—乌鲁木齐营地；第三天：乌鲁木齐营地—新疆日报报史馆—新疆科技馆—乌鲁木齐营地；第四天：乌鲁木齐营地—八路军办事处—乌鲁木齐营地；第五天：乌鲁木齐营地—乌鲁木齐市城市规划展示馆—昆仑之约—乌鲁木齐营地	第一天：乌鲁木齐营地—69240部队军史馆—烈士陵园—乌鲁木齐营地；第二天：乌鲁木齐营地—甘泉堡—营地践新楼—乌鲁木齐营地；第三天：乌鲁木齐营地—乌鲁木齐红山公园—新疆科技馆—乌鲁木齐营地；第四天：乌鲁木齐营地—乌鲁木齐市城市规划展示馆—新疆自然博物馆—乌鲁木齐营地；第五天：乌鲁木齐营地—达坂城风力发电厂—乌鲁木齐营地	第一天：乌鲁木齐营地—自治区科技馆（微电影）—法治大讲堂—乌鲁木齐营地；第二天：乌鲁木齐营地—甘泉堡—乌鲁木齐市城市规划展示馆—乌鲁木齐营地；第三天：乌鲁木齐营地—自治区博物馆—烈士陵园—乌鲁木齐营地；第四天：乌鲁木齐营地—周恩来纪念馆—乌鲁木齐营地；第五天：乌鲁木齐营地—可可托海地质公园—乌鲁木齐营地
	可选择线路（按天设计，菜单式选择）	1.乌鲁木齐营地—毛泽民故居—八路军办事处—西路军总支队纪念馆—乌鲁木齐营地；2.乌鲁木齐营地—五家渠军垦博物馆—兵团知青纪念馆—亮剑团史馆—乌鲁木齐营地；3.乌鲁木齐营地—哈密市伊州区红军西路军进疆纪念园—乌鲁木齐营地；4.乌鲁木齐营地—新疆科技馆—乌鲁木齐营地；5.乌鲁木齐营地—新疆文化出版社—乌鲁木齐营地；6.乌鲁木齐营地—吐鲁番博物馆—乌鲁木齐营地	1.乌鲁木齐营地—乌鲁木齐市博物馆—新疆科技馆—乌鲁木齐营地；2.乌鲁木齐营地—五家渠军垦博物馆—周恩来纪念馆—乌鲁木齐营地；3.乌鲁木齐营地—哈密市伊州区红军西路军进疆纪念园—乌鲁木齐营地；4.乌鲁木齐营地—新疆科技馆—乌鲁木齐营地；5.乌鲁木齐营地—新疆文化出版社—乌鲁木齐营地；6.乌鲁木齐营地—吐鲁番博物馆—乌鲁木齐营地	1.乌鲁木齐营地—烈士陵园—乌鲁木齐营地；2.乌鲁木齐营地—新疆新辉红色记忆博物馆—清代粮仓遗址博物馆—阜康陨石馆—乌鲁木齐营地；3.乌鲁木齐营地—哈密市伊州区红军西路军进疆纪念园—乌鲁木齐营地；4.乌鲁木齐营地—新疆科技馆—乌鲁木齐营地；5.乌鲁木齐营地—新疆文化出版社—乌鲁木齐营地；6.乌鲁木齐营地—吐鲁番博物馆—乌鲁木齐营地
	规划线路（按天设计）	1.乌鲁木齐营地—新疆儿童发展中心—乌鲁木齐营地；2.乌鲁木齐营地—新疆生产建设兵团第十师一八五团—乌鲁木齐营地；3.乌鲁木齐营地—新疆维吾尔自治区经济和信息化委员会—乌鲁木齐营地；4.乌鲁木齐营地—温泉县气象局—乌鲁木齐营地；5.乌鲁木齐营地—阿克苏地区博物馆—乌鲁木齐营地；6.乌鲁木齐营地—博州温泉县“五馆一中心”—乌鲁木齐营地	1.乌鲁木齐营地—新疆儿童发展中心—乌鲁木齐营地；2.乌鲁木齐营地—新疆生产建设兵团第十师一八五团—乌鲁木齐营地；3.乌鲁木齐营地—新疆维吾尔自治区经济和信息化委员会—乌鲁木齐营地；4.乌鲁木齐营地—温泉县气象局—乌鲁木齐营地；5.乌鲁木齐营地—阿克苏地区博物馆—乌鲁木齐营地；6.乌鲁木齐营地—博州温泉县“五馆一中心”—乌鲁木齐营地	1.乌鲁木齐营地—新疆儿童发展中心—乌鲁木齐营地；2.乌鲁木齐营地—新疆生产建设兵团第十师一八五团—乌鲁木齐营地；3.乌鲁木齐营地—新疆维吾尔自治区经济和信息化委员会—乌鲁木齐营地；4.乌鲁木齐营地—温泉县气象局—乌鲁木齐营地；5.乌鲁木齐营地—阿克苏地区博物馆—乌鲁木齐营地；6.乌鲁木齐营地—博州温泉县“五馆一中心”—乌鲁木齐营地

维度或要素		小学高年级段	初中段	高中段
教学重点难点（以代表性线路教学设计为例，以下同）	教学重点	1. 将植物知识与唐诗宋词相联系 2. 学会无线电测向机的使用方法 3. 了解活性炭在日常生活中的作用 4. 了解自己生活城市的变迁，感受改革开放对城市发展和人民生活的影响 5. 欣赏大型音乐剧——昆仑之约，铸牢中华民族共同体意识，自行选择材质创作美术作品	1. 学会欣赏新疆自然博物馆中具有新疆特色的动植物及山川地貌，能够在文化衫上创作美术作品 2. 以筷子为载体，传承和弘扬中华优秀传统文化 3. 通过情境模拟和体验的方法，深刻理解红色革命文化与精神 4. 学会通过无线电测向机去寻找电台，学会一些简单的密码学的使用 5. 了解自己生活城市的前世今生，探究家乡在经济、文化、工业等领域的发展得益于什么	1. 能理解可可托海艰苦奋斗、无私奉献、为国争先的精神 2. 探究九连环的规律，掌握简单孔明锁的还原 3. 熟悉自己生活城市的规划布局，探索家乡未来发展趋势 4. 学会欣赏自治区博物馆中的历史文化及具有新疆特色的各类展品，自行运用传统或现代的工具、材料和媒介，设计出技术文档 5. 学会使用交叉定点、跟踪和比较音量的方法去寻找电台，学会使用密码字母集加密及编写密码
	教学难点	1. 以小组为单位将参观中印象最深刻的某一处变化，以手工作品的方式呈现出来 2. 欣赏《昆仑之约》，对每幕场景表达含义进行赏析，自行选择材质，选择两种及以上元素在不同材质上创作美术作品 3. 用沙画的形式构造画面，构图合理 4. 如何快速调节和判断信号源 5. 了解活性炭的原材料及其生产、加工过程	1. 了解风力发电的原理，了解新能源的优势，建立保护环境，发展新能源意识 2. 在实操中感悟中华优秀传统文化 3. 引领学生了解红军创建及发展的史实及其重要意义，激发学生树立勇于进取的信念，在解决问题方面涵养学生逢山开路、遇水架桥的智慧 4. 如何快速准确地找到电台，熟练掌握几种密码学的解密和加密方法 5. 掌握沙画的基本手法，小组合作完成多幅画面绘制	1. 掌握脚本—录制—剪辑的视频制作流程 2. 用指数函数表示九连环的规律，还原较难的孔明锁 3. 熟练使用交叉定点、利用跟踪和比较音量等方法寻找电台。熟练掌握和使用密码字母集加密及编写密码 4. 如何使中华优秀传统文化创造性转化、创新性发展 5. 以小组为单位，探讨未来城市规划的布局将如何转变，完成想象的城市规划布局

维度或要素	小学高年级段	初中段	高中段
教学策略	小学高年级学生正处在身心快速发展的时期，对于外界的认知和自我意识都在逐步增强。他们开始有较为清晰的世界观、价值观，对于学习、生活以及人际交往有了自己的看法。基于研学实践活动注重培养学生的探究精神和实践能力，培养学生的合作意识和团队精神，培养学生的情感和价值观的理论，采取讲授法、情境教学、启发教学、问题导向教学等教法，学生们通过体验式学习、合作学习、探究学习等方法进行研学实践活动，达到培养学生爱国主义、集体主义等观念的目标	初中段学生大多已经掌握了一些有效的学习方法，而有的学生还需要不断摸索和实践。基于关注学生的需求和发展，尊重学生的个性和差异，激发学生的学习兴趣和潜能，注重培养学生的实践能力和创新精神，鼓励学生将所学知识应用于实际问题的解决的理论，借助丰富的实践体验教学资源和数字化技术，使用体验式、情境式、合作学习、跨学科、项目式、相互教学等学习策略来进行总体设计，开展实践体验、交流分享等活动，并在实际教学过程中根据学生反馈进行动态调整，确保不同基础的初中段学生都能够在研学中学有所悟	高中段学生正身处世界观、人生观、价值观成型的关键阶段，依托研学基地、研学课程、《研学手册》、研学教师等研学资源，采取体验式探究、目标导入法、发散法、类比启发、论证法等教法，借助丰富的实践体验教学资源和数字化技术，使用体验式、情境式、合作学习、跨学科、项目式、相互教学、服务学习、探究学习、问题解决等学习策略来进行总体设计，开展实践体验、交流反思、实验验证等活动，并在实际教学过程中根据学生反馈进行动态调整，确保研学实践活动能对高中段学生世界观、人生观、价值观的形成发挥积极的促进作用，并对高中段学生的生涯规划发挥积极影响

维度或要素				小学高年级段	初中段	高中段
实施方案	入营教育	安全	引导	通过安全讲座和交通安全标识的学习，提醒学生行程中可能出现的安全隐患	通过安全讲座和交通安全标识的学习，引导学生寻找安全隐患并进行汇报	通过安全讲座和交通安全标识的学习，引导学生探究营地可能发生的安全事故
			实训	开设安全教育讲座，进行交通安全标识学习，发放《安全手册》	开设安全教育讲座，制订疏散方案并组织疏散演练	开设安全教育讲座，组织学生分组绘制疏散图、开展疏散演练
		应急	引导	通过视频案例和演示，认识营地内危险点和危险行为带来的危害	通过视频了解地震、火灾等案例，认识掌握应急事件处理方法和技巧的重要性	探究地震和人为不当行为引起的火灾灾难程度，产生掌握应急技巧的意愿
			实训	体验防震减灾馆内自然灾害5D体验馆，进行灭火体验、地震体验及初步学习安全绳的使用	体验防震减灾馆内自然灾害5D体验馆，进行灭火知识讲解及训练、地震知识讲解及学习安全绳的使用	体验防震减灾馆内自然灾害5D体验馆，进行灭火训练及烟雾逃生训练，开展地震演习并能够熟练使用安全绳
		救助	引导	通过校医示范与动作指导，了解急救与包扎的基础知识	通过校医示范与动作指导，进行简单的自救与救助他人的体验	通过校医示范与动作指导，具备一定的自救与救助他人的能力
			实训	开展校医培训大讲堂，举办急救知识竞赛	开展校医培训，进行简单的自救与救助他人的体验，举办急救知识竞赛	开展校医培训以及情境模拟实操实训，举办急救知识竞赛
		自我管理	引导	通过视频学习食堂就餐、内务整理、课程学习等相关要求，树立自我管理意识，规范行为举止	通过视频学习食堂就餐、内务整理、课程学习等相关要求，树立自我管理意识，感受劳动最光荣	通过视频学习食堂就餐、内务整理、课程学习等相关要求，树立自我管理意识，学生参与内务评分，进行自评、互评
			实训	发放《研学行为规范手册》，进行内务整理活动	发放《研学行为规范手册》，进行内务整理大比拼	进行内务整理大比拼，学生参与内务评分，进行自评、互评
		团队协作	引导	通过素质拓展课进行破冰，在初步了解后分小组选组长，确定组内成员分工，培养团队意识，建立团队情谊	通过素质拓展课进行破冰，在初步了解后分小组选组长，确定组内成员分工，画队旗、制定口号	通过素质拓展课进行破冰，在初步了解后分小组选组长，确定组内成员分工，画队旗、制定口号
			实训	组织学生分组建立团队，开设素质拓展团建课	组织学生分组建立团队，开设素质拓展团建课，让学生画队旗、制定口号，并说明其意义	组织学生分组建立团队，开设素质拓展团建课，让学生画队旗、制定口号，说明其意义并进行自我宣传

维度或要素		小学高年级段	初中段	高中段
实施方案	导入教学环节	1.任务导入：请同学们认真参观听讲，在乌鲁木齐城市规划沙盘中观察你认为变化最大的一处；2.故事导入：研学教师生动讲述《昆仑之约》的美丽神话故事；3.视频导入：山水沙画创作视频；4.任务导入：了解中国共产党带领人民彻底摆脱了被欺负、被压迫、被奴役的命运，成为国家、社会和自己命运的主人；5.任务导入：了解活性炭的原材料及其生产、加工过程。让同学们感受改革开放带来的科技进步给日常生活带来的便利	1.任务导入：了解什么是风力发电及其原理；2.任务导入：世界各国就餐习惯、中国餐具为什么首选筷子；3.故事导入：教师讲运部队官兵多年来与各族人民同呼吸、共命运的感情，在保卫祖国领土完整、促进民族团结、维护地区安全稳定、保卫和建设大西北中作出的贡献；4.任务导入：发布《研学手册》。参观乌鲁木齐市烈士陵园，让学生认识中国共产党在国家独立、人民解放、国家富强、民族复兴进程中的领导作用；5.视频导入：沙画视频《我们的新时代》	1.任务导入：写下你成长过程中几个难忘的片段；2.任务导入：九连环与孔明锁的背景介绍，在实际生活中的应用，九连环玩法说明，孔明锁比赛规则说明；3.视频导入：相关科学现象系列视频；4.任务导入：发布探究性对抗式任务，调动学生积极性及小组合作能力；5.任务导入：发布《研学手册》。参观甘泉堡工业园，让同学们了解什么是负极新材料。让同学们深刻感受改革开放带来的科技进步对日常生活的影响
	授课教学环节	第一天：入营教育，必修课程二“唐诗宋词里的植物”、必修课程六“抗日救亡在新疆”；第二天：必修课程一“中国筷”、必修课程十“活性炭的一生”，选修课程2“爱国主义观影活动（一）”；第三天：必修课程三“经典法治故事情景剧”、必修课程八“神奇的科学现象”，选修课程3“内务整理”；第四天：必修课程七“魔方与华容道”、必修课程九“无线电测向初体验”，选修课程4“宣传家乡非遗文化”；第五天：必修课程四“昆仑之约”、必修课程五“家乡的前世今生”，选修课程5“闭营总结（一）”	第一天：入营教育，必修课程六“不忘来路”、必修课程九“夺宝奇兵”；第二天：必修课程二“科普沙画我创作”、必修课程七“汉诺塔与数独”，选修课程2“叠军被”；第三天：必修课程三“探寻法治初心　传承红色基因”、必修课程八“这就是物理”，选修课程3“爱国主义观影活动（二）”；第四天：必修课程四“多彩生态文化衫”、必修课程五“家乡变化我探究”，选修课程4“国防教育大讲堂（一）”；第五天：必修课程一“餐桌礼仪”、必修课程十“了解风力发电”，选修课程5“闭营总结（二）”	第一天：入营教育，必修课程三“追寻红色法治初心　赓续红色法治血脉”、必修课程八“科学微电影创作”；第二天：必修课程五“美丽家乡我建设”、必修课程十“新材料新未来”，选修课程2“重走长征路”；第三天：必修课程四“魅力新疆”、必修课程六“强国复兴有我”，选修课程3“爱国主义观影活动（三）”；第四天：必修课程一“餐饮文化大论辩”、必修课程九“隐秘的守护者”，选修课程4“国防教育大讲堂（二）”；第五天：必修课程二“印象可可托海”、必修课程七“九连环与孔明锁”，选修课程5“闭营总结（三）”

维度或要素		小学高年级段	初中段	高中段
实施方案	进级教学环节	1.制作：通过手工作品的方式呈现出你认为变化最大的一处，在改革开放前和改革开放后的变化 2.破冰：以《昆仑之约》中的元素进行游戏破冰 3.感悟：感悟《昆仑之约》的美丽神话故事 4.体验：无线电测向初体验活动，认识在战争过程中信息传递的过程	1.问题：什么是风力发电及其原理 2.探究：对比各国餐具缘何不同，明确中国使用筷子的传统是受经济发展、地理环境、风俗习惯等因素影响 3.探究：梳理中国共产党积极组织抗日民族统一战线的策略，充分认识共产党人在抗日战争中的责任与担当	1.制作：学习沙画技法并熟练掌握。小组合作，将成长过程中的重要瞬间编写成分镜头脚本，并用沙画形式录成一段视频 2.探究：用列表法小组合作探究九连环的规律，自主探究三种不同难度孔明锁的还原方法，进行比赛 3.观测：模拟相关科学现象，进一步改进并实验，测出相关数据 4.辩论：当代红色法治精神的传承与创新
	巩固教学环节	1.交流：各小组完成作品的展示汇报 2.展示：学生讲述自己在《昆仑之约》中所选择元素的来源与故事，并说出创新点 3.拓展：将自己学会使用筷子的快乐分享给家人 4.探究：沙子还能怎样玩，展示多样的沙画形式，激发持续学习兴趣 5.竞赛：依据教师给出的图案完成拼接，每组选一名代表参加，完成时间越短名次越高。解环展示，请会的同学进行比赛，看谁速度最快	1.分享：教师总结活动及升华主题 2.拓展：除了筷子文化，你知道还有哪些中华优秀传统文化？我们该如何对待它 3.竞赛：汉诺塔比赛，每组选一名代表参加，用时越短名次越高，通过对数独技巧与方法的说明，提高学生的兴趣，巩固学习成果 4.模拟法庭：引入真实案例进行模拟法庭表演，现场教学、自主学习与任务驱动相结合 5.展示：完成视频采集、剪辑、制作微电影，记录探究过程	1.拓展：播放视频《成长的青春》，再次感受动态沙画的瞬间美、变化性和整体性 2.展示：九连环快速解开与还原技巧的演示，蕴含的数学规律的说明，现场演示孔明锁的还原，加深学生的理解和掌握 3.分享：谈一谈当你能够为家乡的建设出一份力时，你将如何做 4.演讲：讲述自己选择元素的来源与故事，并说出创新点 5.拓展：进行调查研究，撰写一份关于传统文化起源、现状、如何实现传承与发展的调研报告

维度或要素			小学高年级段	初中段	高中段
实施方案	总结教学环节	教学创新	结合地域民族特色、兵团精神、西部农耕文明开发等研学课程，让学生在“行中研、研中学、学中悟”，将研学与校内课程相互联系、补充、拓展，拓宽学生视野	结合地域民族特色、兵团精神、西部农耕文明开发研学课程，将研学与中华优秀传统文化传承紧密结合，让学生在实践中提出问题并能尝试提出解决问题的方法。鼓励学生树立创新意识，发挥创新能力	面向每一个学生的个性发展，尊重每一个学生的发展需要。结合地域民族特色、兵团精神、西部农耕文明开发研学课程，将研学与中华优秀传统文化传承紧密结合，让学生感受到研学内容的丰富多样性，学生选择、尝试过程中培养创新意识、动手能力
		教学总结	在研学过程中及时收集学生、家长、研学讲解员和其他相关人员的反馈，了解研学环节的优点和不足，建立研学档案。成立专门的营地研学团队，不断反思和调整研学过程，完善各线路《研学手册》及研学课程	在研学过程中利用多媒体记录教学过程，及时收集学生、家长、研学导师和其他人的反馈，做好课后分析总结，通过复盘的方式分析研学过程的优缺点，优化实施方案，建立研学档案	总结归纳研学活动的收获与认识，全面了解学生在文化、劳动、行为习惯、情感态度等方面的情况，学生完善《研学手册》，结合报告和《研学手册》完成情况进行教学评价。成立专门的营地研学团队，不断反思和调整研学过程，完善各线路《研学手册》及研学课程
		教学反思	以问卷调查和面对面交流等形式，进行教学反馈和评估，分析总结教学反馈和评估结果。例如，教学效果分析、教学环节改进、总结教学经验和教训等，加强课程设计的针对性和实用性，提高教学方法的灵活性，加强活动组织的严谨性和科学性	根据教学计划与教学实际情况进行对比分析，及时进行教学反馈和评估，及时分析总结教学反馈和评估结果；梳理教学环节的设计、实施效果、提炼经验，为下一次研学活动提供参考	针对是否充分尊重学生的身心特点和已有的经验基础进行反思；整合资源不足，进一步融入“整合”思想，开展研学实践活动，提高学生素养；整合资源，既有教育技术的整合，又有学科知识的整合，更有教育内容与学生生活实际的整合

维度或要素				小学高年级段	初中段	高中段
实施方案	评价教学环节	教学水平评价	自我评价	利用录课方式记录教学过程，反思教学过程中教师对教学目标达成、重难点突破、教学内容设计、环节实施流畅度等方面的完成程度，并按照10分满分制进行自我评分	结合个体反思总结法，教师阶段性地反思并汇报个人教学成效，形成个人工作总结评估报告，并能与其他教师进行分享交流	能根据不同的授课对象形成不同的自我评价体系，采用个案分析的方法，针对教学的内容、方式和效果进行评价，并生成新的教学策略运用在新阶段的教学过程中
			学生评价	结合教学效果和意见反馈两方面，针对每个研学的学生发放满意度问卷，评选最喜欢的课程和不太喜欢的课程并进行评价	制定教学满意度测评方案，抽样调查学生来填写，根据教师的教学态度、课程内容、教学取得的成效以及对活动的满意程度这几方面综合性地设计评价方案，并设立高效的评价反馈渠道	结合满意度调查方案和个案研究两种方式，学生根据教师的教学态度、课程内容、教学取得的成效以及对活动的满意程度这几方面提出相应的意见，形成评价反馈体系，定期进行学生评价反馈
			同行评价	学校教师、营地教师、研学基地教师结合问卷调查等方式分别就研学课程教学设计、教学策略、学生物化成果展示等进行评价	学校教师、营地教师、研学基地教师结合问卷调查等方式分别就研学课程教学设计、教学策略、学生物化成果展示等进行评价	学校教师、营地教师、研学基地教师结合问卷调查等方式分别就研学课程教学设计、教学策略、学生物化成果展示等进行评价
			培训和考核	定期对营地教师进行研学实践课程开发与实施培训，并组织整理学生的研学实践资料档案	积累教学的过程性资料和记录，组织教学课堂大赛和优秀教学案例成果展示大赛，推广优秀教师成果	制定培训考核制度，常态化开展教研活动，定期开展系列主题教研活动，组织相关专家对教师课堂教学、科研成果进行分析和考核
			教学成果展示	学生提供物化作品分享、研学总结汇报等展示实践成果；教师撰写研学实践课程案例	积累过程性资料，建立教学案例和教学设计资料库，参与各级优秀教学成果展示比赛和各类教学案例、教学论文评比比赛，推广教学成果	定期举行教师教学成果展示，营地在每期研学结束后在营地公众号上推送研学实践图文及视频信息

维度或要素				小学高年级段	初中段	高中段
实施方案	评价教学环节	学业评价	形成性评价	教师观察记录学生活动参与度、态度表现、小组合作情况、任务完成情况等方面，反馈评价结果	关注学生活动表现和完成任务效果，注重对学生过程性表现进行评价，鼓励在《研学手册》中完成相应部分填写	使用形成性评价表，以学生发展能力为导向，制定含参与度和注意力表现、创新精神和实践能力、学习方法和研究方法以及沟通和团队合作4个维度分5个等级的量表。鼓励学生进行自我评价和同伴互评，在《研学手册》中完成相应部分的填写
			总结性评价	遵循综合性评价原则，结合配套研学课程中的学生作品展示、研学心得感悟、《研学手册》填写进行综合评定，评选优秀学生	根据学生现实活动表现、动手情况以及《研学手册》等给出综合评价，运用自评、互评、他评方式，以正向评价为主，遵循导向性评价原则，提出合理化建议，使学生进一步提升认知能力、思维力、想象力	主要依据活动目标，结合配套研学课程中的学生作品展示、研学心得感悟、《研学手册》填写进行综合评定，评选优秀学员
			教师评价	教师对学生参与度、注意力表现等进行观察和记录，进行综合性评价，在《研学手册》上盖章	教师对学生现实活动表现、动手情况以及《研学手册》填写等情况，结合学生活动收获给予激励性评价	教师根据学生活动表现，结合学生活动收获给予激励性评价，以成果展示形式进行评价
		项目评价		成立学校领导、教师代表、学生代表、学生家长代表组成的学校、家长、学生评价小组，以调查问卷及访谈法的方式，对项目进行终结性评价	成立学校领导、教师代表、学生代表、学生家长代表组成的学校、家长、学生评价小组，以调查问卷及访谈法的方式，对项目进行终结性评价	成立学校领导、教师代表、学生代表、学生家长代表组成的学校、家长、学生评价小组，以调查问卷及访谈法的方式，对项目进行终结性评价

4.24 教学计划与策略列表：担时代责任　铸不凡青春

<table>
<tr><td colspan="3">营地名称</td><td>库尔勒市青少年示范性综合实践基地（简称“库尔勒营地”）</td><td>命名机构</td><td>教育部</td><td>识别码</td><td>Y145652003</td></tr>
<tr><td colspan="3">从业资质（摘要）</td><td>组织开展综合实践活动、研学实践活动及夏、冬令营活动</td><td>单位属性</td><td>公益一类</td><td>法定代表人</td><td>郭景梅</td></tr>
<tr><td colspan="3">研学主题</td><td>担时代责任　铸不凡青春</td><td colspan="2">主要目的指向</td><td colspan="2">责任与担当教育</td></tr>
<tr><td rowspan="7">营地（枢纽）及周边主要优质研学资源</td><td colspan="2">基地层级</td><td colspan="5">研学站点（基地）名称</td></tr>
<tr><td rowspan="2">教育部命名基地</td><td>已列入教学计划</td><td colspan="5">一、与本主题相关列入教学计划的基地18个
1.乌鲁木齐市青少年综合实践教育中心（简称“乌鲁木齐营地”）；2.新疆维吾尔自治区博物馆（简称“新疆博物馆”）；3.乌鲁木齐市博物馆（简称“乌鲁木齐博物馆”）；4.八路军驻新疆办事处纪念馆（简称“八路军纪念馆”）；5.北庭故城遗址；6.阿勒泰地区福海县青少年活动中心（简称“福海营地”）；7.阿克苏地区博物馆（简称“阿克苏博物馆”）；8.伊宁市青少年综合实践教育中心（简称“伊宁营地”）；9.新疆儿童发展中心；10.新疆生产建设兵团第十师一八五团（简称“十师一八五团”）；11.新疆维吾尔自治区经济和信息化委员会（简称“新疆经信委”）；12.新疆维吾尔自治区科学技术馆（简称“新疆科技馆”）；13.新疆古生态园；14.新疆文化出版社；15.中国科学院新疆生态与地理研究所（简称“新疆生态与地理研究所”）；16.哈密市伊州区红军西路军进疆纪念园（简称“哈密市纪念园”）；17.吐鲁番博物馆；18.博州温泉县“五馆一中心”（简称温泉“五馆一中心”）
二、与本主题关联不大但列入本营地教学计划的基地1个
温泉县气象局</td></tr>
<tr><td>待列入教学计划</td><td colspan="5">无</td></tr>
<tr><td colspan="2">其他部委命名基地</td><td colspan="5">1.库尔勒铁门关景区（简称“库尔勒铁门关”）；2.新疆生产建设兵团第二师铁门关市革命纪念馆（简称“铁门关市纪念馆”）；3.新疆生产建设兵团第二师铁门关市将军河（简称“将军河”）；4.可可托海有色工业基地（简称“有色工业基地”）；5.巴州博物馆；6.吐鲁番市交河故城（简称“交河故城”）；7.喀什古城</td></tr>
<tr><td colspan="2">地方命名基地</td><td colspan="5">1.可可托海国家矿山公园——三号矿脉（简称“三号矿脉”）；2.库尔勒市龙山公园（简称“库尔勒公园”）；3.可可托海神钟山（简称“神钟山”）；4.马兰军博园（简称“军博园”）；5.马兰烈士陵园（简称“烈士陵园”）；6.和硕县八一水库（简称“八一水库”）；7.新疆可可托海研学实践营地教育科技有限责任公司（简称“可可托海研学实践基地”）；8.喀什青少年实践基地（简称“喀什营地”）；9.达西村红色教育基地；10.丝绸之路·长城文化博物馆（简称“长城博物馆”）</td></tr>
<tr><td colspan="2">本营地资源</td><td colspan="5">1.“成帮柳”育苗林；2.库尔勒营木工坊；3.库尔勒营特色工坊；4.库尔勒营科技与未来馆；5.库尔勒营生命安全体验馆；6.库尔勒营素质拓展训练中心；7.库尔勒营劳动种植区（简称“劳动种植区”）</td></tr>
<tr><td colspan="2">其他资源</td><td colspan="5">无</td></tr>
</table>

维度或要素	小学高年级段	初中段	高中段
校内教育基础（与校内教育的衔接）	对照课标，小学高年级阶段在责任与担当方面提出“将社会主义先进文化、革命文化、中华优秀传统文化、国家安全、生命安全与健康等重大主题教育有机融入课程”“加强课程与学生经验、社会生活的联系”。本研学主题必修课程与校内教育的衔接内容主要如下： 1.人教版四年级上册道德与法治第一单元“与班级共成长”；2.人教版四年级上册道德与法治第二单元“为父母分担”第6课“我的家庭贡献与责任”；3.人教版四年级上册道德与法治第四单元“让生活多一些绿色”第12课“低碳生活每一天”；4.人教版四年级下册道德与法治第二单元“做聪明的消费者”第6课“有多少浪费本可避免”；5.人教版四年级下册道德与法治第四单元“感受家乡文化　关心家乡发展”第12课“家乡的喜与忧”；6.人教版五年级上册道德与法治第三单元“我们的国土，我们的家园”；7.人教版五年级下册道德与法治第三单元“百年追梦　复兴中华”；8.人教版六年级下册道德与法治“爱护地球，共同责任”等	对照课标，初中段在责任与担当教育方面提出“将社会主义先进文化、革命文化、中华优秀传统文化、国家安全、生命安全与健康等重大主题教育有机融入课程”“倡导‘做中学’‘用中学’‘创中学’”“培养学生的爱国情怀、社会责任感、创新精神和实践能力”，培养“有理想、有本领、有担当的时代新人”。本研学主题必修课程与校内教育的衔接内容主要如下： 1.人教版七年级上册道德与法治第一单元“成长的节拍”第1课“少年有梦”；2.人教版七年级上册道德与法治第四单元“生命的思考”；3.人教版七年级下册道德与法治第一单元“青春时光”第1课“成长的不仅仅是身体”；4.人教版七年级下册中国历史第三单元“明清时期：统一多民族国家的巩固与发展”第18课“统一多民族国家的巩固与发展”；5.人教版八年级上册道德与法治第三单元“勇担社会责任”；6.人教版八年级上册道德与法治第四单元“维护国家利益”；7.人教版八年级上册中国历史第六单元“中华民族的抗日战争”；8.人教版八年级上册中国历史第七单元“人民解放战争”；9.人教版八年级下册中国历史第三单元“中国特色社会主义道路”；10.人教版八年级下册中国历史第四单元“民族团结与祖国统一”；11.人教版九年级上册道德与法治第三单元“文明与家园”；12.人教版九年级上册道德与法治第四单元“和谐与梦想”等	对照课标，高中段在责任与担当教育方面提出“继承和弘扬中华优秀传统文化、革命文化，发展社会主义先进文化，加强法治意识、国家安全、民族团结、生态文明和海洋权益等方面的教育”“学校要系统规划校内外课程资源的使用”“因地制宜，科学安排综合实践活动”“为学生提供丰富、便利的实践体验机会”“发挥综合实践活动在促进学生发展中的独特作用”。本研学主题必修课程与校内教育的衔接内容主要如下： 1.人教版高一历史必修第五单元“晚清时期的内忧外患与救亡图存”；2.人教版高一历史必修第八单元“中华民族的抗日战争和人民解放战争”；3.人教版高一历史必修第九单元第27课“社会主义建设在探索中曲折发展”；4.人教版高一历史必修第十单元第29课“改革开放以来的巨大成就”；5.人教版高一地理必修一第四章第1节“常见地貌类型”；6.人教版高一地理必修一第四章第2节“地貌的观察”；7.人教版高一地理选择性必修一第二章第2节“塑造地表形态的力量”；8.人教版高一地理选择性必修一第2节“构造地貌的形成”；9.人教版高二思想政治选择性必修一第二单元第4课“和平与发展”等

维度或要素			小学高年级段	初中段	高中段
研学课程	必修课程一	名称	运动的力量	素质拓展训练	国防教育
		活动目的	通过运动拓展训练，提高学生团结协作能力，培养主动担当、迎难而上的品质	通过丰富的素质拓展训练课程，培养学生克服困难、开拓创新、永不言败的品质	通过军事拓展训练，培养吃苦耐劳、勇于挑战的品质，提高社会责任感
		活动形式	教师讲解、小组合作、实践体验	教师讲解、小组合作、实践体验	教师讲解、小组合作、实践体验
	必修课程二	名称	地震消防	火灾消防	科技兴国
		活动目的	通过演练，掌握地震的急救技能，培养关爱和保护生命意识	通过模拟火灾场景，掌握火灾急救技能，培养尊重生命、爱护生命的意识	通过学习无人机编程，激发学生学习科技知识的兴趣，主动担当起科技兴国的时代重任
		活动形式	教师讲解、实践体验、小组讨论	教师讲解、实践体验、小组讨论	教师讲解、教师演示、实践体验
	必修课程三	名称	依依“成帮柳”	不“梨”不弃　团结奋进	争做科技创新人才
		活动目的	通过了解“成帮柳”育苗林的作用，培养学生保护环境，建设家乡的责任意识	通过香梨课程，增强学生对家乡的自豪感，培养建设家乡、报效祖国的责任感	通过科技创新小制作，培养学生科技创新意识，培养科技强国观念
		活动形式	教师讲解、实地参观、分组讨论	教师讲解、教师演示、实践体验	教师讲解、实践体验、小组讨论、合作探究
	必修课程四	名称	“筷”意传承	铁门关戍边回望	铭记伟人功绩
		活动目的	通过制作筷子，让学生感受中华优秀传统文化，担当中华文化传承的责任与义务	通过了解丝路文化，让学生体悟古代中国的开放和包容，培养开拓创新意识	通过参观将军河，让学生探究出使西域对新疆发展的意义，培养自主探究精神
		活动形式	教师讲解、教师演示、实践体验	教师讲解、实地参观、小组合作	教师讲解、分组讨论、合作探究

维度或要素			小学高年级段	初中段	高中段
研学课程	必修课程五	名称	流金岁月	弘扬革命传统　传承红色精神	重走长征路　翻越封锁线
		活动目的	通过参观巴州博物馆，让学生明白美好生活的来之不易，培养无私奉献精神	通过参观铁门关市纪念馆，了解先辈们屯垦戍边功绩，培养责任担当意识	通过体验长征路途的艰辛，掌握生存技能，培养在艰苦环境中勇于克服困难的品质
		活动形式	教师讲解、分组讨论、实地参观	教师讲解、分组讨论、实地参观、感悟分享	实践体验、感悟分享
	必修课程六	名称	守护家园	巧手编草鞋　赓续红色基因	红山事业　红山精神
		活动目的	通过开展植树活动，让学生建立爱护树木、守护绿色的责任意识	通过了解抗日战争的历史背景、当地人民的抗战故事，激发学生爱国情怀	通过重走革命路、参观防空洞，让学生学习革命历史，主动担起时代发展责任
		活动形式	教师讲解、实践体验、感悟分享	教师讲解、教师演示、实践体验	教师讲解、实践体验、研学报告、演讲比赛
	必修课程七	名称	缅怀先烈	对话北庭（一）	对话北庭（二）
		活动目的	通过学习革命英烈事迹，继承革命精神，培养无私奉献的责任意识	通过参观北庭故城遗址，回望历史，增强文化传承的责任感	通过参观北庭故城遗址，明确中华优秀传统文化传承与发展的具体路径
		活动形式	教师讲解、折纸献花、集体朗诵	教师讲解、实地参观、分组讨论	教师讲解、实地参观、分组讨论
	必修课程八	名称	八一水库　军民鱼水情	可可托海的红色之旅	探寻神钟山
		活动目的	通过参观八一水库，了解水库的修建历史，体悟军民鱼水情内涵，培育爱国精神	通过了解新疆有色工业发展史，体悟共和国功勋前辈奋斗精神，培养无私奉献精神	通过探寻神钟山，让学生体悟山体奥秘，培养保护大自然的责任感
		活动形式	教师讲解、实地参观、实践体验、分享感悟	教师讲解、实地参观、分组讨论	分组讨论、实践体验、感悟分享、研学报告

维度或要素			小学高年级段	初中段	高中段
研学课程	必修课程九	名称	千年吐鲁番	寻红色印记　忆峥嵘岁月	星星之火　燎原天山
		活动目的	通过探访吐鲁番，了解丝绸之路文化，激发学生热爱祖国的情感	通过参观毛泽民故居，学习革命先辈奉献精神，激发爱国奉献情怀	通过了解新疆当地人民抗日战争历史，激发学生爱国情怀
		活动形式	教师讲解、实地参观、感悟分享	教师讲解、实地参观、感悟分享	教师讲解、实地参观、分组讨论、感悟分享
	必修课程十	名称	走进千年西域	可可托海的地下宝藏	红色基地巡礼
		活动目的	通过参观新疆博物馆，了解新疆历史文化，培养学生建设家乡的责任感和主人翁精神	通过了解矿坑的历史意义，观察矿山内部结构，感受矿工生活，培养民族自豪感	通过参观哈密市纪念园，了解红军革命史，树立强国有我的观念意识
		活动形式	教师讲解、实地参观、感悟分享	教师讲解、实地参观、实践体验、分组讨论	教师讲解、实地参观、演讲比赛
	选修课程		1.“责任与担当”主题课堂 2.培养劳动精神　锻造时代新人 3.观红色影片，忆长征岁月	1.秋“膏”气爽　一“派”甜蜜 2.追忆伟人功绩 3.传统手工剪纸　传承红色记忆 4.弘扬航天精神	1.无人机编程 2.探戍边遗址　忆英雄事迹 3.忆苦思甜 4.湿地保护我先行 5.微电影制作

维度或要素		小学高年级段	初中段	高中段
研学线路	代表性线路（时长五日）	第一天：库尔勒营地—库尔勒营素质拓展训练中心—库尔勒营生命安全体验馆—“成帮柳”育苗林—库尔勒营地；第二天：库尔勒营地—库尔勒营木工坊—巴州博物馆—库尔勒公园—库尔勒营地；第三天：库尔勒营地—八一水库—烈士陵园—库尔勒营地；第四天：库尔勒营地—吐鲁番博物馆—交河故城—库尔勒营地；第五天：库尔勒营地—乌鲁木齐博物馆—新疆博物馆—乌鲁木齐营地—库尔勒营地	第一天：库尔勒营地—库尔勒营素质拓展训练中心—“成帮柳”育苗林—库尔勒营地；第二天：库尔勒营地—库尔勒营生命安全体验馆—库尔勒营特色工坊—库尔勒铁门关—库尔勒营地；第三天：库尔勒营地—巴州博物馆—铁门关市纪念馆—库尔勒公园—库尔勒营地；第四天：库尔勒营地—乌鲁木齐博物馆—北庭故城遗址—乌鲁木齐营地—库尔勒营地；第五天：库尔勒营地—有色工业基地—三号矿脉—可可托海研学实践基地—库尔勒营地	第一天：库尔勒营地—库尔勒营素质拓展训练中心—“成帮柳”育苗林—库尔勒营地；第二天：库尔勒营地—库尔勒营生命安全体验馆—库尔勒营科技与未来馆—库尔勒营地；第三天：库尔勒营地—将军河—库尔勒铁门关—铁门关市纪念馆—库尔勒公园—库尔勒营地；第四天：库尔勒营地—三号矿脉—神钟山—有色工业基地—可可托海研学实践基地—库尔勒营地；第五天：库尔勒营地—新疆博物馆—八路军纪念馆—北庭故城遗址—新疆经信委—乌鲁木齐营地—库尔勒营地
	可选择线路（按天设计，菜单式选择）	1.库尔勒营地—“成帮柳”育苗林—劳动种植区—库尔勒营地；2.库尔勒营地—劳动种植区—库尔勒木工坊—库尔勒营地；3.库尔勒营地—库尔勒营生命安全体验馆—库尔勒公园—库尔勒营地；4.库尔勒营地—库尔勒营素质拓展训练中心—劳动种植区—库尔勒营地；5.库尔勒营地—巴州博物馆—烈士陵园—库尔勒营地；6.库尔勒营地—巴州博物馆—铁门关市纪念馆—库尔勒营地；7.库尔勒营地—新疆古生态园—新疆生态与地理研究所—乌鲁木齐营地—库尔勒营地；8.库尔勒营地—新疆博物馆—新疆儿童发展中心—乌鲁木齐营地—库尔勒营地	1.库尔勒营地—劳动种植区—库尔勒公园—库尔勒营地；2.库尔勒营地—“成帮柳”育苗林—库尔勒公园—库尔勒营地；3.库尔勒营地—“成帮柳”育苗林—劳动种植区—库尔勒营地；4.库尔勒营地—库尔勒营素质拓展训练中心—劳动种植区—库尔勒营地；5.库尔勒营地—八一水库—烈士陵园—军博园—库尔勒营地；6.库尔勒营地—吐鲁番博物馆—交河故城—哈密市纪念园—库尔勒营地；7.库尔勒营地—新疆博物馆—北庭故城遗址—乌鲁木齐博物馆—乌鲁木齐营地—库尔勒营地；8.库尔勒营地—十师一八五团—伊宁营地—福海营地—库尔勒营地	1.库尔勒营地—劳动种植区—“成帮柳”育苗林—库尔勒公园—库尔勒营地；2.库尔勒营地—八一水库—烈士陵园—军博园—库尔勒营地；3.库尔勒营地—新疆博物馆—乌鲁木齐博物馆—八路军纪念馆—乌鲁木齐营地—库尔勒营地；4.库尔勒营地—阿克苏博物馆—喀什古城—喀什营地—库尔勒营地；5.库尔勒营地—新疆科技馆—新疆文化出版社—乌鲁木齐营地—库尔勒营地；6.库尔勒营地—温泉“五馆一中心”—温泉县气象局—福海营地—库尔勒营地
	规划线路（按天设计）	1.库尔勒营地—巴州博物馆—库尔勒铁门关—库尔勒营地；2.库尔勒营地—达西村红色教育基地—长城博物馆—库尔勒营地；3.库尔勒营地—“成帮柳”育苗林—库尔勒公园—库尔勒营地	1.库尔勒营地—巴州博物馆—库尔勒铁门关—铁门关市纪念馆—库尔勒营地；2.库尔勒营地—达西村红色教育基地—长城博物馆—库尔勒营地；3.库尔勒营地—库尔勒营生命安全体验馆—库尔勒公园—库尔勒营地	1.库尔勒营地—劳动种植区—库尔勒木工坊—库尔勒营地；2.库尔勒营地—库尔勒营生命安全体验馆—库尔勒公园—库尔勒营地；3.库尔勒营地—库尔勒营地—达西村红色教育基地—长城博物馆—库尔勒营地—库尔勒营地

维度或要素		小学高年级段	初中段	高中段
教学重点难点（以代表性线路教学设计为例，以下同）	教学重点	1.运动拓展训练及地震模拟演练，要组织好学生，做好安全防范，通过测试，加深技巧掌握 2.学习中国筷子的传统文化 3.学习烈士英勇事迹，感悟伟人无私奉献精神 4.探访古老的生土建筑城市，体悟文化传承的重要性 5.回望新疆千年历史，感受中华文化魅力	1.学习各族人民在建设与发展家乡中作出的不懈努力与贡献 2.掌握屯垦戍边伟人事迹 3.学习手工编织红军草鞋，了解长征年代先辈们的艰辛岁月 4.明晰北庭故城遗址所蕴含的历史文化 5.熟悉矿山的内部结构和矿工生活，熟知三号矿坑的不朽贡献	1.学习国防教育，通过实践体验提高本领，培养意志品质 2.学习Mind+编程软件，无人机的编程操作，了解无人机在生产力方面的贡献 3.学习革命伟人的功勋事迹，了解新疆兵团屯垦戍边事迹 4.探寻矿脉、了解有色工业发展 5.掌握八路军在新疆地区抗战历史
	教学难点	1.将团结协作意识融入课程，发挥育人作用，掌握生命教育中自救互救基本技巧 2.独立制作筷子，理解传承中华优秀传统文化的深远意义 3.独自完成赞美革命先烈的诗篇 4.理解生土建筑的含义，查找交河故城的房屋建造特征 5.找出新疆博物馆的镇馆之宝，说出它的意义	1.在素质拓展中将独立创新意识融入课程中，使学生掌握必要的知识技能 2.熟练掌握火灾急救知识技能 3.独立完成手工编织红军草鞋 4.查阅资料，探索北庭故城遗址的历史意义 5.查阅资料，探索可可托海的矿石类型及有色工业基地对新疆发展作出的贡献	1.利用国防教育，让学生将爱国精神融入实现中国梦的具体行动 2.独立完成Mind+编程操作，将编程知识应用于无人机操作 3.全面理解各民族团结抗战的核心内涵，就革命先辈的不朽功绩，利用所学科技知识，制作抗战微电影 4.运用所学知识探寻神钟山地貌类型，并辨别神钟山岩石类型 5.查阅资料，探索八路军驻军新疆的历史意义

维度或要素	小学高年级段	初中段	高中段
教学策略	针对小学高年级段学生自我意识发展迅速，自控力有所增强的特点，引导学生主动发现学习，使学科的基本结构转变为学生头脑中的认知结构，选取劳动教育、红色教育类为主的研学站点，依托研学课程、《研学手册》、研学实践基地基础设施及多媒体等数字化、信息化技术手段，采取讲授法、演示法、练习法等教学方法，指导学生应用自主学习、小组合作等学习方法，借助丰富的实践体验教学资源和数字化技术，使用视频导入、游戏导入、任务导入、故事导入等导入教学环节进行总体设计，开展跨学科融合、实践体验、实训演练等多种形式的活动，在研学过程中采用形成性评价，根据学生反馈及时进行动态调整，确保小学高年级段的学生在研学实践中可以深度参与并获得相应的知识技能	针对初中段学生思维方式从具体思维转变为抽象思维，可以理解和处理更为复杂的问题，对事物和观点进行批判性思考和评价，对不同学科知识领域产生好奇心，开始主动积极学习的特点，基于建构主义学习理论及人本主义学习理论，注重启发学生的经验和创造潜能，引导学生主动构建学科知识体系，选取劳动教育、文化传承教育、红色教育、经济发展教育等为主的研学站点，依托研学课程、《研学手册》、研学实践基地基础设施及多媒体等数字化信息化技术手段，采取讲授法、演示法、练习法等教学方法，指导学生应用自主学习、合作探究、小组讨论等学习方法，借助丰富的实践体验教学资源和数字化技术，使用视频导入、任务导入、设置悬念等导入教学环节进行总体设计，开展跨学科融合、实践体验、实训演练等多种形式的活动，以养成学生独立生活习惯、探究社会问题意识、初步形成对社会负责的态度和社会公德意识、初步具备以法治观念为培养目标，在研学过程中采用形成性评价和总结性评价，根据学生反馈及时进行动态调整，确保初中段的学生在研学实践中可以深度参与并获得相应的知识技能	针对高中段学生认知能力不断增强，逻辑思维和抽象思维也在逐步发展，能进行更复杂的思考和判断，在知识学习方面逐渐从记忆为主转向理解和应用为主，可以更好地分析、总结和推理的特点，基于奥苏贝尔有意义学习理论、建构主义学习理论及人本主义学习理论，引导学生主动构建学科知识体系，选取劳动教育、文化传承教育、红色教育、经济发展教育等为主的研学站点，依托研学课程、《研学手册》、研学实践基地基础设施及多媒体等数字化、信息化技术手段，采取讲授法、演示法、练习法等教学方法，指导学生应用自主学习、合作探究、小组讨论等学习方法，借助丰富的实践体验教学资源和数字化技术，使用视频导入、任务导入、设置悬念等导入教学环节进行总体设计，开展跨学科融合、实践体验、实训演练等多种形式的活动，通过科技研学、创新性研学，提升学生的实践能力、自主探究能力，掌握科学研究方法，培养社会参与意识和社会责任感，确保高中段的学生在研学实践中可以深度参与并获得相应的知识技能

维度或要素				小学高年级段	初中段	高中段
实施方案	入营教育	安全	引导	开展入营安全主题教育，借助多媒体教学，指导使用《安全手册》	开展入营安全主题教育，通过案例警示教育，学习使用《安全手册》	通过主题教育形式，引导学生对研学中出现的安全问题有所预警
			实训	学习《安全手册》，组织疏散演练，增强安全负责的意识	学会排查住宿、餐饮、活动场所安全，建立小组安全责任制	学习绘制营地疏散图，学习止血、包扎、安全搬运等急救技能
		应急	引导	通过视频案例和演示，了解外出时存在的危险信号	借助多媒体了解地震、火灾、泥石流等案例，掌握应急事件处理方法	以主题教育形式，引导学生自主梳理研学应急线路
			实训	学习急救常识，学会快速报警，模拟训练疏散和逃生	模拟演练使用灭火器，训练疏散和逃生技能	学会使用消火栓，模拟灾难发生时应对、疏散和逃生演练，模拟紧急救护
		救助	引导	借助多媒体教学，掌握救助原则及方法，指导使用《救助技能手册》	模拟真实情境，针对出血、骨折、搬运等情况开展救助教育	以主题教育形式，引导学生梳理典型灾害救助的方案，认识救助的意义
			实训	组织学生完成生命安全体验馆配套救助课程	学会止血、包扎、固定、搬运急救技能，能准确判断其应用情景	与红十字会共同开展“救在身边”应急救护模拟演练
		自我管理	引导	通过开展学生自我管理教育培训，让学生增长自理能力	通过制度及要求规范学生自我管理行为	通过心理健康课程，对学生深层次的情绪管理给予引导
			实训	通过集体活动、团队游戏等方式强化学生自我管理意识	课程开展以小组为管理单位，对学生自我管理进行过程性监督	通过让学生自主设计研学计划表，培养自我管理综合素养
		团队协作	引导	通过培训及管理要求，强调团队协作的能力	展示优质团队协作案例，启发学生对如何进行合作与分工的思考	通过课程中所涉及的团队建设、团队精神进行过程性引导
			实训	通过创建团体，开展小组活动，培养学生团队协作意识	设置室外素质拓展课程，通过完成团队任务，体会团结协作的重要性	通过团体任务，小组合作，培养学生集体荣誉感

维度或要素		小学高年级段	初中段	高中段
实施方案	导入教学环节	1.游戏导入：将学生分组，采用游戏的方式，让学生进入状态 2.故事导入：教师讲述中国筷子文化引起学生对研学课程的兴趣 3.故事导入：研学导师讲述革命战争的艰辛历程，讲述烈士的英勇事迹 4.问题导入：同学们知道吐鲁番有世界之最的历史遗迹吗？ 5.情境导入：学生化身小讲解员，讲解新疆博物馆镇馆之宝	1.视频导入：播放模范人物王成帮老人事迹 2.游戏导入：学生分组开展小组赛，做好身心准备 3.情境导入：带领学生化身出使西域的使者，走进丝绸之路遗址，了解千年丝绸之路历史 4.故事导入：教师讲述北庭故城的历史事迹 5.任务导入：查阅资料，明晰可可托海有色工业的发展历程	1.视频导入：观看爱国主题电影，激发学生的爱国热情 2.任务导入：让学生开展团队活动，将团结协作意识扎根心中 3.情境导入：带领学生化身出使西域的使者，走进丝绸之路遗址，了解千年丝绸之路历史 4.任务导入：探寻神钟山地貌类型，岩石类型，并在研学后写出研学报告 5.任务导入：学生扮演讲解员，讲述新疆抗战历史
	授课教学环节	第一天：入营教育，必修课程一“运动的力量”、必修课程二“地震消防”、必修课程三“依依‘成帮柳’”；第二天：必修课程四“‘筷’意传承”、必修课程五“流金岁月”、必修课程六“守护家园”；第三天：必修课程七“缅怀先烈”、必修课程八“八一水库　军民鱼水情”，选修课程1“‘责任与担当’主题课堂”；第四天：必修课程九“千年吐鲁番”，选修课程3“观红色影片，忆长征岁月”；第五天：必修课程十“走进千年西域”，选修课程2“培养劳动精神　锻造时代新人”	第一天：入营教育，必修课程一“素质拓展训练”；第二天：必修课程二“火灾消防”、必修课程三“不‘梨’不弃　团结奋进”、必修课程四“铁门关戍边回望”，选修课程4“弘扬航天精神”；第三天：必修课程五“弘扬革命传统　传承红色精神”、必修课程六“巧手编草鞋　赓续红色基因”，选修课程1“秋‘膏’气爽　一‘派’甜蜜”；第四天：必修课程七“对话北庭（一）”、必修课程九“寻红色印记　忆峥嵘岁月”，选修课程3“传统手工剪纸　传承红色记忆”；第五天：必修课程八“可可托海的红色之旅”、必修课程十“可可托海的地下宝藏”，选修课程2“追忆伟人功绩”	第一天：入营教育，必修课程一“国防教育”，选修课程3“忆苦思甜”；第二天：必修课程二“科技兴国”、必修课程三“争做科技创新人才”，选修课程1“无人机编程”；第三天：必修课程四“铭记伟人功绩”、必修课程五“重走长征路　翻越封锁线”、必修课程六“红山事业　红山精神”，选修课程2“探戍边遗址　忆英雄事迹”；第四天：必修课程八“探寻神钟山”，选修课程5“微电影制作”；第五天：必修课程七“对话北庭（二）”、必修课程九“星星之火燎原天山”、必修课程十“红色基地巡礼”，选修课程4“湿地保护我先行”

维度或要素		小学高年级段	初中段	高中段
实施方案	进级教学环节	1.思考：对于植树造林、防风固沙给出合理建议 2.讨论：编织红军草鞋的意义在哪里，红军靠着什么度过艰辛岁月 3.思考：八一水库水质能达到饮用的标准吗？如何测定水质标准 4.思考：在时局动荡的年代交河故城的居民是如何自保的，依靠的是什么精神 5.思考：阐述新疆的发展历程，列出新疆的工业涉及哪些	1.探索：限时完成素质拓展活动的高阶项目 2.思考：新疆在交通不发达，资源条件有限的情况下是如何发展起来的 3.探究：讲述中国抗日战争史，并绘制历史事件时间表 4.思考：北庭故城经历的朝代，它对时代变迁的深远意义 5.探究：辨别矿坑的结构，理解矿产对经济发展的意义，并对矿产采集工作提出合理的建议	1.探索：利用无人机编程知识，在林业保护方面设计一套编程 2.探究：自行设计一套完整的研学实践教育安全方案 3.思考：红军长征都途经哪些地区 4.探究：神钟山的地形构造、地貌及岩石类型，并给出结果汇报书 5.创新：学生自行讲述革命战争时期红军英勇作战的事迹，策划抗战舞台剧
	巩固教学环节	1.总结与回顾：采用问答、启发、情境教学等教学方法，使学生通过游戏互动、组内合作、作品展示进行知识巩固 2.作业：以写日记的形式巩固研学内容 3.思考：如何将所学知识应用于校内学习及日常生活中	1.总结与回顾：采用问答、启发、情境教学等教学方法，使学生通过游戏互动、组内合作、作品展示进行知识巩固 2.作业：以写作文的形式巩固研学内容 3.拓展：引导学生以设计探究问题的形式进行巩固	1.总结与回顾：采用问答、启发、情境教学等教学方法，使学生通过游戏互动、组内合作、作品展示进行知识巩固 2.作业：研学结束后以调查问卷、写作文的形式引导学生回顾研学期间所学内容 3.拓展：引导学生以设计探究问题的形式，撰写研究报告并进行知识点巩固

维度或要素			小学高年级段	初中段	高中段
实施方案	总结教学环节	教学创新	教师让学生作为主体亲身探索周围世界并获得知识技能，提高科学探究能力，培养学生的创新精神和实践能力，使学生在兴趣和问题驱动的探究过程中发展学科核心素养	教师借助探究式问题充分激发学生的学习兴趣，以巧妙的教学环节持续吸引学生注意力，加强实际操作体验以提高学生的创新思维能力	教师围绕科学探究、社会责任等设计课程，将地方资源特色与研学课程内容联系起来，通过小组合作探究的方式，将研学实践课程任务分解，撰写研究报告，培养学生探究意识
		教学总结	根据教学思路，结合研学点实际情况及时收集、整理并筛选学生的反馈，了解教学资源、教学环节的优点和不足，通过线上问卷调查的形式收集家长反馈，整理研学活动的教学资料，建立教学档案	根据时间、研学点进行阶段性教学总结，及时优化教学环节，在整体总结的基础上强调学生科学态度与责任能力的形成，整理研学活动的教学资料，建立教学档案	对学生研究型学习成果进行阶段性的指导与汇总展示，在此过程中及时收集学生出现的问题及成果案例，课程结束后利用半天时间以小组为单位围绕课程核心进行研究型成果展示，为后续继续开展研究型学习做铺垫，做好研学活动的教学资料的收集、整理，建立教学档案
		教学反思	根据教学总结得出的反馈，重点围绕课程内容的设置，尤其是针对如何更好地让学生主动参与、提出问题、解决问题对教学环节进行调整和优化，梳理教学环节的设计、实施和效果，提炼经验教训，为下一次研学活动提供参考	根据教学总结得出的反馈，重点围绕课程对学生的吸引力对教学环节进行调整和优化，强调学生的实践体验，梳理教学环节的设计、实施和效果，提炼经验教训，为下一次研学活动提供参考	结合给学生提供的研究型学习的资源是否到位对教学环节进行调整和优化，梳理教学环节的设计、实施和效果，提炼经验教训，为下一次研学活动提供参考

维度或要素				小学高年级段	初中段	高中段
实施方案	评价教学环节	教学水平评价	自我评价	针对研学课程内容、教学方法、线路选择进行是否引起学生兴趣的反思和评价。研学实施是否符合小学高年级段特点，根据反馈内容进行动态调整	根据学生参与课程的阶段性成果及教学目标是否达成对教学进行反思和评价	教师通过参与学生研究性学习对课程有客观认识，对自己的教学进行反思和评价
			学生评价	学生针对教师和学生之间的互动是否充分，研学课程师生对话参与度，学生能否积极参与课堂教学，课堂气氛活跃度方面进行评价	学生针对教师的引导与启发是否到位，学生主动参与度，学生能否充分展示表达自己方面进行评价	学生针对教师所提供的研学资源与课题是否匹配，教师参与课题研究的深度与广度以及学科知识的整合能力方面进行评价
			同行评价	将课程方案与综合实践活动安排同步下发至组织的学校，由学校相关专业教师针对课程方案进行合理化建议，并跟随研学课程的实施，对课程教学进行整体评价，助力研学教师专业化成长	以听评课、同课异构等集体教研方式对课程设计进行评价，让随班教师对教学环节实施进行过程性监督与评价	邀请高中学校相关专业教师全程跟进课程实施过程，对研学教师进行细致的评价与指导
			培训和考核	在过程监督、综合评价、问卷调查基础上进行考核，根据考核结果，围绕实际工作中出现的能力短板，定期进行教学培训，提高教育教学水平	在过程监督、综合评价、问卷调查基础上进行考核，根据考核结果，重点就教育教学理念、学科知识整合能力、教法学法等方面进行培训，提高教育教学水平	在过程监督、综合评价、问卷调查基础上进行考核，根据考核结果，重点就综合知识运用能力、教学方法、课题研究等方面进行培训，提高教育教学水平
			教学成果展示	通过参与学术研讨会、教学案例分享会等形式进行报告，教师分享自己在教学实践中的经验和心得，并从其他教师和专家的反馈中得到启发和改进	利用多媒体、课件、实物展示等形式，展示自己的教学内容、教学方法和教学效果，既能生动地展现教师的教学理念和实践，又能让公众更好地理解和评估教学成果	通过与学生共同成立课题研究组，撰写论文的方式展示自己的教育教学成果，以此持续跟进学生的研究，同时将研究成果和观点进行及时整理

维度或要素				小学高年级段	初中段	高中段
实施方案	评价教学环节	学业评价	形成性评价	研学过程中观察学生的参与度，及时调整研学方式方法；针对学龄特点，及时调整研学课程内容	研学过程中对学生的参与度、探究程度及交流表达等情况及时评价，研学中要关注学生自主探究能力的培养	研学过程中对学生观察、记录、讨论等情况及时评价；观察学生探究的问题深度、探究的方式方法，及时给予指导
			总结性评价	研学结束后，对学生参与实践体验全过程的情况、观察能力、收集信息能力等进行评价，多元化评价学生的研学能力	对学生参与研究性学习全过程的情况、收集整理信息能力、交流合作能力、动手实践能力及创新能力进行评价，多元化评价学生的研学能力	对学生参与研究性学习全过程的情况、资料积累情况、结题情况、研究结果及成果展示方式进行评价，多元化评价学生的研学能力
			教师评价	教师根据学生在研学活动中的表现和成果，结合学生的参与度、作业质量等，对学生进行激励评价	由教师根据学生在研学活动中的表现和成果，以课程成果汇报交流的形式对学生进行交流评价	由教师根据学生在研学活动中的表现和成果，以研究性学习成果交流展示会的形式，对学生展开评价
		项目评价		通过教育行政部门、校内教育工作者、学生家长、社会各界以问卷调查、座谈、调研等多种形式参与评价，围绕小学高年级段课标实现度、教学环节衔接度、教学策略有效性等方面进行评价，通过教研活动及针对评价结果的反思，及时发现问题并加以改进	通过教育行政部门、校内教育工作者、学生家长、社会各界以问卷调查、座谈、调研等多种形式参与评价，围绕对初中段课标实现度、教学环节衔接度、教学策略有效性等方面进行评价，通过教研活动及针对评价结果的反思，及时发现问题并加以改进	通过教育行政部门、校内教育工作者、学生家长、社会各界以问卷调查、座谈、调研等多种形式参与评价，围绕对高中段课标实现度、教学环节衔接度、教学策略有效性等方面进行评价，通过教研活动及针对评价结果的反思，及时发现问题并加以改进

后　记

以担当精神夯实责任之基，增强青少年应对重大挑战的超凡胆识；以担当精神鼓舞奋斗之志，凝聚青少年克服重大阻力的精神力量；以担当精神强化行动之力，提高青少年解决重大矛盾的实践水平。责任与担当教育一方面在青少年主动作为、知行合一、全面发展中起到重要作用，另一方面在实现中华民族伟大复兴的历史征程中也显得尤为重要。

本书围绕中小学生校外研学实践教育中责任与担当教育这一主题，经过3次线下集中研讨，3次线上研讨，深入研究、系统分析、逐步修订、日益完善，最终经过8轮修订与打磨，从全国营地的教学实践中遴选出24个教学策略与计划案例。所选案例选题广泛、内容丰富、课程路线灵活多样，为其他营地、基地等开展责任与担当主题校外研学实践教育提供了借鉴与指导。

本书由中国教育会计学会组织编写，属于中国教育会计学会确定的重点研究课题研究成果之一。本书由课题负责人、教育部经费监管事务中心田书源，中国教育学会学生发展指导分会副理事长杨昕主审，由潍坊营地鞠克亮、秦志伟，晋江营地董佳毅，湖北师范大学硕士研究生赵越，山东科技职业学院朱坤等编著。参加本书撰写的主要人员有：皇城相府研学实践教育基地原敏团，潍坊营地孟祥池、徐佳、郝月元、井光兵、苏晓琳、边均萍，晋中营地侯月媛、贾娜娜，盘锦营地刘美彤、史美，广元营地徐显平、刘朝阳，库尔勒营地杨金瑞、伊力哈木叶·衣力夏提，陕西国防工业职业技术学院张晨亮、史成君。参加本书撰写和资料整理的还有：潍坊营地倪艳君、安颖、王敏、王依诺、仉明坤、褚晓庆、付姗、张越杰、巩昊、周莹、姜晓艳、刘彦、王涛、李杰、刘倩倩、张静静等，北京营地韩雅楠、乔治，石家庄营地刘京华、宋丽，大同营地于浩文、魏国胜，太原营地毕俊卿、赵晓敏，运城营地邹阳、王思懿，东方绿舟营地周蒙凡、乔思怡，晋江营地陈婷凤、柯美真，三明营地王彩光，乳山营地王雪纲、段君梅，长沙营地王欢、蔡思涵，桂林营地戌思毅，万州营地周超、牟奇志，铜梁营地蒋大燕、金治昌，红河营地李芝，西安营地李霞，渭南营地穆丽影，兰州营地王海芬、张嘉刚，青海互助营地严义仲、李延霞，乌鲁木齐营地赵丹平、李潇丹。

在本书编写过程中，国家督学、中国教育会计学会副秘书长茹家团教授和一些校外研学实践教育专家以及中国财政经济出版社给予了悉心指导，一些全国中小学生研学实践教育营地、基地的领导、老师为本研究提供素材、收集数据、整理资料，在此一并表示感谢并致以崇高的敬意。

本书的编写是一次尝试，也是一次创新，虽然我们在探索中反复修改，在实践中日益完善，但书中难免有疏漏之处，敬请读者朋友批评指正。

编者

2024 年 5 月